KB082867

박정희와 박태준

광복 70년 대한민국의 위대한 만남

박정희와 박태준

이대환

아시아

작가의 말

1989년 11월 독일 베를린장벽이 무너졌다. 고르바초프가 브란덴부르크 문을 찾아가 열광하는 시민들 앞에서 말했다.

"역사는 늦게 오는 자를 처벌한다."

그 말은 화살이 되어 지금 평양의 권좌에 꽂혀 있지만, 그때로부터 몇 계절이 더 지난 어느 날 나는 바닷가 술집에 앉아 친구에게 두 가지를 말했다.

"사회과학이 분석해놓은 현존 사회주의체제의 붕괴 원인들이 다 들어맞겠는데, 내 생각에는 인간은 사회주의를 실천할 천부의 윤리적 자질이 턱없이 부족하다는 것이 가장 근본적인 원인이다.

대통령 박정희에 대해 나는 공칠과삼(功七過三)으로 정리한다. 공은 경제고, 과는 독재다. 공이 과를 덮을 수도 없고 과가 공을 허물 수도 없지만, 공은 성장하고 있고 과는 극복하고 있다. 이것이 언젠가 한국사의 상식이될 것이다."

친구가 무겁게 고개를 끄덕였다. 그리고 우리는 밤샘으로 마셔 버렸다. 슬퍼했던 것이다. 인간의 윤리적 한계에 대하여, 경제의 굴레에서 벗어날 수 없는 인간의 운명적 조건에 대하여. 이튿날 이른 아침, 우리가 취한 눈으로 바라본 수평선에는 막 먼동이 오고 있었다.

역사의 법정은 지도자를 늘 피고석에 앉힌다. 방청석의 작가는 최후 변론과 최후 판결이 나온 뒤에도 그의 내면과 인간적인 또 다른 가치를 놓치지 않으려는 주의를 기울여야 한다.

 이 책은 박정희의 공과(功過)를 살피고 따지는 것과는 아무런 관련이 없다. 그가 먼 험로(險路)를 걸어가는 동안 보이지 않는 발자취처럼 남겨둔, 흥미롭고 아름다운 '박정희와 박태준의 완전한 신뢰의 인간관계'를 사실 그대로 챙기고 있다. 변혁의 웅지와 포부를 실현하겠다는 신념과 의지만이 단하나의 대동맥으로 처음부터 끝까지 흐르는 두 인물의 인간관계를 작가의 시선으로 포착한 실록(實錄)이다.

 박태준, 철의 사나이는 2011년 12월 13일 흙으로 돌아갔다. 1997년 5월 나는 포항에서 처음 그를 만났다. 나날이 인연이 깊어졌다. 그가 타계한 날까지 15년 동안 거의 매주 한두 번씩 깊은 대화를 나누었다. 황혼기의 박태준을 내가 그토록 자주 만났다니까 믿지 않으려는 이들도 있겠으나 산술적 평균으로는 그보다 더 잦았을 것이다. 나는 자발적으로 『박태준』 평전을 쓰기도 했다. 그 책은 2004년 12월 그의 희수(喜壽) 생일 즈음에 나와 현재 21쇄를 찍었다. 혼자서 걸을 때나 가슴을 펼치는 술자리에서 나는 김소월의 시 「산」을 곧잘 노래로 부른다. 〈사나이 속이라 잊으련만 십오 년 정분을 못 잊겠네.〉 언제나 내 영혼을 현(絃)처럼 떨게 하는 구절이다. 이제 박태준은 나의 그 언령(言靈)에도 존재하고 있다.

 약속을 지키는 것은 무엇보다 지키는 자의 즐거움이다. 고인(故人)과 약속일 경우는 더욱 그렇다.

"내가 만났던 박통 얘기도 우리가 참 많이 했는데, 이 선생은 정리해볼 수 있겠소?"

이 질문을 박태준이 나에게 던진 때는 2011년 한가위 무렵이었다. 기침에 시달리는 가운데 삶의 마지막 계절을 소일하고 있던 노인의 목소리와 눈빛은 강요든 청유든 그런 낌새조차 묻지 않은 것이었다, 안 받아도 좋고 받아도 좋다는, 그저 툭 던지는 화법이었다. 단지 말 자체에서 예리한 무엇이 번뜩인 찰나는 있었다. 그것을 나는 냉큼 알아차렸다. '박정희'란 이름만 내놔도 삿대질부터 해대는 세력이 만만찮은 세태인데 앞날이 창창한 작가로서 '박태준이 만난 박정희'를 쓸 수 있겠느냐, 이것이었다. 나는 생각을 가다듬어 대답했다.

"어떤 가치를 옹호할 것인가, 이 기준의 문제입니다. 옹호할 가치를 개인의 명예 관리보다 하위에 두는 것이 정치계도 아니고 연예계도 아닌 한국 지식사회의 현실입니다만, 작가까지 그래서는 안 된다고 저는 주장해 왔습니다."

이래서 내 삶에 하나의 새로운 약속이 성립되었고, 이 책에는 그 약속을 실천하는 뜻도 담았다.

그런데 애당초 나는 포스코(포철)와 어떻게 엮였던가? 황혼기의 박태준과 깊이 맺은 인연의 뿌리는 어디에 있었던가? 몇 년 전 하노이에서 내가 순차 통역으로 했던 말을 돌이켜보니……

2010년 1월 28일 저녁, 베트남 하노이의 하노이대우호텔. 베트남어판 평전 『철의 사나이 박태준』 출판기념회가 열렸다. 베트남의 정·관계 고위 인사들과 대학 교수들과 철강업계 인사들, 베트남 주재 한국대사를 비롯해 현지 한국 기업인들이 식장을 가득 메웠다. 나는 '저자 인사'를 이렇게 했다.

"한국에서는 제법 유명한 말인데, 저는 '58개띠'입니다. 한국전쟁 후의
베이비붐 세대지요. 고향 마을은 바로 포스코의 포항제철소가 들어선 곳입
니다. 그 마을을 열한 살 때 떠나야 했습니다. 포스코 때문이었지요. 그때
어른들은 스스로를 '철거민'이라 불렀습니다. 그 말은 고향을 상실하는 쓸
쓸함과 뿔뿔이 흩어지는 서러움을 담았습니다. 원망과 저항의 감정도 묻었
을 겁니다. 마을에는 세계에서 제일 큰 규모였을 고아원이 있었습니다. 벽
안의 프랑스 신부가 이끄는 예수성심회의 백오십여 수녀들이 전쟁의 폐허
와 절대적 빈곤이 양산한 고아들 오백여 명을 돌보았던 겁니다. 암수 두 그
루 커다란 은행나무가 정문을 지켜주는 아담한 성당에서는 일요일마다 청
아한 성가가 울려 나왔지만, 마을 분교(分校)에는 교실이 두 칸밖에 없어서
1, 2, 3, 4학년을 이부제로 쪼개야 했습니다. 저의 짝꿍도 고아였습니다. 헤
어진 뒤로 다시는 만나지 못했습니다.

어른들이 낡은 트럭에 남루한 이삿짐을 싣는 즈음, 마을에는 '제선공장'
'제강공장' '열연공장'이라는 깃발들이 나부끼고 있었습니다. 저게 뭐지?
저는 그저 시큰둥하게 허공의 그것들을 노려보았습니다. 그런데 아주 나중
에 듣게 됐지만, 제가 태어난 이듬해 12월 24일, 그러니까 1959년 크리스마
스이브, 런던 거리에는 크리스마스트리들이 찬란히 반짝이고 구세주 찬미
의 노래들이 넘쳐났을 그날, 영국 BBC가 「a far Cry」라는 40분짜리 다큐
멘터리를 방영했다고 합니다. 런던에서는 머나먼 한국, 그 「머나먼 울음」은
굶주리고 헐벗은 한국 아이들의 비참한 실상을 보여주는 것이었지요. 그
아이들이 바로 저와 친구들이었다고 해도 틀린 말이 아닙니다. 인간이라
면 눈물 없이는 보지 못했을 그 다큐멘터리의 마지막 말이 무엇인지 아십니
까? '이 아이들에게 희망은 있는가?', 이것이었습니다. 그 절망적이었던 질

문에 대한 실증적이고 구체적인 답변의 하나로서, 쉰 살을 넘어선 제가 보시다시피 조금 살진 얼굴에 점잖은 신사복을 입고 여기에 서 있다는 사실을 말씀드리고 싶습니다.

제가 고향에서 밀려난 무렵에 나부끼고 있었던 포스코의 깃발들이 한국의 희망이요 저희 세대의 희망이었다는 사실을 깨달은 것은 그때로부터 이십 년쯤 지난 뒤였습니다. 그리고 저는 서른아홉 살에 박태준 선생과 처음 만나게 되었고, 2004년 12월에 한국어판 『박태준』 평전을 펴냈습니다. 그 책은 2005년에 중국어로 번역 출판되었고, 오늘 이렇게 베트남어판이 나왔습니다. 작가가 왜 전기문학을 써야 할까요? 전기문학은 왜 있어야 할까요?

고난의 시대는 영웅을 창조하고, 영웅은 역사의 지평을 개척합니다. 그러나 인간의 얼굴과 체온을 상실한 영웅은 청동이나 대리석으로 빚은 우상처럼 공적(功績)의 표상으로 전락하게 됩니다. 이 쓸쓸한 그의 운명을 막아내려는 길목을 지키는 일, 그를 인간의 이름으로 불러내서 인간으로 읽어내고 드디어 그가 인간의 이름으로 살아가게 하는 일, 이것이 전기문학의 중요한 존재 이유의 하나라고, 저는 생각합니다. 베트남에 여러 종류의 『호찌민』 전기가 출간된 사정도 다르지 않을 것입니다.

저는 아무리 긴 세월이 흐르더라도 저의 주인공이 어떤 탁월한 위업을 남긴 인물로만 기억되는 것을 강력히 거부합니다. 그의 고뇌, 그의 정신, 그의 투쟁이 반드시 함께 기억돼야 한다는 것입니다. 한국의 가장 저명한 인물인 '대통령 박정희'와 저의 주인공이 국가적 대의와 시대적 사명 앞에서 어떻게 생각하고 행동했는지, 서로 얼마나 완전하게 신뢰했는지, 그것이 정신적으로 얼마나 귀중한 인생의 가치인지, 이러한 관점에서 함께 기억돼야 한다는 것입니다. 이것이 국가, 민족, 시대라는 거대한 짐을 짊어지고 필생을 완주한 인물에 대한 동시대인과 후세의 기본예의라고 믿기 때문입니다."

1973년 7월 3일은 박정희와 박태준의 일심이 사명감에 불타는 영일만 모래벌판의 사내들과 더불어 포항종합제철 1기를 준공한 날이다. 조강 연산 103만 톤 수준이었다. 그때 서울 광화문 한복판에는 '포항종합제철 준공'이란 대형 경축아치가 세워져 있었다. 1기니 뭐니 따지지 않았다. 마치 종합제철소 건설을 완전히 마친 것처럼 온 나라가 들썩댄 경축일이었다.

포항제철 첫 준공 41주년을 기념한 2014년 7월부터 시작하여 2015년 7월까지 일 년에 걸쳐 프리미엄조선에 「위대한 만남-박정희와 박태준」을 연재하는 동안 '작가의 말'은 〈진정한 신뢰로 위대한 일을 창조한 롤모델이 우리 권력동네엔 없는가? '박정희와 박태준'이 답할 것이다.〉라는 확신을 밝히고 있었다. 물론, 지금도 그대로이다.

이 책을 꾸리는 즈음, 때마침 광복 70년이다. 일제가 패망했을 때 '흙을 다시 만져 보자'고 감격한 대한민국은 그러나 바로 그날로부터 혹독한 시련을 극복하여 빛나는 영광을 창조하는 '기나긴 고난의 대장정'을 끊임없이 걸어야 했다.

그 시련은 절망의 목록이다. 식민지 후유증과 잔재, 분단, 전쟁, 재분단, 겨레 사이의 적개심, 폐허, 절대빈곤, 부정부패, 당대의 동일한 무대에 공존할 수 없는 듯이 전개된 산업화와 민주화의 대립과 반목, 세기말에 들이닥친 국가부도 직전의 외환위기 사태, 세기를 이월한 저급의 이념 갈등, 물신숭배, 조선시대 당쟁의 못난 유전자를 고스란히 물려받은 것 같은 정치동네의 당동벌이(黨同伐異)와 야합 등이다.

그 영광의 이름은 늠름하다. 제2차 세계대전 후 탄생한 신생독립국들 중 유일하게 산업화와 민주화를 동시에 성취하여 경제·민주주의·문화·과학기술의 일류국가 기반과 평화통일의 능력을 갖춘 가운데 시민의식도 성숙하고 있는 것이다.

그러나 광복 70년은 분단 70년이다. 분단은 곧 건국의 미완을 뜻하기도 한다. 지금 우리는 미완의 건국시대를 감당하고 있는 것이다.

건국 완성의 대장정이 앞으로 얼마나 남았는가를 가늠하기 어려운 광복 70년, 그 시련과 영광을 성찰하는 자리에서 우리가 가장 한심하게 여기는 것은 정치동네, 권력동네의 후진성이다. 민주화 투쟁시대에 김지하가 '타는 목마름으로 민주주의'를 갈구했는데, 오늘도 우리는 '믿음을 주는 정치동네, 신뢰를 주는 권력동네'에 몹시 목말라한다. 다만, 우리의 갈증을 적셔줄 감로수는 광복 70년의 한 지층에서 솟아나고 있다. 이 책은 마르지 않을 그 감로수를 받아놓은 것이다.

우리는 중국 고사(故事)에서 유래한 사자성어에 익숙하지만 아득한 미래의 어느 날부터 박정희와 박태준이 신뢰에 대한 한국 고사의 단골로 불려나오며 '쌍박일심(雙朴一心)' 같은 사자성어로 거듭날지 모른다.

2015년 8월
이대환

차례

제4장   절명의 위기를 함께 넘어서다

프롤로그

박정희는 박태준의 순수하고 뜨거운 애국적 사명감만은 범할 수 없는 처녀성처럼 옹호했다. 정치권력의 방면으로 기웃거리지 않고 당겨도 단호히 뿌리치는 박태준의 기개를 높이 보았다. 여기엔 한 인간과 한 인간, 한 사내와 한 사내로서 오직 둘만이 온전히 알아차릴 수 있는 서로의 빛깔과 향기가 있었을 것이다.

박정희와 박태준,
왜 위대한 만남인가?

　박근혜 대통령의 '새 정부' 출범으로 결말난 2012년 대선 과정에서 '박정희 대통령' 평가는 공과(功過) 또는 명암(明暗)으로 선명히 갈렸다. 세대 간 인식의 낙차도 뚜렷하여 젊은 세대는 과(암)에 대한 학습효과의 기억이 두텁고, 오십대 이상은 공(명)의 역사적 가치에 대한 긍정이 두터웠다.

　박정희의 '공(명)'은 무엇보다도 경제개발에 성공했다는 것이고, '과(암)'는 그것을 위해 민주주의를 억압하고 독재정치를 했다는 것이다. 그 대선을 거치는 동안 과(암)의 대표적 목록에는 쿠데타, 유신체제, 김지하 시인, 인혁당 사건, 부마사태 등이 올랐다.

　초헌법적 무력 활용을 통해 정권을 장악했으니 '쿠데타'라 불러야 마땅한 5·16에 대하여 장준하는 1961년 6월호 《사상계》 권두언에서 "4·19혁명이 민주주의 혁명이었다면 5·16혁명은 민족주의적 군사혁명"이라 했다. 암울한 시대에 비판적 지성의 거점이요 산실이었던 《사상계》 발행인 장준하의 그것은 4·19 직후 한국사회를 질타하는 격문에 가까웠다.

민주당은 혁명 과업의 수행은커녕 추잡하고 비열한 파쟁과 이권운동에 몰두하여 바쁘고 귀중한 시간을 부질없이 낭비해 …… 국민경제는 황폐화하고 대중의 물질생활은 더 한층 악화되고 사회적 부는 소수자의 수중으로 집중하였다. 그 결과로 절망, 사치, 퇴폐, 패배주의 풍조가 이 강산을 풍미하고 있었다.

그때 상황을 통찰하고 통탄한 장준하가 박정희처럼 5·16을 '혁명'이라 불렀다 해도 5·16 그 자체는 쿠데타였다. 그러나 5·16의 장도는 그 귀결이 혁명에 이르렀다고 평가하는 견해도 굵직하게 형성돼 있다. 5·16은 쿠데타로 출범하여 혁명에 귀결했다고 평가할 경우, '귀결이 혁명'이라는 그 속에 박정희의 공(功)이 시대적 실체로 존재한다. 그 공(功)의 뒷면이 과(過)다. 그 과(過)는 '독재'라 불린다. 여기서 나는 내 머릿속에 지워지지 않는 낙인처럼 찍힌 엄중한 질문을 다시 받지 않을 수 없다.

'과연 독재 없는 혁명이 있을까? 혁명 없는 독재는 있지만, 독재 없는 혁명이 있을 수 있을까? 노동해방의 공산주의혁명에도 반드시 프롤레타리아 독재가 있어야 한다지 않는가? 이 역사의 한계를 어느 나라 어느 민족이 맨 처음 돌파할 것인가?'

대한민국 역사에서 현재 '혁명'이라는 평가가 굵직하게 형성된 박정희의 그 공(功)은 산업, 의식, 안보(국방), 녹색 등으로 크게 분류할 수 있다.

산업혁명은 오천 년 절대빈곤의 농경사회를 산업사회로 확실히 탈바꿈시켰다는 것이다. 이를 '한강의 기적'이라 했다. 그 기적의 저변에는 '공돌이' '공순이'라 불린, 광복 70년엔 어느덧 예순 살을 넘어 머리칼이 허옇게 센 노령세대의 피땀이 쌓여 있었다.

의식혁명은 산업화의 정신적 동력이었다. 조선시대의 신분세습과 노예

제도와 사농공상과 소중화(小中華) 맹신, 그리고 식민지, 전쟁, 절대빈곤, 부정부패 등이 대대로 조장해온 패배주의, 사대주의, 파벌주의, 그것들이 민족적 정조(情調)처럼 세뇌하고 조장한 체념과 한탄……. 그 어두운 의식구조에다 "우리도 하면 된다" "세계로 나아가자"라는 도전의식과 진취기상을 불어넣었던 것이다.

안보혁명은 최초로 자주국방을 기획하고 실천했다는 것이다. 임진왜란 후 류성룡이 피눈물로 쓴 『징비록』에서 그토록 강조한 '자강(自彊)의 국가'가 그로부터 350년이나 더 지난 뒤에야 국가의 진정한 비전으로 추진되었다. 자주국방, 부국강병 없는 근대 독립국가는 없다.

녹색혁명은 헐벗은 강토를 푸르게 가꾸었다는 엄연한 사실이다. 오늘날 우리의 마음까지 푸르게 물들여주는 푸른 산들은 박정희 통치시대가 물려준 '푸른 혁명'의 푸른 증거이다.

박태준의 공적은 박정희의 혁명이라 불리는 그 공(功) 속에 소중한 맥락을 형성하고 있다. 산업혁명에는 종합제철의 대성공이 있다. 의식혁명에는 철저히 추구한 세계일류주의가 있다. 안보혁명에는 세계 최고 제철소뿐 아니라 포항공과대학교(POSTECH), 포항산업과학연구원(RIST), 포항방사광가속기연구소의 바탕에 흐르는 "철강과 과학기술은 국부(國富)와 국방의 원천"이라는 확고한 신념과 실천이 있다.

1962년 1월 '무연탄을 쓰면 자원도 되고 산림녹화도 된다'는 이정환 국립광물지질연구소 소장의 캐치프레이즈는 녹색혁명의 나침반과 같았다. 석탄개발과 십구공탄 보급으로 이어지는 그 앞에 박정희 국가재건최고회의 의장을 안내해간 이가 상공담당 최고위원 박태준이었다. 박정희와 박태준은 그것을 국토녹화의 전략적 정책으로 지목했다.

박태준은 '녹색' 애착이 유난했다. 생전의 김수환 추기경이 "낙원"이라 칭송하고 빅토르 사도브니치 모스크바대학 총장이 "레닌 동지가 꿈꾸던 이상향"이라 부러워한 포항과 광양의 포스코 사원주택단지는 한국 '녹색주거'의 선구적 모범으로 실존하고 있다.

이렇게 박태준의 공적은 박정희의 공(功) 속에 소중한 맥락을 형성하지만 박정희의 과(過)가 박태준의 공적을 가리지는 않는다. 이것은 대한민국 산업화시대에 불가분의 관계였던 두 인물의 관계를 감안해볼 때 아주 특이하고 진귀한 일이다. 이유는 뜻밖에 간단하다. 박정희가 자신의 과(過)를 기록한 '정치' 방면이 아니라 자신의 공(功)을 세우는 '경제' 방면에 박태준을 배치했고, 박정희의 '정치' 진출 권유를 거부하기도 했던 박태준이 그에게서 부여받은 사명을 훌륭하게 실현했다는 것이다. 물론 그 사명은 포항종합제철(POSCO)을 탁월하게 성공시켜 철강과 연관된 수많은 국내 산업들의 국제경쟁력 확보와 지속 성장에 크게 기여하면서 한국 철강업을 세계 일류로 우뚝 세우자는 시대적 대의(大義)였다.

정치냐 경제냐. 이 갈림길이 박태준의 눈앞에 나타난 때는 1963년 9월이었다. 1948년 남조선경비사관학교(육군사관학교) 강의실에서 스승과 제자로 처음 만난 박정희와 박태준은 1950년대 후반부터 깊은 대화의 술자리를 시작하여 1960년 부산 군수기지사령부에서 거사를 꿈꾸는 사령관과 인사참모로 지낸 뒤, 국가재건최고회의 의장과 상공담당 최고위원의 관계에서 1963년 가을을 맞았다. 이때 박정희는 군복을 벗고 윤보선과 대선의 진검승부를 앞둔 공화당 대통령 후보였다.

1963년 9월 어느 날, 두 인물은 독대한다. 박정희가 박태준에게 군으로 돌아갈 거냐고 묻자, 그는 권력의 단물을 빨다가 돌아가면 군대에 불평만 늘어난다며 고개를 가로젓는다. 박정희는 답을 알고 있었다는 듯이 "조사를 시켜봤는데 당선에 문제가 없으니 고향에서 국회의원으로 출마하라"고 권유한다. 박태준의 답이 걸작이다. "저를 잘 아시지 않습니까? 불합리의 종합판 같은 정치에 나가서 순종 못하고 반대를 해대면 각하께서 골치 아프실 거 아닙니까?" 이러고는 미국 유학의 뜻을 밝힌다.

대선에서 승리한 박정희는 1964년 정초에 청와대로 박태준을 불러 유학을 말리고 일본 특사로 파견하면서 "집도 없던데 집 마련에 보태라"며 하사금을 내리고(박태준은 노년에 그 집을 팔아 사회에 기부한다), 1964년 12월에는 그때 한국의 최대 달러박스였던 대한중석에 박태준을 사장으로 앉힌다. 만성적자의 대한중석을 한 해 만에 흑자체제로 돌려놓는 발군의 경영실력을 발휘한 박태준. 그를 기다리는 다음 차례는 바로 박정희가 맡기는 종합제철이었다.

세계 최고 제철소 건설의 '포스코 25년'을 대하드라마에 비유한다면, 제1부는 포항제철소이고 제2부는 광양제철소이다. 포항제철소의 기획과 제작은 박정희이고, 연출과 주연은 박태준이다. 박정희는 1961년부터 종합제철을 기획하지만 1965년 미국 방문을 통해 구체화하고, 이때부터 지목하고 있던 박태준을 1967년 11월 연출자로 공식 임명하여 1968년 4월 1일 포항종합제철을 탄생시킨다. 그러나 제작비 조달이 심각한 문제로 대두한다. 그해 11월 영일만을 방문한 박정희가 "이거 남의 집 다 헐어놓고 제철소가 되기는 되나"라고 쓸쓸히 독백하게 된다. 미국 영국 이탈리아 독일(서독) 프랑스 등 서방 5개국의 8개 철강사로 구성된 국제컨소시엄 KISA가 한국정부와 약조해놓은 차관 조달의 길을 열지 않았던 것이다.

결국 그것은 막히고 말았다. 이유는 '아직 한국정부에는 종합제철소 건설과 경영을 감당할 능력이 크게 부족하다'는 것이었다. 대하드라마는 제작비가 없어 기획 단계에서 그대로 무산될 위기에 봉착했다. 그러나 돌파구를 뚫는다. 1969년 2월 절망적인 상황에서 연출자 박태준이 대일청구권자금 전용의 아이디어를 내고, 제작자 박정희가 그것을 재가한다. 그날부터 박태준은 박정희의 특명을 받아 일본 정계와 철강업계 지도자들을 직접 찾아가 설득한다. 그 성과가 교두보를 확보하고 관료들도 활발한 접촉을 전개하는 가운데 그해 8월 양국 정부(각료) 차원의 공식적 실무 교섭을 열게 된다. 마침내 1970년 4월 1일 박정희는 박태준, 김학렬(당시 부총리)과 나란히 서서 '일제식민지 배상금' 일부를 밑천 삼아 연산 조강 103만 톤짜리 포철 1기 착공의 버튼을 누른다. 박태준은 필생에 걸쳐 '무상 3천80만 달러와 유상 4천290만 달러'의 그 종자돈을 "조상의 피의 대가"라 규정하면서 후배들에게 "그 돈이 포스코의 영원한 기반이고 바로 그 돈에서 포스코가 지켜야하는 고도의 윤리성이 나오는 것"이라 훈시하고……

박정희는 포항제철을 13차례(1973년 7월의 1기 준공 전에 6번, 그 후에 7번)나 방문한다. 그만큼 관심과 의지와 애정이 각별했다. 그리고 그는 1978년 가을에 '박정희와 박태준의 관계'가 정해놓은 어떤 운명에 따라 박태준에게 마지막 선물을 하듯 '정주영의 현대'를 물리고 '박태준의 포철'에게 제2제철소 건설임무를 맡긴다.

대하드라마는 1980년부터 제2부다. 대통령들(전두환, 노태우)의 재가를 받긴 했으나 제2부는 박정희의 기획을 물려받은 박태준이 제작, 연출, 주연을 두루 맡아야 했다. 그는 박정희와의 약속이나 박정희가 맡긴 사명의 참뜻을 잊은 적이 없었다. 이것이 그에게 1992년 10월 3일 박정희의 유택을 찾아가게 한다. 아무도 예측 못한, 오직 박태준만이 깊은 가슴속에 25년 동안이나 간직해온 그날, 그는 대하드라마의 기획·제작자에게 울먹이며 보고한다.

각하, 포항제철은 빈곤타파와 경제부흥을 위해서는 일관제철소 건설이 필수적이라는 각하의 의지에 의해 탄생되었습니다. 그 포항제철이 어제, 포항·광양 양대 제철소에 연산 조강 2천100만 톤 체제의 완공을 끝으로, 4반세기에 걸친 대장정을 마무리하였습니다. 저를 조국 근대화의 제단으로 불러주신 각하의 절대적인 신뢰와 격려를 생각하며 다만 머리 숙여 감사드릴 따름입니다.

박정희가 서거한 1979년 10월, 그때 이미 '영일만의 기적'으로 칭송 받으며 세계적 철강기업으로 성장해 있었던 포스코의 성공 요인은 무엇인가? 하버드대, 미쓰비시종합연구소 등이 여러 요인을 밝혀내면서 한결같이 '박태준의 탁월한 리더십과 능력'을 빼놓지 않았다. 특히 미국 스탠포드대학교 비즈니스스쿨은 "박정희의 강력한 의지와 박태준의 탁월한 리더십"을 정확히 집어냈다. 그러나 그 '강력한 의지'와 그 '탁월한 리더십'이 어떤 관계였는가? 대체 어떤 관계였기에 그것이 성공의 최강 동력으로 작용했는가? 이 질문이 더욱 중요하며, 이 정답이 가장 중요한 성공 요인이다. 그것은 바로 '박정희와 박태준의 독특한 인간관계'였다. 나는 평전 『박태준』에서 이렇게 관찰하고 있다.

박정희는 박태준의 순수하고 뜨거운 애국적 사명감만은 범할 수 없는 처녀성처럼 옹호했다. 정치권력의 방면으로 기웃거리지 않고 당겨도 단호히 뿌리치는 박태준의 기개를 높이 보았다. 여기엔 한 인간과 한 인간, 한 사내와 한 사내로서 오직 둘만이 온전히 알아차릴 수 있는 서로의 빛깔과 향기가 있었을 것이다. 이러한 박정희와 박태준의 독특한 인간관계는 박태준이 자신의 리더십과 사명감을 신명나게 발현할 수 있는 양호한 정치적 환경을 조성해주었다.

'독특한 인간관계'란 '완전한 신뢰의 인간관계'를 뜻한다. 박태준이 박정희의 유택 앞에서 토로했던 "절대적인 신뢰"를 가리킨다. 이것은 두 인물의 만남을 20세기 대한민국 산업화시대의 '위대한 만남'으로 나아가게 하는 레일이었다.

1917년에 태어나 1979년에 생을 마친 박정희, 1927년에 태어나 2011년에 생을 마친 박태준. 십 년 차이로 이 험난한 땅에 태어나 공동의 운명을 짊어지고 서로의 고투를 감당한 뒤 32년 격차를 두고 각자 이 세상을 하직했으나, 늦게 떠난 이가 앞서 떠난 이와 맺었던 시대적 대의를 생의 최후 순간까지 지켜냄으로써 '영원한 동지'가 된 박정희와 박태준.

두 인물의 만남이 '위대한 만남'으로 거듭난 근거를 경제학적 계량화로도 증명할 수 있다. 1987년 9월 서울대학교 사회과학연구소가 수행한 『포항종합제철의 국민경제기여 및 기업문화 연구』라는 방대한 연구서(총 1,137쪽)에서 딱 하나만 살펴보아도 박정희가 왜 그토록 종합제철 건설에 대한 의지와 집념을 불태웠고 박태준이 왜 그토록 포항제철의 성공을 위해 강렬한 열정과 신념으로 목숨까지 걸었던가에 대한 이해력을 높일 수 있을 것이다.

만일 국내 수요가들이 포항제철 제품을 구입하는 대신 전량 수입했을 경우의 수입액에 대한 비용절감액을 보면 1979년에는 25.6%, 1982년에는 42.0%, 그리고 1985년에는 33.9%이어서 무려 예상 지출액의 3분의 1이나 됨을 알 수 있다. 즉 이 기간 중 국내 철강수요가들은 포항제철 제품을 구입함으로써 약 3분의 1을 절약한 셈이 된다. 포항제철이 그 설립 이래 우리나라 철강 관련 산업의 생산원가를 크게 낮춤으로써 우리나라 경제발전에 공헌한 바가 얼마나 큰지 짐작할 수 있다.

아마도 그래서 우리 국민은 광복 70년을 다섯 해쯤 앞둔 때에 포항제철의 대한민국에 대한 기여도를 높이 기억했을 것이다. 2012년에 발표한 김병연(서울대학교 경제학과 교수)의 논문 「포스코와 한국경제」에 다음과 같은 인용이 나온다.

한국정당학회가 한국 갤럽에 의뢰하여 국민 1,009명을 상대로 설문 조사한 결과에 따르면 산업화에 가장 크게 기여한 사건이나 계기로 한국 국민은 새마을운동(35.5%), 경제개발5개년계획(24.5%), 경부고속도로 및 포항제철 건설(20.8%)을 들고 있다(조선일보, 2010. 5. 28.) 이 결과가 의미하는 바는 포항제철이라는 한 기업의 설립이 전 국가적 사업인 고속도로 건설과 같은 영향력을 가진 것으로 평가되는 동시에 경제개발5개년계획보다 크게 뒤쳐지지 않는 파급 효과를 가진 것으로 간주된다는 것이다. 그만큼 한국 국민은 포항제철의 성장을 한국경제 발전의 주된 원동력으로 인식하고 있다.

포항제철이 이른바 '무(無)'라고 불린 악조건을 극복하며 '양질의 철강제품을 안정적으로 국제철강가격보다 30% 내지 40% 저렴한 가격'에 공급하지 못했다고 가정한다면, 한국의 자동차산업도 조선산업도 가전산업도 오늘날의 영광을 누리기는 어려웠을 것이다. 철(鐵)과 깊은 연관을 맺은 모든 한국의 산업들이 오늘날과 같은 두각을 나타낼 수 없었을 것이다. 또한 국제시세보다 저렴하게 철강을 공급한 포항제철이 바로 그만큼 적자를 냈다고 가정한다면, 그렇게 하고도 해마다 경이로운 흑자를 내며 괄목하게 성장하지 못했다고 가정한다면, 세계 최고라 불려온 포스코의 영광은 아예 불가능했을 것이다.

그러나 박정희와 박태준의 인연 앞에 '위대한'이라는 말을 시들지 않을 꽃다발처럼 놓는 뜻은 단순히 국가경제와 국민생활에 기여한 크기에 대한 기억의 예의가 아니다. 포스코를 개인이나 가문의 기업이 아니라 가장 훌륭한 민족기업, 국민기업으로 육성했음에도 불구하고 어마어마한 열매들의 단 하나도 사적 소유로 만들지 않았다는 정신적이고 윤리적인 고결성에 대한 경의(敬意)의 예의이다.

박정희가 비극적으로 생을 마친 날로부터 무려 32년이 더 흐른 2011년 9월, 박태준은 포항제철 초창기 현장 직원들 380명과 다시 만나는 시간을 마련했다.

"보고 싶었소", "뵙고 싶었습니다". 이것이 식장 정면의 큼직한 현수막이었다. 해후의 자리는 곧 눈물의 호수로 바뀐 가운데 박태준의 연설이 이어졌다. 그는 여든네 살의 노쇠한 몸으로도 동지들과 후배들에게 박정희 대통령의 일념과 기획과 의지에 의해 포철이 탄생했다는 사실, 자신에게 보내준 그분의 완전한 신뢰, 모든 정치적 외풍을 막아준 그분의 울타리 역할 등을 결코 망각하지 말아야 한다고 당부했다. 그리고 그것은 그의 마지막 공식 연설이 되었고······.

박정희가 박태준을 전적으로 신뢰하며 정치적 외풍을 막아준 단적인 증거는 1970년 2월에 생긴 이른바 '종이마패'일 것이다. 불법정치자금을 뜯기지 않으려는, 설비구매의 잘못된 관료주의를 타파하려는 박태준에게 박정희는 암행어사 마패와 같은 '전권 위임의 증서'를 선물했다. 박태준은 그것을 한 번도 쓰지 않았지만.

박정희가 서거한 뒤 박태준은 13년을 더 포스코를 이끌어 제철보국의 원대한 꿈을 이루었다. 정치에 한 발을 담가 스스로 포스코의 울타리 역할까지 해내면서 기어코 박정희와의 약속을 지켜냈다.

포스코의 대성공(제철혁명)은 한국 산업화의 견인차가 되었다. 제철혁명은 산업혁명과 안보혁명의 하위개념이지만, 제철혁명이 성공하여 산업혁명과 안보혁명을 뒷받침할 수 있었다. 또한 산업화 성공은 민주화 성장의 물적 토대를 제공했다.

박정희의 혜안이 없었다면 포스코의 박태준은 없었고, 박정희와 박태준의 독특한 인간관계(완전한 신뢰관계)가 없었거나 박태준이 없었다면 제철혁명의 대하드라마는 대성취를 거둘 수 없었다. 그리고 박태준은 박정희 서거 후에도 한결같은 마음으로 그 인간관계를 아름답게 가꾸었다.

학자들은 박태준의 정신을 무사심(無私心)과 순명(殉命)의 애국주의로 규명했다. 내가 보기에 박태준의 일생에서 '박정희와의 약속'은 꼿꼿한 척추였다. 가령, 이런 장면을 보자. 2003년 가을, 광양. 박태준과 그의 평전 작가는 막걸리로 반주 삼으며 긴 대화를 나누고 있었다. 문득 박태준이 말했다.

"내가 포스코에서 딴생각을 했다? 그러면 죽어서 박 대통령과 만났을 때 창피해서 이거 한 잔 나눌 수 있겠소?"

작가를 빤히 쳐다보았지만, 그것은 자기 맹세 같았다. '딴생각'은 '검은 돈'이고 '이거'는 '막걸리'였다.

포스코의 주식을 공로주로든 뭐로든 단 한 주도 받지 않은 것으로도 유명한 박태준이 만약 박정희 서거 후에라도 '딴생각'을 품었더라면 두 인물의 만남은 '위대한 만남'의 종착역에 도달할 수 없었다. 떠난 이의 뜻과 남은 이의 뜻이 끝까지 일치한 점, 이는 '위대한 만남'의 화룡점정이다.

2011년 12월 13일 숨을 멈춘 박태준은 32년 전부터 박정희가 기다린 서울 동작동 국립현충원에 안장되었다. 그해 11월 14일 박정희 동상 제막식에 가서 축사할 예정이었으나 정작 당일엔 연세대 세브란스병원에 누워 있었던 박태준. 그의 유고(遺稿)에는 이런 문장이 담겨 있었다.

그리운 각하, 이제는 저의 인생도 얼마 남지 않았습니다. 우리가 재회하여 막걸리를 나누게 되는 그날, 밀리고 밀린 이야기의 보따리를 풀어놓겠습니다. 며칠은 마셔야 저의 이야기를 어느 정도는 마칠 것 같습니다. 부디 평안히 기다려 주십시오.

박태준이 이야기보따리에다 포스코의 파란만장한 사연만 아니라 포항공과대학교와 포항방사광가속기와 포항산업과학연구원을 설립한 취지를 반드시 담고, 1997년 겨울 '아이엠에프사태' 속에서 김종필과 함께 김대중의 손을 잡아 헌정(憲政) 50년 만에 처음 수평적 정권교체를 이룩하고 천신만고로 국가부도와 경제파탄 위기를 수습한 사연도 빼놓지 않으니, 박정희는 대목마다 추임새 넣듯 "임자, 잘 했어" 하고는 술잔을 집어 들며 즐거이 웃을 텐데, 과연 박태준의 그 소박한 소망은 이루어졌을까?

그때, 하느님의 귀는 열려 있었을 것이다.

제1장

동행

거사의 꿈, 거대한 웅지를 품었으나 성공의 길은 요원해 보이는 상관. 어쩌면 머잖아 숙청을 당하거나 예편을 당할 수 있는 상관. 그렇게 되는 경우엔 자신의 앞길에 걸림돌이나 될 수밖에 없는 상관. 그러나 박태준은 그 꿈과 그 웅지를 알처럼 품고 부화의 길을 함께 모색하는 쪽으로 주사위를 던진 사람이었다.

1968년 만우절에
'강철 맹세'가 있었네

1968년 4월 1일. 이 만우절에는 한국 현대사가 기록할 두 가지 '특별한 기념식'이 열렸다. 장소는 대전과 서울. 대전의 것은 거창하고, 서울의 것은 조촐하고 소박했다. 다만 시작이 조촐하고 소박하다고 해서 미래도 그래야 한다는 것은 아니었다. 시작은 미약하지만 끝은 창대하리라. 이 말이 바이블에 있지 않는가.

대전 공설운동장에서는 예비군 창설 기념식이 열렸다. 대통령이 직접 참석한 행사였다. 박정희가 야당의 반대를 뚫고 향토예비군을 창설한 것은 평양 김일성의 대남 적화전략 중 무장공비 침투에 대비하는 통치 차원의 사안이었다. 그만큼 절박한 사정이 있었다.

한국이 베트남에 파병한 1965년부터 북한의 대남 도발은 1953년 휴전 후 십여 년에 비해 횟수와 강도가 높아졌다. 특히 1968년 1월 21일 북한 특수부대가 박정희를 살해하기 위해 청와대 턱 밑까지 침투한 이른바 1·21사태는 정말 대범한 도발이었다. 예비군 창설은 정치적 억압을 강화하려는 정략이라는 비판이 제기되기도 했다. 그러나 정당성의 근거는 김일성의 무모한 대남 도발이었다. 사건에 비유하자면, 박정희에게 알리바이를 제공한 이가 김일성이었다.

예비군 창설의 그 만우절, 서울 한복판 명동 유네스코회관 3층에서는 조촐하고 소박한 기념식이 열렸다. 포항종합제철주식회사 창립식이었다. 창립요원은 사장 박태준을 포함해 모두 39명이었다. 9시 30분에 시작된 공식 행사를 마치고 담소를 나누는 뒤풀이 분위기는 차분한 가운데 비장감 같은 것이 감돌고 있었다. 누가 뭐라 하든 실망할 것도 없고 들뜰 것도 없다는 차분함 속에 흐르고 있는 그것은 박태준의 카랑카랑한 창립사가 남긴 여운이었다.

모든 성공여부는 지금부터 우리에게 주어진 직접적인 사명이며, 따라서 우리 자신의 잘못은 영원히 기록되고 추호도 용납될 수 없으며 가차 없는 문책을 받아야 합니다.

건전한 창업의 기반을 흔드는 전통적인 한국적 사회폐습의 침투력에는 과감히 도전하여 창업 시에 경험하는 사회사업적인 인사관리나 예산회계관리, 물자관리가 되지 않도록 확고한 신념으로 모든 일을 계획하고 집행해나가는 것을 기본정신으로 삼아주시기를 강력히 요청합니다.

너무나 실용적인, 쇠토막처럼 딱딱하고 강건한 선언이며 맹세다. 직접적인 사명, 추호도 용납될 수 없음, 가차 없는 문책. 이 말들에는 벌써 목숨을 걸자는 비장미가 엿보인다. 한국적 사회폐습에 과감히 맞서야 한다는 주문에는 부정부패를 철저히 불식하고 인사 청탁이나 이권 청탁을 단호히 배격하자는 굳센 결의가 도드라진다.

그렇게 비장한 창립을, 그 책임자가 하필 만우절로 잡는 것에 대하여 염려를 감추지 못하는 목소리들도 있었다. 창업 준비를 맡은 실무자들이 회사 창립일을 잡아 보라는 박태준의 지시를 받은 것은 그해 3월 20일이었다. 그날은 달포 전에 불입된 정부 출자금 3억 원과 대한중석 출자금 1억 원을 최초 자본금으로 삼아 종합제철 창립 주주총회를 개최한 날이었다. 실무자들은 뚜렷한 기준을 잡기 어려워서 유명한 역술인을 찾아갔다. 식당 개업 택일에도 온갖 정성을 바치는 한국 풍속이니까 살 떨리는 일이 아닐 수 없었다.

아직 회사이름도 결정하기 전에 알아본 창립일 후보는 셋으로 나왔다. 3월 26일, 4월 1일, 4월 4일. 역술적 길일(吉日)이라는 점을 제외시켜도 저마다 특별한 의미를 지닌 날들이었다. 3월 26일은 건국(초대) 대통령 이승만의 생일, 4월 1일은 진정한 봄의 시작, 4월 4일은 청명. 그러나 찜찜한 맛을 풍기는 날들이기도 했다.

이승만은 말년에 다가설수록 성공한 대통령이 되지 못하는 길로 빠져버렸고, 만우절에는 어떤 약속을 걸든 허튼 수작으로 미끄러질 수가 있고, 청명은 그 말뜻이야 기가 막히게 좋지만 한국인의 기분에 '4'자 겹침만은 피하고 싶은 것이고……

박태준은 4월 1일을 찍었다. 속으로 3월 26일이 좋겠다며 만우절만은 피할 것이라 기대하고 있던 실무자가 가만히 반문을 했다.

"4월 1일은 만우절 아닙니까?"

그러나 그가 단호히 반문했다.

"우리나라에 언제부터 만우절이 있었어?"

이래서 포스코 창립일은 4월 1일로 결정됐다. 그때 실무자들은 짐작하지 못했을 테지만, 종합제철 건설의 책임을 짊어진 박태준의 머릿속에는 두 개의 상관성에 대한 생각이 엉켜 있었다. 철(鐵)과 경제의 분리할 수 없는 상관성, 예비군 창설을 초래한 북한의 도발을 이겨내야 하는 철과 안보(국방)의 분리할 수 없는 상관성.

그런데 포스코 창립일과 일치했더라면 뒷날에 한국 산업화시대의 국가적 기념일로 지정해도 좋았을 기념식이 그보다 두 달 앞서 열렸다. 1968년 2월 1일 착공한 경부고속도로가 그것이다. 김영삼과 김대중을 위시한 야당의 극렬 반대와 1·21사태의 후유증 속에서 박정희가 의연히 밀어붙인 경부고속도로.

박정희가 박태준을 청와대로 불러 경부고속도로와 종합제철 건설에 대한 속내를 털어놓은 때는 1965년 6월 어느 날이었다. "고속도로는 내가 직접 감독할 테니, 종합제철은 임자가 맡아"라고 말했다. 그것이 3년을 지나지 않아 실현된 것이지만, 왜 그때부터 박정희는 산업화의 성패를 건 두 프로젝트를 놓고 박태준 앞에서 자기다짐을 하고 장차 그에게 맡길 '특명'에 대해 강하게 언질을 줬을까?

1969년 10월부터 1978년 12월까지 대통령 비서실장을 지냄으로써 그 자리의 최장수를 기록한 김정렴이 "공기업 사장들 중에 유일하게 박태준 사장만 대통령과 독대했다"는 증언을 남겼다시피, 박정희는 최고 권좌에 올라 처음부터 끝까지 박태준에게만은 독대의 특권을 부여했다. 박정희와 박태준의 '그 무엇'이 그것을 가능하게 만들고 지속하게 만들었을까? 대체 두 사람의 독특한 인간관계는 어떠한 것이었을까?

이 궁금증을 풀기 위해서는 저 1948년 남조선경비사관학교의 허술한 강의실로 거슬러 올라가 실마리를 잡고 그로부터 이십여 년 세월을 더듬어 봐야 한다.

박정희가 박태준의 영혼을 건드린 첫 만남

"……견딜 수 없는 바를 견디고 참을 수 없는 바를 참아갑시다."

일본 왕 히로히토의 저 목소리가 라디오 전파에 실린 것은 1945년 8월 15일 정오였다. 이른바 '무조건 항복' 선언. 이것을 박태준은 일본 산골의 온천마을에서 들었다. 와세다대학 기계공학과 1학년에 다니다가 도쿄를 아비규환의 불바다로 만드는 미군 대공습을 피해 산골로 와서 방공호 따위나 파며 견뎌내는 중이었다. '조센진 청년'이 견딜 수 없고 참을 수 없는 것은 가슴 밑바닥으로부터 북받치는 감격이었다.

1945년 가을에 박태준 가족은 가장(家長)의 솔가를 따라 '되찾은 빛'이 비치는 광복의 땅, 고향(현 부산시 기장군 장안읍 임랑리)으로 돌아왔다. 그때 박태준은 만18세. 신체도 정신도 청년의 기골을 완성하고 있었다. 세밑에 그는 상경했다. 서울 거리는 시위인파가 휩쓸고 있었다. 1945년 12월 27일 보도된 모스크바협정(모스크바 3상회의)에 5년 동안 조선을 신탁통치 한다는 내용이 포함된 것이었다.

서울에서 학업의 길도 취업의 길도 찾지 못한 박태준은 스스로 현해탄을 건너갔다. 일본에서 대학을 마치고 실력을 갖춘 인재가 되어 조국으로 돌아와 동량이 되겠다는 계획이었다. 1946년 봄, 그는 도쿄에 도착했다. 도쿄 역시 서울에 못잖은 아수라장이었다. 도쿄에서도 학구열을 채울 수 없다는 것을 깨달았다. 대학을 작파한 그는 다시 고향으로 돌아와 1947년 가을과 겨울을 집에서 칩거했다.

1948년 새봄, 어느덧 박태준은 스무 살을 넘어섰다. 해방을 맞았을 때보다 세상을 읽어내는 눈이 한층 더 밝아졌다. 이제 그의 시선은 분단 확정의 초읽기에 몰린 신생독립 조국의 초췌한 몰골을 외면할 수 없었다. 무엇을 할 것인가? 그는 부산의 국방경비대를 택했다. 병사들 중에 사관학교 후보생을 발탁한다는 것이 매력적인 유혹이었다.

"아버지. 군인이 되겠습니다. 건국(建國)에는 반드시 건군(建軍)이 있어야 합니다. 국가를 위해 뜻 있는 일을 하겠습니다."

박태준의 새로운 삶을 맞아준 부산 국방경비대. 그러나 박정희는 그곳에 없었다. 천 리나 떨어진 서울 태릉의 남조선경비사관학교(육사)에서 속성 장교들을 길러내고 있었다.

박태준보다 정확히 열 살 많은 박정희. 서로 이름도 모르고 얼굴도 모르는, 단 한 번 옷깃이 스친 적도 없는 두 사내의 첫 만남이 이뤄질 수 있을 것인가? 인생이 인연의 자계(磁界) 안에서 이뤄지거늘, 박정희의 인생을 위해서든 박태준의 인생을 위해서든, 장차 두 사내가 가슴에 품게 되는 새로운 시대의 개벽을 위해서든, 불가사의한 운명이라는 것이 개입한다면 미상불 두 사내는 돈독한 인연을 맺게 될 것이었다.

박태준이 부산 국방경비대를 떠나 남조선경비사관학교 6기생(277명)으로 입교한 때는 1948년 5월 6일이었다. 5기까지는 학병으로 일본군대를 체험했거나 일본군 장교 경력을 지닌 '군인 출신'이 대다수였으나, 6기는 국방경비대의 하사관이나 사병 중에서 선발했다. 해방 조국에서 처음 군복을 입은 청년들, 그래서 그들은 '메이드 인 코리아'라 부르며 자부심을 뽐내기도 했다.

최초의 메이드 인 코리아 장교. 그러나 장교가 되기에는 한참 모자라는 청년들을 메이드 인 코리아 장교들로 길러내는 교사 역할은 일본군 출신의 한국인(조선인) 장교들이 맡아야 했다. 그들 중에 박정희가 있었다.

박태준이 육사 6기생으로 들어간 1948년 5월, 박정희는 1중대장이었다. 박태준은 강창선의 2중대 소속이었다. 드디어 박정희와 박태준이 처음 마주칠 시간이 다가왔다. 그 장면은 어떠했을까? 이대환의 『박태준』 평전은 이렇게 묘사한다.

탄도학 첫 시간. 강의실에 들어서는 박정희 교관을 쳐다본 순간, 박태준은 싸늘한 새벽 공기가 앞문으로 불어 닥치는 느낌을 받았다. 그것은 신선한 긴장감으로 돋아났다. 그는 자신도 모르게 자세를 빳빳이 고쳐 앉았다. 깐깐하게 생긴 교관의 작은 체구는 온통 강한 의지로 똘똘 뭉쳐진 것 같았다. 강의실 공기가 삽시간에 팽팽해졌다. 목소리도 카랑카랑했다.

탄도학은 대다수 생도들에게 버거운 과목이었다. 탄도궤적 계산법에는 해석기하학, 미분, 삼각함수 등 각종 수학 원리가 포함되기 때문이다. 강의 중간에 박정희가 어려운 문제를 칠판에 적었다.

"어느 생도가 나와서 풀어보겠나?"

아무도 선뜻 손을 들지 않았다.

"자원이 없으면 지명해야지."

강의실을 탐조등처럼 훑어나가던 교관의 시선이 박태준 생도의 동공에 딱 머물렀다. 수학에 남다른 재능을 보였던 박태준에겐 벅찬 문제가 아니었다. 문제를 술술 풀어내자 교관의 차가운 얼굴에 살짝 미소가 피었다. 무언의 칭찬 같았다.

그날 점심시간이 끝날 무렵이었다. 박태준은 복도에서 박정희와 스치듯 지나쳤다. 생도가 거수경례를 붙였다.

"탄도학 문제를 푼 생도로군."

교관이 미소를 지었다. 이번엔 눈웃음도 곁들였다.

중대장 박정희는 생도 박태준의 영혼을 건드렸다. 그는 박정희가 비범해 보였다. 무언가 속이 꽉 차고 굉장히 무거운 사람이라는 첫인상을 받았다. 그것이 틀리지는 않은 모양이었다. 박정희가 내무반을 사열하러 실내에 들어서면 갑자기 어떤 기운이 꿈틀대는 것을, 그는 번번이 느낄 수 있었다.

박정희와 박태준은 키가 작았다. 164센티미터와 165센티미터. 체격은 박정희가 마른 편이고 박태준은 다부진 편이었다. 얼굴 생김새도 체격처럼 달랐다. 그런데 사내와 사내, 선배와 후배, 스승과 제자, 상관과 부하의 인간관계에서, 그것을 초월하는 동지적 인간관계에서 신체와 생김새 따위가 무슨 소용이란 말인가. 그들의 시대는 술잔을 얼마나 함께 기울일 수 있느냐가 훨씬 더 중요했다. 술자리는 인생을 살아가는 신념과 정신, 당대를 감당해 나가는 비전과 이상에 대한 확인과 공감의 자리였다.

과연 박정희와 박태준은 어느 날부터 그 술잔을 숱하게 주고받을 것인가.

'진짜 고춧가루 포대'에 담긴 박태준의 '매운 청렴'을 박정희가 꿰뚫어보다

단 한 번, 박정희는 군대경력에서 박태준의 후배라는 기록을 남겼다. 육군대학이 그것이다. 1953년 11월 준장 진급 후 미국 육군 포병학교 고등군사반을 유학하고 광주포병학교 교장을 거쳐 5사단장으로 있던 박정희가 갑자기 진해의 육군대학에 입교한 것은 1956년 7월이었다. 그해 5월의 대통령선거에서 '이승만 당선시키기 부정선거'에 전혀 협조하지 않은 데 대한 보복성 좌천인사였다. 장군 입교는 그가 처음이기도 했다.

박태준이 대구에 있던 육군대학에 입교한 때는 1953년 11월, 계급은 중령이었다. 육군대학을 수석으로 졸업하며 대통령 하사품인 금시계를 받은 그는 육군의 엘리트 반열에 올라 이종찬 장군과 박병권 장군에게 남다른 주목을 받고 있었다. '금시계 중령'을 두 장군이 서로 데려가겠다고 했다. 육대 총장 이종찬은 육대에, 육사 교장 박병권은 육사에. 두 장군의 합의에 따라 박태준은 육사 교무처장으로 부임한다.

박정희가 언제부터 '거사'를 꿈꾸며 군부의 '내 사람'을 만들기 시작했을까? 1956년 5월 대선 후 육대로 좌천당한 그즈음부터라는 견해가 지배적이다. 육대를 졸업한 그는 다른 사람이 되어 있었다고 한다. 인간성이 달라진 것이 아니었다. 세상의 모순덩어리를 해치우려는 포부를 가슴에 품고 '내 사람'을 찾아내고 만들기 시작했다는 것이다.

1957년 가을, 박태준 대령은 국방부 인사과장으로 있었다. 뒷구멍을 몰래 열어두면 마치 부엌의 음식을 훔쳐 나르는 영특한 쥐를 키우는 것처럼 청탁의 재물들을 소복소복 쌓을 수 있는 요직이었다. 하지만 그따위 뒷구멍을 경멸하는 장교에게는 차라리 지겨운 자리였다. 그런 어느 날이었다. 불쑥 그를 찾아온 장군이 있었다.

"자네 소문은 잘 듣고 있었어. 얼굴은 못 봤지만 자주 만난 것 같아."

"감사합니다."

벌떡 일어선 박태준은 은사 앞에서 환히 웃었다. 둘이서만 마주서기란 평생 처음이었다. 박정희는 자신이 육대에 박혀 있던 기간에 박태준이 국방대학원을 우수한 성적으로 나와 거기서 국가정책 수립담당 책임교수를 맡았다는 것도 알고 있었다. 물론 박태준도 근년에 부정선거에 반기를 들었던 박정희의 수난과 청렴성에 대해 듣고 있었다. 육군의 고위 장교 조직은 넓어 보여도 손바닥처럼 빤한 사회인 것이다.

"자네가 육군대학은 나보다 선배지?"

스승과 제자는 서로 멋쩍게 웃었다.

"1군으로 오지?"

"방법을 강구해 주십시오. 여기서 일 년이 다 돼갑니다."

"우리 25사단에 참모장이 필요해. 문제가 많은 사단인데, 참모장이 중요해. 참모장 다음엔 연대장으로 나가야지. 조금씩 조금씩, 그러면서 빨리 나가야지."

박태준은 박정희의 따뜻한 마음이 자기 내면으로 스며드는 것 같았다.

1948년 8월 박태준이 소위로 임관된 뒤부터는 같은 부대에서 근무하거나 한 번도 만난 적이 없었던 박정희와 박태준. 두 사내가 격변의 세월을 가로지르는 길은 달랐다. 박정희는 이념과 숙군의 질곡에서 생사를 넘나든 다음에 장군의 길을 걸어왔고, 박태준은 6·25전쟁 일선에서 생사를 넘나든 다음에 엘리트 장교의 길을 걸어왔다. 그렇게 거의 10년이 흐르고 나서 마침내 '내 사람' 찾기를 시작한 박정희가 직접 골라잡은 '탐나는 제자'는 어떤 사람이었을까?

박정희가 바란 대로 박태준은 국방부 인사과장이란 요직을 버리고 1군단 산하 25사단의 참모장으로 옮겨간다. 그때 25사단은 1군단 전투서열의 꼴찌로, 육군 2개 사단 해체결정 때 간신히 해체를 모면한 사단이었다. 그러나 그는 박정희를 동일 명령계통의 상관으로 모시면서 가끔씩 연락하고 아주 가끔씩 만나게 된다.

1957년 초겨울, 25사단 참모장 박태준은 어느 순간에 자신의 코를 의심했다. 월동작전에서 가장 긴요한 것이 김장인데, 고춧가루 포대들이 전혀 매운 냄새를 풍기지 않았다. 그가 병참장교를 불렀다.

"저거 하나 가져오고, 물 한 양동이 떠와서 부어봐."

삽시간에 '이적(異蹟)'이 일어났다. 말간 맹물이 뻘겋게 물들어버렸다. 소매를 걷고 양동이에 팔을 넣은 그의 손이 집어 올린 것은 톱밥이었다.

"이런 걸 병사들에게 먹여? 반역자 같은 놈들!"

박태준은 젖은 톱밥을 병참장교의 얼굴에 뿌리고 양동이를 그의 머리에 뒤집어 씌웠다. 발도 몇 번이나 움직였다. 이승만 정권 말기 군대사회의 부패가 일으킨 이적의 실체가 하급 관리인에게 혼쭐을 내는 것이었다.

그는 울화통과 분노를 억누르고 신속히 사후 처리에 착수했다. 진짜 고춧가루를 납품할 '정직한 업자 찾기'가 시급한 일이었다. 사건의 진상을 사단장에게 보고하는 것도 늦추지 않았다. 그러자 더 높은 상부에서 이상한 반응이 왔다. 납품업자를 교체하지 말고 앞으로는 진짜 고춧가루를 납품하겠다는 선에서 적당히 타협하여 마무리하라는 것. 그는 전화통을 집어던지고 싶었다.

그날 저녁이었다. 박태준의 숙소로 낯선 사내가 방문했다. 문제의 납품업자였다.

"참모장님, 한 번만 봐주십시오. 이번에 참모장님이 저의 뒤를 봐주시면 저는 두고두고 참모장님의 뒤를 봐드리겠습니다. 이게 다 세상 이치 아닙니까? 절대로 후회하지 않도록 해드리겠습니다."

당당하게 논리를 펼친 사내의 오른손이 자신의 품에서 두툼한 봉투를 물고 나온 찰나, 박태준은 그의 눈앞에 권총을 겨누었다.

"이 새끼야! 그 더러운 돈 가지고 당장 꺼져! 다시는 우리 부대 근처에 얼쩡거리지도 마!"

이튿날 오전이었다. 박태준은 1군단 참모장 박정희의 전화를 받았다.

"오늘 회의에 보고가 올라왔던데, 큰일 하나 저질렀다고?"

"큰일은 아닙니다. 김장을 제대로 담그려는 것뿐입니다."

"나중에 김치 맛보러 가야겠구먼."

두 사내는 웃었다. 불원간 만나자는 약속을 했다.

그리고 사나흘이 지났다. 트럭 한 대가 연병장으로 들어서자 휴식을 취하고 있던 병사들이 너도나도 환호성을 질렀다. 지나가는 바람에 매콤한 냄새가 묻어왔던 것이다. 진짜 고춧가루의 입영을 뜨겁게 환영하는 병사들의 모습은 '만연한 비리'와 '창궐한 부패'의 권력세계가 병영에서 연출한, 웃을 수 없는 희극의 한 장면이었다. 진짜 고춧가루를 제때 구해온 군수업자는 정두화, 이때의 인연으로 두 사람은 필생의 친구로 지내게 된다.

박태준 대령이 얼마나 '딸깍발이' 장교였느냐. '가짜 고춧가루 사건'에 단적으로 드러나지만, 그가 근무한 연대에서는 돼지고기 쇠고기 같은 특별부식이 나오는 날에 영외 거주 장교들과 부사관들이 아예 자전거를 집에 놔

두고 걸어서 출근했다. 퇴근 때 위병소의 너무 철저한 소지품 검사 자체를 피하려는 것이었다. 그뿐 아니었다. 박태준이 1군단 산하 연대장 회의에 출장을 가게 된 어느 날이었다. 연대 재무담당관이 그에게 여비를 챙겨주었다. 그런 일은 당시 군대사회에서 통상적인 일이었다. 그러나 박태준은 매섭게 호통을 쳤다.

"이게 귀관의 돈이야? 귀관이 뭔데 공금을 함부로 쓰나? 그러려면 군을 떠나야지."

그해 첫추위가 덮친 밤이었다. 박정희는 약속대로 박태준을 불렀다. 그날의 대화들 중에 박태준은 외국인 이름 하나를 오래 기억했다.

"술을 마시고 울분을 토한다. 필요하지. 그러나 충정이 이것처럼 허무하게 날아가 버려."

박정희가 담배연기를 길게 뿜었다.

"충정은 귀한 거야. 담배연기처럼 날릴 수는 없어. 케말 파샤 말인데."

박태준의 동공에 빛이 튀었다.

"케말 파샤? 토이기 국부 아닙니까?"

박정희가 잔을 들었다. 박태준도 잔을 들었다. 토이기는 터키의 한자 음역이다.

박정희가 택한 박태준. 두 사내는 새 인연을 이렇게 다시 엮고 있었다. 박정희의 쓰라린 후회에 귀착할 것인가, 빛나는 영광에 귀착할 것인가?

박정희가 술로써 박태준을
시험하다

1958년 국군의 날 기념행사에서 시가행진 부대를 지휘하여 25사단 발전에 크게 기여했던 박태준은 1959년 3월 육군본부 인사처리과장으로 부임하여 그해 8월 미국 연수를 다녀온다. 9월 17일 귀국. 자리는 그대로였다. 장교들이 '요직'이라 부러워하는 꼭 그만큼 그에게는 따분한 자리였다. 하지만 미국 연수 덕분에 석 달쯤 남은 비운의 1950년대를 거뜬히 버텨낼 수 있을 것 같았다.

드디어 1960년대의 막이 올랐다. '대망의 60년대'란 말을 썼다. 상투적인 그 '대망'은 두 갈래였다. 이승만의 집권이 안정적으로 지속되어야 한다는 기득권 세력의 집요한 욕망, 그리고 전쟁과 부패와 독재의 그늘을 걷어내야 한다는 시대적 당위.

바지런한 사내들이 먹을 갈아 '입춘대길(立春大吉)'을 쓰는 절기였다. 인사 서류를 만지는 박태준의 어깨를 툭 건드리는 손이 있었다. 약간 놀라며 고개를 돌린 그가 벌떡 일어섰다. 박정희였다.

"좋은 자리에 와 있구나."

"골치 아파 죽겠습니다."

박태준의 넌덜머리 표정에 박정희가 피식 웃었다.

"부산 안 갈래?"

쿡 찌르듯 내민 제안. 박태준은 알고 있었다. 박정희가 부산에 신설된 군수기지사령부 사령관으로 옮겨간다는 것을. 그가 애타게 기다려온 일처럼 대뜸 반색을 했다.

"갈 수만 있다면 당장 내려가겠습니다."

"이 사람아, 부산은 좋아. 회도 많고 술도 많아."

"우리 인사참모부장께 허락을 받아주십시오."

1960년 2월초, 회도 많고 술도 많은 부산으로 박정희를 따라 내려가는 박태준의 발걸음은 가벼웠다. 그것은 기쁨과 설렘이었다. 육사 생도 시절부터 존경해온 선배를 직접 모신다는 기쁨, 토이기의 케말 파샤라는 이름처럼 뭔가 큰일을 도모하게 될지 모른다는 설렘.

어린 딸을 안고 나서는 그의 아내(장옥자)도 발길이 사뿐사뿐했다. 오랜만에 고향방문을 가는 기분이었다. 1954년 12월에 육군사관학교 교무처장 박태준과 결혼하여 이리저리 남편의 근무지를 따라 숱하게 살림 보따리를 꾸렸는데 이번에는 또 얼마나 머물게 될지 몰라도 부모형제들이 살고 있는 부산으로 간다니까 재볼 것도 하나 없이 무조건 좋았던 것이다.

박정희 사령관의 부산군수기지사령부 참모들은 '박정희의 사람들'로 짜였다. 참모장 황필주-김용순 준장, 인사참모 박태준 대령, 작전참모 김경옥 대령, 헌병부장 김시진 대령, 비서실장 윤필용 중령, 공보실장 이낙선 소령. 이들은 박정희가 정권을 잡은 뒤에도 대통령의 측근에서 보좌하게 된다.

박정희가 군기(軍紀) 담당이기도 한 박태준에게 두 가지 지시를 내렸다. 한 가지는 특이한 것이었다.

"후방부대는 일선과 멀리 떨어져 있고 대민(對民) 접촉이 많으니 적절한 훈련을 통해서 규율을 확립하도록 해야 하니 그에 맞는 훈련 작전계획을 세우고, 우리 예하 부대와 부산 시민들이 함께 참여하는 체육대회를 동대신동 운동장에서 개최하는 계획을 세워 봐."

'특이한 것'이란 시민과 함께하는 체육대회였다. 왠지 그것이 박태준은 조금도 엉뚱하게 여겨지지 않았다. 오히려 즐거웠다.

그리고 며칠이 지났다. 박태준은 참모들끼리 모이는 술자리에 나갔다. 이튿날 아침에 사령관에게 보고해야 할 일거리가 부담스러워서 빠지고 싶은 생각이 스쳐갔으나 동료들과의 뜨거운 의기투합 자리를 차마 뿌리칠 수가 없었고 한국 육군의 선후배와 동기들이 손에 꼽아주는 '주호(酒豪)'의 명예에 구정물 같은 것이 튀게 할 수도 없는 노릇이었다. 그런데 술자리가 수상쩍게 돌아갔다. 묘하게도 술잔이 자꾸만 자신에게 집중되는 것이었다. 술을 피하거나 마다할 박태준이 아니지만 주는 대로 그냥 받아 마시다간 어느 순간인지 모르게 낭패를 당할 것도 같았다. 급한 대로 계략을 세워야 했다.

'주는 대로 다 받아 마시되, 돌려주는 잔은 약해 보이는 상대부터 하나씩 차례로 집중 공격한다.'

박태준은 자신의 긴급 계략에 대해 농담을 섞어 "내가 군기대장이니 금야(今夜)의 군기와 같은 주도(酒道)로 삼고 모두가 사수하자"고 제안하여 만장일치의 흔쾌한 동의를 받아냈다. 그리고 곧장 실행에 들어갔다. 그는 다섯 개의 술잔이 차례차례 건너오면 그걸 빠짐없이 다 비우고 찍어둔 한 사람에게만 다섯 개의 술잔을 차례차례 넘겨주었다. 그 계략은 적중이고 만점이었다. 그가 찍어둔 순서대로 한 사람씩 나가떨어졌다.

'박태준 뻗게 만들기' 술자리에서 거꾸로 최후 생존자로 남은 그에게 주어진 당장의 임무는 뻗은 동료들을 숙소까지 안전하게 배달해주는 일이었다. 소란스럽지 않게 동료들을 지프에 태워 보낸 그는 먼저 사무실로 갔다. 자정이 임박했으나 잠자리에 들어갈 형편이 아니었다. 장비소요 계획서를 완성하여 새날 아침 8시에 사령관에게 보고하기 위해서는 찬물로 세면부터 하고 책상에 앉아야 했다.

이튿날 아침에 인사참모가 보고서를 끼고 사령관실로 들어섰다. 박정희는 반가움과 놀라움을 감추지 못하는 표정이었다.

"자네는 무쇠덩어린가? 어젯밤에 뒤치다꺼리까지 했다며?"

"벌써 보고를 받았습니까?"

박정희가 빙긋이 웃었다. 비로소 박태준은 간밤에 자신이 '사령관의 계략'에 걸렸다가 긴급히 세웠던 그 '주도(酒道)의 계략'으로 무사히 벗어났다는 것을 깨달았다. 사실이었다. 그것은 박정희의 박태준에 대한 마지막 시험이었다. 인사참모에게는 내일 아침 8시에 주요업무에 대해 보고하라는 지시를 내리고, 다른 참모들에게는 '오늘밤 박태준에게 술을 실컷 먹여서 뻗게 해보라'고 했던 것이다.

한가로운 후방부대에서 거사를 꿈꾸는 박정희에게는 무엇보다 '사람'이 중요했다. 신념과 포부의 차원에서, 능력과 신의의 차원에서 '진짜 동지'를 발굴해야 했다. 이제 박태준은 박정희의 관문을 완전히 통과한 동지가 되었다.

박태준에 대한 인물평을 조갑제는 『박정희』에서 이렇게 쓰고 있다.

박태준 대령은 그때 한국군 안에서 자라나고 있었던 새로운 엘리트 집단을 대표하고 있었다. 미군 보병학교와 행정학교에 두 번 유학하여 현대적 전술학뿐 아니라 조직관리학을 배운 그는 1956년 수색에서 국방연구원(현 국방대학원의 전신)이 개교하자 국가정책 담당 교수가 되었다. 그때 교수부장은 유병현(합참의장, 주미 대사 역임) 대령, 경제정책 담당 교수는 이훈섭(철도청장 역임) 대령과 최영두(군정내각통제실 요원) 대령이었다. 이 학교는 고급 장교들에게 국가전략, 경제, 행정에 대한 폭넓은 지식과 시각을 제공했다. 이들은 5·16 뒤 국정운영에서 이때 얻은 지식을 활용할 수 있었다.

위의 인용에 나오는 박태준의 두 번째 미국 연수(미 육군부관학교 3개월)는 '부산군수기지사령부 사령관 박정희와 그의 참모들'이 거사 획책의 의심을 받아 부산에서 여섯 달도 버티지 못하고 이리저리 흩어진 직후에 이뤄지는 데, 박정희가 거사의 밑그림을 그려나간 부산의 그 길지 않은 날들은, 박정희가 박태준을 진심으로 아끼며 신뢰하고 박태준이 박정희를 진심으로 신뢰하며 존경하여 두 사내를 완전히 하나로 묶어주는 시간이 되었다.

박태준은 인생의 황혼을 거니는 때에 1960년 상반기의 부산 시절을 소년처럼 밝은 표정으로 회고한 적이 있었다.

"부산에서 많이 마셨소. 그분이 나를 꼬실 때 하셨던 말씀 그대로 회도 많고 술도 많은 시절이었소. 육영수 여사는 서울에서 내려오실 때마다 내가 인사참모가 아니라 술참모인가, 이러셨을 거요. 육 여사는 부산시절에 우리가 워낙 마셨던 기억을 가지고 계셔서 그 뒤에 청와대에서 술상을 마련해주실 때도 입가엔 미소를 짓고는 나를 살짝 흘기셨지……. 그때 부산에선 4·19비상계엄 관리도 있었고, 여러 모로 격변이었소. 하긴 해방 이후만 봐도 우리 세대에게 언제 격변 아닌 때가 있었겠소마는, 부산 시절을 통해서 그분과 나는 서로 눈곱만큼도 의심하지 않는 하나로 맺어졌고, 그 약속 그대로 여기까지 짧은 일생을 완주해온 거요."

박정희와 박태준, 두 사내는 부산에서 대체 어떤 약속을 했을까?

꽃 피는 동백섬에는
봄이 왔건만

부산군수기지사령부 관사는 동래 온천장 동네였다. 이른 봄날에 박정희는 술집의 일차를 마치면 얼큰한 술기운 속에서 곧잘 자기 관사로 참모들을 몰고 갔다. 대화도 노래도 참으로 편한 장소였다. 관사로 가자, 나를 따르라. 이렇게 취중 호기를 부리던 박정희가 갑자기 꼬리를 내리는 경우도 없지 않았다.

비상 발생, 이것이었다. 비상? 부대의 비상이 아니었다. 가정의 비상이었다. 술기운을 즐기며 사령관을 모시고 관사로 몰려가는 일행이 발길을 딱 멈추는 경우는 서울에 있어야 할 '사모님(육영수)'이 내려와서 관사에 불을 밝히고 기다리는 밤이었다. 삐삐도 휴대폰도 없던 시절, 사랑하는 아내가 새봄의 꽃소식처럼 내려와서 기다리는 밤, 박정희는 취중에도 참모들에게 화들짝 비상을 걸었다. 그때의 말은 늘 똑같았다.

"오늘밤은 안 되겠다. 비상이야 비상. 해산!"

술을 마시며 울분을 삭이고 거사의 밑그림을 그려 나가는 부산 시절의 박정희는 여야 정치인들의 청탁 처리에 대해 원칙을 지켰다. 합리적인 것이면 야당 의원이라도 들어주고 무리한 것은 여당 의원이라도 묵살했다. 자유당 실세 의원의 친척이 관련된 군내 부정사건도 철저히 수사하게 했다. 그 의원이 항의하러 사령관실로 찾아오자 몇 시간이고 기다리게 해놓고는 끝내 만나주지도 않았다. 박정희의 원칙은 박태준의 성정에도 딱 맞는 것이었다. 그러한 원칙에 대해 박태준은 '강직성, 합리성, 유연성을 겸비한 원칙'이라고 회고했다.

술자리에서는 '사람 좋은 낭만적인' 사령관, 공적 업무 처리에서는 빳빳이 원칙을 지키고 현장 확인과 대민(對民) 화합을 중시하는 리더, 가슴과 머리에는 거대한 꿈을 품은 몽상가. 이것이 1960년 봄날에 박태준이 직접 체험하며 확인한 박정희라는 인간이었다. 그때 자신의 내면에 새겨진 박정희에 대해 그는 아주 뒷날에 이렇게 털어놓았다.

"태릉 육사에서 생도 교육을 받을 때부터 장교들 중에 그분만 반짝반짝 빛나는 것 같았고 그래서 정신적으로도 끌렸던 분인데, 부산에서 군수기지 사령관으로 모셔보니 이미 어느 정도 알고 있긴 했어도 새삼스럽게 '아, 이분은 이 정도 자리에 있을 사람이 아니구나' 하는 생각을 단박에 할 수 있었소……. 그분과 밤낮 같이 보냈던 그 부산시절, 우리는 많이도 마시고 많이도 얘기했소. 민간복 차림으로 해운대를 산책하면서 동백섬도 자주 바라봤는데, 그때 우리가 무슨 대화를 나눴겠소? 장담컨대, 무슨 사적인 욕망 같은 것은 일절 어른거리지 않았소. 국가와 국민의 비참한 현실, 그게 우리의 정신을 강하게 억눌렀던 거요."

잠시 말을 쉰 노인(박태준)은 어느 틈엔가 눈시울이 그렁그렁해졌다.

"요새 젊은 사람들이 이해를 해주겠소? 일본에게 짓밟혔던 나라, 김일성이 저지른 전쟁에 엉망진창 깨졌던 나라, 부패와 혼란의 나라, 방방곡곡 아이도 어른도 굶주렸던 나라, 희망이 안 보였던 나라, 이게 당시의 대한민국이었소. 그때 박정희 사령관은 국가와 민족을 위해 한 목숨 걸겠다는 각오와 신념이 확고한 사람이었고, 휴전을 하고 보니 멀쩡하게 살아 남았던 나도 그때부터 '짧은 일생을 영원 조국에' 바치겠다는 각오와 신념이 서 있던 사람이었소. 동백섬을 바라볼 때 말이오, 우리는 혼에 새겨둔 그 각오와 신념을 일생에 걸쳐 반드시 실천하자는 약속을 하고 맹세를 했던 거요⋯⋯. 79년 10월에 그분이 돌아가시고, 나에겐 여러 가지로 시련이 닥쳐왔지. 그러나 어떤 투쟁을 하든 어떤 유연성을 부리든 내 목표는 그분과의 그 약속, 그 맹세를 실천하는 것이었다고 자부할 수 있소. 나도 사람인데 넘어지고 싶을 때도 있었지. 그러나 그 약속, 그 맹세가 지팡이였소."

1960년 2월 28일(일요일) 오후, 대구에서 고등학생 천여 명이 '민주주의를 살리자'는 구호를 외치며 시내 중심가에서 행진을 벌였다. 그들의 '일요시위'는 한 편의 희극 대본이 애당초 의도와는 정반대로 뒤집어진 것이었다. 학생들을 자극한 직접적 계기는 '일요등교'였다. 그날은 민주당 부통령 후보 장면이 대구에서 선거유세를 열기로 되어 있었다. 자유당 정권은 교장들을 소집해 고등학생들의 정치집회 참가를 막는다는 명분으로 일요일에도 등교시키라는 긴급지시를 내렸다. 그러나 학생 대표들이 비밀회합을 열고 하교 뒤에 항의시위를 벌이자는 결의를 했다.

대구 '2·28'은 물꼬였다. 학생시위의 봇물이 터졌다. 서울, 대전, 수원, 충주, 청주, 부산, 포항, 원주, 문경 등 전국 각처의 고등학생들이 민주주의와 공명선거를 외치며 시위를 벌였다. 아직 대학에서는 두드러진 움직임이 없었다. 1960년에 건국 후 처음 10만 명을 돌파한 대학생들은 머리칼을 군인처럼 밀고 다니는 후배들의 행동을 기특하게 지켜보는 중이었다.

고등학생들이 주도하는 비상한 시국 상황에 대해 박정희가 박태준에게 한마디를 했다. 씁쓸한 독백에 가까운 말이었다. "겁 없는 고등학생들이 비접한 장성들이나 장교들보다 낫군." 박태준은 조심스레 답을 했다. "꼭 와야 할 것이 온다는 신호탄 같습니다." 박정희는 더 이상 말이 없었다.

3월 15일, 방방곡곡 폭력과 테러의 공포 분위기 속에서 자유당의 상상력을 자랑하는 온갖 부정선거가 자행되었다. 3인조 공개투표, 대리투표, 환표, 환함……. 마산의 민주당은 '4할 사전투표함'을 발견했다. '선거포기'를 선언했다. 투표소로 가지 않는 시민들이 거리로 몰려나왔다. 이 시위에서 열일곱 살 김주열 학생이 희생되었다. 마침내 4·19의 도화선에 불이 붙었다. 고등학생 시위가 보여주었듯이, 독재정권을 폭파할 폭약은 이미 축적돼 있었다.

4·19비상계엄. 박정희가 부산지구 계엄사무소장이 되었다. 박태준은 부산시청 통제관으로 나갔다. 박태준은 충격을 받는다. 공무원들의 낙후성을 목격한 것이다. 군대에서는 미군 제도를 받아들여 행정전문가 시스템으로 조직을 관리하는데, 민간 관료들의 행정은 일제시대의 방법을 답습하고 있었다. 문서 작성 하나만 보아도 그랬다. 군대에서는 한글 타자기를 사용해 요점 위주로 작성하는데, 공무원들은 펜대로 '수제지건(首題之件)에 대하여'로 시작되는 유장한 작문을 하고 있었다.

박정희 사령관을 보좌했던 부산지역 4·19비상계엄 업무에 대해 박태준은 그로부터 40년이 더 흐른 뒤에 이렇게 회고했다.

"내가 포철에서 부실공사를 폭파해 버리지 않았소? 그때 부산시청에 나가서 행정 실태를 확인하고는, 야, 이건 안 되겠다, 폭파하고 새로 지어야 할 것들이 한두 가지가 아니다, 이런 생각부터 들었소. 나중에 박정희 대통령을 모시고 하기는 했지……(웃음). 그분의 계엄업무는 원칙이 분명했소. 이승만 대통령의 하야 이전과 이후로 대비되었는데, 하야 이전에는 학생들과 시민들을 이해하고 보호하는 작전으로 나갔고, 하야 이후에는 극렬 시위를 훈계하고 해산하는 작전으로 나갔소. 하야 이후에도 부산에는 난동이 심한 편이었소. 해산시키다가 안 되면 일단 잡아들여서 훈방을 하는 작전으로 나갔지만, 어떤 경우에도 계엄군이 학생들이나 시민들의 인명을 다치게 해서는 안 된다는 원칙을 확고하게 고수했다고 자부할 수 있소. 4·19에서 우리 군의 가장 큰 명예는 끝까지 발포하지 않았다는 거 아니오? 부산에서는 박 사령관이 처음부터 그런 원칙을 세웠소. 서울의 계엄사령관이 발포명령을 했더라도 부산은 그 방법을 피했을 거요."

1960년 4월 26일 오전 10시 30분, 이승만이 라디오에서 하야 방송을 했다. 박태준은 느낌들이 뒤엉켰다. 역사에 건국의 아버지로 기록돼야 하는 인물이 초췌한 몰골로 쫓겨나는 모습이 착잡하고, 전쟁까지 겪었지만 부정부패에 휘말려 나라를 망쳐놓은 것이 원망스럽고, 마음 한 구석에선 모락모락 희열이 피어오르기도 하고……. 그런 박태준에게 박정희가 시니컬하게 말했다.

"정치권이 현 시국을 극복해나갈 능력을 가졌나? 두고 봐. 어림없어. 학생들이 단기적으로는 장한 일을 했지만, 장기적으로는 일을 어렵게 꼬이게 한 거야."

박태준의 뇌리에 번개 같은 것이 스쳐 지나갔다. '아, 일단은 명분을 잃었다는 거구나. 하지만 머잖아 다시 명분이 쌓이게 된다는 거구나.'

꽃 피는 동백섬에 봄이 왔건만……. 이렇게 시작되는 불세출의 가수 조용필의 〈돌아와요 부산항에〉는 훨씬 더 세월이 흐른 뒤에 우리 국민의 심금을 울리게 되는데, 꽃 피는 동백섬에는 봄이 왔건만 동백섬을 바라보며 무수한 술잔을 기울인 박정희의 가슴에는 봄이 오지 않았다. 박태준의 가슴에도 꽃은 피지 않았다. 다만 그들은 봄을 준비하고 있었다.

태풍의 눈과 같은 편지,
〈낙화유수〉의 그 밤에 지다

4·19의 신선한 기풍이 군부에도 쇄신 바람을 일으켰다. 군부는 변해야 했다. 박정희는 박태준을 비롯한 핵심참모와 숙의하고 드디어 과감한 행동에 나선다. 그것은 1960년 5월 2일 송요찬 계엄사령관(육군참모총장)에게 편지를 보내는 방식으로 이뤄진다.

박태준이 "세월이 많이 흘러서 복기해 보았을 때는 태풍의 눈과 같은 역할을 했던 것"이라고 평가한 그 문제적 편지는 '4·19사태를 민주적으로 원만히 수습하신 각하의 공적이 절찬에 값하는 바임은 물론이오나 3·15부정선거에 대한 책임도 또한 결코 면할 수 없는 것이며 따라서 그 공과(功過)는 상쇄(相殺)가 불가능한 사실에 비추어 가급 조속히 진퇴를 영단(英斷)하심이 국민과 군의 진의에 영합하는 것'이라고 진언했다. '각별한 은혜를 입은 부하로서 각하를 길이 받들려는 미충(微忠)에서 감히 진언드리는 충고를 경청하시기를 복망(伏望)합니다'라는 예의도 갖추고 있었다.(이 편지의 전문은 조갑제의 『박정희』에 있음)

박정희를 1군단 참모장으로 발탁하고 부산군수기지 사령관으로 밀어준 송요찬은 이승만 하야 직후에 시민사회에서 거의 영웅 대접을 받는 중이었다. 시위대에 발포하지 않고 대통령 하야를 건의한 것이 그의 영웅적 공로로 칭송되고 있었다. 그러나 그가 과거의 부정선거에 깊이 연루된 것은 숨길 수 없는 사실이었다.

시대적 격랑의 한복판에 뛰어든다는 선언과도 같은 박정희의 그 편지가 인편으로 부산에서 서울로 출발한 날, 허정 과도정부 내각 수반이 이종찬 장군을 국방부 장관에 임명했다. 1952년 부산 정치파동 때 이승만 정권의 전복을 생각했고 한때는 많은 장교들에 의해 군사혁명의 지도자로 지목 받았던 이종찬. 그의 국방부 장관 취임을 박정희는 좋은 일이라고 했다. 박태준에게도 기쁜 일이었다. 이종찬이 육군대학 총장으로 재임한 당시의 수석 졸업자가 박태준이었고, 그때부터 그는 박태준에게 남다른 관심을 보내주고 있었다.

야당이 국회 의석의 과반을 차지하고 있던 1951년 11월, 국회에서 대통령을 선출하는 기존 제도로는 연임에 실패할 것이 뻔한 정치적 상황에서 이승만이 대통령 직선제 개헌안을 국회에 제출한다. 그러나 이듬해 1월 국회가 그것을 부결시킨다. 이에 맞서 정부는 국회를 해산할 목적으로 5월 26일 부산, 경남, 전라도 지역에 계엄령을 선포한 데 이어 부산에서 병력을 동원하여 등원하는 국회의원들이 타고 있는 버스를 강제로 납치한다. 헌병대에 연행된 야당 국회의원은 오십여 명이었다.—이것이 전쟁 중에 일어난 이른바 부산 정치파동의 발단이었는데…….

이종찬이 국방부 장관을 맡은 그날, 박정희는 박태준에게 부산 정치파동에 대한 회고를 들려주었는데 그 끝머리에 미소를 머금으며, "그때 이종찬 육군참모총장 명의의 〈육군장병에게 고함〉이라는 훈령을 작성한 장본인이 바로 나였어."라고 말했다. 그 훈령은 어떤 것이었을까? 당시 상황에 대한 기억은 박정희, 이용문과 절친하게 지냈던 시인 구상(具常)의 에세이 「무등병(無等兵) 복무」가 풍부하게 담고 있다.

5·26 제1차 정치파동 때 이승만 대통령이 원용덕 장군을 시켜 병력을 불법으로 정쟁(政爭)에 투입시켰을 때 육군본부 참모진의 동태 하나만을 내가 아는 대로 적어볼까 한다.

그때 육군참모총장은 이종찬 소장이었고, 참모로는 양국진, 김용배, 김종명, 이용문, 백선진, 심언봉, 이호, 손성겸, 정래혁 등 제 장군(당시 대령도 있었음)이었다고 기억되는데 부산서 군인을 동원하여, 등원(登院)하는 국회의원들을 강제로 납치하는 사태가 벌어지자 육군본부에서는 곧 참모회의를 열어 그 불법성에 반대하기로 결의하고 육군참모총장 명의의 〈육군장병에게 고함〉이라는 훈령을 작성하여 27일 각 부대 지휘관에게 시달하였는데 그 내용인즉,

"(전략) 현하(現下)와 같은 정치 변동기에 승(乘)하여 군(軍)의 본질과 군인의 본분을 망각하고 정사(政事)에 관여하여 경거망동하는 자가 있다면 건군(建軍) 역사상 불식할 수 없는 일대 오점을 남기게 됨은 물론 누란(累卵)의 위기에 있는 국가의 운명을 일조(一朝)에 멸망의 심연에 빠지게 하여 한을 천추에 남기게 될 것이니 제군은 국가의 운명을 쌍견(雙肩)에 지고 조국 수호의 본연의 사명에 염념명심(念念銘心)하여 일심분란(一心不亂) 헌신하여 주기를 바란다. (하략)"

지금 읽어도 실로 의연하고 정당한 명문(名文)으로 이 문안 작성자의 이름은 지금 밝히기를 삼간다.(실은 아이러니컬하게도 박정희 당시 중령이었음-필자 추기).

물론 이것을 외면으로만 보면 군의 정치개입을 반대하는 명분을 앞세운 거사(擧事)요 행동이었으나 돌이켜 생각하면 군인들이 우리 정치의 불법과 횡포에 대한 최초의 반기(反旗)요 항거로서 나는 역사적 의의를 지닌 사건이라고 본다.

박정희가 부산에서 인편으로 보낸 편지에 급소를 찔린 송요찬은 분개했다. 박정희의 거사 낌새를 경계하는 장성들과 고위 장교들만 골라 그것을

회람시키고, 육본 장병들을 연병장에 집합시켜 '하극상'이라는 말까지 동원하며 박정희를 비난했다. 그러나 곧바로 육사 8기 김종필 중령 등이 연판장을 돌려 정군(整軍)운동을 개시했다. 박정희의 거사를 획책하는 김종필의 행동이 수면 위로 솟구친 것이기도 했다. 육군의 정군운동은 해병대, 공군, 해군으로 번져나갔다.

정군운동에 탄력이 붙는 가운데 부산시내에 일본 조총련이 부산 시위에 개입한다는 유언비어가 퍼졌다. 조총련의 보이지 않는 손이 들어와 있다. 이것은 박정희의 전력을 공격하면서 그의 연루 의혹을 부풀리기에 딱 알맞은 소재였다. 부산의 민주당 두 국회의원이 허정에게 박정희가 조총련 자금 10억 환을 받았다는 밀고까지 했다. 박정희를 알고 박태준을 믿는 이종찬은 그것을 믿으려 하지 않았다. '박정희의 전력'을 들쑤시는 책략으로 톡톡히 재미를 쌓은 송요찬이 박정희를 못 믿으니 부산에 추가파병을 해야 한다고 했다. 그러나 박정희는 이종찬에게 추가파병에 반대하는 의견을 올렸다. 결국 송요찬은 부산에 감찰만 파견했다.

최영희 중장과 서종철 소장이 부산으로 내려왔다. 최영희의 뜻에 따라 두 장군은 갈라졌다. 최영희가 단독으로 박정희를 만났다. 함께 근무한 적이 없는 사이였다. 그러나 박정희와 술잔을 기울인 그는 사흘 만에 박정희를 이해하고 두둔하는 사람으로 바뀐다.

키가 훌쩍 크고 덩치가 좋은 서종철 접대는 박태준이 맡았다. 박태준은 서종철을 직속상관으로 모신 적이 있었다. 25사단에서 사단장과 참모장이었던 것이다. 서종철은 박태준의 영접이 반가웠다. 사단장 시절에 톡톡히 신세를 졌던, 꼴찌 사단을 일등 사단으로 거듭나게 만든 '일등공신'이었던 후배와 오랜만에 만났으니 술이라도 한턱내고 싶은 심정이었다. 박태준은 서종철을 생선회 좋은 술집으로 모셔갔다.

"해병대다 뭐다, 여기 자꾸 이상한 사람들이 모인다는 정보가 올라와서 말이야. 야, 박 대령, 여기 이상한 사람들만 모이고 있던데, 정말 뭐 하는 거 아니야?"

"하긴 뭘 한단 말씀입니까? 송요찬 참모총장께서 우리 사령관의 서신 때문에 화가 나서 분풀이를 하시는 거지요."

박정희의 오른팔 역할을 하며 '변혁의 인자'로 박혀 있는 박태준은 태연히 둘러댔다.

1960년 5월부터 7월까지 석 달 동안 부산 군수기지사령부를 들락거린 대표적 인물은 육군 김종필 중령과 해병대 김동하 장군이었다. 서종철은 박태준을 괴롭힐 마음이 아니었다. 두 사람의 '공식적 대화'는 그런 수준에서 더 나가지 않았다. 거구의 손님은 사람 좋게 물렁물렁했다.

최영희와 서종철에 이어 송요찬이 직접 부산에 내려왔다. 그러나 그는 군수기지사령부 장병들 앞에서 박정희의 계엄업무에 대해 칭찬을 아끼지 않았다. 권력 상층부와 군부의 대세가 송요찬과 반대방향으로 기울고 있다는 증거였다. 이종찬도 부산을 시찰하러 내려왔다. 5월 9일에는 정부 대변인이 부산 시위에 공산세력이 개입했다는 일부 정치인들의 주장에 대해 '공식적'으로 부인했다. 박정희가 유언비어의 마술에서 '공식적'으로 풀려난 순간이었다. 그러나 6월에도 방첩대는 '박정희 장군을 중심으로 장교들이 심상치 않은 움직임을 보이고 있다'는 첩보를 올리고 있었다. 육군 수뇌부가 마냥 깔아뭉갤 수 없는 일이었다. 잡아 가두든가, 옷을 벗기든가, 쪼개 버리든가.

노년의 박태준은 송요찬과 박정희의 인연에 대해 이야기하는 가운데 언뜻 떠오른 무엇을 포착한 것처럼 '송요찬과 철강'에 대해 평가한 적이 있었다.

"송요찬 장군과 박정희 장군의 관계는 좋은 시절도 있었고 나쁜 시절도 있었소. 나중에는 박 대통령이 그분을 인천제철 사장으로 보내기도 했지. 그때가 언제였나⋯⋯, 포철에 대한 대일청구권자금 전용 협약을 끝내고 내가 착공 준비에 여념이 없었던 때였으니, 69년 말이나 70년 초쯤이었을 거요. 군복을 벗은 송요찬 참모총장도 한때는 철강인이 되었던 거지. 당시 인천제철은 60만 톤짜리 전기로 제철소였는데, 그분에 대해 경영자로서 평판이 좋은 편이었소. 철강에는 문외한이라는 자기 한계를 스스로 인식하고 그걸 극복하기 위해 선진 제철소 견문도 열심히 다니고 국제적 추세도 파악해서 방향을 제대로 잡았던 모양이오. 업무의 선후도 잘 정리하고 추진력도 강하고 대외협상력도 남달랐다는 거요. 그런 평판은 나도 참 듣기에 좋았소."

1960년 7월 하순, 박정희는 참모들과 출입기자들을 데리고 부산 송도해수욕장 근처의 음식점에서 회식을 열었다. 그날 회식 자리를 박태준은 팔순을 넘어서도 선명히 기억했다.

"그날 저녁이 부산 시절의 마지막 술자리였소. 부산에 오래 있지 못할 거라는 예상은 했지만, 그날이 끝인 줄 알았다면 기자들을 왜 불렀겠소? 그분의 술자리 장기가 유감없이 발휘됐지. 남인수의 〈낙화유수〉 있잖소? 나도 그분한테 배운 거나 마찬가진데, 이 강산 낙화유수 흐르는 봄에 새파란 젊은 꿈을 엮은 맹세야 세월은 흘러가고 청춘도 가고 한 많은 인생살이 꿈같이 갔네⋯⋯. 이걸 군가처럼 불렀지. 우리는 군인이었으니. 그분은 항상 술자리를 편하게 해줬어. 참모들은 알아서 했고. 허어, 그날은 '안남춤'까지 추시더군. 방석을 머리 위에 올려 수건으로 싸매고 추는 춤인데⋯⋯, 바로 그 자리에 육본 인사 발령이 도달했소. 광주로 가라. 그래서 그날 밤에 정말 대취를 하셨소. 우리가 그분을 업고 나왔으니까."

  술이 깨고 새날이 밝으면 광주로 떠날 준비를 해야 하는 박정희는 박태준에게 무슨 말을 할 것인가? 새파란 젊은 꿈을 엮은 맹세, 인생의 전부를 걸라 하는 그것을 이제 어쩌자 할 것인가?

박정희와의 동행에 운명을 건
박태준

"광주로 같이 가자. 참모장을 맡아줘."

술 냄새를 풍기는 박정희의 제안에 담긴 의미를 박태준은 금세 알아차렸다. 최소한 두 가지였다. 하나는 자신을 깊이 신뢰하고 있다는 것, 또 하나는 좌천당한 울분과 과음의 후유증 속에서도 가슴속의 웅지를 잘 간직하고 있다는 것.

"회는 없어도 술이야 많지 않겠습니까?"

박정희가 미소를 지었다. 박태준도 미소를 지었다.

사령관 집무실을 나서는 박태준은 어느덧 자기 운명의 나침반을 고정시키고 있었다. 그것은 박정희의 길을 끝까지 함께 가겠다는 다짐과 의지였다. 거사의 꿈, 거대한 웅지를 품었으나 성공의 길은 요원해 보이는 상관. 어쩌면 머잖아 숙청을 당하거나 예편을 당할 수 있는 상관. 그렇게 되는 경우엔 자신의 앞길에 걸림돌이나 될 수밖에 없는 상관. 그러나 박태준은 그 꿈과 그 웅지를 알처럼 품고 부화의 길을 함께 모색하는 쪽으로 주사위를 던진 사람이었다.

박태준이 박정희의 제안을 거절한 적도 있었다. 25사단에서 참모장, 연대장을 지내는 박태준에게 1군단 참모장 박정희가 "함께 일하자"며 본부사령직을 제안했다가 "그건 밥장사 아닙니까?"라는 퇴짜를 맞았던 것이다. 그때 박정희는 '거절한 박태준'이 더 믿음직스러웠다. 딸랑딸랑 하는 짓은 싫다. 그 기개가 좋았던 것이다.

박정희와 박태준의 광주 동행. 서로가 강하게 원하는 그 길을 육군의 더 높은 상부가 막아섰다. 장도영 2군 사령관이 박정희에게 지금 광주 1관구 사령부의 참모장은 자기가 거기로 보낸 지 얼마 되지 않으니 계속 써달라고 부탁한 것이었다. 박정희에게 부탁하는 장도영도 고려한 점이겠지만, 당시 군은 한 자리에서 최소 여섯 달을 못 채우면 장교 인사고과에 반영하지 않았다. 해당 장교에게는 '경력 낭비'였다.

박정희가 부산을 떠나고 일주일쯤 지나서 박태준은 편지 한 통을 받았다. 인편으로 온 박정희의 육필은 이런 내용도 담고 있었다.

자네에게 미안한 마음이 크네. 자네마저 6개월을 못 채우고 부산을 떠나게 된다면, 그건 경력에도 포함되지 않을 테니, 자네를 부른 내 마음은 괴롭다네. 자네의 다음 보직을 걱정하면서도 그걸 도울 수 없는 내 입장을 이해해주게.

즉시 박태준은 만년필을 잡았다. 거침없는 필치의 답신은 다음과 같은 당당한 목소리도 담고 있었다.

대한민국 육군에서 저와 같은 경력의 소유자가 몇 명이나 있겠습니까? 저도 어디론가 쫓겨나겠지만 좋은 데로 가게 될 테니 아무 걱정 마십시오.

박정희에게 보낸 박태준의 큰소리가 허장성세는 아님을 증명하듯, 1960

년 8월 하순에 그는 '미국 육군부관학교'로 연수 가겠느냐는 제안을 받는다. '한국군 안에서 자라나고 있었던 새로운 엘리트 집단을 대표'하는 박태준이었다. 그는 수락하고 싶었다. 일 년 전의 미국 연수에서 받았던 신선한 충격을 새로이 체험하고 싶었다. 그러나 혼자서 결정할 일이 아니었다.

박태준은 광주부터 다녀오기로 했다. 가장 빠른 교통수단은 열차였다. 부산에서 경부선으로 대전까지 올라가 대전에서 호남선으로 갈아타고 광주로 내려갔다. 박태준의 보고를 들은 박정희는 먼저 손가락으로 육갑을 짚듯 찬찬히 셈부터 했다.

"내년 1월에 돌아온다고 했나?"

"예."

"그럼 됐어."

"다녀와도 되겠습니까?"

"그래, 넉넉해. 나도 5년 전에 미군 포병학교 고급반에 가서 공부했는데, 양놈들한테 배울 게 많아."

"알겠습니다."

박태준이 일어섰다.

"자네의 시간 없는 사정을 내가 맨입에 보내는 핑계로 삼는구면."

"아닙니다."

"가서 잘 보고, 잘 배워. 나중에 다 나라를 위해 쓰일 날이 올 거야."

박태준의 거수경례를 박정희가 거수경례로 받았다. 그것만으로는 뭔가 허전하여 굳센 악수도 나누었다.

1960년 9월, 박태준은 아내와 어린 딸들을 서울에 두고 장도에 올랐다. 가난한 나라의 젊은 대령은 두 번째로 미국에 발을 디딘 기념으로 꼬박 하루를 바쳐 샌프란시스코를 돌아보았다. 금문교를 자랑하는 도시는 그의 가슴에 쓰라린 한 문장의 희원으로 남았다.

'우리는 언제쯤에나 이런 문명사회를 건설할 수 있을까……'

샌프란시스코에서 고급열차에 올라 육군부관학교가 있는 인디애나폴리스로 가는 사흘 여정 내내 박태준은 우울한 기분을 떨칠 수 없었다. 광활한 미국의 '문명'이 조국의 '초가집'을 짓누르는 거대한 바위처럼 보였다.

강대한 부자 나라의 육군부관학교에서 박태준은 최신 행정이론과 관리제도를 중점적으로 배웠다. 오퍼레이션 리서치(Operation Research), 군사물자의 효율적 배치와 관리에 필요한 공정관리기법(PERT)과 선형계획법(LP)……. 뒷날에 경영자로 나서는 그에게 보탬이 된, 한국군 장교로선 처음 공부하는 과정이었다.

박태준이 미국에서 열심히 선진문물을 습득하는 동안, 박정희는 광주에서 '거의 잠깐'이라 부를 만하게 근무하고 육군본부 작전참모부장으로 옮겨가 있었다. 1960년 10월과 11월, 그의 심기는 불편하고 불안했다. 김종필 중령이 주동한 이른바 '하극상 16인'의 배후 조종자로 지목된 것이었다. 매그루더 주한 미군 사령관이 장면 정부의 권중돈 국방장관과 최경록 참모총장에게 박정희를 예편시키라는 압력을 넣었다. 박정희는 초조했다. 군법회의에 회부된 김종필 등 '박정희의 사람들'이 불원간 군복을 벗게 될 상황에서 자신에게도 일대 위기가 닥쳐오는 것을 감지할 수 있었다.

박정희는 구명운동에 나서기로 했다. 낭떠러지 앞에서 그가 간신히 붙잡은 줄은 국회 국방위원장 이철승이었다. 썩은 줄은 아닐 것이었다. 당시 정치권력 지형도에서 다행히 이철승은 장면에게 말발이 세게 먹히는 국회의원이었다.

박정희의 '박태준 귀국 환영연',
그리고 새벽이 오다

이철승은 유효한 줄이었다. 그 줄을 잡고 박정희는 '군복을 벗어야 하는 위기'를 벗어나는 데는 성공했다. 그러나 곧 서울을 떠나야 했다. 그것은 거사의 공간에서 멀리 벗어나야 하는 괴로운 노릇이었다.

1961년 1월 박태준은 귀국했다. 그의 가방엔 '금속제 모형 선박'이 들어 있었다. 아내를 위한 선물이었다. 미제 화장품을 기대하고 있던 아내를 시무룩하게 만들기에 충분한 '공학도'다운 선물. 그나마 공돈으로 구한 것이었다. 미군 안내자가 한반도의 촌놈들을 주눅 들게 하려고 돌아오는 길에 데려간 라스베이거스, 그 도박의 요지경에서 그가 빙고에 덤벼 단번에 왕창 따먹은 돈을 풀었던 것이다.

박태준은 머뭇거릴 틈도 없이 대구로 내려가야 했다. 광주에 있다가 서울로 올라온 박정희가 어느새 다시 대구로 밀려난 것이었다. 박태준이 귀국한 무렵, 한국 육군 수뇌부에 중요한 인사가 이루어졌다. 장면 정권이 최경록 육군 참모총장을 2군 사령관으로 좌천시키고 장도영 장군을 그 자리에 앉힌 일이었다. 광주에 박혀 있다가 최경록의 배려로 육군본부 작전참모부장으로 올라와 있던 박정희는 그를 따라 대구로 내려갈 수밖에 없었다. 이종찬과 함께 군부의 두터운 존경과 신망을 받고 있던 최경록. 대구에 와서 머잖아 옷을 벗어 버리는(1961. 2. 17.) 그는 몇 년이 지난 뒤 '장면 정부로부터 군사자금에서 17억 환(약 250만 달러)을 헌납할 것'을 강요받았다고 털어 놓는다.

서울 육군본부에서 밀려난 박정희가 고향과 진배없는 대구로 내려온 것은 몇 달 뒤라고 계산해놓은 '거사'를 위한 동지규합이 그만큼 더 어려워질 수밖에 없다는 뜻이었다. 지방에서는 거사를 일으켜보았자 기껏 '반란'을 벗어나기도 어렵겠거니와 '거의 모든 한국군대의 이름'으로 일으키려는 '거사의 조건'을 상실한 것이나 다름없었다.

박태준에게도 대구는 낯설지 않은 도시였다. 휴전 직후 육군대학이 대구에 있던 1953년 11월, 5기생으로 입교했던 것이다. 그때는 미혼의 육군 중령이었다. 7개월의 대구 시절 동안에 그는 하숙생 신세였다. 하숙집은 작별한 뒤로 오랜 세월이 흐르고 나서야 더 기억에 남게 되는 집이었다. 그로부터 십여 년 지나 한국 최고 스타배우로 떠오른 신성일이 교복을 입고 드나드는 집, 신성일의 모친이 손맛을 자랑하는 하숙집이었던 것이다.

박정희가 인사하러 대구에 내려온 박태준을 위해 술자리를 마련했다. '박태준 귀국 환영연'이 열린 곳은 '청수원(淸水園)'이었다. 시인 구상(具常)을 비롯한 박정희와 마냥 허물없는 지우지기들이 단골로 모였던 요정, 300여 평 규모의 골기와 한옥집. 여기서 그해 추운 겨울의 박정희는 핏발 선 눈빛으로, 술기운 묻은 목소리로 "해치워야 해"라는 자기맹세를 내지르기도 하고 '대장기'가 나오는 일본 전국시대 대결전의 노래를 혼자서 외기도 했다. 청수원에 첫발을 들인 박태준은 마당의 향나무 몇 그루와 박정희가 '누님'이라 부른 주인장의 품이 넉넉하고 손이 푸짐한 인상을 오래 기억하게 된다.

"성이 밀양 박씨인데 홍길동 홍씨 같습니다. 동에 번쩍, 서에 번쩍, 그렇게 다니십니다. 아닙니다. 순서가 틀렸습니다. 서에 번쩍, 동에 번쩍, 입니다."

박태준의 말은 광주(서)에 계시더니 언제 또 대구(동)에 오셨느냐, 언제까지 그렇게 쫓겨만 다니시겠느냐, 하는 뜻이었다.

"그렇게 홍길동처럼 신출귀몰로 돌아다니다 보면 한곳에 오래 머무는 날도 오게 되겠지. 자, 오늘은 박태준이 밤이다. 부산 시절처럼 〈낙화유수〉나 해볼까?"

"이 강산 낙화유수 흐르는 봄에 새파란 젊은 꿈을 엮은 맹세야 어디로 도망가겠습니까?"

박태준이 정색을 갖추며 말했다. 그러나 박정희는 그저 유쾌하게 받았다.

"그런데 아직은 겨울이야. 이 겨울이 가면 봄이 오지. 자, 오늘밤에는 즐겁게 마시자."

박정희의 동지가 아니면 알아듣지 못할 박정희의 은유적 표현, 그것이 그날 술자리에서 속옷의 끄트머리처럼 살짝 내비친 '거사'의 전부였다. 숱한 술잔이 오갔으나 박정희는 '거사'와 '혁명'의 첫 글자도 입 밖에 내지 않았다. 지우지기들에게 가끔 술주정처럼 소리쳤다는 "해치워야 해"도 없었고 대결전의 그 '대장기'도 휘날리지 않았다. 동지규합이 꼬이게 되어 근심이 많은지, 그저 묵묵히 때만 기다리고 있는지. 섣부른 짐작을 억누르는 박태준에게 자꾸 술잔을 건네며 미국 생활, 미국 모습의 이모저모에 대한 질문들을 던졌다. 겉으로 보기에는 거사의 꿈, 거대한 웅지를 깨끗이 포기한 사람 같았다.

1월 13일 박태준은 육군본부 경력관리기구 위원에 뽑혔다. 미국에서 공부한 보따리를 풀어놓으라는 명령 같았다. 그는 미국 국방부에서 널리 사용하는 OR기법을 바탕으로 인사관리의 새로운 시스템을 정립하기로 했다.

'지휘 실권이 없는' 박정희는 대구에서 거사 진행표를 짜고 있었다. 2월 17일 김종필이 예비역에 편입되었다. 해병 소장 김동하도 예비역이었다. 이들에게 '병력 동원'은 불리한 여건이었다. 단지 장면 정권을 통해서도 확실한 희망을 보지 못하는 '민심의 향방'만이 유리한 여건이었다.

그해 3월, 질 좋은 지하자원(텅스텐)을 팔아 달러를 벌어오는 대한중석이 또다시 정치적 스캔들에 휘말렸다. '국영' 대한중석을 '민영'으로 불하하려는 계획 단계에서 장면 총리 연루설이 제기되었다.

장면을 공격하는 최선봉은 김영삼 의원이었다. 그는 집권 민주당에서 갈려나와 야당으로 변신한 '신민당'(1960. 9. 22.) 소속이었다. 그때로부터 33년이 더 지나 대통령을 맡게 되는 김영삼은 '민의원 중석수출계약사건조사위원회' 신민당 소속 조사위원 자격으로 장면을 정조준했다. 민주당(여당) 소속 조사위원 3인이 3월 21일 공동성명을 발표하여, 야당 조사위원이 아무런 근거 없이 장면 총리 연루설을 유포한 것은 정치적 작희(作戲)로 볼 수밖에 없다고 주장하였다. 그러나 김영삼은 장면의 연루설을 거듭 주장하면서 민주당이 그러한 성명을 일방적으로 발표한 것은 부정을 은폐하려는 '자유당식 수법'이라고 응수했다.

장면 정권의 막바지에 불거진 대한중석 스캔들은 몇 가지를 시사한다. 정치자금 조달에서 장면 정권도 도덕성의 의심을 받고 있었다는 것, 원래 하나였다가 둘로 갈라진 민주당과 신민당의 갈등과 대립이 극점에 도달해 있었다는 것, 그리고 최고 국영기업인 대한중석이 부실경영에 시달리고 있었다는 것, 그런 기업이 정치자금의 보이지 않는 젖줄 역할을 하면서 정치권력에 휘둘리고 있었다는 것.

중석(重石), 텅스텐. 달러가 궁핍했던 1953년, 한미(韓美)중석협정이 체결되고 미국이 한국산 텅스텐을 수입하면서 달러가 수북수북 들어오자 이승만 대통령이 대한중석 사장을 부둥켜안고 "내 아들아" 외치게 만들었다는 그 광물. 대한중석의 텅스텐은 1961년의 보잘것없는 한국 수출총액에서 가장 큰 규모를 차지하고 있었다. 먹을 것이 많은 대한중석, 그래서 심심찮게 정치적 스캔들에 말려들었다. 대한중석이 임자를 제대로 만나 최대 달러 박스로서의 역할도 제대로 해내게 되는 때는 1965년 벽두이다. 그때 대한중석에 '제대로 된 임자'를 보내는 사람은 박정희이고, 그 임자는 박태준이다.

대한중석 스캔들을 공격하는 김영삼이 언론의 이목을 끌었던 3월이 가고 4월이 돌아왔다. 혁명이라 불리는 4·19가 첫돌을 맞았다. 때마침 보릿고개였다. 전국 방방곡곡 시골에는 보릿고개를 넘느라 끼니를 굶는 아이들이 부황 든 얼굴로 시래기죽이라도 기다리는 봄날이었다. 헐벗은 야산을 듬성듬성 지켜선 소나무들이 봄물 오른 새순을 배고픈 사람들에게 내주느라 다시 수난을 겪어야 했다. '잔인한 4월'이었다. 그러나 서울의 거리는 자유 만복이었다. 젊은이들이 몽둥이를 들고 국회의사당 단상을 점거했다. 맨발과 맨손으로 북한을 해방하러 간다고 떼를 지어 아우성을 쳤다. 날마다 시위대가 넘쳐났다. 자유를 만끽하는 사람들의 거대한 물결, 이것을 '인파'라 했다. 굶주린 아이들과 자유만복의 인파, 이 모순의 1961년 4월이 저물고 5월이 왔다.

남녘에 만발한 아카시아 향기가 한강을 건너는 새벽이었다, 그 새벽은. '말 채찍소리도 고요히 밤을 타서 강을 건너 새벽에 대장기를 에워싼 병사 떼들을 보네.' 술자리의 박정희가 가끔 시음(詩吟)한 일본 한시(漢詩)가 서울에서 실현된 새벽이었다, 그 새벽은.

그 새벽, 박태준은 어디서 무엇을 하고 있었을까?

박정희가 박태준에게 털어놓은 속마음,
"형장의 이슬로 사라진다면 처자(妻子)를 부탁하려 했어."

1961년 5월 16일 새벽, 박태준은 전투복 차림으로 군화 끈을 졸라맸다. 그리고 대문까지 배웅을 나온 아내에게 묵직하게 말했다.

"지금 나가면 집으로 돌아오지 못할 수도 있소. 그럴 때는 아이들을 잘 부탁하오."

미명을 헤집고 쏜살같이 사라지는 지프 꽁무니를 멍하니 바라보는 아내는 숨이 막힐 것만 같았다.

박정희는 그날 새벽을 위한 '특별한 임무'를 박태준에게 맡기지 않았다. 이른바 '거사명단'에서 육군본부에 근무하는 대령 박태준을 빼놓은 것이었다. 그러나 박태준은 거사의 계획을 바싹하게 알고 있었다. 자신이 병력을 움직일 수 있는 위치가 아니라는 점도 잘 알고 있었다. 자신에게 특별 임무가 하달되지 않은 이유는 '병력 동원'과 무관하지 않을 것이라고 혼자서 짐작만 했다. 하지만 그에게 무엇보다 중요한 사실은 도저히 집에서 기다릴 수 없다는 것이었다. 운명을 함께하기로 한 제자로서, 후배로서, 부하로서, 사내로서 그리고 동지로서 도저히 그럴 수는 없었다.

이제는 널리 알려진 대로 5·16쿠데타는 그때의 정치군사적 상황을 종합적으로 복기해 볼 때 상당히 무모한 강행이었다. 총리 장면이 수녀원으로 숨지 않았거나 수녀원에 숨었더라도 전화로 진압을 지시했거나, 대통령 윤보선이 진압에 동의만 했더라도 '박정희의 혁명군'은 1군 사령관 이한림의 표현대로 '한 줌의 반란군'에 불과했을 가능성이 높았다.

거사의 새벽에 박정희와 박태준이 마주친 곳은 군사혁명위원회였다.

"기어이 왔군."

"생사가 걸린 상황에서 기다려야 합니까?"

"우선 상황을 완전히 장악해야지. 여기가 자네 위치야."

즉시 박태준은 박정희의 비서실장 역할을 맡았다. 서로 말이 없어도 자연스레 그렇게 되었다.

5월 17일은 박정희에게 혼돈과 불안의 절정이었다. 호랑이 등에 올라타긴 했으나 굴러 떨어지는 것이 시간문제로 느껴질 지경이었다. 미 8군 매그루더 사령관이 이한림의 1군 병력을 동원해 곧 서울을 포위할 것이라는 첩보를 접한 박정희는 서울지구 방어군 사령부에 진지구축을 명령하고 1군 예하의 사단장 채명신에게 5사단을 포천에서 서울로 이동시키라고 지시했다.

5월 18일은 쿠데타가 성공으로 가는 길목에 들어선 날이었다. 1군 사령관 이한림 체포와 압송, 장면의 출현과 내각 총사퇴 의결, 육사 생도들의 혁명지지 가두행진 등이 그날 하루에 이루어졌다. 매그루더는 당황했다. 무력을 버리고 대화를 택해야 했다. 이날 아침에는 김정렬 전 국방장관도 나섰다. 그가 박정희의 비서실장 역할을 하고 있는 박태준에게 전화를 걸었다.

"내가 매그루더 사령관을 잘 아니까 한 번 만나 보려고 하네."

"네, 감사합니다. 그쪽의 오해를 꼭 풀어주십시오."

박태준은 김정렬을 믿을 수 있는 선배라고 판단했다. 미리 알려주는 것에 담긴 '오해'를 피하고 싶다는 뜻도 금세 알아차렸다. 박정희가 김정렬을 향해 감사한 마음을 갖게 된 사연을, 박태준은 부산 시절에 박정희에게서 들은 적이 있었다.

1956년 7월 장군으로는 처음 육대에 입교를 했다가(박태준은 박정희가 '입교 당했다'는 표현을 했다고 기억함) 이듬해 무사히 졸업한 박정희가 소장 진급 심사대상자 명단에 들어서 진급심사위원회(심사위원 22명)의 심사를 무난히 통과했는데, 그때 무소불위 권력을 휘두르고 있던 경무대 행정관 곽영주가 끼어들어서 '사상 문제'를 들고 나와 강하게 반대를 했다. 이때 구세주처럼 등장한 이가 김정렬이었다. 그는 박정희의 과거 사상 문제에 대해 완전히 안심해도 된다며 심사위원들을 다시 설득하고 다녔다. 그래서 소장 진급의 까다로운 관문을 어렵게 넘어선 박정희는 6군단 부군단장으로 부임했다.

박태준과 통화한 김정렬이 용산 미 8군 사령부로 달려갔다. 이례적으로 매그루더는 멜로이 부사령관과 같이 현관까지 나와서 기다리고 있었다고 한다. 미군 측도 상당히 다급해 한다는 반증이었다. 매그루더는 '박정희의 공산주의자로서의 본색'을 염려했다. 김정렬은 후배인 박정희가 군내 남로당 조직원으로 체포돼 조사 받고 있었을 때 자신이 구명운동을 벌였던 과정까지 들려주며 안심을 시키려고 했다.

매그루더를 만나고 나온 김정렬이 다시 박태준에게 전화를 걸었다. 면담 결과를 간략히 알려주고 박정희와 만날 시간을 잡아 달라는 부탁이었다. 김정렬은 박정희에게 매그루더와 나눈 대화를 솔직하게 들려주었다. 자신은 매그루더에게 박정희 장군을 만나보라고 권유했다는 것과 매그루더는 박정희 장군에게 이한림 장군의 석방을 부탁했다는 것이 포함되었다.

5월 18일 저녁, 박정희가 비서실장과 진배없는 박태준을 불렀다. 한숨을 돌리긴 했으나 긴장과 피로가 범벅된 얼굴들이었다. 박정희가 박태준에게

의자를 권했다.

"한 고비 넘겼으니 우선 할 얘기가 있어."

박태준이 의자에 앉자, 박정희가 담배를 물었다.

"내가 왜 혁명동지 명단에서 자네 이름을 뺀 줄 아나?"

박태준은 눈동자를 고정시켰다.

"자네를 아끼고 믿기 때문이었어. 국가적인 이유와 개인적인 이유야. 국가적인 이유는, 우리 계획이 중도에 실패로 돌아가면 자네라도 무사히 살아남아서 우리 육군을 제대로 이끌어나갈 지도자가 되어야 한다는 것. 개인적인 이유는, 혁명에 실패하여 내가 군사법정에서 사형선고를 받고 형장의 이슬로 사라지게 되면 내 처자를 자네한테 부탁하려 했어."

박태준은 콧잔등이 시큰했다. 박정희가 연기 한 모금을 길게 불었다.

5월 19일 군사혁명위원회가 '국가재건최고회의'로 개편되었다. 다음날 장도영이 국가재건최고회의 의장, 박정희가 부의장에 취임했다. 21일에는 혁명내각이 출범했다. 그날, 청신한 기풍을 진작하겠다는 혁명공약 제3항이 맨 먼저 거리에 구체적으로 나타났다. 사회악으로 지목돼온 깡패 두목 150여 명이 '나는 깡패입니다. 국민의 심판을 받겠습니다'라는 슬로건을 앞세우고 시가행진을 벌이는 진풍경이 펼쳐지고 비밀 댄스홀에서 춤을 즐기던 남녀들이 줄줄이 구속된 것이었다.

흔히 사람은 가장 절박한 시간을 가장 믿는 이와 함께하려 한다. 임종을 앞둔 부모가 자식을 찾고 입원한 지아비가 지어미를 찾는 것도 그러한 심정이라 할 수 있다. 5월 24일, 박정희가 박태준을 따로 불렀다. 혁명의 첫 단계를 성공했다고 확신한 그는 피로가 좀 풀린 얼굴이었다.

"오래 계획해온 우리의 역사적 임무가 이제 막 시작됐어. 자네가 내 비서실장으로 와야겠어."

갑작스런 제안을 받은 박태준은 얼른 생각해보아도 호락호락 덤벼들 자리가 아닌 듯했다. 그가 한 발 물러섰다.

"저는 여러 모로 부족하지 않겠습니까?"

박정희의 눈빛이 예리해졌다.

"여보게. 우리가 택한 길은 결코 권력이나 영광을 탐하는 길이 아니야. 지금 우리에게 시급한 과제는, 국가의 골격을 바로세우고 기아선상의 국민을 구하는 것이야. 기필코 절대빈곤의 사슬을 끊고 모든 국민의 의식주부터 해결해야 돼. 그래서 무엇보다 시급한 게 가능한 경제개발계획을 세우고 실행하는 거야."

"저는 군인입니다. 정치도 모르고 경제도 모르지 않습니까?"

"이러한 비상 상황에서 겸손은 미덕이 될 수 없어. 대의를 위해 신명을 바쳐야 할 때야. 국가 장래에 대한 신념과 열정으로 목숨을 걸고 한 번 하자고 했던 거, 잊었나? 이건 명령이야."

박태준은 군인으로 일생을 마치기로 했던 자신의 인생이 이제 막 새로운 세계로 진입하는 길목에 도달해 있음을 깨달았다. 거기는 '겸손'조차도 주저함이나 망설임처럼 꽁무니를 빼는 '비겁'으로 분류되는 시간이요 공간이었다. 박태준은 최고 권력자 박정희의 첫 비서실장이 되어야 했고 되기로 했다.

제2장

정치는 싫다니
경제로

"저를 누구보다 잘 아시지 않습니까? 지난 3년 동안 정치를 봐왔습니다만, 석연
치 않은 점이 너무 많았습니다. 한마디로 불합리의 종합판 같았습니다. 저는 당이
결정해도 옳지 않다고 생각하면 번번이 반대할 놈인데, 저를 골치 아픈 말썽꾸러
기로 만들지 마십시오." "그 못 말리는 성미를 내가 이기려고 덤벼드는 꼴이군."
정치의 길로 나서지 않겠다는 박태준의 결심은 확고했다.

박정희, 박태준을
경제 방면으로 보내다

박정희는 호랑이 등에 완전히 올라탔다. 박태준도 그 뒤에 앉았다. 전진을 멈출 수도 스스로 내릴 수도 없는, 험난한 앞길이 기다리고 있었다.

문제는 실력이었다. '절망과 기아선상에 허덕이는 민생고를 시급히 해결하고 국가자주경제 재건에 총력을 경주한다'라고 천명한, 가장 중요한 그 혁명목표에 도달할 실력을 갖추었는가. 그가 말한, 그들이 말한 '총력'에는 어떤 실체가 있는가.

만약 그 총력을 갖추지 못한다면 아무리 신성하고 순정한 사명의식을 품었다고 해도 끝내 그것을 실현하지 못함으로써 박정희의 쿠데타는 정권 찬탈의 저급한 쿠데타로 결말날 것이요, 만약 그 총력을 갖추게 된다면 그 사명의식을 구체적 현실체로 실현함으로써 박정희의 쿠데타는 정권 찬탈을 넘어 마침내 시대적 혁명으로 거듭날 것이었다.

그 총력이란 무엇보다도 사람들의 힘이다. 자본이 없고 기술이 없어도 사람들이 능력을 갖추고 있으면 어떤 목표든 성취할 수 있다. 이것이 인간 사회의 특징이다. 일단 정권을 잡은 박정희와 그의 군인들이 국가통치를 위하여 널리 민간 쪽에서 인재를 발탁해 쓴다고 하더라도 우선은 군부가 민간에 못잖은 인재풀을 소유하고 있어야 했다. 이러한 관점에서 볼 때, 박정희는 행운의 카드를 쥐고 있었다. 역설적이게도 그것은 그가 '양놈들'이라 부른 미국에서 제공한 것이었다.

창군 당시부터 1960년 말까지 한국 육군만 따져도 도미(渡美) 유학 장병 누계는 7천49명으로, 외무부 공무원의 도미 유학자 비율보다 10%쯤 더 높았다고 한다. 참모학교, 화학학교, 공병, 군의, 병기, 병참, 통신, 부관, 경리, 군종(軍宗), 기갑, 정훈, 헌병, 수송, 심리전, 항공, 군수, 여군, 법무……. 이 다양한 이름들은 그만큼 다양한 선진지식들이 한국 군부에 실재하고 있었다는 뜻이다. 특히 그들 대다수는 박정희와 박태준이 그랬던 것처럼 세계의 흐름을 제대로 이해하고 조국을 개조해야 한다는 울분을 가슴에 품고 있었다. 그 수치, 그 지식, 그 울분이 5·16의 박정희에게는 보이지 않는 힘이었다.

산업화, 민주화, 사회제도 등 근대화의 기반을 갖추지 못한 '20세기의 세계 최빈국 대한민국 1961년'에서 선진국 유학 인력이 국가재건과 국가개조의 정책수행 과정에 얼마나 중요한 사회적 자산인가를 더 쉽게 이해하기 위해서는 그보다 대강 100년 앞에 있었던 일본의 사례를 참조할 필요가 있다. 1868년에서 1902년까지 일본이 발급한 유학생(미국, 유럽) 여권은 1만 1천248건에 달했다. 그 기간에 조선이 공식적으로 발급한 여권은 몇 건이었는가? 민간인에게 발급한 여권이 단 한 건이라도 있었는가? 그 기간에 이뤄진 여권 발급 건수의 어마어마한 격차는 고스란히 일본과 조선 간 근대화의 격차, 국력의 격차로 이어지고 굳어졌다.

1961년 7월 중순, 국가재건최고회의 전체회의가 열렸다. 중대한 회의였다. 정소영, 김성범, 백용찬 등 민간에서 발굴한 경제전문가 3인이 주도적으로 작성한 '최고회의 종합경제재건계획'에 대한 브리핑이었다. 백용찬은 박태준이 천거한 사람이었다.

그들은 '불균형 성장정책'을 위한 두 가지 전술적 목표를 제시했다. 첫째 수출주도형에 의한 2차산업 우선육성과 모방성장 방식에 의한 고도성장, 둘째 조립방식에 의한 수출증대와 고용증대. 조립방식은 라디오를 예로 들어 설명했다. 라디오 생산에 드는 수백 가지 부품과 기초자재를 생산할 능력이 없으니 우선은 부품을 수입해 와서 완성품으로 조립하여 수출하고, 단계적으로 국산화 비율을 늘려 순수 국산 라디오를 생산하자.

박정희가 함박웃음을 머금고 일어나 박수를 쳤다. 그것은 '5개년 종합경제기획안'과 '제1차 경제개발5개년계획'의 기초였다. 작성 과정에는 이승만 정부의 '경제개발3개년계획'과 이를 비판적으로 검토해 새로 작성한 장면 정부의 '제1차 경제개발5개년계획'이 참고자료로 활용되었다. 하지만 기존 두 계획안에 대해 정소영은 "검토는 했지만 이용가치가 없어 새 계획을 짰던 것"이라고 밝혔다.

박정희와 최고회의 군인들의 박수 속에서 한국경제정책의 핵심은 '수출주도형'으로 확정되었다. 7월 22일, 경제기획원 창설. '한강의 기적'을 이끌 두뇌가 탄생했다. 그러나 앞길은 캄캄했다. 1961년 한국경제의 각종 수치들이 그것을 알려준다. 1인당 GNP 83달러, 국내 저축률 3.9%, 투자율 13.1%, 수출 4천88만 달러, 수입 3억1천600만 달러. 한마디로 참담했다.

무엇보다도 자금 확보가 절실하고 시급했다. 더 이상 경제개발계획을 '찬란한 문서'로만 처박아둔다면, 그들의 혁명공약은 거창한 거짓말로 나가떨어질 것이었다. 일본에 가서 식민지 배상금도 받아내고, 미국에 가서 원조 아닌 돈이 나올 구멍도 알아보고, 라인강의 기적을 이룬 분단국가 서독(독일)에 가서 차관 교섭도 해봐야 했다.

8월 10일 박태준은 준장으로 진급했다. 박정희는 8월 12일 '정권이양 시기에 관한 성명'을 발표했다. 국가재건최고회의가 '혼란 속의 안정'을 찾아 가는 중이었다. 하지만 군정 안에는 인간적인 고민이 있었다. 특히 반혁명 대열에 섰던 장군들을 어떻게 다룰 것인가. 고심을 거듭하는 의장 박정희 에게 비서실장 박태준이 건의했다.

"혁명의 취지와 목표를 구현해 나간다면 언젠가는 화해하고 협력할 수 도 있지 않겠습니까? 미 대사관의 협조를 얻어 미국으로 보냈으면 합니다. 미국 대학에서 공부하는 길을 열어준다면, 후일에는 국가에도 도움이 되지 않겠습니까?"

몇 달 더 지나 5·16에 반대한 장성들이 미국으로 떠난다. 이한림, 강영 훈, 김웅수 그리고 장도영······. 뒷날 조국으로 돌아와 정부에 협조한 이도 있고, 미국에 남아 대학 교수로 살아간 이도 있다.

국가재건최고회의가 기틀을 잡아가지만 '정권이양 시기에 관한 성명'이 단적으로 보여주듯 신생 군정에는 '정치적'으로 다뤄야할 사안들이 급증하 고 있었다. 박태준은 한국의 정치적 환경에 잘 적응할 정치적 적성을 갖춘 사람이 의장 비서실장을 맡는 것이 좋겠다고 판단했다. 이러한 뜻을 그는 광복절 즈음에 박정희에게 건의했다.

9월 4일 박태준은 국가재건최고회의 비서실장에서 재정경제위원회 상 공담당 최고위원으로 자리를 옮겼다. 드디어 박태준이 국가경제의 일선에 나서게 되는 그 인사는 국가적으로나 개인적으로나 중대한 의미를 지닌 것 이었다. 박태준의 능력을 '정치' 방면으로 활용하지 않고 5·16의 최고 명분 이자 가치라 할 '경제' 방면으로 활용하겠다는 박정희의 포석, 이것은 5·16 을 통해 어느 누구보다 크게 돋보인 김종필을 박태준과 나란히 세울 때 확 연히 대비된다. 박태준의 선택을 받아들인 박정희의 용인술이 박태준을 경 제 방면으로 배치한 그 출발점은 '박정희와 박태준의 만남'을 역사의 어두 운 그늘에 들지 않게 만든 첫걸음이기도 했다.

박태준이 속아
박정희도 속다

국가재건최고회의가 엔간히 안정 기반을 다진 1961년 7월, 서울은 무더위에 갇혀 있었다. 그 여름의 어느 날, 비서실장 박태준은 가슴 아픈 사연을 들어야 했다. 함경북도 출신의 김 아무개 노인이 국군에 들어간 아들 여섯을 모두 6·25전쟁 때 잃고 혈혈단신으로 제주도에서 이발소를 운영하고 있다는 것. 그는 김 노인과 직접 만나지 않을 수 없다고 생각했다.

박태준은 육사 동기생 중에 절친한 함북 출신이 있어서 그쪽 사투리에 익숙했는데, 김 노인과 몇 마디 나누는 사이에 영락없이 함북 출신이라는 점을 알아챌 수 있었다. 김 노인의 투박한 하소연은 반문(反問)으로 마무리되었다. 아들 여섯 명을 나라에 바친 아버지가 이토록 어렵게 살아서야 되겠느냐? 그동안 이승만 대통령도 나를 만나주지 않았고 장면 총리도 나를 만나주지 않았지만 전쟁을 해본 군인인 당신들은 내 심정을 알아주지 않겠느냐? 신세 한탄인 동시에 나라에 대한 원망이었다.

"무엇을 원하십니까? 어떻게 해드리면 되겠습니까?"

이렇게 꿈틀대는 박태준의 마음에 김 노인이 대못을 박듯 단호히 요구했다. 박정희 의장님과 면담을 시켜 달라. 만나 뵙고 먹고 살 수 있는 대책을 세워 달라는 딱 하나만 부탁하겠다.

월남(越南, 요즘은 '탈북'이라 한다) 노인의 개인사 때문에 그야말로 국사에 눈코 뜰 새 없는 의장의 시간을 빼내도 되겠는가. 하지만 아들 여섯을 몽땅 나라에 바친 아버지에 대한 정부의 책임도 매우 중요하지 않은가. 박태준의 갈등은 슬그머니 면담 주선 쪽으로 기울었다. 그런데 김 노인과 만난 박정희도 아주 가슴이 짠해진 모양이었다.

"그분에게 최대한 편의를 봐드려. 자네가 알아서 해."

국가의 이름으로, 애국충절의 이름으로 김 노인을 번듯하게 살아가게 해줄 의무를 부여받은 박태준은 당장에 묘한 아이디어가 떠오르지 않았다. 그러나 김 노인은 거의 매일 그를 찾아와 성화를 부려댔다. 며칠이 지난 다음이었다. 안달이 나서 더 견디지 못한 김 노인이 손수 하나의 방도를 들고 나타났다. 굴레방다리 근처에 있는 적산가옥인 '풍전아파트'를 불하받게 해달라는 것. 노인을 돌려보낸 그는 즉시 그 물건에 대한 조사를 시켰다.

과연 풍전아파트는 김 노인의 말대로 적산가옥이었다. '1937년에 등기부에 등재됨. 지상 4층, 지하 1층. 그때 일본인 건축가 도요타 다네오가 세운 것으로, 그의 이름을 따서 도요타아파트로 불리다가 우리말로 번역해 풍전아파트라 부르게 됨. 6·25전쟁 중 서울이 인민군 치하였을 때는 그들의 숙소로 쓰임.' 그러나 '불하 불가' 상태의 적산가옥이었다. 관할은 관세청이고, 현재는 국방부 장관이 임대해서 미 8군 독신 장교들의 숙소로 쓰고 있었다.

이번에는 박태준이 먼저 김 노인을 불러서 불하 불가의 배경을 알아듣게 설명해줬다. 하지만 말은 씨도 먹히지 않았다. 막무가내였다. 드러누워 '땡깡'이라도 부릴 태세였다. 어쩔 수 없이 그는 다소 무리를 해서라도 국가의 이름, 애국충절의 이름으로 김 노인의 한 맺힌 소원을 들어주기로 했다. 관세청과 국방부에 협조를 얻어내고, 미군 숙소를 새로 구하느라 야단법석을 떨었다.

그런데 또 다른 문제가 기다리고 있었다. 엘리베이터까지 설치돼 있는 풍전아파트의 계약금이 보증금, 화재보험료, 임대료 등을 합쳐 그때 돈으로 350만원이나 되었다. 제법 거금이었다. 최고회의의 예산에서 빼낼 수도 없고, 산하기관에 더 압력을 넣을 수도 없었다. 이 난제를 박태준은 아내와 주변의 몇 사람에게 푸념처럼 털어놓았다.

박태준의 푸념이 군납업체를 경영하는, 정직하고 훌륭한 사업가라는 세평을 듣는 정두화 사장의 귀에 들어갔다. 25사단 참모장 박태준이 '가짜 고춧가루'를 뒤엎었을 때 진짜 고춧가루를 납품하면서 서로 초대면을 했던 정두화. 아들 6명을 나라에 바친 노인을 위한 일입니다. 이 한마디에 정 사장은 벌써 마음이 7할쯤 열려 버렸다. 노인이 조금만 기다려주면 잘 갚겠다고 철석같이 약속합니다. 이 첨언에 정 사장은 완전히 마음을 열고 말았다.

정 사장과 김 노인의 첫 만남이 이뤄졌다. 박태준의 아내도 증인처럼 동석을 했는데, 김 노인은 정 사장에게 모든 것을 일임하겠다고 했다. 나 같은 사람이 어떻게 사업을 끌어가겠느냐. 젊고 똑똑한 정 사장이 나를 도와 달라. 이 건물을 앞으로 어떻게 활용해야 돈을 벌 수 있을 건지, 그런 걸 내가 어디 가서 의지하겠느냐.

김 노인의 간곡한 부탁에 함께 앉은 사람들은 자신도 모르게 저절로 그렇게 되듯이 고개를 끄덕였다. 아들 여섯 명을 나라에 바친 늙은 아버지를 누가 이길 수 있겠는가. 정 사장이 김 노인을 떠맡았다. 다음날부터 김 노인은 아예 용두동에 있는 정 사장의 사무실로 출근을 시작했다.

350만원이라는 거금을 차용증서도 받지 않고 임대계약금으로 내준 정 사장은 고심을 거듭한 끝에 호텔로 개조하자는 결론에 닿았다. 풍전아파트는 중앙난방식이고 건물의 중앙을 정원처럼 비워 둬서 호텔로 개조하기 딱 좋은데다가, 마침 이듬해는 세계산업박람회를 경복궁에서 열게 돼 있는데 서울의 고급 숙박시설이 턱없이 부족하니 사업적으로나 국가적으로나 시의적절한 선택이었다. 정 사장은 박태준 비서실장을 통해 박정희 의장에게 보고를 하고, 교통부의 협조를 받고, 풍전아파트 주변의 주택 일부를 더 매입하기로 했다.

그때부터였다. 호텔 탄생의 예고와 함께 김 노인이 세간의 화제로 떠돌기 시작했다. 김 노인이 박 의장과는 가까운 친척이다, 박태준에게는 군대 상사였다……. 이러한 소문이 꼬리에 꼬리를 물었다. 신문, 잡지가 그것을 놓칠 리 만무했다. '세계 전쟁사에 아들 6명을 국가에 바친 아버지는 전무하다.' 이런 기사들이 생산되면서 급기야 김 노인이 영웅 비슷한 사람으로 변모해갔다. 그래도 '세계 전쟁사에 남을 주인공'은 기자들에게 자신의 배후 조력자들에 대해 철저히 함구하는 미덕을 지키고 있었다.

호텔 개조 공사가 막을 올렸다. 함경도 실향민들이 밀려들었다. 이권을 달라, 일자리를 달라. 청탁이 넘쳐났다. 김 노인과 정 사장은 실향민들에게 조금도 짜증을 부리지 않았다. 일단 완공 때까지는 조용히 기다려 달라. 이 말만 되풀이했다.

마침내 김 노인의 한 맺힌 소원이 완성을 향해 다가서는 어느 날이었다. 박정희 의장의 비서실장에게 진정서 한 장이 날아들었다. 그때 박태준은 자리를 옮겨 상공담당 최고위원을 맡고 있었다.

호텔 사장이라는 그 노인에게는 원래 아들이 없습니다. 원래 아들이 없는데 전사한 아들들이 있을 수 있겠습니까? 함경북도에서 월남한 것은 맞습니다만, 고향에서도 행실이 좋지 않아서 손가락질을 받았던 사람인데…….

세상에! 진정서가 사실이었다. 김 노인은 구속되었다. 세계 전쟁사에 비극의 아버지로 등재될 뻔했던 '김병조'라는 이름이 하루아침에 대범한 사기꾼의 이름으로 나뒹굴었다. 언론들이 연일 시끌벅적했다. 희대의 사기극이라 했다. 사건의 전말(顚末) 그대로 정두화 사장은 공범으로 몰리지 않았다. 본전(계약금 350만원)만 돌려받고 호텔에서는 멀어져야 했다.

문제의 적산가옥은 '코리아관광호텔'이 되었다가 1975년엔가 다시 아파트로 돌아가면서 '충정아파트'라 불리게 되었다. 요새는 서울 최초의 아파트, 서울 최고(最古)의 아파트로 이목을 끌고 있다.

그 사기극이 세상을 떠들썩하게 했던 때로부터 무려 60년이 더 흐른 가을날이었다. 박태준은 곤혹스런 웃음을 감추지 못하고 손을 내저으며 이렇게 회고를 마쳤다.

"그때까지도 한국사회는 여전히 전후(前後)의 고달픈 날들을 지나가는 중이었는데, 내가 박 대통령을 모시는 동안에 그 영감쟁이한테 홀딱 속았던 것이 단 하나 실수였소. 전혀 냄새도 못 맡고 각하와 면담을 시켰으니 실수였지. 사기극이란 게 드러났을 때는 각하에게 송구스러웠지. 그런 걸 눈곱만큼도 마음에 두실 분은 아니었지만, 괜히 내 마음이 그랬다는 거지. 아들 여섯을 나라에 바쳤다, 여기에 각하도 그냥 가슴이 아팠던 건데, 원래 초등학교 교사처럼 약한 데가 있는 분이셨으니…… 좋은 일을 해주려다가 창피만 당하기도 하는 거, 이게 세상사에는 다 들어있는 종목인 거요."

박정희의 첫 해외 정상회담인
박정희-이케다 회담에는 박태준의 손이 깊었다

1961년 11월 11일, 요즘 한국 젊은이들이 '빼빼로 데이'라 부르는 그날, 박정희가 통치자로서 최초 해외 순방에 나선다. 미국 케네디 대통령을 방문하는 길에 도쿄에 들러 일본 이케다 하야토(池田勇人) 총리와 만난다. 그리고 같은 시기에 정래혁 상공부 장관 일행은 도쿄에서 차관 도입 교섭을 위해 서독(독일)으로 향발한다.

박정희-이케다 회담에서 박정희의 목적은 조속한 한일회담 재개와 경제 협력 유인에 있었다. 이승만 정권 때부터 지지부진하게 십여 년째 끌어오던 한일회담에 큰 활력이 투입된 것은, 그 집권기간이 너무 짧았던 탓에 전기와 후기로 나누기에도 주저되는 장면 정권의 말기(1961년 봄날)였다. 그때 양국 간 물밑 교섭의 수준은 이른바 식민지 배상금(대일청구권자금)의 규모에 대한 구체적 수치까지 오가는 정도였다. 그러나 5·16이 그것을 유야무야시켰다.

극단적 냉전체제 속에서 때마침 한반도를 둘러싼 국제정세는 한일회담 재개를 서두르는 박정희에게 유리한 국면이었다. 1961년 6월 미국을 방문한 이케다에게 케네디가 한일회담의 적극적인 재개를 권유한 가운데 그해

7월 평양의 김일성이 소련과 '상호방위조약'을 체결한 데 이어 중국과 '우호 협력 상호원조 조약'을 체결함으로써 한·미·일의 긴밀한 경제적 안보적 협력 체제 필요성이 어느 때보다 강하게 대두돼 있었다. 박정희 스스로도 적극적으로 나갔다. 그해 7월 최덕신을 단장으로 하는 방일친선사절단을 파견하며 이케다에게 한일회담 재개를 요청하는 친서를 전달했던 것이다.

박정희의 첫 해외방문 정상회담인 대한민국 국가재건최고회의 의장과 일본 총리의 회담(박정희-이케다 회담)은 1961년 11월 12일 도쿄에서 이뤄진다. 그 회담의 물밑 교섭과 사전 정지작업에는 박태준의 손이 깊숙이 들어갔다. 박태준이 일본 정재계 거물들을 움직이는 막후 실력자 야스오카 마사아쓰(安岡正篤-'야스오카 마사히로'라 부르는 이들도 있음)의 지원을 끌어낼 한국인을 일찌감치 도쿄로 보내뒀던 것이다. 군사정부가 발행한 제1호 출국 허가를 받았던 그의 이름은 박철언.

1926년 평북 강계에서 태어난 박철언은 해방공간의 혼돈 속에서 김일성과 소련군의 평양을 버리고 월남한다. 영어와 일어에 뛰어난 그는 서울에서 시험을 보고 미군정의 체신부 시험에 합격하고 숙소까지 받아 '38따라지'로서는 큰 행운의 공무원 노릇을 시작한다. 그러나 만족하지 못한다. 신체는 5척 단구였으나 젊어서 베이징, 상하이를 떠돌았던 그에게는 단조로운 공무원의 서울살이가 너무 답답했던 것이다. 의지적이고 자발적인 디아스포라의 길, 이것만이 박철언의 인생을 구원할 나침반이었다.

1948년 어느 날 박철언은 서울역에서 부산으로 내려가 밀항선을 잡아타고 일본으로 건너간다. 그리고 우여곡절 끝에 무사히 정착하여 일본대학 영문학부를 수료한 뒤 재일조선인 신분으로 맥아더 사령부(미국 국방총성)의 문관으로 들어가 도쿄 연합군 총사령부(GHQ) 군사정보국뿐 아니라 한반도 판문점에서도 근무하게 된다. 이 특이한 박철언의 경력에는 1989년 평양으로 들어가 김일성과 회담하고 통일운동가로 명성을 드날리게 되는 늦봄 문익환 목사(시인), 그러한 늦봄과 관련이 깊었다고 알려진 정경모와 함께 지낸 날들도 겹쳐졌다. 6·25전쟁 중 도쿄 GHQ 시절의 한때였다. 문익환과 정경모에 대해 '음악의 재사(才士)들'이었다고 추억한 그는 늦봄에 대해서는 '조용하고 내성적인 사람이었다'고 회고했다.

박철언은 도쿄에 살면서 양명학 대가로 알려진 야스오카의 문하생이 되었다. 야스오카가 아끼는 한국인 제자 박철언. 이것이 장면 정부 시절에는 그가 대일 교섭의 막후 핵심 창구를 맡는 결정적인 계기로 작용했다. 박철언의 뇌리에 장면이라는 이름이 각인된 때는 6·25전쟁 발발 직후였다. 그때 주미(駐美) 한국대사 장면이 유엔에서 구걸에 가까운 어조로 북한을 제재해 달라고 탄원한 내용을, 그가 도쿄 GHQ에서 영자신문으로 읽었던 것이다.

박철언은 장면과 야스오카가 주고받는 영어 편지를 서로에게 직접 전달하는 우체부 역할도 했다. 박철언의 역할이 얼마나 고맙고 컸으면 설마 쿠데타가 일어날 것이라곤 상상도 못했던 장면 총리가 1961년 5월 12일 저녁에 그를 반도호텔 집무실로 불러서 감사의 뜻으로 '노후한 서울의 전차를 전면 교체하고 증차할 사업권(전차 200대 사업권)'을 주겠다고 언약했겠는가. 박철언의 그 우람하고 달콤한 일장춘몽은 고작 나흘 만에 산산이 부서지는데, 박정희가 아니었으면 박철언은 1948년에 스스로 버리고 떠났던 서울로 되돌아와서 떵떵거리는 재일동포 사업가로 거듭났을 것이다.

박태준과 박철언은, 박철언이 판문점 군사정전위원회에 근무하고 있을 때 처음 만났다. 두 사람의 첫 만남을 주선한 이는, 뒷날 포항제철 창업요원으로 참여하게 되는, 1953년 7월 27일 휴전 후 한국으로 파견 나온 박철언과 처음부터 함께 근무했던 장교 정재봉이라고 알려져 있다. 두세 차례 술자리를 거친 박태준과 박철언은 곧 절친한 친구가 되었다. 5·16 직후 국가재건최고회의 안에서 한일협상 재개의 중대성과 시급성을 잘 아는 최고위원들은 '장면 정부의 대일협상 핵심 창구' 박철언을 만나 자신의 사람으로 엮으려 했다. 그러나 죽 끓듯 변덕을 부리는 권력세계에서 박철언이 인격적으로 가장 믿는 이가 박태준이었고, 최고회의 안에서 박철언의 사람됨과 능력을 가장 잘 아는 이가 박태준이었다.

국가재건최고회의 의장 비서실장의 지원을 받아 도쿄로 돌아가는 박철언에게 박태준은 단 하나의 당부 겸 주의를 했다. 항상 연락이 닿을 수 있게 해놓으라는 것. 전차 200대 수입을 날리는 대신 군정 제1호 출국허가를 쥐고 다시 도쿄에 안착한 박철언의 활약에는 물론 야스오카의 조력이 가장 큰 힘이 되었다. 최고회의가 첫 한일정상회담의 조율 차원에서 '통치권자를 대신한' 이용희 교수를 전권대사로 10월 4일 도쿄에 파견했을 때는 이미 박태준의 연락을 받은 박철언이 모든 물밑 준비를 갖춰놓고 있었다. 2009년 하와이에서 생을 마친 박철언은 한국어와 일본어로 출간한 회고록 『나의 삶 역사의 궤적』을 남겼다. 그 책에는 다음과 같은 기록도 있다.

박 정권은 부총리 김유택, 외무부장관 최덕신 등을 일본으로 파견해서 국교 재개의 기운을 탐색하게 했다. 그들은 집요하게 일본 정계 요로에의 접촉을 시도했으나 이렇다 할 수확 없이 돌아갔다. (중략) 박태준에게서 전화가 왔다.
"이용희 교수가 동경에 갑니다. 이쪽 주권자를 공식으로 대표해서 갑니다. 그의 체면에 손상이 안 가도록 주의해서 도와주었으면 하오."
박태준은 한 마디 한 마디 떼어서 천천히 발음했다. 듣는 나에게 오해나 오류가 없도록 하려는 배려였다. 나는 야기 노부오와 같이 야스오카를 찾았다.

역사적인 한일정상회담이 열린 11월 12일, 그날 저녁에는 박정희의 초청 형식으로 영빈관에서 만찬이 열렸다. 이케다 총리, 고사카 외상을 비롯한 일본의 정재계 지도자들이 참석했다. 만찬 후에 박정희는 재일동포 50명과 만났다. 두 자리에는 박태준도 함께 있었다. 날이 밝으면 행선지가 갈라지게 된다. 박정희와 그의 수행원들은 미국으로, 정래혁 상공부장관과 그의 일행은 서독으로.

독일 차관 교섭. 막후는 따로 있었다. 유대인 사울 아이젠버그였다. 그로부터 십여 년 뒤에는 포항종합제철 후판공장 때문에 박태준과 정면 대결을 벌이게 되는 아이젠버그. 그는 특히 서독 정부와 한국 군사정부를 끈끈하게 맺어준 인물이었다. 한국 산업화의 뒤안길에 굵은 족적을 남긴, 60년대나 70년대 한국 정재계에서 '괴상(怪商)'이라 불리기도 한 아이젠버그는 누구인가? 조갑제는 『박정희』에서 이렇게 일러준다.

1997년 사망한 아이젠버그는 독일 출생의 유태인으로서 나치의 박해를 피해 세계를 떠돌아다니다가 일본에서 돈벌이에 성공한 거상이었다. 그는 6·25 전쟁이 터지자 한국에 지사를 두고 장사를 시작했다. 주로 수입품의 중계를 통해서 돈을 벌었다. 1959년에 도입된 서독 지멘스사의 전화교환기도 아이젠버그가 중계한 것이다. 그는 일본, 한국뿐 아니라 중남미, 동남아, 중동 등지에서도 많은 사업에 관여했다. 그는 주로 자금이 달리는 개도국에 진출, 정부-기업-은행-건설회사 등을 서로 연결시켜주면서 자금도 마련해주고 사업도 성사시키는 '일괄 거래의 조정자' 역할을 수행했다.

그는 오스트리아와 이스라엘의 2중 국적 소지자였다. 오스트리아 출신인 프란체스카 여사와도 친분이 두터웠다고 한다. 아이젠버그는 (중략) 커미션 등 이문을 남겼다. 그가 '일괄 거래' 방식으로 엮어준 사업 목록은 한국 기간산업 총람으로 보일 정도이다. 영월화력 2호기, 부산화력 3·4호기, 영남화력 1·2호기, 인천 화전, 월성 원전 3호기, 동해화력 1·2·3호기, 쌍용시멘트 (중략). 미국으로부터 원조가 줄어들 때라 박정희 정권은 아이젠버그가 주선하는 차관이 이자율이 매우 높다는 것을 잘 알면서도 받지 않을 수 없었다. 아이젠버그가 처음으로 서독 차관 도입을 중계한 것은 1961년 가을이었다.

아이젠버그의 주선으로 서독 차관 도입은 비교적 순조롭게 진행되었다. 서독 정부는 장기차관과 민간투자를 합쳐 1962년에 3천750만 달러(그해 한국의 수출 총량에 육박하는 금액) 상당의 마르크화를 한국정부에 제공하기로 했다. 이것은 박정희 정권이 도입한 최초 공공차관이었다.

워싱턴의 박정희는 환대를 받았다. 베트남(월남)을 지키기 위한 최후 수단으로 미군 파병을 고심하는 케네디에게 그는 '대범한 제의'를 했다. 한국은 잘 훈련된 100만 장병을 보유하고 있는데, 미국이 승인하고 지원한다면 한국정부는 월남에 부대를 파견할 용의가 있고……. 케네디는 진심으로 '감사한 말씀'이라고 했다.

한미정상회담, 한일정상회담 그리고 서독 차관 도입. 제1차 경제개발5개년계획의 원년(1962년)을 앞두고 박정희는 그렇게 밑천을 끌어들일 기본 포석을 놓았다.

30만 톤짜리 울산종합제철 계획을
차관 실패로 무산시킨 박정희의 한

박태준은 1961년 세밑에 유럽으로 날아갔다. 구라파통상사절단 단장이었다. 최고위원은 혼자였다. 통상도 통상이거니와 선진국 산업현장을 견학할 좋은 기회였다. 백문불여일견(百聞不如一見)을 진리로 신봉하는 그의 목적의식에는 '통상'보다도 '공장'들을 살피려는 의욕이 더 강했다. 아직 수출할 공산품이 없는 우리가 무엇을 '통상'할 것인가.

박태준에게 그해 겨울의 유럽 견문은 군대시절에 두 번 미국 연수를 갔을 때처럼 좋은 자극이 되었다. 그는 조선시대 500년의 '사농공상'이 우리를 얼마나 낙후시켰는가를 새삼 뼈저리게 느낄 수밖에 없었다. 우거진 숲들도 우리의 벌거숭이 민둥산들과 대비되어 정말 부러웠다. 베를린에서 그는 눈에 덮인 철조망도 보았다. 분단 독일과 유럽대륙을 지배하는 냉전체제의 상징물. 그러나 청년장교로서 6·25전쟁을 감당했던 이방인으로서는 별난 긴장감을 맛볼 수가 없었다. 한반도의 휴전선에 비하면 그것은 마냥 허술하고 느슨해 보일 따름이었다.

박태준은 이탈리아에 들러 존경하는 선배와 만나는 행운도 누렸다. 이종찬 장군이 주(駐) 이탈리아 한국대사로 근무하고 있었던 것이다. 1953년 휴전 직후에 육군대학 교장이었던 이종찬, 그때 수석 졸업자였던 박태준. 선배는 이역만리 로마에서 재회한 후배에게 오래 간직해온 따뜻한 마음을 베풀었다. 그때로부터 기나긴 세월이 흐른 뒤에도 박태준은 로마에서 이종찬 선배와 나눈 평범한 대화 한 토막과 그가 한국으로 보내준 편지 한 통을 잊지 못한다.

"이 사람아, 이탈리아에 와서 비행기 타고 다니면 바보야."

"가는 곳마다 문화유적이 늘려 있다는 말씀이군요."

"그래. 내 차를 내줄 테니 부담 없이 타고 다니게."

선배는 후배에게 아주 즐거이 자신의 승용차를 내주었다.

선배가 후배에게 국제우편을 부친 때는 박정희 군사정권의 민정이양에 대해 여러 정파(政派) 간 이견(異見)이 서로 좌충우돌을 일으키는 시기였다. 이종찬은 박태준에게 진지하게 권유했다. '부디 자네는 정치로 나가지 말고 군으로 복귀하여 군의 지도자로 남아 달라'는 내용이었다.

1962년 새해가 밝았다. 대한민국 달력이 처음 단기(檀紀)를 버리고 서기(西紀)를 도입했다. 참으로 사소한 일 같아도 그것은 서구적 근대화의 길을 가고 말겠다는 통치자 박정희의 단호하고 결연한 의지를 반영한 '개혁'의 결과물이었다.

박정희의 신년대담에서 키워드는 단연 '경제부흥'이었다. 바야흐로 한국 사회는 오천 년 농경사회의 막을 내리고 산업사회로 진입하려는 국민 총동원 체제에 들어서고 있었다. 이때가 '박정희의 박태준'에게는 군인에서 정치인이 아닌 경제인으로 변모하면서 인생의 새 지평으로 돌진해 나갈 '진정한 출발시간'이었다.

상공담당 최고위원 박태준은 업무추진의 원칙이 확고했다. 완벽주의, 확고한 신념, 강력한 추진력 그리고 그 삼위일체. 이것은 날이 갈수록 그의 특장으로 자라났다. 그는 경제이론과 열악한 현실 사이의 모순을 통찰하면서, 모순이 상충으로 치닫지 않고 상보(相補)로 나아갈 수 없는가를 고민할 때가 잦았다. 그러한 가운데 전국의 경제개발 현장을 누비고 다녔다. 주요 기공식엔 반드시 참석하고, 이후 네댓 번씩 다시 찾아가 확인, 독려, 애로사항 경청을 되풀이했다. 그것은 자신도 모르는 사이에 '경영수업'의 제1장이 되고 있었다.

1962년의 한국경제는 일차방정식도 불필요할 만큼 단순하고 왜소했다. 텅스텐 같은 지하자원과 싱싱한 해산물을 몽땅 팔아도 수출은 4천만 달러였다. 전력은 20만 킬로와트, 시멘트 생산은 16만 톤, 철강 생산은 6만 5천 톤에 미달. 도로는 일제 때의 신작로 수준, 철도는 그럭저럭, 공항과 항만 시설은 형편없음……. 한국경제는 거의 '무(無)' 상태에 널브러져 있었다.

철(鐵)이 있어야 철길도 깔고 교량을 만들어 도로도 연결하고 항만설비도 갖출 수 있다. 철이 있어야 건물도 짓고 공장도 짓고 학교도 짓는다. 철이 있어야 선박도 만들고 자동차도 만든다. 철이 있어야 냉장고도 텔레비전도 만들고 밥솥도 만든다. 못도 바늘도 철로 만든다. 한국은 빚을 내서라도 철을 수입해야 했다. 그래서 제1차 경제개발5개년계획에 '종합제철공장 건설'이 포함될 수밖에 없었다.

1962년 5월, 강원도 삼척의 삼화제철 용광로 화입식. 박태준은 설레는 마음으로 달려갔다. 회사 대표와 함께 불을 넣고 사진을 찍고 박수를 쳤다. 그러나 서울로 돌아와 하룻밤을 보낸 그는 믿기 싫은 보고를 들어야 했다. 쇳물이 끓지 않고 고로의 불이 꺼져버렸다는 것.

박정희는 국가기간산업으로서 종합제철의 절대성을 뼈저리게 인식하고 있었다. 혁명 2년간 성과를 집대성해서 이듬해(1963년) 9월에 펴내게 되는 그의 보고서에는 '1962년부터 6년간 울산에 건설할 제철소는 연간 30만1

천 톤을 생산할 능력을 갖게 될 것이고 그렇게 되는 날에는 연간 외화 약 2천120만 달러를 절약하게 됨은 물론이고 2천여 명의 고용도 이루어진다'는 내용이 담긴다.

한국인 거의 모두가 스마트폰을 들여다보는 2015년, 지금 여기 우리의 눈에는 그저 소박해 보이기만 하는 그 거국적 철강육성 정책 덕분에 '한국 철강사 초창기'에 주요 대목마다 등장하는 미국인이 하나 생겨났다. 코퍼스(Coppers)라는 철강엔지니어링회사 대표, 포이(Poy). 이 이름은 1965년 박정희가 미국 피츠버그시를 방문할 때도 주요 인물로 등장하고 포항종합제철 초창기에도 자주 등장한다.

1962년 12월 30일 김유택 기획원 장관, 이정림 한국종합제철 사장, 포이 미국투자공동체 대표 간에 한미(韓美)종합제철 건설 기본계약을 체결하였다. 외자 1억1천780만 달러, 내자 49억549만 원(3천780만 달러)을 조달해 향후 42개월 내에 연산 31만 톤 종합제철소를 울산에 짓기로 한다는 것. 미국 투자공동체는 외자의 75%를 미국국제개발처(AID) 차관에서 끌어오기로 했다.

그러나 AID가 차관 제공에 반대한다. 이유는 경제논리. '그 정도 규모의 제철소를 돌리는 데는 철광석과 석탄 수입에만 연간 3천500만 달러가 필요한데 한국은 연간 수출 실적이 4천200만 달러(1961년)밖에 안 되니 도저히 원료수입을 감당할 수 없다'는 것. 결국 박정희의 그 거국적 울산종합제철소 건설 계획은 수포로 돌아갔다.

국가경제가 '무(無)'에서 꿈틀대던 시절에 연산 조강 30만 톤 규모의 '소박하기 짝이 없는 종합제철소 건설'에 장밋빛 희망을 걸었으나 그마저 이루지 못하여 남몰래 한숨지은 박정희. 그로부터 꼬박 30년 뒤에는 그가 지목한 박태준이 연산 조강 2100만 톤 규모의 세계 최고 종합제철소를 완공하여 그 한을 시원하게 풀어주지만…….

녹색혁명 출발선상에 박정희와 박태준
그리고 이정환이 있었다

1960년대, 한국 야산들은 가난한 국민에게 땔감을 대는 고마운 창고였다. 겨울에는 더욱 그랬다. 삭정이도 솔방울도 낙엽도 귀중한 '가정 연료'였다. 농한기에 시골의 가장(家長)들은 장작을 패서 달구지에 싣고 장터로 나가기도 했다. 야산의 나무들도 수난시대였다.

그러한 악조건에서 맨 먼저 '가정 연료'의 대전환을 이루지 못하면 국토녹화의 대망은 공염불로 돌아갈 수밖에 없었다. 민둥산을 푸르게 가꾸려면 나무를 많이 심어야 한다. 아무리 심어봤자 땔감으로 써버리면 헛수고다. 그렇다면 나무를 대신할 연료정책부터 바로 세워야 한다. 그것을 실현하지 못하는 정부가 '산에 가서 나무 베는 사람은 엄벌에 처한다'고 외쳐댄다면? 이건 공포조성에 의한 억압정치에 불과하다.

'국토녹화와 대체연료'의 함수관계를 박정희는 명백히 인식하고 있었다. 박태준도 그 해법을 고민하고 있었다. 어떻게 풀어낼 것인가? 마침 국립지질광물연구소에 용기와 지혜를 겸비한 한 인물이 있었다. 막 책임자가 된 이정환이었다. 그의 목소리를 직접 들어보는 것이 좋겠다. 이정환은 1984년 10월 19일 《한국경제신문》에 다음과 같은 증언을 남겼다.

5·16혁명 직후 산업 관련 기관은 모두 제1차 경제개발5개년계획을 추진하는 것과 함께 활발한 업무활동을 시작했으나 지질연구 사업만은 '계획사업'으로 인정받지 못해 국립지질광물연구소는 더욱 유명무실(有名無實)한 기관으로 취급되어 전 직원은 사기가 땅에 떨어지고 허탈감에 빠져 있었다.

이러한 상황에서 1962년 1월 5일자로 동 연구소장 서리에 임명된 나는 어떻게든 지하광물자원을 경제개발5개년계획에 포함시키기 위한 묘안을 짜내기 위해 부심했다. 결론적으로 '산림녹화를 위해서는 국내 자원을 개발해야 한다. 무연탄을 쓰면 자원도 되고 산림녹화도 된다'는 취지의 캐치프레이즈를 내걸기로 하고 밤을 새워가면서 상부기관에 보고할 브리핑 자료를 마련했다.

박태준은 상공담당 최고위원으로서 산하기관인 국립광물지질연구소의 연두업무 보고를 받았다. 박태준과 이정환, 둘은 말 그대로 초면이었다. 이정환의 증언을 더 들어보자.

나는 초면인 박태준 최고위원 앞에서 1시간 30분에 걸쳐 당시 3000만 톤에 불과했던 무연탄 매장 발견량을 15억 톤으로 늘릴 수 있으니 이를 위해 연구소 인원을 25명에서 220명으로 늘리고 연간 3억 원씩 5년간 15억 원의 예산을 투입해줄 것을 건의했다. 그러나 박 위원의 반응은 의외로 무표정했고 가부(可否)의 말이 없이 그냥 돌아가 있으라고만 하기에 광물자원 개발에는 그다지 관심이 없는 사람으로 생각하고 낙담한 채 돌아왔다.

그런데 어떻게 되었을까? 박태준은 이미 그 훌륭한 계획을 실현할 수 있는 최적 방안을 궁리하고 있었다. 이정환의 증언이 이어진다.

이틀 후 예고도 없이 박 위원이 박정희 최고회의 의장을 모시고 남영동 소재 연구소를 직접 방문해 "지난번 보고한 내용을 자세하게, 그리고 소신껏 박 의장께 보고 드리라"고 일러주었다. 그 자리의 참석자들은 모두 군 장성급들이었고 공무원복 차림은 나를 포함한 두 명뿐이어서 긴장감이 더했다.

열과 성을 다한 설명 및 건의가 끝난 뒤 박 의장은 이 사업의 중요성을 실감하고 그 자리에서 연구소 정원을 나의 건의대로 220명으로 대폭 늘리고 연간 예산도 전년의 2천만 원에서 늘려 3억 원으로 15배 늘리도록 관계 장관에게 지시했다. 기존 기관의 인원 및 예산이 이런 정도로 크게 확대된 것은 유례가 없는 일이었던 만큼 다른 기관들의 부러움도 대단했던 것으로 기억된다.

이정환의 증언에서도 박태준의 일하는 방식과 '박정희의 박태준에 대한 신뢰'를 엿볼 수 있다. 이미 짜놓은 박정희의 빡빡한 연두 순시 스케줄 속에다 느닷없이 일개 연구소 직접 방문을 끼워 넣은 박태준, 박태준의 건의를 듣고 국가정책의 중대 사안이란 점을 대뜸 간파한 박정희. 이것이 한국 녹색혁명 대장정에서 보이지 않는 출발선을 창조하게 되었는데, 이정환은 이렇게 증언을 마무리한다.

박 의장의 순시를 계기로 그때까지 부진했던 지질조사 및 광물개발 사업은 본궤도에 오르게 됐고, 1차 5개년계획이 끝날 무렵에 우리나라 가용 무연탄 매장량은 1962년 초의 3천만 톤에서 16억 톤으로 무려 50배가 넘게 확보할 수 있게 되었다.

이에 따라 대단위 탄좌회사가 국책으로 설립됨으로써 오늘에 이르기까지 무연탄이 중요한 에너지 자원으로 쓰여 온 것이다. 이러한 배후에는 당시 박태준 최고위원의 지하자원 개발사업에 대한 남다른 관심과 이해가 숨겨져 있었다.

대규모 무연탄 개발을 근거로 삼아 전국 각처에 연탄공장이 탄생했다.

십구공탄. 서민의 온갖 애환을 태우는 19개의 조그만 불구멍. 1970년대에도 연탄을 싣고 가는 달동네의 리어카는 빈곤과 소외의 상징이었고, 연탄가스 중독 사고들이 이웃들의 가슴을 아프게 했다. 그런 쓰라린 사연을 뒤로하고 벌거숭이 붉은 산들은 박정희의 '치산녹화 7개년계획(1965-1971)'과 '수계별 산림복구 종합계획(1967-1976)'이 지칠 줄 모르고 심어주는 묘목들을 받아 마치 잃었던 아이들을 되찾은 어미처럼 키워내면서 이 땅의 녹색혁명을 향하여 푸르게 푸르게 우거져갔다.

여든 살, 생의 황혼을 바라보는 박태준은 까마득한 옛일을 이렇게 추억했다.

"그때 이정환 소장의 브리핑을 듣는 순간에 사실은 가슴이 찌르르 했소. 지음(知音)을 만난 것 같았지. 그런데 함부로 무슨 약속을 해줄 수 있나? 이건 반드시 각하의 결심부터 받아야 한다, 그래야 예산도 인력도 계획대로 된다, 이 생각부터 했지. 그래서 그 사람은 나에 대해 무뚝뚝한 군인이라는 첫인상을 받았던 모양이오……. 70년대 들어서는 포항에도 사방(沙放)사업이 굉장하게 벌어졌는데, 그때 내가 포항에 박혀 있지 않았소? 71년 가을이었을 거요. 각하가 포철을 방문한 걸음에 나한테 포항 사방사업 얘기를 꺼내셨어. 그때 그 말씀이 나에게는 은근히 기합을 넣는 것처럼 들리기도 했소(웃음)."

포항지역 사방공사와 '사방기념공원'에도
박정희와 박태준의 사연이 있다

1971년 9월 2일 박정희가 포항제철 건설 현장을 찾았다. 1968년 11월 12일의 포철 첫 방문 후 벌써 다섯 번째 방문이었다. 그날 박정희는 박태준에게 새삼 국토녹화 의지를 드러냈다.

"그게 언제였나? 임자가 무연탄 개발 하자고 나를 광물연구소로 데려갔잖아?"

"62년 연두순시 때였습니다."

"그때 우리가 잘 해치웠어. 그런데 말이야, 일본이나 갔다가 비행기를 타고 돌아올 때면 영일만 저쪽을 지나게 되는데, 우리 국토의 초입부터가 벌겋게 벌거숭이야. 아주 보기 싫어. 영일에 대대적인 사방공사를 해야 하는데, 임자에게 여유가 있으면 좋겠어."

'영일'군은 1995년부터 '포항'시에 통합되었다.

"각하, 현 상태에서는 아무리 좋은 사업이어도 제가 다른 데 관심을 두게 되면 포철에 문제가 생기게 됩니다."

"답답해서 그렇다는 거야. 산림청장이 중요한데……. 불원간 모범 새마을을 보러 영일 기계로 한 번 더 내려올 거야."

박정희는 박태준에게 귀띔했던 언질을 그로부터 보름쯤 지나서 실행한다. 1971년 9월 17일 영일군(현 포항시) 기계면 문성리 방문. 한국 새마을운동의 모범적 효시 사례로 꼽히는 마을이다. 이때도 박정희는 박태준을 비롯한 몇 사람에게 영일지역 사방공사에 대한 의지를 표명했다고 한다. 그것이 5개년 계획의 국가 정책으로 시행된 것은 1973년이었다. 전국 최대 규모의 영일사방사업. 나무를 심고 가꾸기에는 까다로운 환경이었다. 특히 지질이 문제였다. 영일만 해안지역 야산들은 표층이 이암(포항사람들은 '떡돌'이라 부름)이어서 석재나 콘크리트로 층층 축대를 쌓아 나무 심을 자리부터 확보하고 묘목이 뿌리를 내릴 수 있게 흙을 갈아줘야 했다. 강한 해풍도 골칫거리였다. 일차로 곰솔(해송), 오리나무를 심어야 했다.

박정희가 갓 마흔을 넘은 손수익 경기지사를 산림청장으로 발탁한 것은 1973년 1월이고 농림부 소속이던 산림청을 내무부 소속으로 바꾼 것은 그해 3월이었다. 믿음직스런 지휘자가 촘촘한 행정망을 잘 활용할 수 있도록 해준 조치였다. 5년 8개월간 산림청장에 재임하며 '명 산림청장'이란 평을 받았던 손수익은 대통령이 각별히 관심을 기울인 영일사방사업도 훌륭하게 이끌어갔다.

박정희가 영일사방사업 현장인 포항시 흥해읍 오도리(영일만 해안의 북쪽 끝머리)를 방문한 것은 1975년 4월 17일. 하루 전에는 대구에서 연두순시 보고를 받았다. 대통령의 오도리 현장방문은 애초에 전용 헬기를 이용하는 것으로 잡혀 있었다. 그러나 진눈깨비가 내려서 승용차로 포항까지 내려왔다. 문제는 포항 시내에서 오도리까지 가는 30리 길이었다. 아직 도로가 제대로 개설되지 않은데다가 눈비가 내려 진흙탕이었다. 경호실과 비서실이 반대했다. 그러나 대통령의 의지는 강했다.

유일한 이동수단은 사륜구동의 강력한 지프였다. 박태준이 기상 상태를 보고 미리 대기시켜둔 포항제철 지프들을 출동시켰다. 지프들은 울퉁불퉁

한 산길을 한 시간이나 달렸다. 그날따라 오도리에는 해풍마저 세차게 불고 있었다. 현장에서 기다리고 있던 김수학 경북지사, 박상현 경상북도 산림국장, 조성완 사방사업소장이 험한 산길과 궂은 날씨를 마다하지 않은 대통령에게 브리핑을 했다. 결론은 힘찬 다짐이었다.

"각하, 바로 옆에 수령 100년이나 되는 소나무가 자라고 있습니다. 이곳이 비록 풀이 자랄 수 없을 정도로 메마르고 척박한 땅입니다만, 기필코 저소나무와 같이 울창한 산림으로 조성하겠습니다."

2007년은 이 땅에서 사방사업이 시작된 지 100년이 되는 해였다. 사방사업 100년을 기념하는 '사방기념공원'이 한국 최초로 그해 10월 포항시 흥해읍 오도리에 조성되었다. 1973년부터 1977년까지 그때 예산 38억3천여만 원을 들여서 연인원 360여만 명이 황폐한 야산 4천538헥타르를 푸르게 가꾼 녹색혁명의 롤 모델이 아담하고 체계적인 교육장으로 태어난 것이다. 전시관을 한 바퀴 돌고 나면 사방의 정의, 목적, 종류, 역사, 한국의 치산녹화 과정 등을 알게 된다. 동해를 내려다보는 산비탈에 디오라마로 재현한 사방작업 모습들도 추억의 볼거리다. 길게 이어진 산책로에는 사람의 발길이 끊이지 않는다.

포항 사방기념공원은 풍광이 아름답다. 고요한 저물 무렵, 까치놀에 물드는 동해 바다를 내려다볼 때는 지친 마음에도 저절로 잔잔한 금빛 물살이 일어난다. 2015년 식목일까지, 이 사방기념공원을 다녀간 관광객은 일본, 중국, 몽골, 인도네시아, 아프리카 등 외국인을 포함해 50만 명을 헤아린다. 개발도상국에서 코이카 새마을 연수 프로그램으로 방한한 공무원이나 연구원이 종종 여기에 공부를 하러 온다. 13분짜리 영상물 방영이 끝나는 순간, 그들은 하나같이 박수를 치며 이구동성으로 외친다. "Amazing! Great!" 이 경외의 외침, 이것이 한국 녹색혁명의 본성이다.

박정희가 국회의원 출마를 ···
박태준은 "불합리의 종합판 같다" ···

1962년 12월 17일 국민투표가 '내각제 폐지와 대통령중심제 채택' 개헌안을 찬성했다. 1963년은 새해 벽두부터 '정치의 계절'이 열릴 수밖에 없었다. 그해 8월 15일에 제3공화국 대통령 선거일을 10월 15일로 결정한 데 이어 8월 30일에 박정희가 대장으로 예편한 때까지, 정치 무대가 늘 혼란스러운 가운데 군복을 벗은 그는 곧 공화당 대통령후보로 추대된다.

박정희의 민정 참여냐 불참이냐. 63년 3월 30일부터 박정희, 윤보선, 허정이 사흘 연속으로 청와대에서 담판을 벌였다. 박정희의 뒤에는 군부가 있고, 윤보선과 허정의 뒤에는 야당세력과 미국이 있었다. 정구영(공화당 총재)이 윤보선, 허정과 막후협상을 벌였다. 박정희의 '민정불참 선언'(2월 27일)과 '4년간 군정연장 성명'(3월 16일)을 상쇄시켜 털어버리고 민정이양 기한을 그해 8월 15일에서 연말까지로 연기하자는 데 합의를 했다.

그 절충안을 놓고 박정희는 박태준, 유양수, 유병현 최고위원, 김재춘 정보부장과 둘러앉았다. 그들은 민간 정치인들도 참여시키는 군민(軍民) 합작 정당을 만들어야 한다는 의견을 개진했다. 곧 검토와 준비에 돌입했다. 최고회의의 박태준, 유양수, 유병현, 정보부장 김재춘, 공화당의 박준규, 김재

안자리에 둘러앉았다. 결국 공화당은 유

세력의 민정 참여와 박정희의 대선 출마가 기정사

굳이 새 정당까지 만들 필요는 없었다. 공화당에 애착이

김종필을 달래는 방법이기도 했다.

어느덧 박태준은 '박정희와 박태준의 관계'에서 제2막을 맞이하고 있었다. 1948년 태릉에서 처음 얼굴을 익힌 '박정희와 박태준의 관계'에서 서막(序幕)이 완결된 것은 1960년 부산 군수기지사령부 사령관과 인사참모로서 '거사'의 확고부동한 동지적 인연을 맺고 헤어진 지점이었다. 제1막은 국가재건최고회의 의장과 비서실장에서 출발하여 박정희가 박태준을 경제 방면에 재배치함에 따라 그가 상공담당 최고위원으로서 맹렬히 활약한 무대였다.

제2막이 준비되고 있는 1963년 광복절 무렵, 박태준은 권좌에서 멀어지는 방향을 바라보는 중이었다. 그는 미국 유학을 생각했다. 청년시절에 전쟁하느라 제대로 해보지 못한 공부에 뒤늦게 덤벼들고 싶었다. 민정이양에서 대통령선거 결정에 이르기까지 군복을 입고 체험한 '정치'라는 동네가 당최 체질에 맞지 않다는 자기진단도 명확히 하고 있었다.

박정희가 박태준의 진로를 걱정하여 그를 장충동 의장 공관으로 부른 때는 1963년 9월 초였다. 대통령선거일을 달포 남짓 앞두어서 정치권이 긴장에 돌입한 때였지만, 두 사람은 오랜만에 푸근한 자리를 누리며 속내를 털어놓았다.

"나는 임자를 놓기 싫은데, 임자는 요즘 자꾸 멀어지려는 것 같아. 앞날의 계획은 세웠나? 군으로 복귀할 건가?"

박태준은 담백하게 답했다.

"이제 군 복귀는 불가능합니다. 제가 군 복귀를 원하는 것은 도리에 어

굿나고, 제가 원한다 해도 돌아갈 수 없게 되었습니다."

"그게 무슨 소리야?"

국군최고통수권자이기도 한 박정희가 의아한 눈빛으로 되물었다.

"저는 이미 순수한 군인정신을 상실한 사람입니다. 동료들이나 후배들이 훈련장에서 땀 흘리는 동안 저는 밖에 나와 최고위원이랍시고 권력의 단물을 마셨습니다. 그런데 지금 와서 군으로 복귀해 동료들의 자리를 차지하게 되면, 저는 나쁜 놈이 되고 군에는 새로운 불만이 일어나지 않겠습니까?"

박정희는 잠시 침묵했다.

"그러면?"

"미국 유학 갈 준비를 하겠습니다."

박태준에게는 '부디 군으로 돌아가라'고 권유하는 선배가 또 있었다. 이탈리아 대사 이종찬이었다. 민정이양에 대한 일정이 발표된 즈음 그에게 당도한 이탈리아의 편지에 그 목소리가 담겨 있었다. 존경하는 선배의 과분한 기대와 배려에 후배는 가슴이 뭉클했으나 최고 권력의 스승에게 당당히 밝힌 대로 그는 '군으로 돌아갈 수 없다는 양심과 뜻'을 바꿀 수가 없었다.

그날 박정희는 박태준에게 얼핏 국회의원 출마를 권유할 것 같은 내색을 비쳤다. 박태준은 정식으로 탁자에 올린 화제가 아니어서 면전에서 즉각 거부의사를 밝히진 않았으나 집으로 돌아와 아내에게 걱정스레 털어놓았다.

"고향에서 국회의원으로 출마한다? 나는 정치가 생리에 안 맞아. 다음에는 정식으로 권유를 하실 것 같은데, 사양이든 반대든 나도 말할 근거는 있어야 하니, 당신이 고향에 한번 다녀오면 어떻겠소?"

이리하여 박태준의 아내(장옥자)는 일종의 여론 청취 차원에서 오랜만에 부산 기장으로 내려가 친인척들을 광범위하게 만났다. 상공담당 최고위원 박태준. 인지도가 높고 그만큼 여론도 좋았다. 출마하면 앞으로 몇 선은 걱정하시 않아도 될 것 같았다. 그런데 기차를 타고 서울로 돌아오는 여행가방 안에는 육법전서만큼 두터운 서류들도 들어 있었다. 모두가 청탁 받은 이력서였다. 아내가 내놓은 서류뭉치를 바라보며 그가 담담히 말했다.

"그거 잘 됐소."

박태준을 다시 장충동 공관으로 불러들인 박정희는 모종의 결심을 세운 표정이었다.

"군으로 돌아가지 않겠다는 생각에 변함없는가?"

"예, 그렇습니다."

"미국 유학을 가겠다고?"

"예."

직선적 질문에 박태준은 명쾌히 답했다.

"임자, 왜 그러나? 나를 도와줘. 군으로는 복귀하지 않겠다고 하니까 나와 함께 정치에 뛰어들기로 해. 지난번에 생각을 하다가 조사를 시켜 봤어. 우선 다가오는 총선에 우리 당 후보로 출마해. 고향에 출마한다면 당선에 아무 문제도 없어."

이렇게 '박정희와 박태준의 관계'에 제2막이 서서히 오르고 있었다. 박정희의 명령에 가까운 제안을 박태준이 매력적으로 받아들이거나 마지못해 순종한다면 앞으로는 '고위권력층의 통속적 역학관계'로 나아갈 수밖에 없을 것이다. 그러한 길로 진입하느냐, '경제부흥의 창조적 역학관계'의 길로 진입하느냐. 그날 그 자리는 박정희도 박태준도 상상하지 못하는 갈림길이었다. 박태준에게는 개인적으로도 엄중한 자리였다. 최고권력자로부터 스스로 멀어지느냐, 최고권력자에게 스스로 다가서느냐. 자신의 미래를 거는 선택이었다.

그 중대한 선택권은 막 예편한 국군최고통수권자 앞에 앉은 현역 육군 준장의 의지에 맡겨졌다. 여기서 박태준은 성품대로 말했다.

"배려에 대해선 진심으로 감사드립니다. 하지만 저를 누구보다 잘 아시지 않습니까? 지난 3년 동안 정치를 봐왔습니다만, 석연치 않은 점이 너무 많았습니다. 한마디로 불합리의 종합판 같았습니다. 특히 정치인은 살아남으려면 무조건 당의 결정에 따라야 하지 않습니까? 저는 당이 결정해도 옳지 않다고 생각하면 번번이 반대할 놈인데, 그런 일이 자꾸 생기면 각하께서 얼마나 불편해지시겠습니까? 더구나 이번에 애들 엄마가 모처럼 고향에 다녀왔는데, 출마도 하기 전에 청탁서가 육법전서보다 더 두껍게 모였습니다. 그것을 들어주자면 어떻게 해야 하겠습니까? 저를 골치 아픈 말썽꾸러기로 만들지 마십시오."

"그 못 말리는 성미를 내가 이기려고 덤벼드는 꼴이군."

"제 앞날에 대해선, 저놈이 공부할 욕심이 있구나 하고 봐주십시오. 대선에서 승리하는 일이 급선무 아닙니까? 열심히 도와드리고 유학 떠나겠습니다."

정치의 길로 나서지 않겠다는 박태준의 결심은 확고했다.

상공장관을 맡으라는 박정희에게 박태준은
"군정 연장으로 비친다"며 미국 유학을 고집한다

1963년 9월 15일 대통령후보 등록 마감, 법정 선거운동 기간은 한 달, 10월 15일 투표. '5·16의 2년 6개월'에 대해 국민이 심판하는 선거는 예상대로 윤보선 후보와 박정희 후보의 치열한 각축전이었다. 최고회의 개표 상황실에 모여든 최고위원들은 누구나 이길 것이란 표정들이었다. 박태준도 서울이 걱정되긴 해도 이길 것으로 예측했다.

그러나 개표는 출발부터 불안했다. 서울의 집계 소식이 속속 모여들면서 윤보선 후보가 선두로 치고 올랐다. 윤 후보는 꾸준히 앞서나가고 박 후보는 꾸준히 따라붙었다. 부지런한 두 거북이의 경주 같았다. 자정이 지나고 16일 오전 1시가 넘어도 역전의 기미가 없었다. 최고회의 상황실은 침묵에 빠져들었다. 패배의 예감이 덮친 것이었다. 오전 2시가 지나도 박정희 후보는 뒤지고 있었다. 박태준은 마음을 담담히 정리했다.

'그래, 사심 없이 했다. 부정축재처리위원회 위원으로서 손을 더럽히지 않았고, 최고위원으로서도 최선을 다했다. 새로운 공부와 체험도 많이 했다. 설령 반란이라는 죄목을 달아 법정에 세워도 후회는 없다.'

그런데 여명이 밝아온 무렵이었다. 믿기 어려운 일이 벌어지고 있었다.

박정희의 득표가 슬슬 속력을 더 내는 게 아닌가. 남해안과 서해안의 섬을 출발해 육지에 닿았다는 투표함들이 열리면서 박정희의 득표는 더 속력을 내고 윤보선의 득표는 더 속력이 떨어졌다. 16일 정오가 지났다. 아슬아슬한 박빙의 승부는 역전돼 있었다. 작은 리드지만 대세는 박 후보 쪽으로 기울어진 듯했다. 민정당 윤보선 후보 측이 패배를 자인한 시각은 16일 오후 4시 40분, 그때 박정희 후보는 겨우 5만5천여 표를 앞서고 있었다.

박정희와 윤보선. 끝까지 아슬아슬하게 자웅을 겨룬 두 후보의 득표 상황은 특이하게 나타났다. 박 후보는 영남과 호남에서 압승을, 윤 후보는 서울을 비롯한 충청도와 강원도에서 큰 승리를 거두었다. 최종 차이는 불과 15만6천28표. 낙선자는 깨끗한 승복의 표시로 당선자에게 축전을 보냈다.

1963년 대선의 특징은 이른바 '정치적 지역감정'이 전혀 나타나지 않은 점이었다. 그해 가을에 만약 소백산맥과 섬진강으로 갈라진 정치적 지역감정이 선거를 좌우했더라면 박정희 후보는 윤보선 후보에게 완패를 당했을 것이다. 전남이 당선자에게 57.2%를 몰아줬듯이, 전라도의 투표 민심에는 '반(反)경상도' 정서가 없었다. 충청도의 투표 민심에 '친(親)김종필' 정서도 없었다.

1963년 가을로부터 꼬박 34년이 더 지난 1997년 가을, 박태준은 대통령선거에서 김대중 후보와 손을 잡게 된다. 이때 박태준은 "영남과 호남의 화합, 산업화세력과 민주화세력의 화해"를 외친다. 아직은 사회적 반향(反響)이 미미한 시절이었지만, 그는 그해 가을에 최고회의 개표상황실에서 지켜본 그 역전 드라마에 내재되었던 '지역감정 없는 투표의 힘'을 선명히 기억하고 있었다. 만약 그가 살아 있어서 2014년 국회의원 보궐선거 때 이정현 새누리당 후보가 순천·곡성에서 당선되는 모습을 보았더라면 기쁜 마음으로 축하주를 내려고 했을 것이다.

1963년 11월 어느 날이었다. 조각을 구상하는 박정희가 박태준을 불렀다. 곧 민선 대통령으로 취임할 박정희, 정통성 시비에서 가까스로 벗어난 통치자. 하지만 박태준에게 박정희는 동백섬을 바라보며 우국충정의 술잔 속에다 거사의 꿈을 담았던 그날들과 다르지 않은 따뜻한 상관이요 스승이었다.

"국회의원이다 정치다 그딴 거는 다 싫다고 했으니 상공장관을 맡아서 도와줘야겠어."

박정희의 말은 단도직입이었다. 박태준에게는 뜻밖의 강권 같은 제안이었다. 하지만 그는 머뭇거리지 않았다. 역사적인 민정 출범의 새로운 내각을 기웃거리지 말아야 하는 이유를 똑바로 세우고 있었던 것이다.

"각하의 배려에 뭐라고 감사를 드려야할지, 또 저에 대한 변함없는 신뢰를 어떻게 보답해야 할지, 지금 당장은 적합한 말이 떠오르지 않습니다. 오직 각하의 그 마음만은 다시 한 번 저의 마음에도 새기겠습니다."

"또 거절하는 건가?"

"각하의 뜻에 거역하는 것이 아닙니다. 각하를 도와드리고, 제 자신을 돌보려는 것입니다."

"무슨 소리야?"

"저는 장관을 맡을 수 없습니다. 이유는 두 가집니다. 첫째, 군복을 벗었다고는 하지만 저와 같은 사람이 장관을 맡게 되면 국민들에게 각하의 민간정부가 군정의 연장이라는 인상을 강하게 심어줄 것입니다. 둘째, 저는 아직 마흔도 안 됐는데, 장관 하다가 물러나면 무엇을 해야 합니까? 설상가상으로 저는 아는 것이 너무 모자라서 더 배워야 합니다. 그러니 이해해 주십시오."

박정희는 나무랄 말이 떠오르지 않았다.

"다들 일등공신이라며 한자리 달라고 아우성인데, 자네를 본받게 해야겠어. 그래도 내 마음은 자네를 놓고 싶지 않아. 기어이 미국 유학을 갈 거야?"

"새해에 준비되는 대로 떠날 계획입니다."

"미국 어디로?"

"김웅수 장군이 공부하고 계시는 시애틀 워싱턴대학을 생각하고 있습니다."

박정희가 고개를 끄덕였다.

김웅수, 훌륭한 장군이지만 박정희에겐 좀 껄끄러운 이름이기도 했다. 6군단장으로서 5·16에 반대했던 것이다. 박태준은 6·25전쟁 때 그를 모신 적이 있었고(인사참모 보좌관), 5·16 성공 후 박정희에게 반대한 장성들을 미국으로 유학 보내자는 건의를 했다. 박정희의 결심에 따라 5·16에 반대한 다른 장성들처럼 미국 유학을 떠났던 김웅수는 말년(85세, 2008년)에 '5·16을 반대했다는 결과로 자의 반 타의 반의 유학이었으나 유학 길에서 경제학 학사와 석사 그리고 박사를 거치는 10년의 제2 인생 준비를 할 수 있는 이득'도 보았다고 회고한다. 박태준은 김웅수와 필생의 교류를 했다. 포항제철 책임자로서 존경하는 선배가 깊이 관여하는 한미(韓美)장학재단으로 적잖은 후원금을 보내주곤 하면서…….

박정희의 장충동 공관에서 나와 가을바람이 소슬한 거리를 산책하는 박태준은 비로소 발걸음이 가벼웠다. 텅 빈 마음도 마냥 평안했다. 박정희의 따뜻한 배려와 든든한 신뢰가 따끈한 손바닥처럼 가슴을 쓰다듬어주는 기분이었다.

1963년 12월 17일 오후 2시 서울 중앙청 광장에서 대한민국 제5대 박정희 대통령 취임식이 열렸다. 박정희의 권좌에 크게 결핍되었던 '정통성'을 주입하는 행사였다. 박태준에겐 스스로 권좌와 이별하는 행사였다. 제3공화국 출범을 앞둔 12월 12일, 박태준은 국가재건최고회의 상공담당 최고 위원 직책을 물러나 소장 진급과 함께 군복을 벗음으로써 '권좌와 군인의 신분'을 동시에 벗고 '홀가분한 민간인'으로 돌아왔다. 1948년 국방경비대에 입대하면서 벗었던 민간 복장을 15년 만에 다시 입은 그는 대통령 취임식이 열린 즈음에 유학 떠날 준비를 마무리했다.

박태준의 새로운 선택을 도와준 이는 주한 미(美)대사관의 문정관 해리슨이었다. 국무총리 최두선, 부총리 김유택, 외무장관 정일권 등 제3공화국 초대 내각 얼굴들이 신문을 도배한 12월 14일 토요일, 박태준은 유학 준비를 최종 점검하는 용건으로 오전에 해리슨과 만났다. 한국말에도 능숙한 그가 고개부터 갸웃거렸다.

"왜 그래요?"

박태준이 의아하게 물었다.

"오늘 아침에 신문은 보셨나요?"

"봤지요."

"기분이 묘하지 않아요?"

"무슨 뜻인가요?"

박태준은 짐짓 되물었다.

"장관들의 명단을 보아도 아무렇지도 않아요?"

"그분들이 잘해나가겠지요. 명실상부한 민정이양이 되었으니 이제부터 경제재건의 목표를 완수해 나가야지요."

"당신은 정말 특이합니다. 군정에 참가했던 사람들은 국회의원이 되겠다, 장관이 되겠다, 또 뭐가 되겠다, 모두 감투를 쓰겠다고 뛰어다니는 판에 당신은 이상한 고집을 피우는군요."

"새로운 시작을 하는 것도 즐거운 일입니다. 나는 많이 부족해요. 여기부터 더 채워야 합니다."

박태준이 웃으며 검지로 자신의 머리를 겨누었다.

"왜 하필 미국 유학을 선택했습니까? 어떻게 그런 생각을 하게 되었습니까?"

"미국이 세계를 이끌어가는 시대에 무엇보다 미국을 제대로 알아야 하지 않겠어요? 길게 보면 미래를 위한 준비라고 생각합니다."

해리슨이 고개를 갸웃거렸다.

"그 뜻은 이해하겠습니다만……. 준비는 차질 없이 됐습니다. 서울 떠날 날짜만 잡으면 됩니다."

박태준은 새해 1월 중순에서 하순 사이에 유학 보따리를 꾸릴 계획이었다. 아내와 어린 딸들을 서울에 남겨두고 떠난다는 죄책감이 어깨에 얹혔으나 공부에 대한 열망과 미래를 위한 준비를 연기하거나 포기할 수 없었다. 그의 앞길을 막아설 수 있는 사람은 부모도 아내도 아이들도 아니었다. 막 민선 대통령을 시작한 박정희뿐이었다. 그가 박태준을 어떻게 할 것인가?

1964년 설날, 박정희는 박태준을 일본 특사로 파견하며 "집 장만하라"는 하사금을 건넨다

"박태준이 왔습니다."

그러나 박정희는 들은 체도 하지 않았다. 박태준이 한 번 더 고했다. 그래도 서재에 서 있는 박정희는 책을 찾는 시늉만 하고 있었다. 박태준이 스스로 찾아온 것이 아니었다. 1964년 1월 1일, 이 설날에 비서실장 이후락을 통해 청와대로 저녁 먹으러 오라는 초대의 전언을 보내고 대문 앞으로 지프까지 보내준 장본인이 바로 청와대의 새 주인이었다.

"박태준이 왔습니다."

멋쩍었으나 박태준은 세 번째로 고했다. 그제야 박정희가 휙 고개를 돌렸다.

"자네는 나한테 무슨 불만이야?"

박정희가 다가서며 호되게 다그쳐 물었다. 박태준은 눈동자만 한 번 껌벅였다.

"왜 떠나겠다고 고집을 부리는 거야?"

"지난번에 말씀 드린 그대롭니다. 머리를 더 채워서 오겠습니다."

"그래? 밥 먹자고 불렀으니 배부터 채우자."

박정희가 그의 앞을 지나쳤다. 박태준의 느낌에 찬바람이 이는 것 같지는 않았다. 현관에서 기다리고 있던 경호실장 박종규가 집무실이 아닌 2층 사택으로 안내할 때부터 그는 오늘이 작별인사 올리기에 딱 좋겠다는 판단을 했었다.

박태준이 대통령 내외께 세배를 올렸다. 이내 술상이 나왔다.

"요즘도 많이 드세요?"

청와대 안주인이 눈을 곱게 흘기며 손수 첫 잔을 따라줬다.

"마셔야 할 때는 사양하지 않습니다."

특히 부산 시절의 통음들을 떠올린 박태준의 답을 박정희가 받았다.

"그거 잘됐네. 오늘 마셔보자."

저마다 한마디씩 하는 사이에 분위기는 부드러워졌다.

따끈한 정종 한 주전자를 거의 비운 다음이었다. 박정희가 편지 한 통을 내밀었다.

"이거 읽어봐."

붓글씨로 쓴 일본어 편지. 그것은 일본 자민당 부총재 오노 반보쿠(大野伴睦)의 친필이었다. 요점은 명확했다. 한국의 현 정세로 볼 때 가장 시급한 일은 한일국교정상화를 이루고 대일청구권 자금을 받아 경제개발5개년계획에 활용해야 한다는 것. 현재 한국의 신용으로서는 외국은행이나 국제금융기구로부터 차관을 얻기 어려울 것이란 예측도 담고 있었다.

박태준의 눈에도 오노의 논리나 주장은 옳아 보였다. 경제개발을 강력히 추진하겠다는 대통령의 의지와 국민의 여망은 있어도 그것을 밀고 나갈 자금, 국제적 신인도, 기술력이 거의 제로에 머물고 있는 대한민국은 미국의 압력이 아니더라도 서둘러 일본의 지원을 받아내야 할 형편이었다.

"잘 봤습니다."

박태준이 편지를 돌려줬다.

"어때?"

"좋은 충고 같습니다."

"다 아는 건데, 편지에 내가 특별히 파견할 사람의 조건이 나와 있었지?"

"예, 있었습니다."

오노가 제시한 '대통령이 일본으로 파견할 사람'의 조건은 세 가지였다. 첫째 대통령이 가장 신임하는 인물, 둘째 통역 없이 자유롭게 대화할 수 있는 인물, 셋째 가능하다면 일본에서 학교를 다녔던 인물.

"그 조건에 딱 들어맞는 사람이 바로 임자야."

박태준은 얼떨떨해졌다.

"현 내각이나 주변엔 동경대, 와세다대, 경도대 나온 사람들이 많지 않습니까?"

"그렇지."

"그 사람들 중에서 찾아보시면 되지 않습니까?"

"그러면 첫째 조건이 안 맞아."

박정희가 고집을 부리려는 박태준을 힐끗 쏘아보았다. 질타와는 거리가 먼 눈빛이었다.

"일본도 낡은 사람을 원하지 않아. 명치유신 때 자기네가 그랬던 것처럼 신진기예를 원해. 자유당, 민주당 거쳐온 인물을 원하지 않아."

박태준은 잠시 생각에 잠겼다. 박정희가 타이르듯 말했다.

"우리 국민들은 일본과 회담하는 것조차 싫어하지만 현실을 직시할 수밖에 없어. 한일국교정상화는 경제개발의 첫 고비를 넘어서는 일이야. 마침 일본 측에서 나를 대신할 인물을 요청해왔어. 이 일은 공식적인 국교정상화를 위해 일본에 가서 사전 정지작업을 하는 임무와 같은 거야. 일본 지도층에도 반한파가 만만찮아. 그들의 반대를 최소화해야지. 이 일에 자네를 능가할 사람을 찾을 수 없었어."

"저는 미국 갈 준비를 마쳤습니다만……"

"일본 가서 열 달쯤 돌아다니면서 중요한 사람들을 다 만나고 산업현장들을 잘 살펴보게 되면 미국 가는 것보다 열 배, 백 배 더 공부가 될 거야."

그 말에 박태준은 마음에 균열이 생겼다.

"언제 떠나야 합니까?"

"하루라도 빠를수록 좋아."

여기서 잠시 1964년 당시 일본에 건재했던 '일한국교정상화 반대파'의 대변(代辯)과 같은 주장 하나를 들어보자. 야당, 특히 사회당과 그들을 지지하는 지식인의 반대가 두드러졌다.

사회당은 국회에 상정되기 전부터 일한조약을 '절대 저지'하고 '분쇄'한다는 점을 내세우고 대처해 왔다. 그것이 일을 이렇게 혼란 속으로 몰아넣었다고 해도 과언이 아니다. 우리 당은 정부가 제안하는 조약 안건 등의 의문점을 국민들 앞에 분명히 밝히고 정상적인 심의를 통해 결정해야 하며, 이것이야말로 우리 당이 항상 주장하는 바 의회민주주이다…….

일한조약을 '저지'를 너머 '분쇄'의 대상으로 삼으며 '일을 혼란 속으로' 몰아넣은 것을 자랑스러운 공적으로 내세우는 정치세력이 일본에도 건재하고 있었던 것이다.

박정희의 명령에 가까운 새로운 제안에 대해 박태준은 '현 상황에서 국익을 위해 꼭 필요한 임무'라고 판단했다. 또한 그는 마음속에서 뜨끈한 열기처럼 피어오르는 자신감도 느끼고 있었다. 다른 나라도 아닌 일본, 비록 '조센진'의 설움을 받긴 했으나 유소년시절과 와세다대학 2년을 보낸 일본.

그 땅으로 들어간다면 오노가 편지에 넣은 '둘째와 셋째의 조건'을 충분히 활용하면서 얼마든지 '박정희의 사람'에 걸맞은 활동을 전개할 수 있을 것 같았다.

"혼자 갑니까?"

"김종필이 추천하는데……."

박정희가 거명한 두 이름은 최고위원 출신이어서 박태준도 아주 잘 아는 얼굴들이었다. 다만, 내키거나 말거나 그에게는 선택권이 없었다.

"국민 정서상으로는 매국노로 찍힐 수밖에 없는 임무로 보입니다."

"그럴 거야. 한바탕 대격전을 치르게 되겠지. 그러나 우리는 앞으로 나아가야 해."

박태준은 말을 삼켰다.

"이거 받게."

박정희가 봉투를 내밀었다.

"자네는 여태 집도 없더구먼. 고생만 시키고, 내가 너무 무심해서 애들 엄마한테 미안하게 됐어. 오래 나가 있게 되는데, 자네 집사람은 집이라도 있어야 애들 잘 키울 거 아닌가. 집이나 장만하게."

박태준은 정중히 받았다. 졸지에 '내 집 마련'의 기회를 맞았다. 신접살림을 육사의 관사에서 출발하여 십여 년 간 셋방살이를 전전해온 그의 아내가 드디어 서대문구 북아현동에 단독주택을 잡게 되었다. 대통령의 하사금과 전세 뺀 돈을 절반씩 넣어 마련한 집에 가장(家長) 없이 여자 네 식구만 짐을 풀었다.

노년의 박태준은 그 집을 팔아 10억 원을 공익재단에 기부한다. 박정희 대통령의 하사금이 들어갔으니 그 집은 처음부터 완전한 내 개인의 사유재산이 아니었다며…….

일본 정재계의 막후 실세인 양명학 대가 야스오카, 박정희가 보낸 '박태준의 비범성'을 알아보다

일본의 어디서 누구를 만나든 한국 대통령이 가장 신뢰하는 사람이라는 그 천거의 무게와 명찰에 어울리는 인품과 언행을 보여야 하는 박태준은 1964년 1월 도쿄 하네다공항에 내렸다. 오노가 일본 중의원 의장, 내각 대신 두 명과 같이 기다리고 있었다. 박태준 일행도 넷이었다. 김종필이 천거한 두 명과 회계담당 최정렬.

1964년 벽두의 일본은 도쿄올림픽 준비로 해가 뜨고 해가 지는 나라였다. 도쿄 중심가에서 하네다공항까지는 동양 최초의 모노레일이 깔리고, 도쿄와 오사카 구간에는 시속 250킬로미터의 초고속 열차운행을 위한 광궤철로(신간선) 부설공사가 진행되고 있었다. 도쿄의 겉모습은 패전의 악몽에서 완전히 벗어나 있었다. 곳곳에 건설용 크레인이 허공을 지키고, 화장실을 수세식으로 개조하는 집들이 급증하고, 텔레비전을 흑백에서 컬러로 바꾸는 시험방송도 시작했다. 한마디로 일본은 융성 대로에 진입한 것 같았다.

우선 박태준은 그런 모습이 부러웠다. 우리도 하루빨리 분발해서 이렇게 일어서야 한다는 결의가 분노처럼 솟구치기도 했다. 그는 잘 알고 있었다. 일본이 한국전쟁의 그 처절한 고통을 경제재건의 호기로 활용했다는 것을, 일본이 미국의 허리를 부둥켜안았다는 것을. 그리고 그는 한국전쟁을 부흥 기회로 활용한 1950년대 일본사회에 '진무경기(神武景氣)'라는 신조어가 유행했다는 것도 알고 있었다. '진무'는 일본국 첫 임금의 원호다. 얼마나 경기가 좋았으면 거룩한 이름으로 불렀으랴. 그때 가슴에 사무쳤던 통한을 박태준은 그로부터 40년이나 지난 2004년 6월에야 좀 시원하게 털어놓는데, '한일국교정상화 40주년 기념 국제학술대회'에서 한국 측 기조연설을 맡아 다음과 같이 회고한 것이다.

일본 노인들은 1950년대 '진무경기(神武景氣)'라는 호황시절을 잘 기억할 것입니다. '진무'는 일본국 첫 번째 임금의 원호 아닙니까? 진무경기란 말은 '유사 이래 최고 경기'라는 민심을 반영했던 것입니다. 실제로 진무경기는 막강한 일본경제 성장의 기반이 되었습니다. 한국전쟁이란 특수경기가 일본경제 회생에 신묘한 보약으로 쓰였던 것입니다. 오죽했으면 한국 지식인들이 '한국전쟁은 일본경제를 위해 일어났다'는 자탄을 했겠습니까? 그 쓰라린 목소리는 전쟁 도발자를 향한 용서 못할 원망도 담았지만, 분단의 근원에 대한 일본의 책임의식과 한국경제를 도와야할 일본의 도덕의식을 촉구하고 있었습니다. (이 연설의 전문은 이 책의 부록에 실려 있다.)

1964년 1월, 박태준은 도쿄에서 사흘째 되는 한낮에 동행들과 따로 떨어져 박철언을 만나러 갔다. 그의 도움으로 5·16군정 제1호 출국허가를 받아 도쿄로 돌아온 박철언은 미(美) 극동군 총사령부 문관을 사임한 뒤 1962년부터는 '대방(大邦)'이란 회사를 차려 사업에 열중하고 있었다.

박태준은 일본 집권세력의 실력자들과 제대로 만나기 위해서는 먼저 야스오카 마사아쓰의 이해와 협조를 얻어야 한다고 판단했다. 미리 연락을 받은 박철언이 야스오카의 최측근으로서 그가 회장으로 있는 전국사우협회(全國師友協會)의 부회장도 맡았던 야기 노부오와 상의하여 만반의 준비를 갖추고 있었다. 장면 총리의 특사 유동진, 박정희의 전권대사 이용희, 그리고 박정희의 특사 박태준. 이들이 거쳐야 하는 첫 관문과 같은 존재, 야스오카는 어떤 인물인가? 박철언의 자서전 『나의 삶, 역사의 궤적』에 단아한 정리가 나오는데, 야스오카는 몇 년 뒤 포항제철 프로젝트 성사(成事)에도 매우 중요한 역할을 해준다.

야스오카는 1904년 일본 중부지방의 호족 홋타씨 가문에 태어났다. 소학교 시절에 『논어』, 『맹자』, 『중용』, 『대학』 등 사서를 배워 익혔다. 나아가 『태평기』, 『일본외사』, 『십팔사략』, 『삼국지』 등 한서를 탐독하기에 이르렀다. 일본의 일고, 동대라는 최고 엘리트 길을 걸었다. 그가 고등학교 재학 중에 쓴 장편의 논문 「소동파의 생애와 인격」이 동경대학 학지 『동대문학』에 실린 적이 있다. 그 논문은 학계의 관심 대상이었고, 세간에 화제가 되었다. 읽는 이들은 동경대학의 전공 교수가 쓴 논문으로 믿었다고 한다. 그는 1922년 대학을 졸업했는데, 재학 중에 출판한 저서 『중국의 사상 및 인물 강화』는 당시 학계나 경제계에서 경탄의 대상이 되었다.

흔히 근대일본의 양명학 대가로 널리 알려진 야스오카. 일본 양명학은 '행위란 마음의 용(用)'이라는 중국 양명학에서 훨씬 더 나아가 경세치용(經世致用), 사회적 실천의 지행합일을 이념으로 삼았다. 전후 일본에서 야스오카의 영향력은 대단했다. 두 가지 사례만 보아도 짐작할 수 있다. 재임 기간 7년 8개월로 전후(戰後) 최장수 총리를 기록한 사토 에이사쿠(佐藤英作)는 야스오카를 스승으로 모시고 월 1회 또는 2회 관저로 초대했다. 노벨문학상 후보에 올라 그때 한국 독자들에게도 『금각사』로 낯설지 않은 소설가 미사마 유키오(三島由紀夫)는 야스오카의 저서를 읽고 감명을 받은 편지에서

'지행합일 실천'의 의지를 내비쳤으며, 실제로 그는 '천황 친정'의 뜻을 이루려는 결사의지의 표명으로 할복을 감행했다.

야스오카는 박정희가 가장 신뢰한다며 특파한 젊은 일꾼 박태준을 어떻게 보았을까? 그의 박태준에 대한 첫인상은 미래를 위한 주요 자산이 된다. 두 사람이 초면 대화에서는 일말의 예견도 잡지 못하지만 장차 '포항제철의 운명'과 인연이 깊게 걸리는 것이기도 했다. 어떤 신성한 시간은 우주를 자장(磁場)으로 바꾸어 낯선 존재들 간에 인력(引力)을 창조한다고 했던가.

박철언의 자서전이 증언한다.

나는 박태준을 선도해서 동경 분쿄쿠 하쿠산의 자택으로 야스오카 마사아쓰를 찾았다.

"어서 오십시오. 원방래(遠方來)한 벗을 만나는 기분입니다."

야스오카는 멀리서 온 벗을 맞아 기쁘다는 고구(古句)가 섞인 말로 박태준을 초면의 어색함 없이 맞았다. 야스오카와 박태준 사이에는 광범위한 문제가 화제로 꽃피었다. 예정시간을 훨씬 넘긴 회견이 계속되었다.

"침착 중후한 인물이오. 마치 큰 바위를 대하는 듯한 무게가 있었소."

박태준을 만나고 나서 야스오카가 배석했던 야기와 나에게 한 말이었다. 박태준, 야스오카 양자의 이때의 해후는 뒤에 오는 포항제철 건설 문제에서 그 성패를 가늠하는 막중한 역할을 하게 되었다.

박태준은 박정희의 특사로서 일본 정부, 정계, 언론계 요인들과 만나고 다녔다. 그가 식탁 위에 올려놓는 가장 중요한 화제는 한일국교정상회담에 임하는 한국 측의 입장이었다. 또한 그는 산업 시찰을 중시했다. 공부를 하듯이 시설을 살피면서 경제계 인사들과 얼굴을 익혔다. 그러한 박태준의 활동에 대해 이도성의 『실록-박정희의 한일회담』은 다음과 같이 기록하고 있다.

2월 초 도쿄 아카사카 거리의 한 요정에서 있었던 환영모임엔 자민당의 거두 오노 반보쿠 부총재를 비롯하여 후나다 중의원의장, 시나 외상, 나카가와 의원 등이 참석했다. 박태준은 그 뒤 나카소네 의원(뒤에 총리), 기시 전 총리, 오히라 의원(뒤에 총리), 사토 의원(뒤에 총리) 등 자민당의 실력자들과 자주 만나고 지방을 돌면서 유지들과 접촉했다.

그가 만나본 바로는 기시 전 총리와 오노 부총재가 가장 협조적이었다. 박태준은 자신의 임무를 마친 다음에는 나카가와 의원의 안내를 받으면서 두 달 동안 일본 전국의 산업시설을 돌아다니면서 공부를 했다고 한다. 박태준은 '불과 20년 사이에 일본이 이룩한 눈부신 성장의 현장을 가보니 피가 끓어오르는 듯한 느낌을 받았다'는 것이다.

술자리가 끊이지 않는 만남의 연속. 술자리를 지키는 여성의 유혹도 끊이지 않는 만남의 연속. 그러나 박태준은 '박정희의 특사'라는 신분을 잠시도 잊지 않았다. 자신의 사소한 실수마저 박정희에게 누가 된다는 점을 엄정히 인식하고 있었다. 그러한 가운데 박태준은 주 1회 또는 2주 1회 간격으로 외교 행낭을 통해 박정희에게 보고서를 보냈다.

1964년 가을, 경복궁에 단풍이 붉게 물들었을 때 박태준은 청와대로 올라갔다. 박정희가 함박웃음으로 그의 오른손을 잡았다.

"아무리 바빠도 임자가 보낸 보고서는 다 읽었어. 좋은 참고가 됐어. 어때? 미국 유학보다 훨씬 낫지?"

"미국 유학을 못 가봐서 비교는 못하겠습니다만, 머리는 제법 채운 것 같습니다."

"고생했어."

박정희가 웃음을 짓는 박태준의 어깨를 툭툭 두들겼다.

대한중석을 맡은 박태준은 박정희에게 맨 먼저 "정부, 여당의 간섭 배제"를 건의한다

1964년 12월 초, 서독(독일) 방문을 앞둔 박정희가 박태준을 청와대로 불렀다.

"대한중석을 맡아줘야겠어."

'달러박스' 대한중석. '정치'의 자리가 아니라 '경제'의 자리였다. 박태준은 마음을 열었다.

"서독 갔다 와서 만나자. 그 사이에 대한중석에 대해 이것저것 알아봐."

"준비하겠습니다. 각하의 방문을 우리 광부들과 간호원들이 정말 기뻐하겠습니다."

"우리가 그 사람들의 고생을 헛되게 하지 말아야지."

"알겠습니다."

그해 세모의 어중간한 시기에 이뤄진 '박태준 인사'에는 모종의 권력투쟁도 개입되어 있었다. 거사에는 무임승차한 처지에 대통령 비서실장 자리를 꿰차고 앉아 날이 갈수록 권세를 키워가는 이후락. 이 사람을 김종필은 꺼림칙하게 보고 있었다. 그를 대체할 만한 인물을 물색하던 터에 마침 박태준이 일본 특사를 마치고 돌아왔다. 김종필은 새해 기념으로 청와대 분위기를 쇄신하는 인사 때 대통령에게 박태준을 비서실장으로 천거할 작정이었다. 그의 눈에 박태준은 썩 매력적인 카드로 보였다. 정치적 야망이 없으니 뒤탈을 걱정하지 않아도 될 듯했고, 비서실장의 경험도 있을 뿐만 아니라 대통령의 신임도 각별하니 대통령이 마다하지 않을 것 같았다. 이러한 낌새를 맡은 이후락이 도리어 선수를 쳤다. 박태준을 정치 방면에 배치하지 않으려는 대통령의 심중을 꿰뚫은 그가 대통령에게 박태준을 대한중석 사장으로 보내면 어떻겠냐고 건의했던 것. 마침 박태준을 경제 방면에서 활용하기 위해 자리를 찾고 있던 박정희가 쉽게 낙점을 했다.

군정 시절보다 훨씬 더 빈번한 정치적 권모술수를 다뤄야하는 자리에는 박태준의 성품이 어울리지 않는다고 판단한 박정희는 미국과 좀 더 수월히 연결되는 '끈'도 원하고 있었다. 그에게 이후락의 용도는 그 '끈'이기도 했다. 군사영어학교 출신의 군번 79로, 6·25전쟁 후 주미 한국대사관 부무관으로 3년간 근무했던 이후락은, 장면 정권이 미국 CIA의 요청에 따라 설립한 '79부대'(자기 군번을 붙임)의 책임자로 활약하면서 그쪽에 단단한 끈을 달아두고 있었다. 바로 그것 때문에 그는 5·16 직후에 짧은 옥고를 겪기도 했었다.

박태준의 성품, 박정희의 안목, 권력 핵심부의 암투. 이 세 가지 요인이 하나로 얽혀 박태준을 대한중석 사장실로 데려갔다. 1934년 경북 달성광산과 강원도 상동광산을 합병해 양질의 텅스텐을 생산해온 고바야시광업주식회사는 1949년 10월부터 상공부 직할 국영기업으로 변신하면서 대한중석광업주식회사로 거듭났다. 대한중석은 1960년대 초반까지 한국 수출 총액의 으뜸을 차지하는 그 '먹을 것 많은 사정' 때문에 역설적으로 이승만 정권과 장면 정권에서 정치적 스캔들에 말려들곤 했다.

중석(重石), 텅스텐. 이 광물은 대한민국 건국 초기의 이승만 대통령 시대에 '구국의 자원'으로 대접 받았다. 태백산맥에 묻혀 있는 지하자원을 캐고 팔아서 비료를 사겠다고 생각했던 시대. 남한에서 달러로 바꿀 수 있는 광물은 중석, 금, 석탄 정도였다. 그때 이승만의 광산 전문팀이 일제 때 개발한 중석 광산을 주목했다. 중석에는 회중석이 있고 흑중석이 있다. 상동광산은 주로 회중석을 생산했다.

우리 일상에서 흔히 눈에 띄는 텅스텐은 전구의 필라멘트지만 우주선 로켓에도 꼭 들어가는 귀한 광물이다. 무기 제조, 특히 대포의 포신(砲身) 제작에는 필수 소재다. 그래서 미국이 이승만 정부에 상동광산 매각을 요청한 적도 있었다. 그것을 거부함으로써 탄생한 것이 1953년의 한미중석협정이었다. 이 협정은 그때 우리 정부의 금고에 달러를 채워주는 가장 확실하고 가장 안정적인 통로였다.

박태준은 취임에 앞서 대한중석을 살펴보았다. 경영상태, 인사체계, 인력보강의 필요성……. 회사에 대한 기초지식을 파악한 그는 경영원칙부터 확립하기 위해 청와대로 들어가 서독 방문을 마치고 돌아온 박정희와 독대했다.

"어때?"

박정희가 부드럽게 물었다.

"직전 사장이 열심히 했던 흔적이 역력했습니다."

박태준에게 대한중석 사장 자리를 물려준 이는 공군 참모총장 출신이었다.

"장난칠 사람이 아니지."

"그렇습니다. 능력도 있는 분인데, 제가 자리를 빼앗은 것 같아서 마음에 걸립니다. 비료공장도 두 개나 새로 생기지 않습니까? 그 중에 하나를 맡겨도 훌륭하게 해내실 겁니다. 또 그렇게 해주시면 저도 인간적인 부담을 덜 것 같습니다."

"그래? 알았어."

박정희가 고개를 끄덕였다. 이래서 박태준의 전임 대한중석 사장은 신설 '영남비료' 사장에 취임하게 된다.

"건의가 있습니다."

박태준이 박정희를 진지하게 쳐다보았다.

"뭔가?"

"현재 대한중석의 심각한 외부적 문제는 중공입니다. 소련과 중공의 관계가 나빠서 소련이 중공산 텅스텐 수입을 금지하자 중공이 서방 국가들에게 덤핑으로 내다팔기 때문에 우리가 수출경쟁에서 불이익을 당하게 돼 있습니다. 그런데 더 중요한 것은 내부적 문제입니다. 내부적 문제만 잘 해결하면 외부적 문제는 충분히 극복할 수 있습니다. 과거에 대한중석은 정치적 스캔들에 휩싸이기 일쑤였고 또 그것이 부패와 부실경영을 더 악화시켰습니다. 파벌도 심한 조직입니다. 공군파다, 경기파다, 뭐다. 이것도 퇴치해야 합니다. 그래서 저에게 맡기신 이상, 앞으로는 정부나 여당에서 일절 회사경영에 간섭하지 않도록 보장해주십시오."

박정희가 대뜸 답했다.

"약속하지."

기분 좋게 청와대를 나서는 박태준에겐 드디어 '경영의 현장'이 기다리고 있었다. 육군대학·국방대학·참모·지휘관을 두루 거치며 갈고 닦은 실력, 국가재건최고회의 비서실장과 상공담당 최고위원으로서 국가경영에 참여한 경험, 그 기간에 보충학습처럼 배운 경제·경영학 지식 등을 총동원해서 어떡하든 빠른 시일 안에 적자에 시달리는 '최대 달러박스' 국영기업을 정상 궤도에 올려놓아야 했다.

박태준은 '사람'을 제일 중시했다. 인재의 적재적소 배치, 외압과 파벌 배격, 투명인사 확립, 선진적이고 합리적인 회계관리, 영업원리 개선, 후생복지 개선 등 모든 업무들을 일사불란하게 더불어 실행할 '사람'이 있어야 했다. 그러나 '사람'이 그냥 굴러들어오는 금덩어리는 아니었다. 안에서도 찾고 밖에서도 찾아야 했다.

　빈곤한 한국에서 수출 주력을 담당하는 기업답게 대한중석엔 신임 사장의 눈에 띄는 인재들이 박혀 있었다. 그가 국방부 인사과장 시절에 물동과장으로 함께 일했던 고준식, 그리고 안병화, 박종태, 장경환……. 그래도 박태준은 마음을 놓을 수 없었다. 특히 회계관리와 인사관리에 새 질서를 세워야 했다. 그는 밖에서 찾기로 했다. '밖'이란 군대였다. 6·25전쟁 때는 유격대원이었고 박태준이 육사 교무처장 때는 육사 교무과장이었으며 미국 육군경리학교에 유학한 황경노, 그가 천거한 노중열, 일본열도를 함께 종주했던 인사관리의 베테랑 최정렬, 경리장교 홍건유 등이 합류했다. 대한중석에는 곧 '구식 부기'가 사라지고 현대식 관리기법이 도입된다.

　그런데 박태준이 기존 대한중석 인재들과 만나는 자리에 막 삶의 길을 바꾼 예비역 장교들까지 합세한 일은 대한중석의 오랜 인습을 깨뜨리는 작은 성과에만 머물지 않았다. 서로 팀워크를 맞추고 정신적 공명을 일으킨 그들이 불과 3년 뒤에 영일만 모래벌판으로 함께 이동하게 되는 것이다.

　박태준은 '철저한 공정인사'와 '인사청탁 배격'을 내걸고 이를 어기면 가차 없이 불이익을 주겠다고 공약했다. 신임 사장의 폭탄선언을 그러나 곧이곧대로 듣는 분위기가 아니었다. 불과 며칠 만에 청와대 고위인사의 메모가 사장실로 들어왔다. 특정인 하나를 승진시키라는 압력이었다. 그는 시험당하는 기분이었다. 즉각 인사위원회를 개최하고 절차를 거쳤다. 바깥의 줄을 끌어들이면 불이익을 주겠다던 공약에 따라 '특정인'에게 권고사직을 통보했다. 조롱당한 권력자가 얌전히 넘어갈 리 만무했다. 그러나 박태준은 냉큼 받아쳤다.

"청탁을 말려야 할 분이 너무 심하지 않소? 그 사람에게 능력껏 일하면 능력대로 대접받게 되어 있다는 이치부터 가르치는 게 좋겠소. 각자 맡은 일이나 제대로 합시다."

그러나 청와대 고위인사보다 훨씬 상대하기 어려운 이가 찾아왔다. 쫓겨난 '특정인'의 어머니였다. 초로의 여인은 다짜고짜 눈물을 앞세웠다. 6·25 전쟁 때 남편을 잃고 혼자 키운 외아들이 좋은 직장에 취직한 보람 하나로 살아가고 있으니 어미의 불쌍한 처지를 봐서라도 한 번만 봐 달라. 부산 자갈치시장에서 서울까지 올라온 모정이 박태준의 가슴을 울렸다. 반칙을 시도했다가 시범 케이스에 걸려든 사원은 부산의 명문 고교를 거쳐 서울대를 졸업한, 학벌로만 따지면 이른바 '일류'였다. 하지만 박태준은 가슴을 쓸어내려야 했다. 새로운 기풍을 위해 모정을 희생시켜야 했다. 다만 그의 뇌리에는 전쟁미망인의 하소연이 가시로 박혔다. 몇 년 뒤, 문제의 '특정인'을 찾아내 포항제철로 불러들일 때에 가서야 비로소 그 가시를 스스로 뽑게 되지만……

박정희는 대한중석을 혁신하는
'박태준의 경영'을 주목한다

박정희는 군대시절부터 현장을 가장 중시했던 리더로 알려져 있다. 박태준도 현장제일주의 리더십을 철저히 실행한 최고경영자였다. 그러한 그의 특질은 대한중석 사장 시절부터 유감없이 발휘되었다.

경영지표의 각종 수치가 제대로 드러내지 못하는 대한중석의 이면을 한눈에 살펴볼 수 있는 현장은 바로 중석을 캐내는 광산이었다. 상동광산은 외형이 제법 웅장했다. '세계 굴지의 텅스텐 광산'이란 명성이 빈말은 아닌 모양이었다. 그러나 신임 사장의 첫눈에 비친 종업원들은 어딘가 모르게 표정이 어두워 보였다. 고된 노동을 감당해야 하는 직업적인 피로와는 다른 종류의 그 무엇이 그들을 더 피곤하게 만들고 있는 것 같았다.

박태준은 막장까지 직접 내려가겠다고 했다. 그를 수행한 임직원들은 자못 놀란 얼굴들이었다. 설마 막장까지야, 했던 예상이 보기 좋게 빗나갔다는 뜻이었다. 특히 그는 안전관리 시스템에 깊은 관심을 표명했다. 관리 매뉴얼과 실제 상태를 점검하고 그 실무책임자에게 어려운 질문들을 던졌다.

"안전관리를 소홀히 한다는 것은 동료에 대한 적대행위와 똑같은 거요. 이 점, 항상 명심하시오."

이렇게 부단한 안전관리의 중요성을 강조하며 각성시킨 박태준은 굴착기도 꼼꼼히 살펴보았다. 스웨덴에서 들여왔다는 굴착기는 그 명성에 흠을 내지 않는 상태를 비교적 잘 유지하고 있었다.

막장 시찰을 마치고 밝은 지상으로 나온 박태준은 혼자서 고개를 갸웃거렸다. 아무리 생각해도 묘한 노릇이었다. 광산회사에서 가장 힘든 현장인 채굴의 막장이 양호해 보이는데 왜 현장 직원들의 표정에 이상한 피로감 같은 것이 어두운 그림자처럼 어른거린단 말인가? 이 의문점을 그는 반드시 풀고 싶었다.

박태준은 직원 가족들의 생활 실태에서 그 답을 찾을 수 있을 것이라고 판단했다.

"사원주택단지로 안내하시오."

막장까지 직접 다녀온 신임 사장이 숨 돌릴 틈도 없이 명령했다. 그 목소리가 단호하여 누구도 말릴 엄두를 내지 못했다.

산기슭의 사원주택단지를 둘러보는 박태준은 숨이 막히는 듯했다. 일제때 지은 다락집들이 그대로 있지 않는가! 거의 헛간 수준이었다. 세계 굴지의 텅스텐을 수출하는 회사가 종업원들을 세계 최저 수준의 주거환경 속에다 방치해두고 있었다. 대번에 그는 종업원들의 얼굴에 묻은 그 이상한 피로감의 정체를 알아차렸다. 바로 그 찰나, 그의 뇌리에는 하루빨리 재건축계획을 세우고 아파트를 지어서 다락집들을 모조리 헐어버려야 한다는 생각이 한 줄기 빛처럼 꽂히고 있었다.

박태준은 직원 가족들과 직접 대화를 나누고 싶었다. 마침 마을 앞으로 흐르는 개울에서 아낙들이 빨래를 하고 있었다. 수행원들이 직원들의 부인들이라고 일러주었다.

"새로 부임한 사장입니다. 여러 가지로 고생이 많겠습니다."

아낙들이 손길을 멈추었다. 아직 고개는 돌리지 못했다.

"무슨 일이든 건의할 것이 있으면 얘기해 보세요."

박태준은 마음을 활짝 열고 있었다. 아낙들은 저마다 고개를 조금씩 숙이고 있었다. 가슴에 맺힌 말을 꺼내려고 애쓰는 것 같은 모습이었다. 그는 같은 말을 세 번이나 부드럽게 반복했다. 비로소 한 아낙이 일어서는 시늉을 하다 말고 입을 열었다.

"사택에 빈대약 좀 쳐주세요."

그것이 신호탄이었다.

"빈대가 하도 많아서 식구들이 밤잠을 제대로 못 자고 있습니다."

"예에, 저희 집도 그래요."

"빈대약만 있어도…"

그것은 가슴에 간직해온 집단민원이었다. 경영층을 향한, 아니, 최고경영자를 향한 원성(怨聲)이었다. 박태준은 낯이 따끔거려서 견디기 어려웠다. 빈대들이 자신의 낯을 마구 물어뜯는 것 같았다.

관리사무소로 발길을 돌린 박태준은 즉시 담당 간부를 불렀다.

"빈대 때문에 우리 직원들과 가족들이 밤잠을 못 잔다, 이게 말이 되는 거요? 당장 모든 사택에 디디티(DDT)를 뿌려!"

"하지만 사장님, 예산 책정이 돼 있지 않고, 디디티는 암시장에서 구해야 하는데 회사 규정상 암시장 구입은 절차가 매우 까다롭습니다."

"예산? 절차? 예비비는 어디 갖다 쓰는 거야? 규정은 회사와 사원을 더 건강하게 만들기 위해서 있는 거야. 군말 없이 당장 모든 사택에 디디티를 뿌려. 그리고 사원주택을 신축하는 데 필요한 예산과 절차를 준비해서 긴급으로 보고해."

"우리 회사는 적자를 면치 못했고, 매달 직원들에게 봉급을 제때 주는 것도 힘든 상황입니다만."

"회사경영은 내가 책임져. 지금 당장 두 가지 업무를 실행에 옮기겠나, 사표를 쓰겠나?"

담당 간부를 혼쭐내고 서울로 올라온 박태준은 사원들의 후생복지 수준을 획기적으로 높이면서 경영 불합리성을 신속하고 강력하게 개혁해나갔다. 물론 황경노, 노중열, 안병화, 장경환, 홍건유 등 그의 인재들이 뛰어난 솜씨로 뒷받침해줘야 성공할 수 있는 일이었다.

박태준과 그의 사람들은 일상업무와 전략업무의 분리, 그 절차의 표준화, 미국 육군부관학교에서 배운 최신 관리기법 도입, 관리회계제도 개선, 인사제도 개선 등을 통해 '주먹구구식 재래적 경영형태'를 '선진적 경영체계'로 뜯어고쳤다.

그들은 중석의 매장 분포도를 조사해 장기 전략도 수립했다. 상동광산에는 지표면과 가까운 광상엔 중석함유율이 1%나 되는 고품위 광석이, 깊은 땅속의 광상엔 중석함유율이 0.3%에 불과한 저품위 광석이 분포돼 있어서 수익성 좋은 지표면만 채광하는 것이 관행적으로 내려오고 있었다. 0.3%의 저품위 광석을 사장해온 낭비를 일거에 없애는 방법은 간단했다. 고품위 광석과 저품위 광석을 혼합해서 함유율 0.6~0.7%의 광석 분말로 만들면 되는 일이었다.

박태준은 정신적 쇄신도 불어넣었다. 관료주의, 부서이기주의를 추방했다. 경기파, 공군파 따위로 갈라진 파벌주의를 격파했다. 현장제일주의를 리더십의 높은 가치로 구현했다. 현장에 적합한 의사결정을 내리기 위해 생산 관련 부서들을 서울 본사에서 광산 현장으로 내려 보냈다. 이를 거부하는 간부들은 떠나야 했다.

그러한 총체적 경영혁신을 통해 총체적 경영수업을 하는 최고경영자, 이 것이 대한중석 신임 사장 박태준의 1965년이었다. 그가 이뤄내는 괄목할 만한 쇄신과 변화를 주의 깊게 지켜보는 사람이 있었다. 물론 청와대의 박 정희였다. 다만, 박태준은 평소에 박정희의 그 시선을 느끼지 못하고 있었 다. 단지 이것 하나만은 마음 깊은 곳에 단단히 챙기고 있었다. '경영에 간 섭하지 말아 달라'는 자신의 건의를 흔쾌히 받아준 대통령의 뜻에 어긋나 지 않는 경영을 해야 한다는 것.

1965년 4월, 대한중석은 일대 쇄신을 거치면서 빠르게 반듯한 회사로 거듭나는 중이었다. 이때까지만 해도 박태준이 제대로 알아채지 못한 '중 대 사안'이 있었다. 그것은 자신에게 대한중석을 맡긴 박정희의 깊은 속내 였다. 그거 하나 제대로 해보라고 거기에 보낸 것이 아니었던 것이다. 그때 이미 박정희의 가슴에는 한(恨)처럼 맺힌 '중대 사안'이 있었다. 그것은 바로 '종합제철'이었다.

과연 종합제철을 누구에게 맡겨야 하는가? 산업의 쌀이며 산업화의 견 인차인 종합제철, 그 건설과 경영을 누가 책임질 수 있겠는가? 박정희는 매 우 신중하게 적임자를 물색하는 중이었다. 연산 30만 톤 규모의 울산종합 제철 건설 계획을 물거품처럼 날려버린 그는 1964년 12월 서독 방문을 통 해 종합제철 건설에 대한 의지를 한층 더 불태우게 되었다.

박정희가 종합제철을 구상할 때
한국에는 '대형 고로' 기술자가 한 명도 없었다

철강은 '산업의 쌀'이며, 철강 없는 산업화는 없다. 이것은 대통령 이승만도 알고 있었다. 오랜 미국 망명생활에서 터득한 지식의 하나였다. 한국정부는 1955년부터 서서히 전후(前後)의 사회적 안정을 회복하면서 산업화에 눈을 뜨게 되지만, 정부가 부산을 피난수도로 삼고 있던 시절에도 긴급 국책사업으로 '철강공장 건설'을 추진했다. 김용삼의 『이승만과 기업가 시대』를 참고할 만하다.

이승만이 철강산업에 대한 의지를 피력한 것은 1953년 4월 4일이다. 이날 이승만은 내각에 다음과 같이 특별 지시를 내렸다. "전쟁이 끝나면 하루 빨리 부흥 사업을 펼쳐야 할 것이니 그 기초가 되는 철강산업 진흥책을 마련하라. 특히 주택건설사업을 위한 함석, 철판 등의 공급을 담당할 제강사업 건설계획을 우선적으로 강력히 추진하라." 관계부처는 철강산업에 대한 기본 대책을 검토한 끝에 대통령령으로 인천의 대한중공업공사를 국영기업으로 출범시키고, 파괴된 공장 복구를 위해 연산 5만 톤 규모의 평로를 건설하여 제강공장과 압연공장을 재건하기로 결정했다.

그러나 진짜 결정권은 서울에 파견된 미국 경제고문관이 쥐고 있었다. 미국의 무상원조가 정부 예산의 절반을 차지하는 국가가 1953년의 대한민국이었던 것이다. "피난민들의 민생문제부터 해결하라"는 미국의 반대에 부닥친 이승만은 국고 보유 140만 달러를 '철강공장 건설'에 투입한다는 심각한 결심을 세우고 서독과 교섭하게 된다. 1953년과 1954년에 걸친 '철강을 위한' 이승만 정부의 대(對)서독 교섭, 여기부터 등장하는 주요인물이 앞에서 소개한 유대인 아이젠버그다. 김용삼의 그 책에도 이렇게 나와 있다.

　서독 정부는 일본에서 활동하며 유엔군에 물자를 공급하던 유태인 중개상 아이젠버그를 교섭 상대로 내세워 적극적인 수주활동을 벌였다. 1954년 실시된 대한중공업공사의 5만 톤 규모 평로 제강공사 국제입찰에는 미국, 스위스, 서독의 전문회사가 참여하여 경합을 벌였다. 그 결과 서독 최대의 제철시설 제조회사인 데마그사가 공사를 수주했다. 이어 1956년 2단계로 실시한 380만 달러의 압연공장 건설사업도 데마그사에게 돌아갔다.

　이승만은 제강공장 건설공사가 진행되는 인천의 대한중공업 현장을 수시로 방문하여 작업을 독려했다. 마침내 1956년 하반기에 평로 제강공장 건설이 완공되어 첫 출강식이 거행됐다. 평로 제강공장에 이어 압연공장 건설이 완료되면서 본격적인 생산이 개시된 것은 1959년이다. 이것이 우리나라 철강산업 발전의 결정적 전기가 된다.

　또한, 이승만은 철강공장 건설과정에서 한국 기술자들과 관리자들을 국비로 서독에 유학을 보냈는데, 그들을 경무대로 불러 일일이 장학증서를 주면서 "열심히 공부하고 오너라. 우리가 참다운 독립국가가 되려면 제철공장이 있어야 돼. 여러분이 그걸 해내야 한다."며 어깨를 어루만져 주었다고 한다. 이때 보낸 유학생들 가운데 김재관이 있었다.

1957년부터 십여 년 동안 대한중공업에 근무하다 1968년 포항제철 창업요원으로 참여해서 한국 제철엔지니어링의 제1세대 최고 권위자로 성장하게 되는 백덕현(포항제철 기술부문 총괄담당 부사장, 포항제철소장, 대한금속학회장 역임)은 이대환이 엮은 『쇳물에 흐르는 푸른 청춘』에서 다음과 같은 회고를 남겼다.

대학을 졸업한 1957년, 한국은 '산업화'와 멀리 떨어져 전후의 절대빈곤에 시달리는 나라였다. 다행히 나는 전공을 살릴 직장과 만났다. 대한중공업. 뒷날에 인천중공업, 인천제철, INI스틸로 이름을 고치는 그 회사에 중유를 때는 평로(철광석을 넣고 한쪽 면에서 연료를 공급, 가열하여 쇳물을 뽑아내는 평평한 용기 형태의 로)가 있었다. 정부는 고철 수출을 금지하였고, 평로가 전국에서 실려온 고철들을 녹여댔다. 그러니까 창설 포항제철의 기술부 차장을 맡은 당시, 나는 한 번도 고로를 직접 본 적이 없는 엔지니어였다.

상공부 금속과장에서 옮겨온 유석기 기술부장, 대한중석에서 옮겨온 이상수 기술부 차장, 그리고 나. 포스코 최초의 설비기본계획을 맡은 우리 셋은 '이래선 안 되겠다'고 판단했는데, 마침 박태준 사장의 방침에 따라 일본 연수를 떠날 수 있었다. 1968년 11월 김학기, 김종진, 김성수, 성병재 씨 등과 같이 출발한 우리 팀은 이듬해 2월에 돌아왔다.

처음 본 상대는 히로하타제철소. 고로 넷에 제강 둘의 조강 연산 400만 톤 규모였으니, 그때 수준으로는 세계적 대형 제철소인 셈이다. 무로랑제철소에도 갔다. 비로소 우리는 제철소에 대한 실감을 챙길 수 있었다.

'정말 대단한 거구나.'

이것이 우리의 솔직한 심정이었다.

그러니까 박정희가 출국과 귀국에서 루프트한자 항공기를 얻어 타고 1964년 12월 6일부터 15일까지 서독을 방문한 당시를 기준으로 삼는 경우, 한국 땅에는 '대형 용광로(고로)'를 갖춘 종합제철소가 물론 없었을 뿐만 아니라 거기서 근무해본 제철기술자가 한 명도 존재하지 않았다. 어쩌면 그것을 구경한 제철기술자조차 한 명도 없었을 것이다. 그렇게 낙후된 국가의 대통령으로서 열흘 남짓 서독을 방문한 박정희의 뇌리에 강렬히 박힌 것은 최소한 세 가지였다. '아우토반'이라는 고속도로, 제철공장 그리고 이역만리 타국에서 피땀 흘리는 우리 광부들과 간호사들. 눈물을 멈추기 어려웠던 그들과의 만남은 여러분의 조국에도 고속도로를 깔고 제철공장을 세워 기필코 근대화에 성공하겠다는 결의를 더 굳세게 해줬을 것이다. 그래서 박정희는 그들 앞에서 역설할 수 있었으리라.

"진정한 국가재건을 위해서는 국가이익 앞에 사리(私利)를 희생시키는 전 국민적인 노력이 필요합니다."

국익을 위한 사리 희생, 국익 최우선주의. 이것은 박정희의 것이고 박태준의 것이었다. 박태준은 박정희 사후(死後)에도 32년을 더 지상에 머물렀으나 그 원칙을 어긴 적이 단 한 번도 없었다.

종합제철은 철 생산의 제선·제강·압연 공정을 일관으로 처리하는 설비를 두루 갖춰 모든 형태의 철강제품을 생산한다는 뜻이다. 1964년 겨울, 서독의 박정희는 종합제철 건설에 대한 집념을 새삼 강력히 표명한다. 조갑제의 『박정희』에 다음과 같은 장면이 나온다.

1964년 12월 11일 박 대통령 일행은 베를린 공과대학을 방문한 뒤 지멘스 공장, AEG전기공장, 독일개발협회를 방문·시찰했다. 이날 박 대통령은 철강산업의 실상을 직접 눈으로 확인했다. 박 대통령을 공장으로 안내한 지멘스사의 브레마이어 소장은 "각하, 철강이 없으면 근대화가 불가능합니다."라고 말했다. 박정희는 브레마이어에게 "저건 짓는데 얼마나 듭니까?", "저건 어떤 용도로 운영됩니까?" 등등 상세하게 질문을 했다. (중략) 박 대통령은 장기영 부총리와 박충훈 장관을 방으로 불렀다. 박정희는 두 사람에게 "기간산업을 발전시키려면 제철공장 없이는 안 되겠구먼. 우리도 제철공장을 지어야겠소. 돌아가면 제철공장 건설계획을 세워 보고하시오."라고 지시했다.

12월 13일 아침의 교포 유학생 초청 조찬회에는 '한국 강철산업 발전계획 시안'을 박정희에게 선물한 학자도 있었다. 그가 김재관 박사다. 이승만 대통령 시절에 국비로 독일 유학을 나왔던 그 사람이다. 뒷날에 귀국하여 국방과학연구소 부소장, 한국표준연구소 소장을 역임하게 되는 김재관의 손을 잡은 박정희는 "정말 고맙습니다. 돌아가서 꼭 철강회사를 만들 생각입니다. 잘 보겠습니다."라고 단단히 약속을 걸었다. 자기다짐이기도 했을 것이다.

1961년 국가재건최고회의의 제1차 경제개발5개년계획에서 근대화를 성공하기 위한 기간산업 중의 기간산업으로 기름과 철강을 꼽으면서, 정유공장과 종합제철공장을 반드시 건설하겠다고 스스로 다짐했던 박정희. 정유공장은 처음 의도와 달리 미국 자본을 끌어들여 추진했지만, 종합제철공장은 그 뒤로 3년이 지나도 아무런 실질적 진척을 보지 못하고 있었다.

서독 방문을 마친 박정희가 귀국했을 때, 대한중석 사장에 내정돼 있던 박태준은 대한중석 경영실태를 손바닥에 넣고 청와대로 들어가 대통령에게 '정부와 여당의 경영 불간섭'에 대해 '흔쾌한 약속'을 받아낸다. 그리고 박태준은 대한중석 경영정상화에 몰두하고, 박정희는 그러고 있는 박태준을 지켜본다.

1965년 5월, 박정희는 미국 방문에 나선다. 당시로는 세계 최대 철강도시로 꼽힌 피츠버그시를 찾아가는 일정이 포함된다. 그의 피츠버그 방문은 무엇보다도 '종합제철' 때문이었다. 그것은 박정희가 박태준에게 모종의 '특명'을 내릴 시간이 다가왔다는 뜻이기도 했다.

제3장

"나는 고속도로,
임자는 종합제철이야!"

박정희가 박태준을 종합제철추진위원장에 공식 임명한 것은 어떤 의미였을까?
물론 기본적으로는 종합제철 건설의 대임에 대한 책임이 '박정희에 의해 공식적
으로 관료들의 어깨에서 박태준의 어깨로 넘어갔다'는 뜻이었는데, 또한 그것은
이제부터 KISA가 'KISA의 야박한 장삿속을 의심하는 인물이자 철저한 완벽주
의자로서 사심 없는 애국주의자인 박태준'과 본격적이고 전면적으로 상대하게
된다는 중요한 뜻을 담고 있었다.

NO 1 FURNACE

1965년 6월 박정희가 박태준에게 말한다
– "나는 고속도로, 임자는 종합제철이야!"

1965년 5월 초순, 박정희는 미국 존슨 대통령의 초청을 받아 방미 장도에 오를 준비를 하고 있었다. 그 무렵의 어느 날, 대한중석 경영 혁신에 몰두하고 있는 박태준이 박정희의 호출을 받았다. 대통령과 대한중석 사장의 독대.

"이번 미국 방문에 피츠버그는 종합제철 때문에 가는 거야."

"예. 구체적인 성과가 나오지 않겠습니까?"

"우리에겐 종합제철이 절대적 급선무야."

박태준은 반응을 내지 않았다. 연산 조강 30만 톤의 울산종합제철소가 무산된 경과를 누구보다 잘 알고 있는 처지에 맞장구를 친다고 해서 위로가 될 것도 아니라고 생각했다.

"전후 일본에서 제철소를 가장 잘 지은 사람이 누군지 알고 있나?"

"가와사키제철소가 단연 최고인데, 니시야마 야타로 사장의 집념이 가와사키를 만들었다고 들었습니다. 특히 그분은 IBRD 차관을 도입해서 일본에다 세계 최초로 임해(臨海) 종합제철소를 건설한 인물입니다."

"입지 선정이나 기술적으로 배울 게 많겠군."

"물론입니다. 우리도 제철의 원료가 없으니 일본과 비슷한 조건입니다."

1964년 박정희의 특사로 일본에 나가 있던 열 달 동안 제철소도 열심히 살폈던 박태준의 대답에는 막힘이 없었다.

"니시야마 사장을 여기로 불러올 수 없겠나?"

"그건 어렵지 않을 겁니다."

대통령과 대한중석 사장이 마치 종합제철소 건설의 간절한 꿈을 실현하기 위해 일차적으로 역할을 분담한 것처럼, 박정희는 방미 일정 중에 펜실베이니아주 피츠버그시 철강공업단지를 둘러본 뒤 미국 철강업계 인사들과 만나고, 박태준은 일본으로 날아가 가와사키제철소 니시야마 야타로 사장과 만난다.

일본은 패전 후 조강 생산 능력이 연산 200만 톤까지 떨어졌다가 1950년에 500만 톤 수준으로 회복했다. 이때 철강 강국은 미국, 소련, 독일, 프랑스, 영국 순이었다. 일본은 영국의 30%에 미달하는 수준에서 세계 6위를 기록했다. 아직 중국엔 대규모 종합제철소가 없었다. 6·25전쟁 때 중국이 무기를 제조할 능력이 저조하다고 보았던 맥아더 장군의 판단은 조강 능력 하나만 들이대도 적중한 것이었다.

6·25전쟁이라는 한반도의 비극을 오히려 '아주 특별히 좋은 경제적 호황'으로 누리며 전후 경제 발전의 가속 페달을 밟을 수 있었던 일본은 1960년에 연산 조강 2천200만 톤을 돌파하여 미국, 소련, 독일, 영국에 이은 세계 5위에 진입했고, 1964년엔 연산 조강 3천900만 톤 규모에 이르러 독일을 제치고 세계 3위의 철강대국으로 올라섰다. 그해 미국은 1억1천500만 톤, 소련은 8천500만 톤을 기록했고, 한국은 군소 제철소들의 조강 능력을 다 합쳐도 간신히 연산 20만 톤을 채우는 수준이었으며, 북한은

200만 톤 이상을 생산하여 조강 능력에서 남한보다 10배쯤 우위에 있었다.

휴전 후 십여 년이 지난 1964년을 기준으로 잡을 때, 조강 능력에서 단적으로 드러나듯 한국의 경제력은 북한에 비해 크게 뒤떨어져 있었다. 다만, 한국은 제1차 경제개발5개년계획에 탄력이 붙는 중이었다. 철강수요도 급격히 불어나고 있었다. 1966년의 경우, 국내 조강 능력이 고작 21만 톤이어서 45만 톤이나 수입해야 할 것으로 전망됐다.

1965년 5월 22일 박정희는 아침 일찍 피츠버그의 존스앤드로린 철강회사에 들렀다. 그는 부러운 표정으로 공장 내부를 돌아보았다. 수행원들은 단 하나라도 좋으니 우리도 이런 공장을 가져보았으면 원이 없겠다고 말하기도 했다. 그리고 나흘 뒤(5월 26일)에 박정희는 포이와 만난다.

포이는 코파스사(社) 대표고, 코파스는 제철공장에 기술용역도 해주고 직접 제철공장을 건설도 하는 기업이다. 1962년 12월 울산에 연산 30만 톤 규모의 종합제철소를 건설하겠다는 서류에 서명을 했으나 AID(미국국제개발처) 차관 도입에 실패하여 프로젝트를 무산시켰던 장본인이다. 물론 그때 그 책임은 사업적으로나 논리적으로나 포이에게 따지기란 어려운 노릇이었다. 돈을 빌려줄 쪽이 빈곤한 한국정부에게 돈을 빌려줬다가는 십중팔구 떼일 것이라고 판단한 결과였으니, 포이에겐 기껏해야 왜 AID를 설득하지 못했느냐고 푸념이나 해댄다면 몰라도…….

어쨌든 박정희와 포이의 그날 그 만남은 한국 산업화 역사, 특히 한국 철강사에서 지울 수 없다. 미국 철강기업인 포이가 한국 대통령 박정희에게 "한국의 종합제철 건설에 차관 공여를 직접 약속드리기는 어렵습니다만 국제차관단을 구성할 수는 있을 것 같으며 그것을 구성하기 위해 적극적으로 협력할 용의는 갖고 있습니다."라고 제안했으며, 이 약속이 1966

년 12월에 탄생하는 '한국 종합제철 건설을 위한 국제차관단(KISA: Korea International Steel Associates, 對韓國際製鐵借款團)'의 씨앗이 되었던 것이다.

미국 방문을 마치고 귀국한 박정희는 달포쯤 지나 청와대에서 박태준이 초청한 가와사키제철소 니시야마 사장과 환담을 나누고, 대한중석 사장 박태준은 니시야마와 함께 한국에서 종합제철소 입후보지로 거론된 인천, 포항, 울산 등 5개 지역을 둘러본다. 니시야마는 엿새로 짜인 일정을 다 채우지는 못했다. 부산 동래의 온천장에서 묵는 저녁, 고노 이치로라는 절친한 정치인의 갑작스런 서거 소식을 듣고 급히 일본으로 돌아가야 했다.

박정희가 박태준을 청와대로 불렀다. 박태준은 니시야마의 주요 조언들을 챙기고 있었다. 제철소 규모를 100만 톤으로 시작해야 경제성에 유리하다는 것, 원자재를 수입해야 하는 처지에서는 항만시설이 매우 중요하다는 것. 이미 공부해둔 내용이어도 놓칠 수 없는 복습과 같았다. 바로 그 자리에서 박정희가 박태준에게 '처음으로, 구체적으로, 명령에 가까운 어조로' 깊은 속에 가둬뒀던 뜻을 분명히 밝혔다.

"임자가 종합제철소 건설 계획단계부터 참여해서 차질 없이 진행되게 해."

"황무지를 개간하라고 하시는군요."

"황무지든 뭐든 개간해야지. 나는 경부고속도로를 직접 감독할 거야. 임자는 종합제철소야! 고속도로가 되고 제철소가 되는 그날에는 우리도 공업국가의 꿈을 실현하게 되는 거야."

박정희의 '비공식적 특명(밀명)'을 받은 박태준의 공식 직함은 국영기업 대한중석 사장일 뿐이었다. 그러나 그것이 두 인물의 관계에서는 변경불가, 취소불능의 신용장과 다름없는 동지적 언약이었다. 때가 무르익으면 박정희는 박태준에게 종합제철소 건설의 공식 직함을 부여할 테지만, 그 자리는 박정희가 박태준에게 종합제철소 건설의 대임을 맡긴 자리였다.

아직은 종합제철소 건설에 대한 공식 직함이 없다는 점, 이는 오히려 박태준에게 유리한 조건이었다. 만성적인 불합리 구조를 과감히 뜯어고쳐서 흑자체계로 돌려놓은 대한중석 경영에 전념하는 가운데 제철과는 한 걸음 비켜선 자리에서 공부하고 견문하면서 제대로 준비할 수 있게 되는 것이다. 물론 박정희도 박태준에게 그러한 배려를 했다.

그날, 박정희의 밀지(密旨) 같은 특명을 받고 청와대를 나와 대한중석 사장실로 돌아온 박태준은 대한중석 부설 금속연료종합연구소 소장을 불렀다. 소장은 상상도 해본 적이 없는 전혀 뜻밖의 지시를 들어야 했다.

"조속한 시일 내에 종합제철소 예비 건설계획을 작성하도록 하고, 매주 진행 상황을 보고하시오."

포항제철 성공에는 분단 비극의 희생자
김철우 박사도 있었네

1965년 여름, 뜨거운 서울거리를 한국사회의 격렬한 갈등이 더욱 뜨겁게 달구고 있었다. 6월 22일에 조인된 '한일조약'이 기폭제였다. 사정없고 거침없는 흑백논리가 세워졌다. 한국과 일본의 국교정상화를 핵심으로 하는 한일조약의 비준에 반대하는 사람들은 '정의와 자주'의 민족세력, 한일조약의 비준에 찬성하는 사람들은 '불의와 매판'의 친일세력. 이렇게 사회가 극단적으로 갈라진 가운데 국회는 8월 14일 공화당 단독으로 비준안을 통과시켰다.

이때 김형욱 중앙정보부장이 '인민혁명당 사건'을 터뜨렸다. 박정희 정권의 중앙정보부가 인권과 민주주의를 억압해나갈 신호탄을 쏘아올린 격이었다. 대학가의 시위는 격렬해졌다. 8월 26일 서울 전역에 위수령이 내려져 또다시 군대가 캠퍼스를 장악했다. 그런데 한일조약 국회비준과 위수령 선포 사이, 8월 18일, 한국 현대사의 중대 결정이 내려졌다. 2만 병력 월남(베트남) 파병에 대한 국회 비준이 바로 그것이었다.

정치적으로나 사회적으로나 혼란한 계절에 박태준은 정치와 담을 쌓은 채 대한중석 경영정상화에 몰두하는 한편으로 박정희에게 밀지처럼 받은 특명인 '종합제철'에 깊은 주의와 관심을 기울이고 있었다. 박태준이 도쿄에서 재일조선인 2세로서 뛰어난 제철엔지니어인 김철우 박사와 처음 만난 것도 그해 가을의 어느 날이었다.

'동경대학교 생산기술연구소에 근무하는 김철우 박사를 모셔 오라.'

박태준의 그 지시를 받은 이는 대한중석 도쿄 주재원 주영석이었다.

김철우. 1926년 일본에서 태어난 재일조선인 2세. 아버지는 경남 의령, 어머니는 합천이 고향이다. 열심히 일해도 가난을 벗어나지 못한 부모 슬하에서 김철우는 희망의 끈을 놓지 않고 금속학도의 길을 택해 도쿄공업대학, 도쿄대 대학원에서 공부한 뒤 도쿄대 생산기술연구소에 둥지를 틀었다. 그는 첫 봉급이 1만2천 엔이었다는 것을 늘 잊지 못한다.

김철우는 한국에서 찾아온 어떤 사장이 만나자고 하는 느닷없는 제안을 받고 조금은 긴장하여 도쿄의 고급호텔 레스토랑으로 나갔다. 당시 그의 봉급으로는 출입하기 어려운 레스토랑이었다. 박태준과 김철우의 첫 만남. 아직 김철우의 한국말이 어눌해서 일본말도 유창한 박태준이 일본말을 써야 했다.

김철우 박사가 『박태준』 평전을 쓴 작가 이대환과 만나서 '박태준과 김철우, 김철우와 한국 종합제철'에 관한 일들을 들려준 때는 2005년으로, 그때 그는 대전에 거처하는 일흔아홉 살의 노인이었는데, 막힘없는 모국어로 육십여 년 전의 일들을 초롱초롱하게 불러냈다.

"이미 박 사장(박태준 대한중석 사장)은 제철소에 관심이 많았어요. 아마도 박정희 대통령의 언질을 받았던 것일 텐데, 그 자리에서 박 사장이 그런 말을 안 했지만 나는 그렇게 직감을 했고, 나중에는 내가 적중한 거였다는 것을 알게 됐지요. 첫 만남에서 박 사장이 나에게 제철소 건설에 대해 기술적으로나 여러

가지로 도와 달라고 부탁했어요. 당시 낙후된 조국의 경제나 산업의 실상을 잘 아는 자이니치(재일조선인 2세) 지식인으로서, 제철이나 금속을 잘 아는 자이니치 학자로서, 두 손 들어 환영할 부탁이었지 주저할 부탁이 아니지 않습니까?"

박태준과의 첫 만남에 대해 김철우는 특히 '망고'를 오래 잊지 못한다.

"첫 식사 자리에 후식으로 내가 먹어보지 못한 과일이 나왔는데, 아주 맛이 좋아서 내가 이름을 물었더니, 박 사장이 '망고'라고 알려 줬어요. 이렇게 우리의 첫 만남에는 망고가 남게 되었습니다. 가난하게 살아온 나는 그것을 '대단한 사람'이나 먹는 거라고 알게 됐지요. 그 뒤로는 '대단한 망고'를 맛보게 해준 박 사장과 자주 만나게 되었지만요, 허허허……."

2013년 12월 김철우 박사는 도쿄에서 별세했다. 향년 87세(1926년 생). 그의 부음을 알리는 한국 언론은 '포항제철 1기 건설의 숨은 공로자'라는 감사의 말을 바쳤다. 그것은 정직한 헌사였다.

1960년대 후반, KISA가 작성한 한국 종합제철소 건설의 일반기술계획(GEP)에 대한 검토작업에도 참여하여 그것이 얼마나 엉터리이며 설비들이 어떤 중고품인가를 알아내게 되는 김철우는 박태준의 초빙을 받아 1971년 포항종합제철 기술담당 이사로 부임해왔다. 특히 1고로 건설에서 중요한 기술자문을 했고, 포철 2기(연산 270만 톤 체제) 건설의 계획위원장도 맡았던 김철우.

그 뛰어난 금속학자(제철엔지니어)의 인생마저도 '분단 조국의 비극'이 관통했다. 103만 톤 체제의 포항제철 1기 준공 무렵인 1973년, 그는 졸지에 구속되고 말았다. 그리고 무려 6년 6개월이나 영어생활을 하게 된다.

'1970년에 한 번 입북(入北)한 경력'이 뒤늦게 밝혀진 것이었다. 북한의 재일동포 북송사업 조류를 타고(남한은 '북송선'이라 부르고 북한은 '귀국선'이라 부른 '만경봉호'를 타고) 북한으로 들어간 동생네 가족과 상봉하기 위한 입북이었다. 하지만 그때 살벌한 냉전의 분단체제는 남에서든 북에서든 그런 인물을 간단히 '스파이'로 몰아세우게 했으니……

1979년 늦가을에 스파이 혐의를 벗고 감옥을 나온 김철우는 그의 공로를 잊지 않은 박태준의 배려로 정부의 승인을 받아 1982년부터 포항제철에 복직하여 1989년까지 부사장, 포항산업과학연구원(RIST) 초대 원장 등을 역임한다. 자신의 처지야말로 분단 조국의 비극적 전형이란 인식을 뼈에 사무치게 하면서 원망도 절망도 없이 감옥살이 6년 6개월을 감당해낸 뒤로 어언 26년쯤 더 흘러간 2005년 여름, 노무현 대통령의 참여정부가 집권의 절반을 지나가는 그 즈음, 김철우는 '한국 종합제철의 추억'을 물으러 찾아온 초면의 작가에게 이렇게 털어놓았다.

"한국 산업화의 기간이 되었던 포항제철에 기여했다는 점이 자이니치로서 큰 보람이었다는 생각을 하고 있고, 당시의 극단적인 냉전체제는 나 같은 사람에게도 그토록 가혹한 고통을 안겼는데, 오늘날의 번영 앞에서 나는 박정희 대통령의 공적을 높이 평가합니다."

롯데 신격호, 이후락의 부탁에 종합제철 준비하다
박태준을 만나고는

1965년 가을부터 1966년 봄까지, 박태준이 종합제철에 관한 박정희의 특명을 받아 초보적인 활동을 전개하고 있던 그 언저리에는 박태준 아닌 또 다른 한국인이 '한국의 종합제철 건설' 프로젝트와 관련해 도쿄의 김철우와 접촉하고 있었다. 롯데 신격호 사장으로, 그의 배후는 이후락 청와대 비서실장이었다.

1966년 봄날을 기준으로 잡는 경우, 박정희가 중심에 서서 추진하고 있는 '한국의 종합제철 건설 프로젝트'는 정부 관료들이 나서서 국제금융기관이나 선진국 철강기업 경영자와 교섭하는 가운데 박태준은 대한중석 사장으로서 그 프로젝트에 대한 공식적 직위가 없는 상태에서 치밀한 준비작업을 해나가고, 그러한 움직임들과는 별개로 이후락에 의해 신격호도 그 프로젝트에 사업적인 관심을 기울이는 형국이었다.

실제가 그랬다. 한일국교정상화의 길을 간신히 열어놓은 1965년 9월부터 한국정부는 종합제철소 건설을 위해 IBRD(세계은행), 코퍼스사 포이 회장과 만나는 등 다각적인 철강외교를 전개하고 있었다. 성과가 나왔다. 코퍼스가 한국 종합제철소 건설을 지원할 국제차관단을 구성하려는 행동에 나서고, IBRD는 한국의 100만 톤 규모 종합제철소 건설사업의 타당성 조사를 실시하기로 했다. 피츠버그의 한 귀퉁이를 한국의 어느 해안에 옮겨 놓는 일과 진배없는 대역사의 엔진에 막 시동이 걸리고 있다는 뜻이었다.

그해 9월 중순에는 니혼강관의 도야마가 단장을 맡은, 일본 6개 철강기업들이 추천한 조사단 10명이 서울로 왔다. 일본조사단의 역할은 백인들이 내놓을 타당성 조사에 대한 '정확성'을 검증할 최적의 비교자료를 작성하는 것으로, 이는 박태준이 박정희의 승인을 얻어 취한 조치였는데, 그렇게 그는 "종합제철소 건설 계획단계부터 참여하라"는 박정희의 특명을 수행하고 있었다. 때마침 대한중석은 적자를 완전히 벗어나 흑자의 덩치를 불리는 중이었다.

신격호와 김철우의 만남은 어떻게 된 것이었을까? 재일동포로 일본에서 맨손으로 사업을 시작한 신격호. 와세다대학을 나와 무슨 사업을 할까 고민하던 중에 '일본인들이 미군의 추잉껌을 좋아하지만 일본에는 껌 공장이 없다'는 데 착안하여 수공업식 껌을 제조했는데 그 껌이 불티나게 팔려서 기업가로 우뚝 일어설 수 있었다. 롯데가 껌의 힘으로 초콜릿을 생산하면서 창업 100년의 일본 제과회사 모리나가(森永), 메이지(明治) 등과 어깨를 나란히 하고 있던 시절의 어느 날이었다. 신격호는 서울에 나왔다가 굉장히 막강한 권력자와 만나게 된다. 그의 회고를 직접 들어보는 것이 좋겠다.(안상기 엮음, 『우리 친구 박태준』 참조)

고향(경남 울산) 친구이자 당시 청와대 비서실장으로 근무하던 이후락 씨가 나를 만나자고 했다. 이후락 씨는 나를 만나자 대뜸 이렇게 말하는 것이었다.

"현재 박 대통령께서 국가의 기초 산업이 될 제철소 건설을 계획하고 계시다네. 그러나 알다시피 우리나라에 뭐가 있는가? 기술이 있나, 자본이 있나. 그러니 계획만 거창할 뿐 이 일을 실행에 옮길 수가 없네. 그러니 자네가 좀 발벗고 나서서 도와 주게. 자네는 일본 정계에도 영향력이 있지 않은가?"

이후락씨의 제안을 받은 나는 얼떨떨하지 않을 수 없었다. 제과업으로 성공을 거두어 유통업에까지 진출한 나였지만, 그리고 박 대통령의 산업입국에 대한 의지를 모르는 바는 아니었지만 그 제의가 금방 내 가슴에 와 닿는 것은 아니었다. 왜냐하면 우선 나는 철(鐵)이란 것에 관해서는 문외한이었기 때문이다. 내가 머뭇거리자 그 자리에 함께 있던 청와대 경제수석 비서관이 "철에 관해서라면 재일동포로서 일본에서도 유명한 K모 박사가 있으니 함께 의논해 보십시오"라면서 말을 거들었다.

나는 일본으로 돌아오자마자 도쿄(東京) 근교의 지바(千葉)에 있는 '동경대학 산업기술연구소'에 비서를 시켜서 전화를 걸게 했다. 그곳에는 일본 문부성의 기술연구관 겸 동경대학 교수인 K박사(본인의 요청에 따라 이름은 밝히지 않기로 한다)가 근무하고 있었다. K박사는 나와 같은 재일동포였으나 이전까지 우리는 서로 아무런 면식도 없었다. 내 비서의 전화를 받은 K박사는 처음에 매우 의아하게 생각했다고 한다. 그도 그럴 것이, 당시 그도 나의 회사인 '롯데'는 알고 있었지만, 그 회사의 사장인 나를 일본인인 줄로만 알고 있었으며, 더군다나 철(鐵) 전문가인 자신과 롯데와의 관계로 보아서는 도무지 만날 일이 없었기에 만나자는 의도가 무엇인지를 짐작도 할 수 없었다는 것이다. 어쨌든 그 이튿날, 그와 나는 동경 시내의 한 중화요리집에서 만나게 되었다.

음식점에서 만나 K박사에게 나의 소개를 한 다음 이후락씨로부터 들은 이야기를 전했다. 그 말을 들은 K박사는 기뻐하면서 조국을 위해 기꺼이 그 사업에 동참하여 지원을 아끼지 않겠노라고 했다. 동병상련이라고나 할까? 사실 나는 일본에서 어느 정도 사업적 성공을 거두고 있었으나, 한국인을 경시하는 일본의 사회 풍토에서 세계적으로 인정받는 고로(高爐) 전문가인 K박사가 한국인이라는 사실에 긍지를 가지게 되었고 그 후로도 그와 매우 가깝게 지내게 되었다.

그와 나는 대번에 의기투합되어 연간 100만 톤 규모의 종합제철소의 기본기술계획(Master Plan)과 타당성 조사(Feasibility Study)에 착수했다. 나는 당시로서는 거금이었던 3천만 엔 이상을 투입하였고, K박사는 모든 일을 제쳐두고 이 작업에 몰두하였다. 현재는 후지제철과 야하다제철이 합병되어 '신일본제철'로 되어 있지만, 당시만 하더라도 두 회사는 서로 다른 별개의 회사였다.

나는 K박사로부터 두 회사 중 K박사의 동경대학원 동료교수가 기술개발본부장으로 근무하던 후지제철의 나가노 시게오(永野重雄) 사장을 소개받았다. 나가노 사장도 이 일에 적극 찬성하였다. 나가노씨의 협조를 얻은 우리는 후지제철 기술자 22명과 동경대학의 전문인력 및 기술자 12명을 합쳐 이 작업에 착수한 것이었다. 일을 착수한 지 8개월 만에 우리는 종합제철소에 대한 기본기술계획과 타당성 조사를 마칠 수 있었다.

신격호 롯데 회장이 말하는 'K박사'는 물론 '김철우 박사'다. 그러면 김철우의 회고를 들어보자.

롯데 신격호 사장이 비서를 시켜서 만나자는 연락을 넣고 차를 보냈다. 울산이 고향인 그는 나에게 동향의 이후락씨로부터 "한국에서 제철소를 해봐라. 박정희 대통령이 어떡하든 하라는 엄명이다."라는 부탁을 들었다며 도움을 청했다. 나는 조국을 위해 좋은 일이니 도와 드리겠다고 답했다. 내 주변의 제철 전문가는 20명쯤 되었다. 특히 후지제철소 기술본부장으로 있는 은사가 중요한 사람이었다. 그 은사의 소개로 신 사장과 함께 후지제철 나가노 사장을 만나러 갔다.

이때 나가노 사장한테서 '터키'에서 온 제철소 관계자 얘기를 들었다. 터키에 50만 톤짜리 제철소를 짓기로 했는데, 중간에서 다 뜯어 먹히고는 20만 톤도 하기 어렵게 됐으니 도와 달라는 부탁을 하더라는 것이었다. 여기서 나는 '제철소 건설'과 '못난 권력'의 위험한 관계를 알아챘다.

초콜릿과 껌과 과자로 일본에 널리 알려진 신 사장은 나가노 사장에게 이렇게 말했다. "저는 얇은 것은 잘 만들지만 두꺼운 것은 못 만드는데 한국 청와대에서 김철우 박사를 만나면 잘 풀릴 거라고 하여 오늘 여기 같이 왔습니다." 이 자리에서 나가노 사장이 소개한 사람이 뒷날 포항제철의 JG(일본기술단) 단장으로 가는 아리가 부장이었다. 그도 돕겠다고 했다. 물론 롯데와 제철소는 멀어졌다.

신격호와 접촉하는 동안 '대한중석 박태준 사장'과 만난 사실을 알리지 않고 있던 김철우가 전격적으로 신격호에게 박태준을 소개한 때는 1967년 어느 봄날이었다. 신격호의 회고를 더 들어보자.

K박사가 나를 찾는다는 전갈이 왔다. 나는 순간 의아해했다. 이때까지 내 쪽에서 K박사를 청했으면 청했지 K박사가 나를 청한 적은 한 번도 없었기 때문이었다. '뭔가 중대한 일이 있음에 틀림없다.' 그런 생각을 하고 약속 장소인 동경대학으로 가면서도 나는 은근히 '무슨 일일까?' 궁금해 했다.

동경대학에 도착하여 K박사의 연구실 문을 열고 들어섰을 때, 나는 직감적으로 '아! 저 사람 때문에 나를 이곳으로 불렀구나' 하고 느꼈다. 그곳에는 짙은 눈썹에 형형한 눈빛을 하고 있는 호랑이 같은 인상의 한 사람이 앉아 있었다. 마치 거대한 산이 버티고 앉아 있는 듯한 강렬한 느낌을 주었다. 그가 바로 박태준이었다.

그날 밤, 우리 세 사람은 밤을 새우며 얘기를 나눴다. 그러는 동안 나도 모르게 점차 그에게 이끌려 들어가는 느낌을 받았는데, 지금 생각해 보니 그것은 내가 그의 신념에 찬 어조와 장부다운 기백에 이끌린 것만이 아니라, 마치 계곡을 흐르는 물처럼 맑은 서로의 교감 때문이었다고 생각된다.

박태준은 나에게 담백하고 솔직한 사람이라는 첫인상을 남겼다. 그 느낌은 20년이 훨씬 지난 오늘까지 그대로 남아 있다. 그는 산중의 물처럼 맑고 깨끗한 사람이다. 그러나 노자(老子)가 얘기하는 물처럼 그는 자기를 고집하지 않는다. 노자는 '최고의 선은 물과 같다'고 했거니와 만물을 이롭게 해줄 뿐 결코 다투지 않는 물처럼, 그는 오늘날까지 자기를 고집하지 않으면서도 결코 자신을 잃어 본 적이 없는 사람이다. 어떤 일본인은 그를 '고대 무사풍(武士風)의 인물'이라고 평하기도 했는데, 그것은 그를 잘 모르는 데에서 나온 말이다.

그렇게 박태준과 나와의 첫 대면은 퍽 인상적으로 이루어졌다. 그는 그때 자신이 종합제철소의 기획 및 건설 책임자로 '내정'되어 있다면서 자신을 소개했다. 그의 설명을 들은 나는 그동안 조사해 두었던 자료를 그에게 넘겼다.

박태준을 만나기 이전에 종합체철소 건설 프로젝트에 매진하고 있었던 나는 아주 충격적인 소식을 접하게 되었다. 그것은 미국에서 제철소 건설을 맡게 되었다는 것이었다. 그 일은 내게 적지 않은 충격을 주었다. 그러나 그것은 어쩌면 박태준과 나의 인연을 맺게 해주려는 하늘의 배려로 생겨났던 사건인지도 몰랐다. 하여튼 나는 미국측의 프로젝트를 면밀히 검토해 보기로 했다.

박정희와 박태준, 한국 관료들과 미국 코퍼스사의 포이 및 세계은행, 이후락과 신격호. 이렇게 1965년 하반기부터 1967년 상반기에 걸쳐 한국의 지도력은 종합제철 건설을 위해 움직이고 있었다. 답답하고 막연해도 그들의 마음은 바빴을 것이다. 오리가 몸통을 물속으로 빠트리지 않기 위해 물속의 두 발을 분주히 젓고 있는 것처럼, 종합제철이 수면 아래로 곤두박질치는 사태를 막기 위해 흡사 그렇게 마음들을 젓고 있었을 것이다.

박정희와 박태준이 합작한
한국 최초의 세계 최고는 챔프 김기수였다

미국 코퍼스사(社) 대표 포이를 비롯한 서방 몇 개국의 철강업계 백인 기업가들과 한국정부의 경제부처 관료들이 한국에 종합제철소를 건설하기 위한 문제를 놓고 기본적인 교감을 나누는 수준의 교섭을 벌이고 있던 1965년 가을 어느 날이었다. 박정희가 박태준을 청와대로 불렀다. 대한중석은 이미 정상 궤도에 올라서 있었다.

"우리나라에 동양챔피언 있는 거 알아?"

박정희가 뜬금없이 물었다.

"무슨 챔피언 말씀입니까?"

"김기수란 친구가 있어. 물건이야. 이게 굉장히 세다는데."

혹 먹이는 시늉을 해보인 박정희가 멋쩍게 웃었다.

"그쪽 방면에는 별 소질이 없습니다. 축구단을 집중적으로 키울 생각입니다."

박태준도 미소를 머금었다.

"대한중석이 축구단도 키워봐."

"저는 청소년시절을 일본에서 보낸 영향인지 개인적으로 축구보다 야구를 더 좋아했습니다만, 우리 국민이 가장 좋아하는 스포츠가 축구고 우리가 일본을 이기는 스포츠가 축구이기 때문에 우선순위를 바꿔버렸습니다."

두 사람은 가벼운 웃음을 나눴다.

대한중석 사장 박태준의 '축구 키우기'에는 그 시절의 국가대표급 선수들 사이에 널리 알려졌던 일화가 있다. 상동광산을 찾아간 박태준이 우연히 낯익은 광부들을 보았다. 축구 국가대표 선수 함흥철, 김정석, 조윤옥 등이었다. 국가대표팀 감독인 한흥기도 보였다. 그는 사정을 알아봤다. 축구단 운영에 연간 1억 원쯤 쓰기 때문에 선수들을 평소엔 광부로 부려먹다가 시합 일정에 맞춰서 합숙훈련을 시킨다는 것. 대우도 형편없었다. 그는 부아가 치밀어서 불호령을 내렸다.

"이건 절약이 아니다. 낭비 중의 낭비다. 당장 선수들을 서울로 올려 보내고, 축구단 육성방안을 마련해서 보고해!"

이래서 대한중석 축구단은 '번듯한 실업축구단'으로 거듭나게 되었다. 석효길, 황종현 등 당대의 최고 기량 선수들이 대한중석에 모여들었다. 대한중석 축구단은 뒷날에 포항제철 축구단으로 계승되고, 포항제철 축구단은 포스코의 프로축구단인 포항스틸러스와 전남드래곤즈(광양)로 발전한다. 한국 축구의 스트라이커 계보를 형성한 이회택, 최순호, 황선홍, 이동국 등이 포스코 축구단에서 활약하며 성장했다. 홍명보도 그러했다. 현역으로 뛰고 있는 이동국은 요즘도 서울 동작동 현충원의 '박태준 묘소' 앞에 꽃을 놓는다. 2002년 한일월드컵을 유치할 때 우리 측은 한국에 온 실사단을 포항으로 데려가야 했다. 그때만 해도 국내 유일의 국제규격 축구전용구장이 포항제철이 소유한, 박태준이 직접 만든 포항스틸러스 구장밖에 없었던 것이다.

대한중석 축구단이 한국에서 이름을 휘날리던 1966년, 한국 축구계에 거의 안보 차원의 비상이 걸린 적이 있었다. 북한이 런던 월드컵 대회에서 8강에 오르는 쾌거를 세웠던 것이다. 이탈리아를 꺾고 8강에 올라 포르투갈과 맞붙어 전반전을 압도했으나 후반전에 체력이 딸려 분루를 삼켜야 했던 북한 축구대표팀. 이 소식에 오금이 저렸던 중앙정보부장(김형욱)이 부랴부랴 '양지팀'을 급조했다. 대한중석도 선수를 차출 당했다. 북한과 극단적 체제대결을 벌이고 있던 시절의 해프닝이었다.

1965년 가을에 박정희가 박태준을 청와대로 불러 '챔피언'을 언급한 것은 통치적 차원의 판단이었다.

"우리나라에도 세계챔피언이 나와야지. 지금 우리 국민에게는 우리 민족이 뭐든 우수하다는 자신감이 절대적으로 필요한 때야. 국민 사기진작을 위해서도 세계챔피언이 나와야 해."

"대한중석에 그만한 여유는 충분합니다. 한 번 해보겠습니다."

동양챔피언인 프로복서 김기수를 세계챔피언으로 만들기 위한 통치적 프로젝트, 박정희와 박태준이 합작하여 한국 최초로 세계 최고를 탄생시키기 위한 프로젝트는 그렇게 첫발을 내디디게 되었다.

'헝그리 복서'란 말이 회자되는 시절, 말 그대로 배고픈 권투선수. 오늘의 상처와 내일의 골병을 감내하겠다는 각오로 나서야 하는 프로복서의 길. 열 명 태어나면 여덟 명은 출생기념으로 빈곤의 굴레를 짊어졌던 1960년대 한국에는 주먹깨나 쓰는 배고픈 소년들이 더러 챔피언을 꿈꾸었다. 김기수도 마찬가지였다.

박태준은 곧장 김기수를 찾았다. 주니어미들급이라는데, 과연 체구 좋은 사내가 대한중석 사장실에 나타났다. 악수를 나누었다. 아주 크고 빳빳한 손이었다.

"어디 출신인가?"

"함흥에서 내려왔습니다."

"함경도 아바이구나. 1·4후퇴 때?"

"예, 흥남에서 배를 탔습니다."

김기수는 1·4후퇴 때 배를 타고 내려오다가 강릉, 포항에서 못 내리고 여수까지 가게 되었다고 했다.

"복싱은 언제 배웠나?"

"여수 여항중학교에서 시작했습니다."

박태준의 가슴으로 묘한 기운이 번지고 있었다. 1·4후퇴, 함흥, 흥남……. 이런 단어들이 김기수에 대한 관심을 더 자극했다. 1950년 겨울의 박태준은 원산, 함흥, 성진을 거쳐 청진까지 북진했다가 1·4후퇴를 앞두고 맹장수술을 받은 환자 상태로 들것에 실려 흥남에서 통한의 철수 길에 올라야 했던 청년장교였으니…….

"지금 너의 상대가 어떤 놈이야?"

"이탈리아의 니노 벤베누티라는 놈입니다."

"그런 놈이 있어? 자신 있나?"

"한 6개월 연습에 전념한다면, 얼마든지 붙어볼 자신 있습니다."

박태준은 김기수에게 필요한 것을 다 말하라고 했다. 김기수는 무엇보다 도장이 급하다고 했다.

"집이 어디냐?"

"경희대 근처입니다."

박태준은 총무이사를 불렀다.

"이 친구의 집과 가까운 곳에다 가장 빠른 시일 안에 좋은 권투도장을 지어주시오."

일은 신속하게 진행되었다. 며칠 뒤 신설동에 터를 잡고 바로 공사에 돌입했다. 근사한 권투체육관이 생겼다.

개관식을 앞두고 박태준에게 '작명 의뢰'가 들어왔다. 그는 전혀 고민하지 않았다. 박정희가 바라고 자신이 추구하는 세계 일류. 그래서 '권일(拳一)'을 선물했다. '주먹으로 세계 일등이 되라'는 기원이었다.

챔피언 니노 벤베누티와 도전자 김기수의 타이틀매치 일정이 잡혔다. 박태준은 일부러 짬을 내서 '권일 체육관'으로 찾아가 김기수의 훈련 모습을 지켜보고 금일봉을 건네며 격려를 아끼지 않았다.

결말이 좋아야 했다. 무슨 내기를 하듯 국가 장래에 대한 운을 걸어둔 것은 전혀 아니지만 그래도 성공을 해야 국민과 함께 한바탕 즐기면서 아침에 까치 소리를 듣는 것 같은 기분을 맛볼 것이었다. 아니, 거창한 차원은 다 접어둔다 하더라도 월남한 몸으로 곤궁하게 살아온 김기수 개인에게 얼마나 큰 영광이고 보람이겠는가.

주니어미들급 WBA 세계타이틀매치는 1966년 6월 25일, 전쟁 16주년 저녁에 장충체육관에서 열렸다. 국민적 관심이 집중되었다. 박정희도, 박태준도 관전했다. 엇비슷하게 맞고 때리는 예측불허의 승부. 대통령 앞의 큰 재떨이에 꽁초가 수북해졌다.

밤 10시가 넘어 15회전이 끝났다. 한국 심판은 '김기수 승', 이탈리아 심판은 '벤베누티 승'을 알렸다. 라디오에 귀를 대고 있는 모든 국민이 초조했다. 코쟁이 주심이 '김기수 승'을 내놨다. 까짓, 텃세가 좀 붙었으면 어떤가. 박태준은 아낌없는 박수를 보냈다. 한국 최초의 세계챔피언 탄생. 온 국민이 마치 오랜 가뭄 끝에 한바탕 소나기가 내리는 것처럼 신명을 올렸다.

이튿날 김기수 내외가 북아현동 박태준의 집으로 인사를 왔다. 갓 탄생한 세계 챔피언의 얼굴은 군데군데 시퍼렇게 멍들어 있었다.

"사장님 덕분에 운동에만 전념한 결과입니다. 정말 감사합니다."

"아니야. 우리 챔피언이 고맙고 장해. 지금 우리 국민들에게 누가 그만큼 큰 기쁨을 줄 수 있겠나. 권일체육관은 선물이야. 대통령 각하와 내가 주는 거라고 생각해."

김기수 내외가 다소곳이 고개를 수그렸다.

한국정부가 염원한 국제차관단(KISA)을 왜 박태준은 불신했는가?

    1966년 1월 한국 대통령 박정희는 미국을 공식 방문한 기회에 다시 코퍼스사 회장 포이와 만났다. 국제차관단 구성에 속도를 내달라고 부탁하는 자리였다. 포이가 적극성을 보였다. 그래서 그해 2월 2일 한국 대통령과 경제기획원 장관의 명의로 코퍼스사에게 국제차관단 구성에 주도적 역할을 해달라고 당부하는 '위임 서한'을 보내게 된다. 그것은 포이가 주도하여 KISA 구성에 시동을 걸게 하는 키(key)와 같았다.

    한일국교정상화와 베트남 파병은 1966년부터 한국의 '차관 조달'에 활력을 불어넣었다. 그해에 청구권자금을 지불하기 시작한 일본은 1967년까지 2년 동안 총 1억850만 달러의 민간차관을 제공한다. 한국의 대규모 베트남 파병에 답례하듯 미국이 확고한 대한(對韓) 방위 의사를 밝히자 서방국가들도 은행 금고를 열어줘서 같은 기간에 미국, 서독 등이 총 2억5천610만 달러의 상업차관을 제공한다.

    그러한 분위기는 한국정부의 '종합제철 차관'에 대한 희망을 부풀릴 만한 것이었다. 제1차 경제개발5개년계획의 종료를 여섯 달쯤 앞둔 1966년 6월부터 정부는 종합제철소 건설계획에 속도를 올린다. 그것이 국제차관단 구성을 더 늦출 수 없다는 판단으로 이끌어간다.

1966년 5월 13일 IBRD(세계은행)의 '한국 50만 톤 규모 제철공장 건설에 대한 타당성을 인정한다'라는 보고서를 접수한 경제기획원이 6월 22일에는 드디어 미국의 코퍼스·블로녹스·웨스팅하우스, 독일의 데마그·지멘스, 일본의 야하타제철·히다치조선소·미쓰비시전기공업 등 8개사 앞으로 국제차관단 구성에 관한 동의서를 발송하며, 한 달 뒤에는 불원간 구성될 국제차관단에게 종합제철소 건설 사업을 위임하겠다고 확정한다.

이때 경제기획원의 계획안은 50만 톤 규모의 1차 설비를 1966년에, 같은 규모의 2차 설비를 1970년에 각각 착공하며, 외자 1억3천892만5천 달러와 내자 2천350만8천 달러를 조달하고, 입지 후보지는 울산 태화강 동쪽, 부산 해운대의 공업지대, 삼천포, 기타 순위로 조사한다는 내용이었다. 다만, 그 구체적 계획안에서도 여전히 변하지 않은 문제의 핵심은 '한국 종합제철소 건설'이 '외국인들의 마음먹기'에 달려 있다는 점이었다.

그런데 경제기획원이 의욕적으로 추진하는 '국제차관단 구성'은 그해 10월 들어서도 불투명한 상태였다. 특히, 일본이 소극적으로 나왔다. 일본은 주도권을 코퍼스사가 거머쥔 것이 불만이었다. 그때 일본 경제관료들의 분위기는 미국과 유럽의 철강업체들에 대해 비판적이었다. 불과 3년 뒤에 '포항종합제철 건설 타당성'을 살피기 위해 영일만 허허벌판으로 찾아오게 되는, 당시 일본 경제기획청 아카자와 쇼이치는 다음과 같은 증언을 남겼다.(허남정 지음, 『박태준이 답이다』 참조)

"나는 당시 종합제철소의 건설에 어느 정도 돈이 들어가는지 짐작할 수 있었다. (코퍼스사 주도의 한국 종합제철 건설 계획안에 대해) 이 정도의 차관규모로, 이 정도의 이자를 지불하면 불가능하다는 생각이 있었다. 그리고 종합제철소이기 때문에 고로는 이탈리아, 전로(轉爐)는 독일, 압연은 오스트리아, 미국 등 제 각각의 기술이었만는데, 설비가 개별적으로는 우수할지 모르지만, 컨소시엄 형태로는 일관적인 기술 체계를 필요로 하는 종합제철소가 잘될까 하는 의문도 있었다. 그런 이유에서 일본 정부로서는 참여하기 어렵다는 뜻을 한국정부에 통보했으며 참가를 검토하던 일본의 후지제철과 야와타제철의 수뇌부에게도 정부의 뜻을 전했다."

그러나 한국 경제기획원은 일본의 태도 변화를 기다리느라 더 꾸물댈 여유도 이유도 없다고 판단했다. 일본이 껄끄럽게 나오면 일본을 제외하고 서방 선진국들과 손을 잡아도 얼마든지 종합제철을 건설할 수 있다. 이렇게 판단한 것이었다. 딱히 틀린 판단은 아니었다. 아니, 틀리지 않은 판단이었다. '베서머 제강법'이 증명하듯 영국은 산업혁명의 본거지답게 철강기술의 발전을 이끌어온 나라이고, 1966년에는 제철기술이나 조강능력에서 미국이 가장 앞서는 나라였다. 그러니 일본이 자존심을 내세우며 엉덩이를 뺀다고 해서 한국이 매달려야 하겠는가. 그때 국민 정서나 감정으로는 더욱 그랬다.

11월 16일 장기영 부총리가 코퍼스사 포이 회장에게 공한을 발송한다. 일본 업계의 참여를 기다리지 말고 국제적으로 공신력 있는 회사들을 망라한 국제차관단을 조기에 구성해 달라는 내용이었다. 그에 따라 포이가 미국 피츠버그에서 한국 종합제철소 건설 지원을 위한 국제차관단 구성회의를 주최하게 되었다.

코퍼스·블로녹스·웨스팅하우스 등 미국의 3개사, 독일의 데마크·지멘스, 영국의 엘만, 이탈리아의 임피안티 등 4개국 7개사가 나흘간 협의 끝에 12월 20일 마침내 대한국제제철차관단(KISA : Korea International Steel Associates)을 정식으로 발족했다. 연산 조강 30만 톤짜리 울산종합제철을 무산시킨 박정희가 1965년 5월 미국 피츠버그를 방문한 날로부터 거의 19

개월이 지난 때였다.

KISA 발족. 머나먼 피츠버그에서 날아온 그 소식을 한국 언론들은 '종합제철소 건설의 찬란한 무지개'처럼 보도했다. 그럴 만했다. 제1차 KISA회의 합의사항에는 '한국의 종합제철 건설을 위해 차관단이 1억 달러'를 출자하고 '차관단과 한국정부가 합의한 장소에 1967년 4월까지 공장 건설이 시작되게 한다'는 것이 포함되었다. 차관 1억 달러에다 1967년 4월까지 착공! 이것은 종합제철을 갈망하는 박정희와 한국정부에게 산타의 경이로운 크리스마스선물보다 더 기쁜 소식이었다. 단지 누구도 예리하게 주목하진 않았으나 KISA의 그 합의에는 뒷맛이 묘한 사항도 포함돼 있었다. '세계은행 및 IECOK(대한국제경제협의체)와는 가급적 협조하되 직접적 관련을 맺지 않는다'라는 것. 이는 KISA가 IBRD나 IECOK를 직접 설득하러 다니는 일은 없다는 뜻이었다.

1967년 1월 16일 독일 뒤스부르크에서 제2차 KISA회의가 열렸다. 프랑스의 엥시드가 추가로 참여해 KISA는 5개국 8개사가 되었다. 제철소 건설에 필요한 제반 설비의 국가별 공급내역을 할당했고, 영국은 2천만 달러 차관제공에 대한 정부 승인을 통보했다. 이어서 코퍼스 대표단이 한국으로 들어와서 소요내자 조달 방안과 입지 후보지에 대한 타당성 조사를 실시했다.

제3차 KISA회의는 3월 13일부터 사흘간 미국 피츠버그에서 열렸다. 이 회의는 한국의 종합제철 건설에 필요한 외자 규모 1억 달러를 미국 30%, 독일 30%, 이탈리아 20%, 영국 20% 등으로 분담하기로 결정했다. 이제는 뭔가 '확실히' 돼가는 분위기였다. 그러나 모호했다. 무엇보다도 '책임 소재'가 빠져 있었다. 제때 조달하지 못하면 누가 어떻게 책임질 것인가? 이것이 없었다. 그리고 제1차 회의 때 '1967년 4월까지 착공한다'고 했던 합의는 마치 자연스런 현상처럼 연기되고 말았다.

그보다 일주일 앞선 3월 7일, 한국은 관세 및 무역에 관한 협정(GATT)에 가입했다. 1995년 세계무역기구(WTO)로 대체될 때까지 세계무역 질서를 관장한 GATT. 자주와 주체를 외치는 평양 정권은 가입할 생각도 없고 가입할 방법도 없는 GATT. 여기에 세계 70번째 나라로 가입한 대한민국. 이 가난하고 조그만 신생독립의 분단국가가 세계로 진출할 그 장사의 길을 통해 국가재건과 민족중흥을 이룩하겠다며 주먹을 쥐고 술잔을 올렸다.

4월 6일 경제기획원에서 장기영 부총리와 KISA 대표 포이가 '종합제철소 건설 가협정'을 체결했다. 포이가 내놓은 예비제안서의 특징은 크게 두 가지였다. 1차 50만 톤 규모 건설비에서 외자 소요를 2천500만 달러 더 늘린 1억2천500만 달러로 추정한 것(그 차액 때문에 '기본계약'이 '가협정'으로 바뀌었으며, 가협정에는 'KISA가 제출한 사업계획에 대해 한국정부가 국제적으로 제철공장에 경험·지식·시설·가격·건설·운영에 관하여 권위가 있고 차관공여기관이 수락할 수 있는 기술용역단을 구성하여 이를 검토한 후에 확정한다'라는 문항도 포함되었으니 2천500만 달러 증액에 대해 한국정부가 얼마나 미심쩍어하고 부담스러워했는지를 짐작할 수 있다), 차관단이 소요 외자에 대한 차관을 주선하며 조건은 연리 6%에 3년 거치 12년 상환으로 한다는 것. 그리고 KISA는 이미 착공 시기를 7월로 연기했는데, 어차피 종합제철 건설은 대장정이기 때문에 수개월 지연이야 아무런 문젯거리도 아니었다.

머잖아 사단이 터졌다. KISA의 소요예산 추정치는 박태준이 용역을 맡긴 일본조사단의 그것보다 너무 높았다. 단번에 100만 톤을 건설하지 않고 KISA 계획안대로 50만 톤씩 두 단계로 나눈 경우에도 일본의 것이 KISA보다 35%쯤 낮았다. 그 비교표를 받아본 한국정부는 더욱 놀랐다. 박태준이 '속지 않기 위한 장치'를 적기에 잘 마련해둔 것이었다. 이래서 박정희는 그에게 "계획 단계부터 직접 챙겨 보라"는 지시를 했을 것이다. 두세 달 뒤(6월 15일)에는 가협정의 그 문항에 의거해 국제연합개발계획(UNDP)이 KISA의 사업계획에 대한 기술검토에 착수했다. KISA의 계획대로 50만 톤씩 두 단계로 쪼개지 않고 단번에 100만 톤 규모로 건설하면 총공사비의 30~35%까지 절감할 수 있다는 견해였다.

한국 언론들이 일제히 KISA의 터무니없이 높게 책정된 건설비 측정치와 차관 금리에 대해 강한 비판을 제기했다. 그러나 그때는 박정희도 한국정부도 박태준도 KISA를 내쫓을 엄두조차 내지 못했다. 마땅한 대안이 없었다. 서방 선진국 철강사들만 골라서 어렵사리 구성한 KISA를 대신할 파트너를 어느 나라에 가서 구한단 말인가? 벙어리 냉가슴이나 앓아야 했다.

KISA를 미심쩍은 시각으로 보아온 박태준은 그때부터 그들을 못마땅하게 생각했다. 그러나 그는 1967년 7월에도 종합제철 건설에 대한 공식 직위가 없었다. KISA와 공식적으로 교섭하고 협상하는 업무들을 죄다 한국 경제관료들이 맡고 있었다. 박태준은 관료들이 KISA와 손잡고 추진하는 종합제철을 지켜보느라 속을 끓이면서 믿을 만한 동지들에게는 불만을 터뜨리기도 했다.

"우리는 임해(臨海) 제철소로 가야 하는데, 미국에는 임해 제철소가 없어. 피츠버그 제철소들은 주로 펜실베이니아 탄전의 석탄을 쓰고, 슈피리어호 서쪽 호안에서 나오는 철광석을 쓰고 있어. 호주 같은 외국에서 배로 싣고 와야 하는 우리 조건과는 천양지차야. 그러니 포이가 주도해서야 기술적으로 기대할 것이 뭐가 있겠어? KISA 놈들은 장사꾼들이야. 생각이 다른 나라들, 생각이 다른 회사들이 설비나 팔아먹을 꿍꿍이속으로 국제컨소시엄이다 뭐다 해서 뭉친 거지. 그것들은 한마디로 어중이떠중이야. 까딱하면 국가의 대들보가 무너지는 수가 생겨. 그러나 지금은 어떡해? 잘 살피면서 앞으로 나가는 거지."

1967년 늦여름에도 박태준은 'KISA에 대한 불만, KISA의 미심쩍은 행동에 대해 당차게 지적하고 개선하지 못하는 관료들에 대한 불만'을 가슴속에 가둬놓고는 때를 기다리고 있었다. 박태준이 기다리는 그 '때'란, 2년 전 초여름에 박정희가 그에게 밀지처럼 내린 특명에 어울리는 공식 직위를 부여하는 그날이었다.

종합제철은 영일만 어링불로,
박정희와 박태준의 '종합제철' 포항 보내기

1967년 상반기 한국에는 '선거 바람'이 드세게 불었다. 5월 11일 대통령 선거, 6월 8일 국회의원선거. 아직은 한국의 경제관료들과 KISA가 공식적 파트너로서 함께 끌어나가는 종합제철소 건설은 드세게 불어대는 '선거 바람'에 흔들리면서도 박정희의 의지를 튼튼한 다리로 삼아 가야 할 길을 지키며 앞으로 나아가고 있었다.

KISA가 다시 약속한 대로 7월에 종합제철소를 착공하려면 입지 선정을 더 늦출 수 없는 일이었다. 한국정부는 벌써부터 기본 자료들을 준비해놓고 있었다. 당초에는 동해안의 삼척, 묵호, 속초, 포항과 포항의 북방 20킬로미터에 위치한 월포, 울산과 남해안의 부산, 진해, 마산, 삼천포, 여수, 보성, 목포, 서해안의 군산, 장항, 비인, 아산, 인천 등 18개 지역이 거론됐으나, 1967년 2월 미국 코퍼스사 기술진은 삼천포와 울산을 가장 유력한 후보지로 천거했다. 울산은 곧 제외되었다. 제철소까지 유치하기에 울산공단은 협소하다는 의견이 지배적이었던 것이다. 후보지들의 공통점은 모두가 바다를 끼고 있는 '임해(臨海)' 지역이었다. 1965년 6월 일본 가와사키제철 니시야마 사장이 박태준과 둘이서 한국의 제철소 입지 후보지를 방문한 당시에 충고해준 핵심의 하나였던 바로 그 '임해'였다.

5월 11일, 제6대 대통령선거가 실시된 바로 그날, 건설부가 한국종합기술개발공사와 1개월 기간으로 삼천포, 포항, 월포, 군산, 보성 등 5개 후보 지역에 대한 '현지조사 및 비교검토'를 위한 용역계약을 체결했다. 부지조성, 항만, 공업용수, 전력 인입, 해안 길이 등이 주요 대상이었다. 이제 후보지 선정에 남은 가장 중요한 과제는 선거 바람이 몰아치는 한복판에서 어떡하든 정치적 외풍과 무관하게 '과학적'인 결정을 내리면서 정치적 잡음을 최소화하는 일이었다.

박정희 후보와 윤보선 후보의 재대결. 1967년의 대선 결과는 1963년에 비해 판이해졌다. 4년 전에는 박 후보가 윤 후보를 아슬아슬하게 역전승했지만, 이번엔 박 후보가 유효투표의 51.4%를 획득하여 41%를 얻는 데 그친 윤 후보를 압도했다. 도시지역 득표율에서도 박 후보가 윤 후보를 앞질렀다. 무엇보다 '경제개발'에 대한 국민적 지지를 반영한 결과였다.

6월 21일 종합제철소 부지 선정에 대한 용역결과 보고서가 나왔다. 부지조성, 공업용수, 항만, 전력 등 4개 부문을 집중적으로 검토한 결과 '포항(浦項)'이 1위를 차지했다. 구체적인 위치는 영일만(迎日灣) 안쪽으로, 남한 10대 하천에 꼽히며 일찍이 찬란한 신라문화의 젖줄이 되었던 형산강 하구 옆의 모래대지였다. 신라시대 때(제8대 아달라왕 4년, 157년) 영일만 바닷가에 살고 있던 '연오랑 세오녀' 부부가 일본으로 건너가 일본에 빛(문명)을 전하고 그곳에서 왕과 왕비로 추대되었다는, 신라인의 왜국에 대한 자긍심이 함축된, 『삼국유사』에서 그 책을 빛내주는 「연오랑 세오녀」 설화의 무대이기도 했다.

그 영일만 모래대지에는 일찍이 종합제철소 건설을 예언한 것 같은 시(詩) 한 편도 전해 내려오고 있었다. 정확한 연대는 미상이지만, 조선 후기 풍수지리가로 알려진 이성지(李聖智)가 영일만 백사장을 둘러보고 남긴 시(詩) 한

수라고 한다.

竹生魚龍沙	어링불에 대나무가 나면
可活萬人地	수만 사람이 살 만한 땅이 된다
西器東天來	서양문물이 동쪽나라로 올 때
回望無沙場	돌아보니 모래밭이 없어졌구나

'어룡사'란 그 백사장의 이름이다. 포항 사람들은 바다와 붙은 백사장을 '불'이라 했다. 그래서 어룡사는 '어룡불'로 불렸고, 그것이 간이화 발음으로 '어링불'이 되었다. '죽'은 제철공장의 숱한 '굴뚝'을 비유하고, '서기'라는 서양문명은 물론 '종합제철소'를 뜻한다. 몇 년 뒤에 일어나는 상전벽해지만, 시의 예언대로 과연 '어링불'은 가뭇없이 사라지고 높다란 굴뚝들이 솟아오른다.

종합제철소 부지 선정에는 정치권력의 치열한 유치경쟁이 개입했으나 비정치적이고 과학적인 결정이 이뤄졌다. 박태준은 어떻게 했을까? 여전히 종합제철에 대한 아무런 공식적 직함이 없고 그래서 관료들의 회의에 직접 참석한 적도 없었던 박태준은 어떻게 했을까? 벌써 2년 전에 박정희의 특명을 받아둔 박태준은 박정희의 뜻과 더불어 정치논리가 객관성·공정성·합리성을 깔아뭉개는 것을 막아내는 데 앞장섰다. 제철소는 입지 선정이 곧 성패와 직결된다는 특성을 확실히 공부해둔 사람으로서 확실한 목소리를 내지 않을 수 없었다. 이 대목은 해군 제독을 지낸 이맹기의 증언을 인용하자. 안상기가 엮은 책 『우리 친구 박태준』에서 이맹기는 이렇게 회고했다.

다른 많은 사람들은 포항이 아닌 곳을 지목했다. 경제기획원은 삼천포를 지목했다. 박태준은 박 대통령에게 포항이 제철소가 들어서야 할 적지라고 강력하게 주장했다. 당연히 다른 지역을 천거한 각료나 의원들로부터 미움을 살 수밖에 없었다. 그의 주장은 후에 입증되었다시피 정말 타당했다. 최종 선정지가 포항으로 결정된 이유 가운데 하나로서, 무엇보다 박태준에 대한 박 대통령의 깊은 신뢰를 빼놓을 수 없을 것이다.

1970년 4월 1일 포항제철 착공에 즈음하여 일본 3대 제철회사의 엔지니어들로 짜인 일본기술단(JG)의 초대 단장으로서 오랜 기간을 영일만에서 생활하게 되는 아리가는 이렇게 증언했다.

영일만 제철소 부지의 지형, 수리(水利), 해상(海象), 기상조건 등 상세한 데이터를 조사하면서 나는 진심으로 여기에다 제철소를 건설하고 싶다는 의욕이 솟구쳐 올랐다. 일본의 제철소들이나 세계의 많은 제철소들을 보아왔지만, 임해(臨海) 제철소의 입지조건을, 특히 자연조건을 이토록 완전하게 갖춘 곳은 본 적이 없었다. 누가 어떻게 조사해서 이 지역을 선택한 것인가? KISA가 구성되기 전부터 박태준과 접촉이 있었던 가와사키제철의 상무이사 우에노 나가미쓰의 조언이 큰 영향을 미쳤을 것으로 생각한다.

종합제철 부지 선정은 다음과 같은 일화도 남겼다. 정치적 이해관계를 뛰어넘은 박태준도 가장 적합하다고 강하게·건의하는 '포항'을 택하기 위한 박정희의 기지(機智)가 돋보이는데, 조갑제의 『박정희』에는 다음과 같이 재미난 장면도 등장한다.

당시 정계 실력자들 사이에서는 종합제철소 유치경쟁이 치열했다. 충남 비인은 김종필 의장의 연고지, 울산은 이후락 실장의 고향, 삼천포는 박 대통령의 대구사범 동창생이자 재계의 막후인물인 서정귀의 연고지 하는 식이었다. 포항만은 아무도 미는 사람이 없었다. 정부가 후보지 18개소를 대상으로 조사해보니 포항이 가장 적합한 곳으로 나타났다.

어느 날 박 대통령은 황병태 국장을 부르더니 김포로 가는 자신의 차에 동승하게 했다. 차중에서 대통령은 황병태의 무릎을 잡으면서 말했다.

"황 국장, 소신대로 이야기해주어야겠어. 종합제철 입지를 놓고 말이 많은데 어디가 제일 좋아?"

"다른 데는 미는 사람들이 있는데……. 사실상 포항이 제일 바람직한 것으로 판단됩니다. 미국 용역회사 보고서도 수심이 깊은 포항이 제일 좋다고 합니다."

"알았네. 포항은 미는 사람이 없으니 자네가 미는 걸로 하지. 나중에 경제동향보고회의 때 자네를 부를 테니, 그때 소신대로 이야기하게."

며칠 뒤 월례 경제동향보고가 청와대에서 열렸다. 황병태는 맨 뒷자리에 있었다. 보고를 경청하고 지시를 내리던 박 대통령이 갑자기 "뒤에 황 국장 있나. 이리 나오게."라고 말했다.

"요새 종합제철소 입지를 둘러싸고 의견이 분분한 것 같은데 어떤가."

"실무적 입장에서는 포항이 적지라고 판단됩니다."

"왜?"

"바다 수심이 깊어 배가 드나들기 용이하고……."

황 국장은 미리 준비한 대로 자세하게 설명해갔다. 다 듣고 나서 박 대통령이 말했다.

"좋아. 그러면 포항으로 하지."

아무도 이견을 말하지 못했다.

종합제철소 건설에 유력 정치인의 이해관계를 차단하려는 박정희. 1961

년부터 장장 7년에 걸친 노심초사와 굴욕과 인내의 시간을 이겨내고 마침내 종합제철소를 포항에 건설하기로 결정한 박정희. 이제 그에게는 가장 중요한 최후의 선택이 남아 있었다. 누구에게 맡길 것인가? 어떤 인물에게 한국 산업화의 명운을 건 그 막중한 국가대업에 대한 실질적인 창업의 대임을 맡길 것인가? 그의 머리와 가슴은 이미 확실한 답을 알고 있었다. 그의 특명에 따라 지난 2년여 동안 종합제철 건설의 계획단계부터 깊이 관여해오고 있으나 여전히 '대한중석 사장일 뿐'인 박태준이었다.

박정희는 박태준을 종합제철 책임자로 공표하고, IBRD는 한국에 모욕적인 조건을 내걸고

KISA가 다시 약속한 '기본협정 체결과 착공의 7월'을 맞았다. 그러나 7월이 다 지나도 한국정부와 KISA는 기본협정조차 체결하지 못했다. 초조한 쪽은 한국정부, 특히 대통령 박정희였다. KISA와 기본협정을 체결하기 위한 실무단을 미국으로 급파할 수밖에 없었다.

1967년 8월 초에 급조된 경제기획원 경제협력국장 황병태를 단장으로 한 '철강사절단'에는 이듬해 4월 포스코 창립요원(부사장)으로 잠시 몸담게 되는 윤동석 서울대학교 공대 교수도 포함되었다. 사절단이 20일 일정의 피츠버그시 KISA 방문을 앞두고 청와대로 들어섰다. 그 자리에서 박정희가 최초로 승부의 카드를 공개했다. 참석자들에겐 불쑥 내민 것으로 보였겠지만, 통치자가 오래 품어온 비장의 카드였다.

"대한중석은 2년 반 동안 박태준 사장이 경영을 잘한 결과 재무상태가 매우 건실해졌고, 더구나 박 사장은 제철소 프로젝트에 필요한 리더십과 뛰어난 경영능력을 갖고 있습니다."

드디어 대통령이 관료들에게 종합제철을 대한중석 사장에게 맡길 것이라고 밝힌 그때, 박태준은 해외출장 중이었다. 아시아, 미주, 유럽 순방. 이듬해의 중석판매 협상을 위한 긴 여정이었다.

철강사절단은 작은 성과를 올렸다. 주요 내용은 '연산 50만 톤을 60만 톤으로 늘리고 소요 외자(차관)를 1억2천500만 달러에서 9천만 달러로 인하하여 기본계약을 체결하기로 한 것'이었다. 그들이 귀국하여 대통령에게 보고를 마친 즈음, 1967년 9월 8일, 박태준은 런던 메탈마켓센터에서 협상을 진행하고 있다가 한 통의 전문을 받는다. 장기영 부총리의 지시를 받아 고준식 대한중석 전무가 띄운 것이었다.

대한중석이 종합제철소 건설사업의 책임자로 선정되었음. 박태준 사장은 종합제철소건설추진위원회 위원장으로 내정되었음. 즉시 귀국 바람.

3대 조건도 담고 있었다.

1. 대한중석은 외국차관 협상과 교섭문제를 관장한다.
2. 대한중석의 정부 보유 주식에 대한 배당은 제철소건설 프로젝트로 전용키로 한다.
3. 대한중석이 종합제철소 건설자금의 내자 충당분을 조달하지 못할 경우에는 나머지를 정부의 재정자금에서 충당키로 한다.

이미 알고 있었던 것, 기어코 올 것이 왔다고 받아들인 박태준은 문득 자신의 나이를 생각했다. 마흔 살, 공자 말씀의 불혹(不惑)이었다. 흔들림 없이 무슨 일에든 도전할 나이에 이르렀다는 생각이 들었다. 그것이 여유와 심사숙고로 이어졌다. 더구나 종합제철이 하루아침에 될 것도 아니고 진작부터 대통령에게 받아뒀던 특명이니 한국산 텅스텐 수요자들과 만날 나머지 일정들도 다 소화하는 것이 국익에 도움이 되는 행동이라고 판단했다.

그의 회신은 간단했다.

  정부가 제시한 3대 조건대로 한다면 그 일을 맡겠음. 그러나 즉시 귀국하기
는 불가능함.

  종합제철소건설추진위원장 내정자가 유럽을 돌아다니는 동안, 9월 11
일, 대통령은 월간경제동향회의를 마친 후에 이어진 정부여당 연석회의를
통해 '대한중석을 종합제철공장의 실수요자로 결정했음'을 공표했다. 이제
박태준이 박정희의 공개적 특명을 받아 종합제철 건설의 지휘봉을 잡는 것
은 단순히 시간의 문제로 남아 있었다.

  미국 피츠버그로 날아갔던 황병태 일행이 거둔 성과에 힘입어 9월 25일
코퍼스사 부사장 샌드빅을 비롯한 KISA 대표 3명이 기본계약서 수정안을
들고 서울로 들어왔다. 앞서 말한 대로, 다소 진전된 것이었다. '총 1억3천
70만 달러를 들여 연산 60만 톤 규모의 1단계 제철소를 1972년 9월에 완
성하고, 국제 차관으로 9천570만 달러, 한국 정부가 내자 3천500만 달러
를 조달한다.' 그러니까 '가협정' 때보다 생산규모를 20% 늘리고 건설비용
을 20%쯤 줄인 안이었다. 그들보다 앞서 IBRD가 의견서를 보내왔다. 차관
의 열쇠를 쥔 IBRD는 4가지 주의사항을 환기시켰다.

  1. 제한된 계약으로 할 것(즉, 공장을 두 단계로 건설할 것).
  2. 국제적인 컨설턴트를 고용할 것.
  3. 차관단이 건설한 터키, 브라질의 제철소를 견학할 것.
  4. 초기의 원활한 운영을 위해 외부기관과 관리용역 계약을 할 것.

한국정부가 도저히 무시할 수 없는 IBRD의 충고는 한마디로 '너희는 종합제철 외자도입을 할 수 없고 종합제철에 대한 경험도 능력도 없으니 전문기관에 용역을 맡겨야 하고 먼저 시작한 개도국 종합제철을 찾아가 착실히 견학부터 해두라'는 지시였다. 그래서 한국 상공부의 기술자들과 철강사절단이 순순히 거리가 훨씬 더 가까운 터키 에르데미르제철소를 견학했다.

　9월 28일 경제기획원에서 경제관료 6명과 KISA 대표 3명 그리고 대한중석 대표 3명이 기본협정 체결을 위한 예비회담을 가졌다. 10월 3일 개천절, 단군이 처음 이 땅에 하늘을 열었다는 그 뜻 깊은 날, 종합제철 후보지로 결정된 포항에서 '종합제철공장 기공식'을 열기로 공표돼 있었다. 어떡하든 늦어도 10월 2일에는 한국정부 대표와 KISA 대표가 나란히 앉아 기본계약서에 서명을 해야 모양이 날 것이었다.

　그러나 몇 가지 중요한 문제점들에 대해 양측 견해가 어긋났다. 특히 실수요자로 선정된 대한중석 대표들이 눈에 불을 켰다. 박태준의 '완벽주의' 원칙과 성품을 익히 아는 그들로서는 야무지게 살피고 따져야 했다. 예비회담은 10월 12일에 다시 만난다는 회의록을 남기고 끝났다. 그 잉크가 채 마르기도 전에 이미 공표한 대로 포항에서는 기공식을 열어야 했다. 딱히 무리는 아니었다. 어쨌든 불원간 KISA와 기본협정을 정식으로 체결할 것이니까.

　박태준은 유럽 출장 중에 대한중석을 통해 IBRD가 내건 4가지 조건도 보고받았다. 그는 '한국을 모욕하는 4가지 조건'이라고 생각했다. 4번 항은 특히 목에 가시처럼 걸렸다. 초기에 공장을 직접 돌리지도 말고 회사를 직접 경영하지도 말고 외국 용역기관에 의뢰하라는 것은 국가적 차원으로 말하면 신탁통치와 같은 것이 아닌가? 기술식민지, 경영식민지의 종합제철회사로 출발하라는 주장 아닌가? 9월 30일 귀국 비행기에 오른 그는 속이 부글부글 끓고 있었다.

'KISA 놈들의 농간도 개입된 거지. 애초에 자기들은 IBRD 같은 국제금융기관과 직접 교섭하지 않는다고 했는데, 그게 차관 도입에 대한 책임 회피의 수단이고, 우리가 대들어서 옳게 하자, 정직하게 하자, 이렇게 맞서면 오히려 자기편들에게 프로젝트를 무산시켜 버리자고 로비할 수도 있는 놈들인 거지.'

박태준은 잠이 오지 않았다. 종합제철이란 대업의 의미와 KISA의 태도가 서로 등을 돌리고 앉은 남녀처럼 보였다. 어금니를 물고 김포공항에 내린 그가 청와대로 들어갔다. 박정희는 따뜻하게 맞았다. 대한중석 합리화 공로에 대한 덕담도 아끼지 않았다. 그러나 종합제철 사명에 대해서는 단호했다. 마치 5·16 직후에 비서실장을 맡으라고 했을 때처럼, 아니, 그때보다 더 셌다.

"우리가 오래 기다리고 준비했는데, 이제 때가 왔어. 나는 임자를 잘 알아. 이건 아무나 할 수 있는 일이 아니야. 어떤 고통을 당해도 국가와 민족을 위해 자기 한몸 희생할 수 있는 인물만이 할 수 있어. 아무 소리 말고 맡아! 임자 뒤에는 내가 있어! 소신껏 밀어붙여 봐!"

박태준은 가슴이 짜안했다. 순간적으로 내면의 저 밑바닥에서 불덩이 같은 무엇이 울컥 솟아올랐다.

박정희가 일단 참석하라고 권유해도
박태준은 종합제철 기공식에 불참한다

10월 3일 종합제철 기공식. 5·16 이후부터만 꼽아도 장장 6년 넘게 끌어온 종합제철소 건설 계획이 마침내 출발의 팡파르만 남겨둔 것 같았다. KISA 계획안을 검토하느라 시일을 끌어온 데다 KISA마저 느긋하게 끌어댄 탓에 기본협정 서명식을 당초 한국정부의 계획대로 열지 못해서 김이 좀 새긴 했으나, 기공식을 10월 3일로 잡았을 때의 명분은 '개천절'이었다. 단군 이래 단일 규모의 최대 역사(役事), 단군 이래 최초 종합제철소 건설, '산업의 쌀'을 생산하는 국가기간공장 건설. 이것만으로도 개천절에 기공식을 열어야 하는 이유는 충분했다.

기공식을 불과 사나흘 앞두고 서울로 돌아온 박태준은 먼저 경제기획원 장관(부총리) 장기영과 만났다. 그가 박태준에게 KISA와의 최후 서명만 남겨둔 기본계약 서류를 내밀며 12일에 최종 합의를 마치는 대로 추진위원장 내정자니까 당연히 같이 서명을 해야 한다고 했다. 그러나 KISA의 장삿속을 미심쩍게 여겨온 '완벽주의자'가 좀 싸늘하게 말했다.

"그때 가봐야 알겠지만 정식발령을 받지 않으면 서명할 입장이 아니지 않습니까? 그보다 더 근본적인 문제는 내정자로서 아직 기본계약서도 제대로 검토해보지 못했다는 겁니다. 그게 더 시급한 일 같습니다."

"박 사장, 기공식이 코앞입니다. 기공식 행사는 물릴 수 없습니다. 우선 기공식에 같이 내려갑시다. 기공식에는 당연히 건설추진위원장이 참석해야지요. 며칠 더 여유가 있으니 검토는 좀 천천히 해도 될 것 같은데."

"아닙니다. 그동안에는 우리 경제부처에서 종합제철의 모든 업무를 공식적으로 책임 있게 관장해왔습니다만, 이제 추진위원장에 임명되면 저는 제철소 건설에 대한 전부를 책임져야 합니다. 그래서 계약내용을 사전에 세밀히 검토하고 나서 그 다음의 일을 결정하도록 하겠다는 것입니다."

박태준은 주요사항 몇 군데의 손질만 기다리고 있는, 합의에 이른 것이나 다름없는 기본계약 사본을 들고 나와 곧장 미국변호사 자격증을 갖춘 김흥한을 찾아가 검토를 의뢰했다. 이튿날 그는 김흥한의 의견을 들었다. 그의 우려와 일치했다. 합의각서에는 5개국 8개사의 자금조달 책임소재 등에 대한 명시가 없다고 했다. 특히 차관도입에 대해 한국정부가 '공동책임'을 진다는 것이 심각한 문제의 소지가 될 수 있다고 했다. 차관이 안 되는 경우에는 한국정부의 무능 탓으로 돌릴 수 있다는 함정이었다. 언제든 KISA가 마음대로 발뺌해도 법률적으로 아무런 제약을 걸 수 없는 약정이었다. 이런 문서에 등장하는 '최선을 다 한다'란 말과 똑같은 차원의 치명적 결함이었다.

박태준은 다시 부총리 집무실로 찾아갔다. 기본계약의 심각한 결함에 대해 단단히 확인할 작정이었다. 미리 약속이 안 된 내방객을 비서가 막아섰다.

"지금은 만날 수 없습니다."

박태준은 호랑이 눈썹을 무섭게 치켜세웠다.

"이봐, 제철소는 국가적 중대사야! 그런데 도대체 진전은 없고 계약서도 엉터리란 말이야! 그래서 내가 직접 물어보려고 왔어!"

그의 목소리가 비서실을 쩌렁쩌렁 울렸다. 다른 사무실의 귀들을 토끼처럼 쫑긋 일으키게 하는 고함이었다.

"아무리 그러시더라도 갑자기 오셨기 때문에 기다리셔야 합니다."

"뭐? 안에 손님이 있다는 거야!"

"그렇습니다, 들어가신 분이 나가셔야 합니다."

"웃기지 마! 어제 기분 나쁘게 했다, 이거잖아. 저리 비켜!"

거듭된 그의 고함에 다급한 구둣발 소리가 복도를 울렸다. 옆방에 있던 김성곤이었다. 앞으로 몇 년 뒤에는 정치자금 문제로 박태준을 괴롭힐 이가 갑작스런 소란의 목소리를 알아듣고 부리나케 달려 나온 것이었다.

"어디 한번 봐!"

박태준이 부총리실 문을 열었다.

"야, 임마! 손님이 어딨어! 너희 같은 인간들을 그냥 두면 내가 역적이 되는 거야!"

그의 팔을 붙잡는 손이 있었다.

"박 장군, 참아야 합니다."

김성곤이었다.

장기영은 한바탕 소동을 일으킨 박태준에게 기공식에 참여하라는 종용을 접지 않았다. 그러나 그는 귀를 닫았다. 이번엔 '정식으로 임명되지 않았다'는 명분을 아예 들먹이지 않았다. 종합제철소 건설의 실질적 책임자가 될 사람으로서 사전에 충분한 준비도 없이 무작정 기공식에 참여할 수 없다는 점을 딱 부러지게 밝혔다.

박태준의 기공식 불참 통보는 곧 박정희의 귀에 들어갔다. 10월 2일 오후에 그는 청와대로 불려갔다. 대통령이 화를 참는 표정으로 맞은편에 앉으로라고 손짓했다.

"왜 반기를 드나? 이것 봐, 너무 까다롭게 굴지 마. 그렇게 해서 적을 많이 만들면 일도 제대로 끌고 갈 수 없잖아. 복잡하게 생각하지 말고 일단 포항으로 내려가서 기공식부터 원만하게 끝마치고 와."

박태준은 애써 언성을 낮추는 대통령을 똑바로 쳐다보기가 민망스러웠다. 그의 속엔 두 세력이 겨루고 있었다. 국가대사를 위해 이실직고하느냐, 상대가 없는 자리이니 비판을 자제하느냐. 그는 몇 번이나 망설이다 '소신껏'이라는 대통령의 말을 생각하고 소신을 위하여 어렵게 입을 열었다.

"남을 헐뜯을 생각은 추호도 없습니다. 공연한 트집을 잡고 싶은 생각은 더욱 없습니다. 그러나 합의각서에는 중대한 결함이 있습니다. 첫걸음부터 허술하면 국가대사가 어떻게 되겠습니까?"

"무슨 소리야?"

박태준은 찬찬히 기본계약의 허점을 지적했다. 주의 깊게 듣는 박정희의 얼굴이 어두워졌다.

"내가 한번 볼 테니 놓고 가."

종합제철소건설추진위원장 내정자 박태준은 종합제철공장 기공식이 열리는 포항으로 내려가지 않을 결심이었지만, 대한중석엔 이미 종합제철 실무단이 구성되어 있었다. 9월 11일 대통령이 월간 경제동향 보고를 받는 자리에서 대한중석을 종합제철의 실수요자로 지정한다고 공표한 뒤, 대한중석 고준식 전무가 유럽에 체류 중인 박태준 사장과 연락을 취해 진작부터 구상해 두었던 조직을 즉각 가동했던 것이다. 종합제철 실무단은 고준식 전무 밑에 황경노 관리부장과 노중열 개발실장이 축을 맡았다.

1967년 10월 3일 개천절 오후 2시에 종합제철공장 기공식이 포항시 공설운동장에서 성대히 열렸다. 수천 명의 주민들이 참석한 가운데 경제기획원 부총리, 건설부 장관, 상공부 장관, 재무부 장관 등 정부 각료들이 천막을 지키고 샌드빅 코퍼스사 부사장을 비롯한 KISA 대표단, 전력회사 건설회사 무역회사의 임원들 등 많은 내외 귀빈이 참석했다. 내빈 소개를 맡은 경북지사가 불참한 종합제철추진위원장을 호명하지 않았지만, 주민들과 내외 귀빈들은 아무도 그 점을 의아해하지 않았다. 한 사람만 확실히 알고 있었다. 장기영 부총리. 기공식장으로 이동하는 길에 라디오를 통해 자신의 해임소식을 들었던 그는 대범하게 감격적인 치사를 했다.

"한반도에 하늘과 땅이 열린 지 4300년 만에 우리는 마침내 선진국들의 도움을 받아 종합제철소를 건설하게 되었습니다. 제2차 경제개발5개년계획의 성패가 이 제철소 건설에 달려 있는 만큼 강철같이 굳센 책임감과 철석같은 단결로 우리의 과업을 성취해 나갑시다."

그때 박태준은 서울 대한중석 사무실을 지키고 있었다. 장기영에겐 인간적으로 미안한 노릇이었으나 국가대사를 위해 어쩔 도리가 없었다. 당시 그에게 남은 인간적 과제는 해임된 부총리와의 악연 아닌 악연을 푸는 일이었고, 들이닥친 태산 같은 국가적 과제는 기공식까지 거행했는데도 차관 도입이 오리무중에 빠진 종합제철의 암담한 내일을 타개해나가는 일이었다.

2003년 어느 봄날, 박태준은 '장기영 부총리와 악연 아닌 악연'을 풀어준 선배가 삼성그룹 이병철 회장이었다며 이렇게 회고했다.

"내가 장기영 부총리와 세게 부딪쳤던 그 일화가 재계에도 두루 퍼졌던 모양이오. 그걸 이병철 회장도 다 들었던 거고. 이 회장은 누구보다 나를 아껴주고 알아주는 선배였는데, 그런 일이 있고 나서 십 년쯤 지났나. 그때가 포철에 초유의 대형 제강사고가 터지기 전이었나 그랬으니, 1977년 4월 초였을 거요. 이 회장이 아침에 안양CC로 나오라고 해서 갔더니 장기영 선배가 같이 계시더군. 그때는 한국일보 사장이셨지. 내가 정중히 인사를 드렸고, 장 선배께서는 '포철이 아주 잘 되고 있다니 너무 기분 좋다'며 진심으로 좋아하셨소. 사람의 마음이란 말과 얼굴에 다 묻어나는 거 아니오? 그래서 우리는 라운딩을 하면서 과거의 하찮고 부질없는 응어리를 산산이 쪼개서 웃음 속으로 다 날려버리고 점심에 낮술도 엔간히 마셨지."

이러고 나서 노인(박태준)은 갑자기 쓸쓸한 표정을 지었다.

"그런데 불과 며칠이나 지난 뒤였나. 내가 호주 출장을 가는 길에 싱가포르에 들러서 우리 현지 특파원들과 만나는 자리로 나갔는데, 그 자리의 한국일보 기자가 무슨 연락을 받더니 장기영 사장께서 급서하셨다는 전언을 하더군. 나는 어안이 벙벙했소. 그분의 웃음소리와 덕담이 귓전에 쟁쟁하니 돌아가셨다는 소식이 믿기지 않았던 건데……. 이렇게 늙어서 다시 돌이켜보아도 말이오, 인생이 길어봤자 얼마나 길다고, 그때 그분도 그렇고 나도 그렇고 부질없던 응어리를 다 풀었으니, 이병철 회장께서 인생의 귀한 선물을 주신 게 아니었나, 이 생각이오."

'KISA와 기본협정' 체결 후
박정희가 박태준을 종합제철 책임자로 공식 임명한다

　　박정희는 장기영의 후임으로 상공부장관 박충훈을 경제기획원 부총리
에 발탁했다. 박충훈은 그동안 종합제철 건설 프로젝트에도 깊숙이 관여해
온 관료였다. 1967년 10월 12일 박충훈의 경제팀(한국정부)이 KISA와 종합
제철 건설 기본협정에 서명을 했다. 두 주일을 더 끌었으나 이번에도 'KISA
가 차관 도입에 대한 책임을 진다'는 내용은 포함되지 않았다. 그들이 손사
래를 쳐대니 억지로 명시할 수도 없는 노릇이었다. 그 문제 때문에 장기영
도 엔간히 속을 끓이며 답답해했을 것이다. 우리 실무자들이 KISA의 기본
계획에 대한 수정과 보완의 브리핑을 여러 차례 반복하자, 그는 이렇게 토
로한 적도 있었다.

　　"차트로 설명만 하고 있을 게 아니라 당장 일을 벌여놔야 한다. 일본이 제철
공장을 본궤도에 올려놓기까지 약 60년간 속았다는 사실을 타산지석으로 삼
아야 한다. 신중론도 좋지만 속는 게 곧 자산이요 코스트다. 각계의 비판을 받
을 수 있지만 때로는 얻어맞을수록 쇠는 더 단단해진다."

이 토로에는 종합제철 건설을 하루빨리 실현하기 위해 노심초사하는 장기영의 속내가 고스란히 담겨 있다. 종합제철에 대한 대통령의 집념과 의지를 잘 읽을 수 있는 경제부총리로서 얼마나 애를 태우고 있었기에 기자들이 그를 가리켜 '종합제철병'에 걸렸다는 평을 했겠는가.

11월 8일, 마침내 박정희가 청와대에서 박태준을 종합제철건설사업추진위원회 위원장에 임명했다. 추진위는 정부관료, 학자, 대한중석 임원 등 12명으로 구성되었다. 학자는 두 명이었다. 포항제철 창립기에 부사장을 맡게되는 윤동석 서울대학교 공대 교수, 그리고 최형섭 한국과학기술연구원장. 관료는 다섯 명이었다. 정부 부처 간 업무조정을 위해 정문도 경제기획원 차관보를 비롯해 상공부, 재무부, 건설부에서 각각 차관보급이 차출되었으며, 공장부지 매입 및 조성 업무를 주관할 양택식 경북 지사도 포함되었다.

박정희가 박태준을 종합제철추진위원장에 공식 임명한 것은 어떤 의미였을까? 물론 기본적으로는 종합제철 건설의 대임에 대한 책임이 '박정희에 의해 공식적으로 관료들의 어깨에서 박태준의 어깨로 넘어갔다'는 뜻이었는데, 또한 그것은 이제부터 KISA가 'KISA의 야박한 장삿속을 의심하는 인물이자 철저한 완벽주의자로서 사심 없는 애국주의자인 박태준'과 본격적이고 전면적으로 상대하게 된다는 중요한 뜻을 담고 있었다.

1965년 5월 박정희가 미국 피츠버그를 방문한 때부터 시작된 일이었지만, 1966년 11월 KISA가 출범한 뒤로만 보아도 꼬박 일 년이 지난 1967년 11월 7일까지 KISA의 한국측 파트너는 박태준이 아니라 한국정부의 경제팀 관료들이었다. 그러니까 그동안에 박정희가 강력한 의지로 추진해온 종합제철 건설은, 경제팀 관료들이 한국정부 대표로 전면에 나서서 KISA와 교섭하고 박태준은 KISA의 눈에 직접 드러나지 않는 자리에서 박정희를 보좌하는 모양새로 진행되었던 것이다.

'경제팀 관료들의 종합제철 건설'은 1967년 10월 12일 KISA와 기본협정을 체결하는 것으로 최대 성과를 거두었다. 과연 그 기본협정은 한국 포항에서 실현될 것인가? 11월 8일부터는 KISA와의 교섭 및 협약 대표권이 박태준에게 일임되었다. 물론 경제팀 관료들은 '종합제철을 실제로 착공하는 그날까지' 앞으로도 상당 기간 동안 박정희의 뜻을 받들어 종합제철에 관한 국내외 업무에 대하여 추진위원장을 조력하게 된다.

11월 10일 박태준은 첫 실무회의를 소집했다. 주요 주제의 하나가 종합제철공장 건설에 필요한 인프라 건설 규모에 대한 논의였다. 첫 실무회의부터 설전이 벌어졌다.

첫 논쟁의 대상은 '항만시설 규모'였다. 관료는 항만 규모를 일차로 5만 톤급 선박이 접안할 수 있도록 건설하고 나중에 증설이 필요해지면 8만 톤 또는 10만 톤급 규모로 늘려가자고 하고, 위원장은 5만 톤급은 너무 협소하여 제철소 규모 확장에 장애가 되고 경제성도 크게 떨어지니 일차로 10만 톤급 이상으로 하고 앞으로 25만 톤급 규모까지 확장할 수 있도록 건설해야 한다고 했다. 예산 확보의 어려움을 우선시하는 관료는 제철소에 대한 공부가 부족하고 미래에 대한 포부가 작은 반면, 위원장은 그 둘을 겸비하고 있었다.

박태준에게 종합제철추진위원회 첫 실무회의의 결과를 보고받은 박정희는 예산 문제를 직시하고 주저 없이 보완 조치를 단행했다. 그것은 관계자들에게 배포한 '종합제철건설일반지침'으로, 무엇보다도 위원장에게 원활한 업무 추진을 뒷받침해주려는 것이었다. 그 큰 줄기는 셋이었다.

종합제철소 건설에 실수요자('대한중석'을 가리킴)의 부담을 최대한 억제할 것.

실수요자의 부담 한계를 초과한 부족액은 정부가 보전할 것.

국내 철강업의 합리적 육성을 위해 '철강공업 육성법'을 제정할 것.

박태준도 스스로 판단하여 한 걸음 더 나아갔다. 추진위의 법적 근거가 미약한 탓으로 법률행위와 금융행위에 장애요소가 많아서 '상임위원회'를 구성하고 여기서 실질적으로 일을 관장하게 했다. 그의 앞에는 종합제철소 건설을 위해 당장 덤벼야 할 시급한 문제들이 기다리고 있었다. 큼직한 일들이 적어도 셋이었다.

대한중석 주주들 설득.
KISA의 종합제철 기본계획에 대한 전문적 객관적 상세 검토.
종합제철의 회사 설립 형태 결정.

대한중석에는 민간 주주들이 많았다. 그들은 대한중석의 이익잉여금과 보유자금을 종합제철소 건설 자금으로 사용한다는 정부의 결정에 강력히 반발했다. 대주주인 정부의 일방적 횡포라면서 먼저 주총을 열어 현재 사업항목에 종합제철사업을 추가할 것인가 말 것인가에 대한 가부 의견부터 물어야 한다고 목청을 높였다. 자신의 배당금을 날리고 경영 상태를 다시 악화시킬 수 있는 사안이니까 공공적 이익보다 개인적 이익을 훨씬 더 중시하는 자본주의적 시스템에서 결코 비난할 수 없는 일이었다.

대한중석 사장 박태준은 민간 주주들의 우려와 입장을 충분히 이해하고 있었다. 유일한 방법은 설득이었다. 설득에 성공하려면 실리적 대안 제시와 정서적 접근이 동시에 이뤄져야 했다. 그가 마련한 실리적 대안은 회사 부담을 최소화하기 위해 종합제철사업을 대한중석의 신규 사업으로 추가하지 않고 별개 사업으로 분리하며 종합제철 회사가 설립될 때까지만 대한중석이 종합제철 업무를 대행한다는 것이고, 그가 집어든 정서적 접근은 자본주의적 장부에는 항목이 없는 '애국심'에 호소하는 것이었다.

　온갖 아우성이 들끓은 대한중석 주주총회를 그래도 '사장의 뜻대로' 무사히 마친 날이었다. 임원들과 가볍게 한잔을 나누고 귀가한 박태준은 아내 앞에서 고개를 절레절레 흔들며 이렇게 토로했다.

　"나도 주주라는 걸 한번 봤으면 좋겠어."

박태준이 박정희와 세 차례 토의해서
'주식회사 종합제철'로 출발하다

1968년 1월 21일 김신조 등 북한 특공대가 청와대 턱밑까지 잠입했다가 무고한 시민들을 희생시키는 이른바 1·21사태가 발발했으나, 박정희는 흔들림 없이 국정을 챙기는 가운데 1월 25일 대통령령에 의거해 '종합제철공장건설사업추진위원회 규정'을 공포하여 추진위에 법적 권한을 부여했다.

2월 14일 추진위는 사무실을 대한중석에서 서울 명동 유네스코회관으로 이전했다. 이날 종합제철 회사의 최초 자본금인 정부 출자금 3억 원과 대한중석 출자금 1억 원이 불입되었다. 이제 회사 탄생은 시간문제로 남아 있었다. 다만, KISA의 차관 도입만 불확실하고 불안한 미결상태 그대로였다.

경제팀 관료들과 KISA 간의 기본협정을 물려받은 박태준은 그것이 불량품처럼 마음에 들지 않아도 한국정부의 공식적 국제문서로서의 실효성을 인정할 수밖에 없었다. 그는 KISA와 관련해서 두 가지를 중대 현안으로 보았다. 하나는 차관 도입의 실행 여부, 또 하나는 종합제철의 방대한 설비와 기술을 망라한 기본계획에 담긴 적정성과 정직성 검토.

박태준은 KISA의 기술계획에 대한 '검토 용역' 발주를 서둘러서 위원장을 맡고 얼마 지나지 않아 미국, 독일, 영국, 호주, 일본 등 10개국에 제안서를 발송했다. 호주를 포함한 4개국이 긍정적 답변을 보내왔다. 추진위는 가장 유리한 용역 조건을 제시했을 뿐만 아니라 한국과 제철공업의 여건이 유사한 일본을 골라잡았다. 그래서 후지제철, 야하타제철, 니혼강관 등 일본의 대표적 철강업체 3사로 구성된 용역단이 전체적인 검토 작업을 수행하게 된다. 그들의 검토 대상에는 KISA가 작성한 사업발전계획, 일반기술계획, 최종 외환비용, 재무계획 등이 두루 포함되었다.

박태준은 박정희가 인정한 완벽주의자다. 그는 경비 지출이 배가되어도 검토 용역을 일본에만 맡길 수 없다고 판단했다. 일본의 검토 결과를 KISA가 기피할 염려도 있거니와 또 다른 객관적 자료를 갖춰야 했다. 그는 미국의 바텔연구소를 찍었다. KISA와 관련이 깊은 바텔연구소를 택한 것에는 그들의 인심을 얻으려는 계산도 담았다.

추진위가 일본 용역단과 '검토 용역'의 계약을 체결한 날짜는 1968년 2월 2일이었다. 바텔연구소와도 같은 날짜에 계약을 체결했다. 똑같이 시키는 일이니 공정하게 진행하여 정직한 결과물을 내놔라. 박태준의 메시지는 그것이었다.

그 즈음이었다. 종합제철을 어떤 형태의 회사로 설립할 것인가. 이것이 박정희와 박태준 앞에 놓였다. 박정희는 '특별법에 의한 국영기업체'로 하자. 박태준은 '상법상 주식회사'로 하자. 서로 의견이 달랐다. 이는 심각한 문제였다. 회사설립 형태에 따라 경영통제, 의사결정, 정부간섭, 자금조달, 세금혜택, 배당정책 등 관리운영의 모든 요소들이 큰 영향을 받기 때문이다.

국영기업 형태는 감시와 통제가 심해 관료적인 관리운영이 이루어지기 쉽다는 단점이 있지만, 재정지원과 조세감면의 혜택이 용이하다는 장점이 있다. 상법상 민간기업 형태는 경영효율성을 살리고 시장의 상황에 민첩하게 능동적으로 대처할 수 있다는 장점이 있지만, 초기부터 소요되는 막대한 투자자금을 자립적이고 주체적으로 조달하기가 어렵다는 단점이 있다.

대한중석 경영을 통해 관료주의와 정부의 간섭이 국영기업체에 끼치는 폐해를 체험한 박태준은, 종합제철은 정치적 영향과 관료의 간섭을 적절히 막아낼 수 있는 상법상 민간기업 형태로 해야 하며 미래의 언젠가는 민영화를 하게 될 것이라는 판단을 세우고 있었다.

박정희와 박태준은 1962년 국가재건최고회의에서 국영기업인 '대한중공업공사'를 '인천중공업주식회사'로 바꾼 당시의 기억들도 들춰냈다. 서로가 선명히 기억하는 일이었는데, 박태준은 상공담당 최고위원이었으니 직접 관장한 업무이기도 했다. 국영기업을 주식회사로 전환한 그때는 경영의 자율성과 효율성을 고려했을 뿐만 아니라 법률을 제정·공포하여 민영화 전망도 제시했다. '인천중공업주식회사법'에서 가장 주목할 점이 "정부가 소유한 주식을 매각할 수 있다"라는 것이었다. 멀리 내다보며 정부가 소유한 주식을 민간자본에 불하할 수 있는 길을 열어둔, 다시 말해 장기적인 전망으로 민영화의 길을 열어둔 정책적 결정이었다.

하나의 중대 현안을 놓고 대통령과 추진위원장이 두 차례나 토의를 했다. 그러나 결말을 보지 못했다. 서로가 똑같이 그만큼 심각한 문제로 보고 있다는 뜻이었다. 청와대에서 세 번째 토의가 벌어졌다. 이번에는 박정희가 결론을 내리듯 걱정스레 말했다.

"명치 30년 이후 세워진 일본 제철소들을 보아도 50년 이내에 적자를 모면한 제철소가 없었어. 자네는 민간기업으로 가서 어떻게 하겠다는 거야? 종합제철 설립에 관한 특별법을 제정하고 거기에 근거해 회사를 만들고, 단서 조항에다 매년 회사를 경영한 결과를 정부 감사기관이 감사하기로 하고, 감사 결과 경영상 불가피하게 적자가 난 것은 정부 예산으로 보전할 수 있다고 달아놓으면 돼. 이러면 자네도 회사를 경영하기가 쉽지 않나?"

박태준은 박정희의 진심어린 염려와 애정을 느끼면서도 물러설 수가 없었다.

"염려해주시는 마음은 잘 압니다. 바로 그러한 단서 조항 같은 것 때문에 여태껏 국영기업체들이 적자를 내고 있는 겁니다. 최고관리자의 책임의식이 희박해져서 그렇다고 봅니다. 모든 책임을 맡겨주십시오."

책임감. 이 말은 박태준의 진심이었다. 종합제철에 인생을 건다는 각오를 세운 그가 내친걸음에 비전도 피력했다.

"각하의 생각도 그러하시지만, 우리가 국내 수요만 생각하는 제철소를 만들 수야 없지 않습니까? 국제경쟁력을 확보해서 수출도 해야 하는데, 수출 대상 국가를 감안해보면 일차적으로는 일본과 미국입니다. 일본은 차치해도 미국에 수출한다고 했을 때, 미국은 무역규제가 까다롭지 않습니까? 한국정부가 경영하는 국영제철회사라고 하면 더 심한 규제조치를 받을 수밖에 없을 것입니다. 제철소 장래에 대한 이러한 고려도 중요하지 않습니까?"

박정희가 미소를 머금었다.

"임자한테 졌어. 좋은 방법을 강구해봐."

박정희의 이해를 얻어낸 박태준은 설립 형태의 장단점을 비교해 장점만 결합한 제3의 회사 형태를 고안했다. 상법상 민간기업 형태로 설립하되, 정부기관이 지분을 인수하여 지배주주가 되는 방식이었다. 경제팀 관료들 중에 반대의견이 나왔다. 선택은 대통령의 몫이었다. 박정희는 박태준의 의견을 수용했다.

박태준이 박정희에게 밝힌 '수출'은 그 의지가 분명한 것이었다. 그날로부터 2년쯤 지난 1970년 6월, 포항제철소 1기 착공식으로부터 불과 두 달 밖에 지나지 않은 그때, 그는 임원회의에서 다음과 같이 힘차게 독려한다.

최초 설비인 100만 톤급 제철소에서부터 일본과 경쟁해 나갈 것이다. 제철소가 최초 가동되는 순간부터 일본 제철업계와 같은 가격으로 수출할 수 있는 제품을 생산할 수 있도록 각 설비 부장들이 설비단위별로 조업에 대비한 경영계획을 지금부터 준비하라. 가장 효과적인 공장을 세우고 우수하고 싼 제품을 만들어 일본이 1만 불을 수출하면 우리는 9천 불을 수출할 수 있는 식으로 해내도록 조업 준비를 하라.

1968년 3월 4일, 종합제철 추진위는 4차 회의를 열어 일정을 확정했다. 3월 6일 발기인 대회, 20일 창립총회. 회사설립에 따른 발행 주식의 모집 방법은 재무부 장관으로부터 주식청약서를 받도록 한다고 결정되었다.

사명(社名)도 중요했다. 아기가 태어나면 아버지가 작명에 심혈을 기울이는 한국문화에서 최대 국책사업을 짊어진 회사의 이름을 함부로 지을 수 있겠는가. 위원장이 곧 태어날 아기와 같은 종합제철주식회사 사명을 아버지 역할의 대통령에게 올렸다. 안은 셋이었다. 고려종합제철, 한국종합제철, 포항종합제철. 박정희는 주저 없이 찍었다.

"포항종합제철이 좋아. 이름을 거창하게 짓는다고 해서 성공하는 게 아니야."

박태준이 실질을 중시하는 박정희의 특장을 새삼 확인하는 순간, 마침내 '포항종합제철주식회사(POSCO)'란 이름이 역사의 무대에 등장했다.

포스코 탄생의 막바지 과정이 보여주는 박정희와 박태준의 대화는 무엇보다도 국가통치 차원의 '각별한 가치'로 기억되어야 한다. 두 인물의 특별한 관계를 감안하더라도 국가대사에 대해 그렇게 허심탄회한 토의를 벌일 수 있었다는 사실은 여태껏도 그렇거니와 앞으로도 길이 청와대의 귀감으로 남겨야 좋을 것 같다.

제4장

절명의 위기를
함께 넘어서다

여기저기 찌꺼기를 태우는 곳에서 꾸역꾸역 피어오르는 연기, 이따금씩 자욱하
게 모래먼지를 일으키는 드센 바닷바람……. 그 을씨년스런 풍경은 치열한 전투
직후의 사막 같았다. 모래바람이 유리창을 때렸다. 문득 박정희가 쓸쓸한 혼잣말
을 했다. "이거, 남의 집 다 헐어놓고 제철소가 되기는 되는 건가." 순간, 박태준은
모골이 송연했다.

포항제철이 탄생했으나
KISA는 수상쩍은 계획서를 내놓는다

박태준은 진작부터 대한중석 인재들을 종합제철로 데려갈 생각을 굳히고 있었다. 한국 최고의 안정된 직장을 버리고 불확실한 쪽을 택해야 하는 그들에게 그는 힘차게 말했다.

"대한민국도 이제 밥 먹고 사는 것은 별 문제가 없다. 그러나 남자로 태어나서 밥만 먹다가 죽을 수는 없는 것 아니냐? 내가 세계 각국을 돌아보면서 수없이 한국을 일본과 비교하며 생각해봤다. 나는 한국인과 일본인 사이에는 우열의 차이가 없다고 본다. 그런데 일본은 패전국이면서 잘 살고 있는데, 우리는 그렇지 못하다. 그러니 가자. 종합제철로 가서 우리가 함께 고생하면서 이런 상황을 극복하는 일에 앞장서 보자. 우리가 종합제철을 잘 하게 되면 일본을 따라잡을 길도 열리게 된다."

1968년 4월 1일 포항종합제철주식회사(POSCO)는 서울 유네스코회관 3층에서 창립했다. 박태준은 4가지 운영목표를 제시했다.

인화단결과 상호협조

기술자 훈련의 적극추진

건설관리의 합리화

경제적 투자체제의 확립

최초 조직은 간단했다. 고작 2실 8부였다. 비서실, 조사역실, 기획관리부, 총무부, 외국계약부, 업무부, 기술부, 생산·훈련부, 건설부, 포항건설본부.

창립요원엔 대한중석 인재들이 대거 포함되었다. 박태준의 말을 빌리면 '남자로 태어나서 밥만 먹다가 죽을 수는 없다'고 생각한 사내들, '한국인과 일본인은 우열의 차이가 없는데 우리가 종합제철을 잘 해서 민족의 자존심도 세우고 우리도 일본처럼 잘 살아 보자'라는 사내들이 좋은 직장을 버리고 영일만으로 내려가겠다고 결정한 것이었다. 고준식 전무이사, 황경노 기획관리부장, 노중렬 외국계약부장, 안병화 업무부장, 장경환 생산·훈련부 차장, 홍건유, 김규원, 이종열, 이원희, 심인보, 김완주, 도재한, 이상수, 현영환, 이영직. 39명으로 출발했으나 곧 퇴사한 5명을 뺀 '창립요원 34명' 중 사장까지 16명이 대한중석 출신이었다. 박태준의 육사 후배로서 판문점에 근무하던 박철언을 소개해준 정재봉도 창립요원으로 참여했다. 이러한 인적 구성은 무엇보다 미래가 불확실한 신생 조직의 인화단결과 상호협조에 기여할 자산이었다.

대한중석 출신이 아닌 사람들로는 윤동석, 이홍종, 김창기, 배환식, 유석기, 최주선, 김명환, 이관희, 백덕현, 이건배, 육완식, 여상환, 권태협, 신광식, 박준민, 안덕주, 지영학 등이 창업요원에 이름을 올렸다. 비록 창립명단에는 빠졌으나 대한중석의 박종태는 포항건설본부의 초대 소장이 되고, 박태준의 고향 후배이자 회계전문가인 박득표가 창립요원과 진배없이 합류하며, 머잖아 포항 출신의 이대공도 박태준의 청을 받은 포항 국회의원 (김장섭)의 천거에 의해 입사한다.

잉태와 유산을 거듭했던 종합제철이 '포항제철(POCSO)'이란 법인으로 탄생했을 때, 포항 현지에선 이미 경상북도가 주관하여 국유지 11만8천 800평을 포함한 총 232만6천951평 공장부지 매수를 진행하고 있었다. 그러나 포스코의 장래는 여전히 암울했다. 차관 도입을 실행하지 않는 KISA, 특히 미국과 서독이 부정적 태도를 견지했다. 만약 KISA를 통한 차관 도입에 실패하고 그 대안의 길을 찾지 못한다면, 고작 4억 원의 자본금으로 태어난 포스코는 '신생아' 단계에서 굶어죽는 운명을 맞아야 했다.

4월 8일 경제기획원이 KISA에게 기본협정상 권리와 의무를 포스코가 승계했음을 통보했다. 종합제철사업건설추진위원회는 해체되고, 위원회가 일본 용역단, 미국 바텔연구소와 체결한 KISA의 기술계획에 대한 검토용역 계약도 포스코가 이어받았다. 이제 앞으로는 박태준과 그의 동료들이 '신생아 포스코'의 어버이로서 모든 책임을 떠맡아야 한다는 뜻이었다.

박태준은 치밀하게 시간표를 작성했다. 방대한 업무를 하나하나 차질 없이 진행하는 한편, 경제팀 관료들과 함께 KISA와 접촉해 나갔다. 관료들은 4월 16일부터 워싱턴에서 열리는, 한국경제를 지원하려는 국제기구인 IECOK(1966년 12월 파리에서 결성)의 제2차 총회에 기대를 걸고 종합제철 차관 1억916만9천 달러를 포함한 총 6억7천만 달러의 경제개발 차관을 요청했다. 하지만 겨우 4천269만 달러의 차관 제공을 통보받았으며, 종합제철 차관에 대한 언급은 일언반구도 없었다.

그렇게 불투명하고 불안한 상황 속에서 박태준은 그해 2월 2일 체결한 계약에 따라 4월 27일 일본철강연맹의 초청으로 일본에 가서 일반기술계획(GEP) 사전 검토, 기술자 훈련문제, 항만과 공장 건설의 공정관리 등을 의논했다. 그는 포스코 내부에 구성할 GEP검토단을 매우 중요하게 보았다. 회사가 처음 경험하는 고급 제철기술이라는 차원에서 검토단을 구성했다. 한국정부가 KISA와 체결한 기본협정에는 '1968년 6월 20일 KISA가 GEP를 한국측에 제출하고 그것을 한국측이 30일 내에 검토해서 확정하기'로 돼 있었다. 이제 그 '한국측'은 포스코였다.

포스코는 5월 초에 GEP검토단 구성을 확정했다. 윤동석 부사장이 단장, 유석기 기술부장이 팀장, 부문별로는 박준민이 제선설비, 신광식이 제강설비, 이상수가 일반설비, 이건배가 동력설비, 안덕주가 원료처리설비와 제철소 레이아웃, 백덕현이 압연설비와 전체 종합을 각각 맡았다. 박태준은 검토단의 활동에 대해 신중하고 정교한 결정을 내렸다.

'모든 제철설비가 생소하니 일본용역단과 함께 피츠버그로 떠나기에 앞서 충분한 여유를 갖고 먼저 일본으로 들어가서 제철소를 견학하고 어느 정도 사전 지식을 쌓은 다음에 일본 측의 설비별 담당자와 일 대 일로 짝을 이뤄서 미국으로 출발할 것.'

그에 따라 포스코 검토단은 5월 7일 일본으로 건너가 일본용역단과 GEP 주요 항목에 대한 체크리스트를 보완한 뒤 고로 4기, 연속식 열연공장, 냉연공장 등을 두루 갖춘 치바제철소와 홋카이도의 무로랑제철소를 견학했다. 이때의 견학 소감을 백덕현은 이렇게 털어놓았다.

"고로 높이가 110미터였고 고로용 송풍발전의 구동용량이 최소 2만킬로와트에서 3만킬로와트였는데, 그 구조물의 높이는 상상을 초월하는 것이었고, 당시 우리나라 발전능력의 총량이 80만킬로와트였으니 압도를 당할 수밖에 없었어요. 제선, 제강, 압연이라는 주력공장 외에도 코크스, 소결, 원료처리, 산소공장, 보일러공장, 발전소, 대형 항만설비, 공작공장, 각종 부대설비 등 모두가 우리의 상식을 완전히 벗어나는 내용이었어요. 그때 일본에서 첨단으로 알려진 무로랑제철소에서는 견학뿐만 아니라 질의응답도 많이 했는데, 비로소 종합제철소에 대한 어떤 감 같은 것을 잡게 되었어요."

5월 18일 포스코 검토단은 일본용역단과 함께 미국으로 건너가 바텔연구소 요원들과 결합해 20일부터 피츠버그에서 KISA의 GEP 초안을 검토하기 시작했다. KISA가 협정상의 일정보다 한 달쯤 앞당겨 그것을 마련한 것이었다.

포스코 검토단이 아무리 눈에 불을 켜도 일본용역단의 수준을 따라갈 수는 없었다. 그래서 포스코 검토단보다 일본용역단이 월등히 많은 문제점을 지적했다. 그 대부분은 '계획한 설비사양으로는 소기의 생산량을 확보할 수 없다, 그런 설비와 생산방식으로는 제품의 품질을 확보하기 어렵다'는 것이었다. 전문적인 철강용어를 빼고 누구나 한마디로 알아듣기 쉽게 표현하자면, KISA의 GEP는 싸구려 설비사양으로 구성돼 있었다.

이후락의 부탁을 받아 동경대학 김철우 박사의 조언을 들어가며 종합제철 건설을 추진했던 신격호 롯데그룹 회장은 일본에서 제철 기술자들과 자체적으로 검토했던 KISA의 GEP에 대해 그로부터 이십여 년 지나서 분노에 가까운 회고를 남겼다.

미국 코퍼스사 등이 자기네들에게는 쓸모가 없어진 구식 설비와 낡은 고로를 터무니없이 비싼 가격으로 한국에 떠맡기려 한다는 것을 알게 되었다. 나는 내심 당황해 했다. 그런 엉터리 공장을 짓는다는 것은 우리나라의 산업발전을 영원히 후진국의 늪으로 떨어지게 하는 것과 마찬가지였기 때문이다. 그때 단신으로 그 부당성을 지적하고 나선 사람이 있었으니 그가 바로 박태준이었다.

박태준은 원리원칙에 입각해서 그 부당성을 지적하고 나섰다.

1970년에 포항종합제철을 지원할 일본기술단(JG) 단장으로 영일만에 부임하는 후지제철 기술부장 아리가는 이런 증언을 남겼다.

1968년 5월 포항제철과 KISA와의 사이에서 설비사양에 대한 사전협의를 위해 기술자 일단을 미국의 피츠버그에 보냈으며 여기에는 JG멤버들도 동행했다. 일행은 약 40일간 피츠버그에 체재하면서 KISA 계획을 검토했지만, 어느 설비도 우리 눈으로 보아서는 불충분했다. JG가 크고 작은 100여 개의 결함을 지적한 결과, 설비사양은 변경에 이은 변경으로 설비금액은 2천만 달러 가까이 상승해 1억1천200만 달러로 부풀어 있었다. 그래도 우리들의 표준으로 보아 만족하기엔 거리가 먼 것이었다. KISA가 제공하려는 기계설비는 엉성하기 짝이 없는 결함상품이었다. 코크스로도 없었다. 그렇기 때문에 고로에 필요한 코크스는 수입하지 않으면 안 되는데, 어떻게 구입해야할지 불분명했다. 따라서 일관제철소에 반드시 있어야 하는 코크스로의 가스에 의한 에너지 자급도 불가능하고, 자가발전 설비도 없었다. 철광석을 선처리하는 소결설비도 없었다. 제품은 후판과 핫코일이었지만, 압연기는 2기밖에 없었다. 이것을 가지고 분괴압연과 후판과 코일압연을 전부 처리한다는 것은 과거시대의 유물이라고 할 수 있는 '간이 스트립 밀'에 불과했다. 자동차용 강판 등 고급제품의 제조를 기대하는 것은 난망한 일이었다. KISA의 간사 회사인 코퍼스는 수년 전 이것과 거의 같은 설비를 터키에 판매해 제철소를 건설했지만, 그것이 순조롭게 가동되고 있지 않다는 것은 세계 철강업계가 다 아는 사실이었다.

KISA의 GEP에 대한 검토 결과를 보고 받은 박태준은 그의 얼굴에서 단연 타인의 시선을 끄는 그 '호랑이 눈썹'을 무섭게 치켜세웠다. 1967년 여름에 품었던 자신의 '미심쩍은 의문사항들'에 대한 결정적 증거를 잡은 것 같았다. 그는 치가 떨렸다. 진작부터 KISA에 그림자를 드리우고 있는 아이젠버그를 쫓아내고 싶었다. 그 무렵에 박태준과 만났던 박철언은 이렇게 회고했다.

한국정부는 이미 미국 코퍼스사를 필두로 구미 5개국 8개사로 구성된 컨소시엄인 KISA와의 사이에 연산 60만 톤 규모의 제철소를 포항에 건설하기로 하고, 이에 필요한 엔지니어링 및 기기 대금으로 총액 1억 달러에 달하는 구매계약을 체결했다. 그 시점까지의 진척사항을 세밀하게 검토한 박태준은 망연자실했다. 계약 내용은 극도로 황당무계하며 몹시 불공정한 것이었다. 나는 당시 그의 사무실로 찾아간 적이 있었다. 보통은 과묵한 사람인데 그날은 점심을 하면서 꽤 많은 잡담을 했다. 나는 그의 말이 잡담으로 들리지 않았다. 국가이익이 어디에 있고, 무엇이라고 하는 그의 절규가 나를 감동시켰다. 박태준은 제철과 같은 기간산업이 가져야 할 국가적인 좌표에 대해 확고한 신념을 가지고 있었다. "어떠한 사업이라도 성실함과 도덕성이 없는 상인(商人)이 개입하면 실패합니다. 지금 KISA의 주변을 얼쩡거리고 있는 아이젠버그의 그림자가 교활하고 싶습니다. 무섭습니다. 사업이 국제경쟁력이 없고 이윤이 보장되지 않으면 결국 국익에 해를 끼칩니다. 이것을 도외시한 계획은 죄악입니다. 제철에는 선진기술의 도입과 이전이 실현되지 않으면 안 되고, 필요자금의 해외 조달이 가능하지 않으면 안 됩니다." 박태준의 주장은 논리 정연했다. KISA는 그가 생각하는 필수조건을 충족시키지 못했다. 그가 본인 입으로 말하지는 않지만, 나는 박태준이 KISA와의 교섭이 성립되기보다는 좌절되기를 마음속으로 기대하고 있지 않나 의심했다.

그러나 박태준은 당장에 뾰족한 수가 없었다. 부당성에 대해 정식으로 지적하고 문제를 제기해서 최대한 바로잡도록 해야 한다. 이것뿐이었다. 그러나 장사치들이 바보인가. 자기 이득을 해치려는 자에게 당하고만 있을, 그런 순진한 장사치가 있겠는가.

KISA에 수정안을 제기한 박태준은
영일만에 '롬멜하우스'를 짓는다

1967년 여름에 이미 KISA를 '어중이떠중이 장사치들의 집합'이라고 의심했던 박태준. 가난한 한국정부에 차관도입이나 공장설립을 주선해온 공로를 앞세우며 KISA의 거간꾼 노릇까지 하고 있는 아이젠버그. 1968년 여름에는 아이젠버그가 훨씬 유리한 국면이었다. 아직 한국정부(박정희)나 포철 사장(박태준)에게는 KISA를 대체할 어떤 카드도 없었기 때문이었다. 다만, 박태준은 KISA를 떨쳐내고 일본과 하면 좋겠다는 생각을 희망처럼 품고 있었다. 그러나 파트너를 교체할 방법론이 없었다. 이에 대해 김철우 박사는 이렇게 증언했다.

유태인이 하는 그 컨설팅 회사는 같은 제철 설비를 터키에도 팔아먹었는데, 결국 터키가 당했다. KISA의 프로젝트는 한국에 낡은 기계를 팔아먹기 위한 계획이었다. 포스코가 내게 그 계획서를 검토해달라고 보내왔는데, 계획은 엉터리였다. 60만 톤 계획이라면 실제로는 30만 톤 정도밖에 나오지 않는 내용이었는데, 이를 후지제철에 검토해 달라고 부탁했는데도 같은 의견이었다. 박태준은 내심 KISA와의 계약이 파기되기를 원했다. 결국 KISA와의 계약이 파기된 것은 잘된 일이다. KISA가 포스코 계획을 포기했기 때문에 이것이 오히려 포스코를 살렸다. 세계은행의 일본인 이사도 KISA의 한국제철소 계획이 엉터리라고 주장했다. KISA와의 계약이 파기된 것이 참 잘된 일이었다.

1968년 초여름, 한국은 정치적 불안에 휩싸였다. 야당의 저항은 덮어두고 여당 내부만 보아도 후계자 문제로 분열과 파벌의 양상을 드러내고 있었다. '대통령 3선 불가'를 규정한 헌법 때문에 여당 내부에서 일어난 박정희 후계자 선정 문제, 이는 협상보다 헤게모니 선점을 위한 권력투쟁으로 접어들 공산이 높았다. 실제로 그런 파장이 일어났다.

1968년 5월 24일 국회의원 김용태가 김종필 의장을 박정희 후계자로 옹립하려다가 공화당에서 제명됐다. 5월 30일 김종필은 강력한 항의의 뜻으로 의장직을 사퇴하고 탈당함으로써 의원직을 상실했다. 여당 내부에서는 김성곤의 영향력이 그만큼 강화되었다.

서울 정치권이 권력투쟁과 여야대결로 혼미에 빠져들었으나 박태준이 이끄는 포항종합제철 건설 프로젝트는 조금씩 전진하고 있었다. 봄이 무르익은 영일만 건설현장에 초라한 건물 한 채가 탄생했다. 5월 1일 육완식 공사부장이 100만 원으로 지은 '포항사무소'. 슬레이트 지붕에 2층으로 짜인 60평짜리 그 목조건물은 조만간 '롬멜하우스'란 애칭을 얻으면서 건설 초기의 온갖 애환과 영광을 품게 된다. 그리고 요새는 포스코역사관으로 고스란히 옮겨져서 포스코에서 '회사 재산 1호'로 불리고 있다.

공사 진척 상황을 둘러보려고 현장을 방문한 건설부장관 주원은 바닷바람이 휘몰아치는 영일만 모래사장의 눈코 뜰 새 없는 광경을 지켜보며 중국의 황진만장(黃塵萬丈)에 빗대어 '사진만장(沙塵萬丈)'이라 표현했다. 그러면서 직원들에게 보안경을 사줄 것을 당부했다. 포항사무소는 낮에는 건설지휘 사령탑이요 밤에는 여남은 직원들이 책상을 침대 삼아 모포 몇 장으로

새우잠을 자는 숙소였다.

철거와 정지 작업에 나선 건설요원들은 사막전에 투입된 병사처럼 고된 작업을 감당해 나갔다. 누가 먼저였는지 어느새 그들은 건설 사령탑인 포항사무소가 제2차 세계대전 당시 사막의 영웅 롬멜 장군의 야전군 지휘소와 흡사하다며 '롬멜하우스'라 부르고 있었다. 1969년 봄에는 주변에 중장비들이 늘어나 사하라사막에 진을 친 기계화 부대 같아서 그 애칭이 더욱 실감을 얻는다.

6월 24일 유네스코회관에서 YMCA회관으로 이주한 서울의 포스코 직원들도 7월 8일부터 한층 바빠졌다. 피츠버그에서 40일 동안 포스코 검토단과 일본용역단이 지적해준 문제점들을 일부 반영하여 KISA의 일반기술계획, 그 문제투성이 GEP 4권(1만여 쪽)을 받아서 전면적인 검토를 다시 시작한 것이다. 포스코 직원들이 처음으로 제철 엔지니어링을 경험하는 일이기도 했다. 10일에는 아리가 단장을 포함한 일본용역단 9명도 합류했다. KISA에 요구할 GEP 수정 '공식' 협상안을 작성하기 위한 협업이었다.

검토 결과에 따라 포스코는 당연히 요구할 수 있는 문제점 20개를 망라하여 '메모A'로 정리하고, 연산 60만 톤 능력을 원활히 달성하는 데 필요한 설비사양의 추가, 변경된 레이아웃에 대한 대안 등 75개 문제점을 '메모B'로 정리했다. 그리고 총 95개 문제점들을 7월 31일에 KISA 측에 제시하고 차관 도입과는 별개 협상으로 진행해 나간다.

철거작업에 속력이 붙은 1968년 여름의 포항제철 공장부지, 그 안에는 독립가옥 같은 조그만 학교가 하나 있었다. 초등학교, 그나마 분교(分校)였다. 이름은 '대송국민학교 송정분교'. 달랑 교실 두 칸의 이 분교는 1968년 여름방학이 끝나자 '송정국민학교'로 승격되었다. 교사들의 전학 업무를 도와주려는 당국의 배려였다. 승격과 거의 동시에 폐교되는 송정국민학교는 최고학년 4학년에 전기와 상하수도 없이 2부제 수업을 했다. 운동장이라곤 타작마당만 했는데, 그래도 모래바닥을 찰흙으로 덮어둬서 공을 튀길 수는 있었다.

송정분교 학생의 절반은 고아였다. 교실에서 삼백여 미터 떨어진 예수성심시녀회 고아원에 사는 전쟁과 빈곤의 고아들. 프랑스에서 귀화한 신부가 6·25전쟁의 총반격 북진 직후에 설립한 수녀원은 어마어마한 대식구였다. 신부 2명과 수녀 160명이 500명 넘는 무의탁 인생을 돌보고 있었던 것이다. 아마도 동양 최대, 아니 세계 최대 규모의 고아원이었는지 모른다. 뒷날에 성립되는 역설이겠으나, 박정희와 박태준은 하필이면 빈곤 한국의 상징이나 다름없는 세계 최대 고아원 자리에다 세계 최고 제철소를 세운 것인데, 그 터에는 제강공장이 들어선다.

성모 마리아의 형제자매들이 수도하는 성전, 전쟁과 빈곤이 양산해놓은 소외된 자들의 요람—포항시 송정동(그때는 영일군 대송면 송정동)의 예수성심시녀회. 15년 넘게 온갖 정성과 노역을 바쳐 황무지 모래밭에 기적처럼 일궈놓은 그 성전, 그 요람을 어찌 함부로 덜컥 내놓을 수 있었으랴. 조국 근대화를 위해 거룩한 건물들과 터전이 희생되는 이야기는 그때 수녀들의 목소리를 통해 직접 들어보는 것이 좋겠다.

세계 최대 고아원에 세우는
세계 최고 제철소

2005년 가을이었다. 아흔한 살의 김벨라뎃다 수녀는 사십대 중반의 작가(이대환) 앞에서 저 아득한 37년 전에 포항종합제철을 위해 터전을 내줘야 했던 그때 그 희붐해진 기억을 더듬다 말고 문득 소녀 같은 미소를 머금었다.

"포철이 나라를 위해서는 크게 좋은 일을 했지만 우리한테는 애를 많이 먹였지."

딱 한마디뿐이었다. 그러나 촌평(寸評)이 아니라 총평(總評) 같았다.

제철소 부지 232만7천여 평에는 '영일군 대송면 송정동'의 예수성심시녀회가 포함돼 있었다. 수녀원, 성당, 고아원, 양로원, 장애인의 집, 수도원, 수련관, 의무실, 운동장……. 솔숲에 에워싸인 이 성스러운 시설은 부지 18만 평에 건평 4천 평으로, 더구나 초가 마을에서 유일한 현대식 건물이었다. 전기는 발전기를 썼다.

그때 620여 명 대식구의 살림살이를 이끄는 총원장이었던 김 수녀의 '짤막한 총평'을 그때 사무국장이었던 일흔한 살의 박마리요왕 수녀가 '구체적 사실'로 풀어냈다.

"나는 1956년에 송정동 수녀원으로 왔는데……. 십여 년쯤 더 지난 어느 날에 제철소 부지로 선정됐다는 보도를 접하고 급히 대구 매일신문으로 올라가 신부님을 만나고, 다른 사람들도 만났지요."

대구를 다녀온 박 수녀는 한 가닥 위안도 얻어왔다. 제철소에는 엄청난 자금이 투입되기 때문에 국가에서 의욕을 앞세우고 있으나 무산될 수 있다는 견해를 들었던 것.

"돌아와서는 우리 수녀원을 창설하신 남 신부님을 뵈러 갔지요. 이미 은퇴하시고 갈평에 계셨는데, 그분이 충격 받지 않을까 걱정이 앞섰습니다. 하지만 그분은 '천주께서 더 좋게 해주려고 하는 모양인데 걱정할 것 있나?'라고 반문하셨어요."

포항제철소 정문에서 경주시 감포읍 기림사 방면으로 삼십여 리 떨어진 갈평, 이 산골 피정소로 물러난 남루이베란드 신부. 프랑스 출신 벽안의 성직자가 한국에 귀화해 '남'씨 성을 얻고 영일만 모래벌판에서 '천주의 말씀'을 실천하기 위해 첫 삽을 뜬 날은 1950년 3월 25일이었다. 석 달 뒤에 전쟁이 터졌다. 전선은 그해 늦여름에 영일만과 형산강까지 밀려났다 수많은 고아를 남 신부의 품에 맡기고 북으로 올라갔다.

박 수녀가 대구에서 들고 왔던, 한국정부가 돈이 없어서 종합제철을 무산시킬 것이라던 한 가닥 희망은 그러나 1967년 10월 3일 개천절에 포항에서 '종합제철 건설 기공식'이 열림으로써 물거품으로 사라졌다. 물론 그로부터 꼬박 2년이나 더 지난 다음에야 '종합제철 무산 가능성'이 극적으로 해소되지만, 종합제철 건설 추진과정의 속내를 알지 못한 수녀원으로서는 기공식을 글자 그대로 받아들일 수밖에 없었을 것이다. 1967년 10월 4일, 드디어 김 총장수녀가 식구들에게 이주 결심을 밝히는 메시지를 띄웠다.

어제 이곳에서 종합제철 기공식이 있었습니다. 그러니 우리가 이사를 가야 함은 결정되었다고 할 수가 있겠지요. 그런데 걱정은 아직 좋은 부지를 구하지 못한 것입니다.

어디로 갈 것인가. 수녀들은 공동방에 모여서 기도도 하고 그룹으로 나눠 논의도 했다. 620여 명 대가족을 이끌고 나설 일이 마치 약속의 땅을 찾아 헤매는 이스라엘 백성의 처지처럼 여겨지기도 했다. 대전 부산 대구 경산 하양 경주 포항 등 여러 후보지가 거론되었다. 그러나 한 곳을 찍기란 여간 까다롭지 않았다.

막막한 어느 날이었다. 수녀원의 운전기사 이상원이 "효자 쪽은 어떨까요?"라는 의견을 냈다. 김 수녀와 박 수녀는 귀가 솔깃해졌다. 무엇보다도 형산강만 건너면 되니 이사하기가 쉬울 것이었다. 3만5천 평쯤 된다는 부지도 괜찮아 보였다. 문제는 지주가 70명이나 된다는 점. 하지만 이상원의 친구 신욱현이 나서서 지주들을 설득해 줬다. 거기가 현재 위치한 포항시 대잠동 601번지. 수녀들은 두 형제를 '성 요셉이 보낸 사자'라고 생각했다.

"송정동 수녀원 18만 평 중에 67%가 솔숲이었어요. 남 신부님이 앞장서서 해송을 한 그루 한 그루씩 심어 나가 마침내 울창하게 가꾼 겁니다. 소나무 한 그루를 심을 때마다 반드시 모래구덩이에 찰흙 한 삽씩을 넣었고, 겨울에는 우리가 일일이 가지치기를 했어요. 그런데 그 솔숲이 임야로 분류됐어요. 임야는 보상가격이 제일 낮았는데, 우리는 경상북도, 그러니까 정부로부터 평당 50원밖에 못 받았어요."

수녀들은 모래사장에 기적을 일으키듯 푸르게 가꿔놓은 약 12만 평의 곰솔(해송) 숲이 단순 행정에 의해 임야로 취급당한 것이 너무나 터무니없는 억지처럼 여겨졌다. 그래서 프랑스 출신으로 창설자의 뒤를 이어 역시 한국에 귀화해 '길'씨 성을 받은 길수다니 신부는 '수녀원 시설의 이주 문제'로 찾아온 포스코 사람들을 몇 번이나 쌀쌀맞게 대해야 했지만, 모든 성직자들이 '국가대업'을 위해 정든 터전을 떠나야 한다는 결정에 동의했다. 보상비는 부지에 대해 2천200만 원, 은행의 감정을 거친 건물들에 대해 1억500만 원.

수녀원은 예산 걱정을 앞세운 채 1968년 3월 대잠동 새 부지에서 토목공사를 시작하고, 그해 11월부터 이주에 들어갔다. 해를 넘겨야 할 만큼 긴 이주, 다시 문제는 엄청난 이주비용이었다. 길 신부와 박 수녀는 청와대로 찾아갔다. 2천200만 원이 더 필요하다는 두 성직자의 하소연을 경청해준 이는 청와대 안주인 육영수 여사였다. 박 수녀는 그때 어느 날에 불현듯 받았던 전화 한 통을 평생 잊지 못하고 있었다. 그것이 얼마나 반갑고 고마웠을까. 마치 지금 눈앞에서 한들거리는 예쁜 꽃을 지켜보는 것처럼 해맑은 미소를 머금었다.

"청와대에서 육 여사님을 뵙고 내려온 뒤였는데, 김수환 추기경님이 전화로 이사비용 문제는 걱정하지 않아도 될 것 같다는 반가운 소식을 전해주셨어요. 그날 청와대에서 김 추기경님이 다른 분들과 같이 박정희 대통령을 만났는데, 박 대통령이 먼저 포항 수녀원 말을 꺼내서 문제를 해결해드리겠다고 하시더랍니다."

그래서 예수성심시녀회는 추가로 2천200만 원을 더 받을 수 있었다. 부지 보상비와 맞먹는 큰돈이었다. 아마도 그 돈에는 통치자의 '감사한 마음과 미안한 마음'이 담겼을 것이다. 가난한 나라가 챙기지 못한 '고아들과 무의탁 노인들과 장애인들'을 수녀원이 대신 돌봐왔으니⋯⋯.

길 신부와 박 수녀는 몰랐지만, 큰돈이 추가로 나오는 과정에는 김학렬 부총리와 박태준 사장이 다음과 같은 대화도 나눠야 했다.

"수녀원에 이사비용 명목으로 2천200만 원을 더 지급해 주시오."

박태준이 요청했다.

"좋은 결정입니다. 저도 마음 아프게 생각하고 있습니다. 그러나 우리 예산을 잘 알지 않습니까? 현재는 방법이 없습니다."

일단 난색부터 표한 김학렬이 대안을 냈다.

"그럼 이렇게 합시다. 내년 예산에 그만큼 더 얹어드릴 테니, 집행을 미리하는 겁니다."

박태준은 두말없이 받았다.

"그렇다면 걱정하지 않겠습니다."

이주를 시작한 수녀원의 또 다른 걱정거리는 '어린 고아들'이었다. 수녀원에 남은 고아 460명 중 4세부터 6세까지가 절반이 넘는데, 평소와 달리 돌봐줄 손이 모자라는 상황에서 '다치기 쉬운 아이들'을 어떻게 안전하게 보호할 것인가? 1963년 송정동 수녀원으로 들어와 그때 사무담당이었던 일흔네 살의 최 안칠라 수녀가 기억의 한 갈피를 펼쳤다.

"총원장 수녀님이 아이디어를 냈습니다. 간호사 출신으로 아이들에게 정말 자상하셨는데, 200명 넘는 아이들을 솔숲으로 데려가서는 '솔방울 줍기 놀이'를 시키셨어요. 바닥은 모래밭이니까 넘어져도 다칠 리 없고, 또 고만한 아이들은 솔방울 줍기를 참 재밌어 하잖아요?"

솔숲 모래밭에다 솔방울놀이 하는 노천 임시유치원을 꾸리고 두어 달포도 더 걸릴 긴 이주에 돌입한 수녀들. 최후 철거대상 건물은 가장 늦게 지은, 그래서 가장 반질반질한 수녀원이었다. 너무 견고해서 곡괭이는 씨도 먹히지 않는 건물을 어떻게 무너뜨릴 것인가? 다이너마이트 폭파. 이 결정을 내린 길 신부가 도화선에 직접 불을 당겼다.

수녀들은 이삿짐을 정말 알뜰하게 챙겼다. 박 수녀가 증언했다.

"나무토막이든 블록이든 재활용이 가능한 모든 것을 차에 실었어요. 포항시내에는 '정말 지독하게 알뜰한 사람들'이란 소문이 퍼지기도 했지요."

이주 현장을 방문한 박준무 영일군수도 감탄했다.

"너무 놀랐습니다. 우리 한국인들이 모두 이렇게 한다면 다 잘살게 될 것입니다."

예수성심시녀회 이주가 가장 대대적으로 이뤄진 날은 1969년 1월 6일. 눈이 드문 포항에 그날따라 눈이 펑펑 쏟아졌다. 무너진 수녀원의 쓸쓸한 폐허를 폭설이 하얗게 덮었다. 수녀들은 몰랐으나 그때 신생아 포스코는 KISA에게 버림받을 위기에 처해 있었다.

다시 한 해가 더 가서 1970년 새봄이 오고 여름이 오면, 그 터전엔 조국 근대화의 기둥 같은 거대한 설비들이 들어서서 수녀원의 품을 떠난 고아들이 드디어 '독립 나이'에 닿는 미래에는 숱한 일자리를 만들어놓고 기다릴 것이었다. 그리고 더 먼 뒷날에 그들은 자녀의 손을 잡고 한 번쯤 추억의 눈시울을 붉히며 이렇게 털어놓을 것이었다.

"저 포철 부지에는 나를 키워준 엄청 큰 수녀원이 있었는데……."

은행 빚으로 사원주택 부지를 마련한 박태준,
국회가 시끄러워도 묵묵한 박정희

철거민의 이주 행렬, 수녀원과 고아원의 폭파를 지켜보는 포항시민이 포항종합제철 건설을 확신할 수밖에 없었던 1968년 여름, 실상 포스코의 미래는 여전히 오리무중이었다. KISA와 일반기술계획(GEP)의 문제점들에 대한 협상을 진행하고 있으나 난관에 봉착한 차관 도입은 한 걸음도 더 옮기지 못하고 있었다.

그러나 박태준은 묵묵히 '희망의 시간표'에 따라 주요 결정들을 밀고 나갔다. 부지정리 공사가 마무리되면 대규모 건설공사에 투입할 사원을 대거 뽑아야 했다. 문제는 사원 급증에 따른 '주택'과 '학교'였다. 유능한 인재들을 동해남단 변방의 모래밭으로 불러 모으기란 쉽지 않을 것이었다. 한 번 들인 발길을 붙박게 하기란 더 어려울 것이었다. '유능한 인재들을 모아서 제대로 길러야 성공할 수 있다. 그래야 세계 최고 제철소로 성장할 수 있다.'라는 명제 앞에서 박태준은 세 가지 원칙을 확정했다.

첫째는 인간에 대한 기본적 예의와 관련된 것으로, 자신과 함께 일하는 사람들이 사람답게 살아갈 수 있는 환경을 조성해줘야 한다는 것. 이는 대한중석 사장 시절에 체득하여 부분적으로 실천한 원칙이다.

둘째는 우리나라 성인들의 소망에 부응하는 경영정책을 펼쳐야 한다는 것. 미래를 보장하는 안정된 직장을 얻으려는 소망, 내 집을 소유하려는 소망, 자녀를 좋은 학교에서 공부시키려는 소망 등 60년대 기성세대가 지닌 보편적 소망을 주시하여 정한 원칙이다.

셋째는 길게 내다보면서 교육시설과 주거환경을 세계 최고로 가꿔나가야 한다는 것. 그는 유럽을 방문했을 때 짬을 내서 공장과 제철소만 둘러본 것이 아니라 숲속의 학교시설과 주택단지도 유심히 살폈다. 시샘 나도록 부러운 환경을 바라보는 그의 가슴에는 언젠가 우리나라 사람들도 저런 환경에서 공부하고 살아가야 한다는 포부가 들어앉았다. 그때의 포부를, 박정희의 굳건한 신념적 동지로서 그 포부를 이제부터 적어도 자기 영역 안에서는 모범적으로 실현할 각오였다.

1968년 포항시는 조악한 주택이나마 보급률이 60%에 못 미쳤고 초등학교 콩나물교실도 학생수용력이 50%에 미달하여 2부제 수업으로 꾸려나가는 형편이었다. 자연환경은 양호한데 위생 상태는 열악했다. 깨끗한 바다, 길고 넓은 백사장과 울창한 솔숲이 어우러진 국내 최고 해수욕장을 보듬고 있지만, 하수시설이 형편없어서 파리들이 들끓었다. 여름엔 '베트남 모기와 사돈을 맺어야 한다'고 할 만큼 독한 모기들이 설쳐대고 겨울엔 사막을 방불케 하는 모래바람이 몰아쳤다. 시가지를 벗어나 포항제철 부지로 가는 도로변에는 갈대밭이 우거져 있었다.

포항에 모여든 포스코 사원들 대다수는 가족을 두고 혼자 먼저 와서 하숙을 하거나 여관에 기거하는 생활을 할 수밖에 없었다. 박태준은 후생복지의 기본적 인프라부터 시급히 갖춰야 한다고 판단했다. 문제는 돈이었다. 내자 조달의 속도가 느려터지고 차관 도입은 심야의 산길과 흡사한 상황에서 어디서 어떻게 돈을 구해올 것인가?

사원주택단지 부지. 이 문제의 해결을 위해 박태준은 무턱대고 은행 문을 두드려보기로 했다. 두 군데 실패하고 세 번째로 노크한 곳이 한일은행 (우리은행) 하진수 행장의 사무실이었다.

"박 사장님, 포철은 잘돼갑니까?"

그는 진척상황과 장래계획에 대해 열변을 토하고 용건을 밝혔다. 하 행장이 환히 웃었다.

"담보가 없어서 규정상 대출이 불가능합니다. 하지만 박 사장님의 열의는 신뢰할 수 있습니다. 예외 경우를 적용해서 특별히 20억 원을 대출해드리겠습니다. 박 사장님의 열의를 담보로 하니, 반드시 성공하셔서 우리 손으로 좋은 철강을 생산해주세요."

사원주택단지 부지를 마련할 길이 열렸다. 박태준은 한일은행을 주거래은행으로 정했다. 행장에 대한 보은이었다.

박태준은 '내 집 마련' 제도를 만든다. 사원주택단지 안에 자기 집을 갖겠다는 직원들에게 회사가 장기 저리로 대출해주는 조건을 포함했다. 그는 임대주택이나 회사주택을 거부했다. 소유권을 가져야만 '내 집'이란 애착으로 열심히 관리할 테고, 인플레이션이 심한 시기에는 심리적으로 안정될 수 있다고 판단했다. 그래서 그렇게 마련한 사원들의 '내 집'을 임대주택이나 회사주택과 구분하기 위해 '자가주택'이라 불렀다.

박태준은 부동산투기를 예방하기 위해 후보지 물색을 서두르며 직접 현장답사에 나섰다. 고려할 요소는 많았다. 출퇴근 거리, 단지 규모, 자연 환경, 학교 위치, 교통편, 각종 인프라설비, 비용 등. 그가 손수 찍은 자리가 포항시 효자동 야산 지역이었다. 형산강 다리를 지나 회사 정문까지 거의 직선 대로로 연결할 수 있는 위치, 자동차로는 10분 소요. 다만, 무덤들이 많았다. 공동묘지의 야산이었다. 누구든 얼른 꺼림칙한 기분을 느낄 만했다. 그래서 반대의견이 나왔다. 하지만 박태준은 세게 반박했다.

"우리나라 양지 바른 야산에는 반드시 묘지들이 있다. 더구나 우리나라에는 묘소를 명당에 쓰는 전통적인 풍습이 있지 않나? 그러니 우리가 잡은 자리는 틀림없이 명당이다. 조상들의 안목을 믿고 받들어야지."

뜻밖에도 국회가 난리를 쳤다. 박태준은 귀가 아팠다. 공장 지을 돈도 없는 형편에 집 짓고 외국인 숙소 지을 돈이 어디서 났느냐는 힐난에서, 제철공장 지으라고 보내놨더니 엉뚱하게 부동산투기나 하고 있다는 모함까지. 그의 인격은 국회에서 하루아침에 박살이 났다. 그러나 박정희는 아무런 반응이 없었다. 국회의원들의 박태준에 대한 비난이 대통령의 귀에는 들리지 않는 모양이었다. 그 침묵은 믿고 맡겼으니 '소신껏' 밀고 나가라, 그 뜻이었다.

박태준과 포스코의 사원주택단지 조성과 자가주택 제도가 한국의 기업경영 풍토에서 얼마나 선구적인 사원복지 정신이며 실천이었을까? 그가 은행 대출을 받아 사원주택단지 부지를 마련한 때로부터 6년쯤 지난 무렵인 1975년 9월 1일 《동아일보》는 다음과 같은 기사를 쓴다.

정부가 금년에 근로자의 생활보호와 재산형성을 지원하기 위해 기업의 사원주택건설자금으로 50억원을 융자하기로 했으나 사원복지문제에 대한 기업주들의 무관심으로 8월말 현재 단 1건에 5천7백만 원밖에 융자되지 않았다. 기업이 공업단지 등에 사원주택을 지을 경우 가구당 1백만 원을 연리 8%로 융자, 모두 5천 가구를 짓도록 지원키로 했으나 8월말까지 융자된 것은 포항제철의 5천7백만 원 1건뿐이다.

포스코의 성장과 더불어 '낙원 같다'는 세평을 얻게 되는 포스코의 사원주택단지. 공장의 말뚝도 박기 전에 그 부지 조성공사를 시작했던 박태준은 기존 자연환경을 최대한 살리면서 온갖 나무를 심어 철저히 가꾸고, 인공연못을 꾸미고, 숲속 산책로를 내고, 국내외 내빈들과 외국인 기술자들의 숙식문제를 해결할 영일대 청송대 백록대를 짓고, 단독주택 아파트 쇼핑센터 아트홀 운동시설을 배치하고, 사원 자녀들을 위해 유치원부터 고등학교까지 국내 최고 수준으로 차례차례 설립한다.

1982년부터 광양제철소를 건설할 때도 박태준은 포항의 경험을 그대로 적용한다. 아니, 한 걸음 더 나아간다. 공장이든 주택단지든 학교시설이든 문화시설이든 스포츠시설이든 포항에서 얻은 아쉬움을 다 해소하는 레이아웃과 디테일을 적용하는 것이다. 바야흐로 포스코가 세계 최고 수준에 접어든 1980년대 중반에 박태준은 또 다른 '원대한 설계도'까지 완성한다. 포항공과대학교(포스텍), 포항산업과학연구원(RIST), 포항방사광가속기를 탄생시키는 설계도이다.

포스코 주택단지에는 숱한 방문객이 다녀간다. 둘러본 이들은 이구동성으로 '사람은 이런 환경에서 살아야 한다'는 모범사례를 목격한 감흥의 탄성을 아끼지 않는다. 김수환 추기경의 "낙원 같다"는 탄성도, 빅토르 사도니비치 모스크바대학 총장의 "레닌 동지가 꿈꾸던 이상이 이것이다"라는 눈물 글썽한 찬사도 그래서 나올 수 있었다.

물론 박태준의 그 선구(先驅)에 대한 찬사는 오랜 시일이 흐른 다음에 찾아온 것이었다. 1968년 11월, 이 지점에 섰을 때, 박정희와 박태준의 포항제철에는 아무것도 없었다. 박정희의 종합제철 건설에 대한 강력한 의지와 확고한 신념, 박태준의 순정한 사명감과 예리한 판단, 명석한 두뇌와 뜨거운 가슴을 갖춘 소규모의 포철 임직원, 영일만의 황량한 공장부지. 이들이 전부라 해도 과언이 아니었다. 공장 지을 밑천 1억 달러와 전무한 제철기술, 대체 KISA는 언제쯤 그것들을 한국 영일만으로 싣고 올 것인가?

처음 영일만을 찾아온 박정희가 모래벌판을 바라보며 쓸쓸히 탄식한 까닭은?

1968년 11월 5일 박태준은 모처럼 반가운 소식을 들었다. 지난 7월 31일 KISA에 제안했던 GEP 수정 협상안이 지루한 협의를 거쳐 일괄 타결되었다는 것. 공장 일반배치의 변경에 소요되는 비용 88만5천 달러를 포항제철이 부담하는 대신, 회사의 가장 큰 부담이었던 제강공장 설계 변경, 가스홀더 공급, 균열로 3기 추가 등을 KISA가 무상으로 맡겠다는 합의가 그 핵심이었다. 이때 KISA 대표들은 마치 가난한 집에서 금가락지를 훔쳤다가 들통 나는 바람에 벌금형을 받은 것처럼 몹시 꿀꿀한 기분이었을 것이다.

포항종합제철주식회사 사장 박태준의 그 정당한 반기를 KISA는 얌전히 지켜보고만 있었을까? 아니면, 밑천도 기술도 경험도 없는 처지에 감히 겁도 없이 덤벼드는 작자를 적당히 골탕 먹이려 했을까? 신격호 롯데그룹 회장은 다음과 같이 회고했다.

사태가 이렇게 되자(즉, 포항제철이 세세하게 따져들고 수정을 요구해오자) 자기들(즉, 코퍼스사)이 주도하고 있던 KISA의 해체를 운운하며 압력을 넣었고, 세계은행의 차관사업 타당성 조사단에서도 매우 회의적인 보고서를 작성하기에 이르렀다. 한국은 제철소를 건설할 능력도, 운영할 여력도 없다는 것이었다. 그 시점에서 과감하게 모든 사태에 대한 명확한 판단을 내린 박태준은 곧바로 나를 찾아왔던 것이었다.

신격호의 회고에 나온 대로 KISA와 맞서는 박태준이 도쿄에서 신격호와 만난 때는 1969년 봄날이지만, 1968년 늦가을 워싱턴에서 고급정보의 하나처럼 새어나오는 소문도 박정희와 박태준을 긴장시키는 것이었다. 제너럴 일렉트릭사를 비롯한 미국의 강력한 전기기계 제작업체들이 미국 수출입은행의 자금을 빌려서 한국에 원자력발전소를 건설하기 위해 열을 올리고 있기 때문에 그들에 비해서는 군소업체인 코퍼스사 등이 뒤로 밀려나고 있고, 세계은행의 한국경제 보고서에는 종합제철에 대해 부정적인 견해가 포함되고…….

한국정부나 박태준이 직접 눈으로 확인할 수 없는 곳에서 종합제철차관 제공에 대한 불길한 조짐이 일어난 가운데, 이제 정말 포항제철이 직면한 최대 고비는 '차관 조달'이었다. KISA의 5개국 8개사가 약속한 대로 차관만 조달해준다면! 그러나 차관 조달의 앞날은 어둡기만 했다. 세계은행의 보고서에 관한 소문이 구체적 사실로 등장한 것이었다.

한국의 종합제철 건설에 제공할 차관에 대해 결정적인 열쇠를 쥐고 있는 IBRD. 실무담당자인 영국인 자페가 1968년 한국경제 평가보고서에서, 한국의 제철공장은 엄청난 외환비용에 비추어 경제성이 의심스러우므로 이를 연기하고 노동·기술 집약적인 기계공업 개발을 우선해야 한다고 정리했다는 것. 더구나 KISA의 코퍼스사가 자금을 조달해야 하는 미국수출입은행도 그 견해에 동조하고 말았다. 참으로 웃기는 논리였다. 설령 그들의 훈수대로 기계공업 개발에 우선적으로 집중한다고 치자. 그렇다면 기계공업에서 거의 절대적 소재인 '철강'이 없는 판국에 무슨 재주로 기계공업을 성공한단 말인가? 그러니까 그 논리는 KISA가 한국정부와 포철에 엄청난 골탕이나 먹이고 완전히 발을 빼도 좋다는 면죄부나 보증서 같은 것이었다.

자페의 의견이 그대로 실행되고 박정희와 박태준이 다른 대안을 구하지 못하는 경우, 포항제철은 주민들의 보금자리만 파괴한 채 꼼짝없이 문을 닫아야 한다. 그때로부터 무려 20년쯤 지난 뒤에야 자페는 박태준 앞에서, "지금 그 보고서를 다시 쓴다고 해도 그대로 쓰겠지만, 단지 나는 포스코에 박태준이 있다는 사실을 모르고 간과했다."라고 털어놓게 되지만…….

포항제철이 KISA와 GEP 수정안 협상에서 큰 성과를 올리긴 했으나 여전히 차관 도입의 앞길이 완전히 막혀 있는 11월 12일 아침 8시, 영일만 현장의 포항사무소장 박종태가 긴급히 서울 사무실의 박태준 사장을 찾았다. 방금 포항경찰서장의 연락을 받았는데, 금일 오전 11시에 대통령이 헬기로 포항 현장을 방문한다는 것.

박태준은 잠시 아찔했다. 대통령의 포항 현장 첫 방문. 하지만 현장은 부지조성공사와 항만준설공사가 한창 진행 중인 황량한 모래벌판이다. 건물이라곤 롬멜하우스가 전부다. 대통령을 안내할 곳이라곤 거기뿐이다. 그는 두 가지 지시를 내렸다. 보고드릴 차트를 준비할 것, 헬기가 안전하게 내릴 수 있도록 물을 뿌려 H자를 크게 표시할 것.

박태준은 군부대의 도움을 받았다. 민간항공기가 없는 시절에 포철 사장이 대통령보다 먼저 롬멜하우스에 도착할 유일한 방법은 대통령보다 먼저 서울을 이륙하는 것이었다. 군용 경비행기 세스나를 얻어 타고 포항 해병사단에 내린 그는 곧바로 보고를 준비했다.

박태준은 대통령을 롬멜하우스 2층으로 정중히 모셨다. 박정희의 표정이 어두웠다. 폐허의 모래벌판에 충격을 받은 모습이었다. 장교 시절부터 빈틈없는 브리핑으로 명성이 높았던 박태준의 보고가 '외자 조달 문제'로

끝을 맺었다. 박정희는 침묵에 잠겨 있었다.

"보고가 끝났습니다."

"응, 그래."

박정희가 무겁게 몸을 일으키고 천천히 걸음을 옮겨 창턱에 한 발을 올려놓았다. 그 옆에 박태준이 섰다. 초가집을 헐어낸 자리, 준설선이 바닷물과 모래를 함께 퍼 올린 늪과 비슷한 자리, 여기저기 찌꺼기를 태우는 곳에서 꾸역꾸역 피어오르는 연기, 이따금씩 자욱하게 모래먼지를 일으키는 드센 바닷바람…… 그 을씨년스런 풍경은 치열한 전투 직후의 사막 같았다.

모래바람이 유리창을 때렸다. 문득 박정희가 쓸쓸한 혼잣말을 했다.

"이거, 남의 집 다 헐어놓고 제철소가 되기는 되는 건가."

순간, 박태준은 모골이 송연했다.

KISA가 약속한 차관 도입이 막혀 있는 상황에서 불쑥 영일만으로 날아와 가슴 저 깊은 곳에 가둬놓았던 탄식 같은 독백으로 박태준의 영혼에 오싹한 소름이 끼치게 한 박정희. 이 장면의 박정희는 '빈곤'을 동시대인이 이겨내야 하는 '악(惡)'으로 규정하여 우리는 반드시 이길 수 있고 기필코 이겨야 한다고 확신하는 지도자였다. 또한 그것을 위하여 '민주주의의 일정한 유보'가 필요하다고 판단하는 지도자였다. 그러므로 1968년 11월 포항제철 롬멜하우스에서 박정희가 무심결에 박태준의 귀에도 들릴 만한 목소리로 쓸쓸히 내뱉은 그 탄식, 그 독백에는 산업화에 맹진하는 시대의 모순이 담겨 있었을 것이다. '경제 개발'과 '민주주의 성장'이 역사의 동일한 무대에서 상충하는 모순…….

박정희가 처음 영일만을 다녀간 뒤 박태준은 세모 분위기를 타는 서울에서 KISA 대표단과 만나 '포항종합제철 사장'으로서 추가협정서에 서명을 했다. 연산 조강 60만 톤 규모 종합제철공장 건설을 위한 최종 차관 규모와 향후 4년 간 이자조정 폭(8%)을 합의한 것이었다. 그렇게 그는 잘못된 조항들을 하나씩 뜯어고치고 있었으나 어쩐지 만년필을 거머쥔 손에 힘이 쏠리지 않는 것 같았다.

여든 살이 넘은 뒤에도 박태준은 1968년 11월 롬멜하우스의 그 장면을 엊그제 일처럼 생생히 기억하며 이렇게 회고했다.

"모골이 송연해진다는 말이 있지 않소? 그 말이 딱 맞을 거요. 박정희 대통령이 그렇게 낙심하는 모습을 나는 처음 봤던 거요. 순간적으로도 나는 각하의 그 마음을 충분히 이해할 수 있었소. KISA 말이요, 그놈들하고 우리 관료들이 얼마나 오래 협상을 끌었소? 그때가 벌써 만 2년은 됐을 텐데, 한다, 하자, 됐다, 하자, 이런 말만 반복했지 주민들 철거시키고 부지정비작업을 하고 있는 포철 현장에 각하가 처음 방문한 그날 그 시간까지, 실제로는 아무런 진전이 없었던 거요. 그런 판국으로 꼬여 있던 68년 8월에는 각하의 지시를 받은 우리 장관들이 한일각료회의에 가서 종합제철 차관에 협력해 달라고 부탁했지만, 일본정부가 퇴짜를 놓았단 말이오. 그러니 어떤 심정이었겠소? 나도 답답해 죽을 지경이었는데, 각하까지 그렇게 낙심하시는 모습을 보면서 내 마음은 얼마나 터질 지경이었겠소? 그래도 각하하고 나하고 둘이서만 따로 있게 된 시간에는 내가 따지듯이 말했어요. 각하, 저도 여기서 어려운 투쟁을 벌이고 있는데 각하께서 그런 낙담을 하시면 저나 우리 직원들은 힘이 더 빠지지 않습니까? 이랬더니, 아, 내가 그랬나? 이러시더군. 그러니까 각하도 KISA 놈들 때문에 너무 답답하시니까 순간적으로 자신도 모르게 그런 낙담을 하셨던 거지. 그때 우리는 정말 캄캄한 밤길에 그냥 버려진 느낌이었던 거지……"

KISA가 피츠버그까지 찾아온 박태준에게 "No" 사인을 보낸 밤에

해가 바뀌었다. 1969년 새해. '해를 맞이하는 만'이라는 뜻의 영일만(迎日灣), 그 수평선 위로 쇳물 빛깔의 붉은 해가 힘차게 솟아올랐다. 포항종합제철 고로에서 그 태양 빛깔의 쇳물이 쏟아져 나오고 그 쇳물이 한국산업화의 일출과 같은 역할을 해주는 날이 기어코 오긴 올 것인가? 이렇게 박태준의 새해 해맞이는 착잡했다.

새해에도 차관 조달은 캄캄했다. 먹구름만 잔뜩 끼고 있다는 예측이 흉흉한 소문처럼 들려오고 있었다. 차관 조달도 못해주는 KISA가 주제넘게도 한국정부에다 종합제철 공장 운영에 관해 초기 몇 년 동안은 외국 전문기술단과 운영계약을 맺고 공장관리와 직원교육을 맡기라고 요구했다. 그러나 박태준은 콧방귀를 뀌었다. 무엇보다도 그것이 초래할 '장기적 기술식민(技術植民)'의 상태를 주목하고 아예 다른 길로 나갔다. 스스로 짜놓은 희망의 시간표에 따라 과감히 '포철 사원의 해외 기술연수 프로그램'을 가동하는 것이다.

박태준은 기술력 축적에 대한 단기목표와 장기목표를 설정했다. 단기목표는 첫 가동 단계부터 우리 손으로 공장을 직접 돌릴 수 있게 하는 것. 이

233

를 실현하기 위한 지름길은 사원들이 몸소 선진적 제철기술을 습득하는 일이었다.

1968년 10월 24일 경영자금이 부족하고 차관 조달이 막혀 있어도 '연수원'부터 착공했던(이듬해 1월 15일 완공) 박태준은 회사 장래에 교육이 지극히 중요하다는 확신 위에서 그해 11월에 직원 9명을 1개월 간 가와사키 제철소로 연수를 보내며 '해외 기술연수'의 막을 올렸다. 곧이어 6명이 3개월 간 후지제철소로 떠난다. 1969년 4월에는 14명이 뒤따른다. 이렇게 일본, 호주, 서독 등에 다녀온 포스코 창업기의 기술연수생은 포항 1기 공사가 마무리에 접어드는 1972년까지 600명에 이르고, 그 비용도 500만 달러나 든다.

박태준은 해외 기술연수를 떠나는 사원들에게 늘 강조하고 당부했다.

"여러분은 연수기간 동안 무슨 수를 써서든 철강기술에 대해 하나도 빼놓지 말고 모두 배워 와야 합니다. 포철을 키워줄 기술들을 머릿속에 듬뿍 담아 오시오."

'무슨 수'는 기술력 무(無)에서 출발하는 포스코의 절박한 현실을 담고 있었다. 실제로 '계약조건에 나오는 교과목이나 일정표에 얽매지 말고 맨투맨 작전으로 상대방의 기술을 근원부터 배워 오라'는 회사 방침이 연수생들에게 하달되었고, 연수생들은 내남없이 과외시간도 아끼지 않고 자료수집에 부지런을 떨었다. 그래서 그 시절의 해외연수엔 숱한 일화들이 생겨난다. 안 보여 주려는 도면을 한 번이라도 보려고 상대를 술자리로 유인하고, 보여주지 않는 공장 내부를 보려고 기지를 발휘해 기어이 들어가고……. 그들은 연수생이 아니라 산업스파이로 나선 것 같은 조마조마한 긴장도 맛보았을 것이다.

그렇게 고생해서 수집해온 자료들을 박태준은 귀하게 다루었다. 다음과 같은 지시를 내렸던 것이다.

"모든 연수 자료는 마이크로필름화(化) 하여 전사원이 유효한 기술지식으로 활용할 수 있도록 하라."

　최고경영자의 명확한 판단과 과감한 투자, 직원들의 투철한 사명과 근면한 자세. 이를 바탕으로 1970년 4월 1일 포항제철소 1기 착공식을 거행할 때 포스코 임직원들은 '첫 조업부터 우리 손으로 가동하자'라는 박태준의 포부를 명백한 목표의식과 도전의식으로 품게 된다.

　박태준의 기술력 축적에 대한 장기목표는 세계 최고 기술력 확보였다. 그거야말로 결코 몇 년 사이에 이룩할 수 없는 일이었다. 기술력 개발을 위한 부단한 투자, 경험축적, 정보화와 과학화……. 그 원대한 목표는 창업으로부터 15년쯤 지난 뒤 광양제철소에 집대성되고, 1992년 파이넥스 공법의 상용화 연구에 도전하는 것으로 거듭나며, 마침내 포스코는 2007년 5월 세계 최초로 파이넥스 공법의 150만 톤 용광로에서 쇳물을 뽑아내는 쾌거를 기록한다.

　1968년 11월 박정희가 영일만 롬멜하우스에서 쓰라린 속을 자신도 모르게 쓸쓸히 드러냈던 그 탄식과 그 독백은 차관 조달의 비원(悲願)에 가까운 기다림일 뿐이지, 그것을 끌어올 힘은 아니었다. 그때 한국이라는 가난한 분단국가의 능력이 딱 그러한 수준이었다.

　1969년 벽두가 쏜살같이 지나가 1월 하순에 접어들었다. 박태준은 기다림에 지치고 있었다. 이제는 결판을 내야 한다고 판단했다. 그는 청와대로 올라가서 박정희와 만났다.

　"이대로 앉아서 기다릴 수만은 없습니다. 피츠버그로 가서 직접 포이를 만나보겠습니다."

　"그래. 그놈들 속을 들여다봐."

"정문도와 포철에서 두 사람을 데려갈 생각입니다."

고개를 끄덕이는 박정희의 표정은 어두운 편이었다. 그럴 만했다. KISA
의 5개국 가운데 영국, 프랑스, 이탈리아는 할당 받은 차관을 제공하겠다
고 약속했다. 그러나 미국과 서독이 난색을 표명하고 있었다. 미국의 태도
변화에는 코퍼스사의 장삿속이 포항제철에 통하지 않는 것이나 원자력발
전소 건설에서 더 큰 이윤이 생길 것이라는 자본주의적 판단도 작용한 결
과였지만, 서독의 태도 변화에는 '민주주의와 인권 문제'가 개입돼 있었다.

박정희 정권 출범기에는 한국경제에 대해 어느 나라보다 우호적이고 협
력적이었던 서독이 태도를 바꿔서 냉랭히 나오는 데는 1967년 7월 중앙정
보부가 '동백림(동독의 수도 베를린)'을 거점으로 대규모 간첩조직이 암약했다
고 발표한, 윤이상이라는 음악가를 놓고 요새도 가끔 '평양의 지령을 받는
사람이었다'라는 시끄러운 시비가 나오게 만드는 이른바 '동백림 사건'에
대한 유감과 항의의 뜻도 담고 있었다. 동백림 사건의 재판이 1969년 3월
에 종결되고 이듬해 광복절에 가서야 여러 가지 깊은 상처들을 남긴 채 '법
률적'으로만 해소되니……

서독과 미국의 쌀쌀맞은 태도에 실망하는 박정희가 박태준을 위로하듯
말했다.

"서독과 미국을 대체할 차관 제공선을 구라파에서 더 찾아보라고 지시
해놨고, 조만간 경제부총리가 KISA 회원 국가들에게 종합제철 차관을 최
우선적으로 제공하라는 독촉장을 보낼 거야."

박정희의 말은 실행된다. 2월 3일 경제기획원 장관 명의로 KISA 회원국
의 주한 대사관을 통해 한국의 종합제철 건설에 소요되는 차관을 최우선
제공하라고 촉구하는 공한을 보낸 것이다. 하지만 유럽에서 서독과 미국을
대체할 다른 차관선을 구하기란 난망한 일이었다.

"포이 영감을 성의껏 설득해 보겠습니다."

"해봐야지. 해내야지."

"워싱턴까지 갔다 오자면 시일이 제법 걸릴 겁니다."

박정희에게 '최선의 KISA 설득'을 약속한 뒤 회사로 돌아온 박태준은 황경로 기획관리부장만 따로 불렀다. 그리고 누구도 모르게 무시무시한 특명을 내렸다.

"회사 청산 절차를 준비해 놓으시오."

황경로는 되묻지 않았다. 어떤 토를 달지도 않았다. 비장한 결심이구나. 이 느낌만 가슴으로 받았다.

박태준은 미국 피츠버그로 가기 위해 서울을 출발했다. 그날은 1969년 1월 31일이었다. 폭설에 덮인 김포공항. 간신히 확보한 활주로가 있어 대한항공은 뜬다고 했다. 경제팀 관료로는 정문도 경제기획원 차관보, 포스코에선 정재봉이 동행이었다. 박태준이 김포공항으로 나가는 시각, 천안역에서는 대형 참사가 발생한다. 오전 11시 52분, 쏟아지는 눈보라 속에서 천안역으로 달려오는 부산 발 서울 행 열차, 그 기관사가 정지 신호등을 보지 못한다. 그것이 천안역 남쪽 800미터 지점에 멈춰 있는 '앞선 열차'의 꽁무니를 들이받는다. 사망 41명, 중경상 103명. 끔찍한 비극을 뒤로하고 그는 대한항공에 올랐다.

박태준은 황경로가 느낀 그대로 비장했다. 가장 믿는 참모에게 회사 청산 절차를 준비해 두라는 지시를 내린 그의 심정은 '배수진을 치고 사생결단의 일전에 나서는 장수'의 그것이었다. 서울 상공을 벗어나는 그의 머릿속으로는 착잡한 생각들이 정연히 지나가고 있었다.

'설마 KISA가 배반이야 하겠는가? 혈맹의 우방국들로 구성된 국제협력단 아닌가? 아니야. 그들은 정치지도자가 아니고 사업가 아닌가? 사업가 세계에 정치외교적 타산이 얼마나 먹히겠는가?'

사업가, 이 말이 그는 목구멍에 가시처럼 걸렸다. 사업가와 이윤. 이 함수관계가 못내 찜찜했다.

'단약 KISA가 등을 돌린다면? 그때 대안은? 애당초 KISA 구성에서 빠지겠다고 했던 일본밖에 없지 않는가? 이제라도 될 수만 있다면 일본이 좋다. 일본은 기술적으로나 문화적으로나 코쟁이들보다야 우리에게 훨씬 유리하다. 기술은 어떻게 하든 협력을 받아낸다고 하자. 문제는 차관 아닌가? 일본의 외환보유고나 재정 상태로는 한국, 인도네시아 같은 국가에 식민지 배상금 물어주는 것만으로도 형편이 빡빡할 것 아닌가……'

1965년(한일국교정상화 협약이 성사되어 일본이 한국에 대일청구권자금을 제공하겠다고 서명한 해)을 기준으로 일본의 외환보유 총액은 8억 달러 수준이었다.

'더구나 일본에게는 이미 퇴짜를 맞지 않았나? 그러니 또 어떻게 일본에 가서 차관 제공에 협력을 해달라고 하겠는가?'

이 생각의 끝에 박태준은 쓸쓸히 침을 삼켰다. 지난해(1968년) 8월에 열렸던 한일각료회의에 대한 아쉬움을 떠올리는 것이었다. 그때 박정희는 김정렴 상공부 장관, 김학렬 경제수석 등 한국 대표단에게 "종합제철에 대한 일본의 협력을 중점적으로 교섭하고 의사를 타진하라"는 지시를 내렸다. 한국과 일본 사이에도 이미 종합제철과 관련한 인연은 맺어져 있었다. 박정희는 1965년 6월 박태준을 통해 니시야마 가와시카제철 사장을 청와대로 초빙한 적이 있었다. 그 뒤로는 박태준이 주도하는 'KISA 계획안에 대한 용역 검토'를 일본 철강업계가 주도했다.

그러나 68년 8월의 박태준은 한일각료회의에 별로 기대를 걸지 않았다. KISA가 결정적인 장애물이라고 판단한 것이었다. KISA에 참여하는 것 자체를 거부했던 일본이 아직도 KISA와 종합제철 건설을 추진하고 있는 한국에게 차관제공, 기술제공을 협력하겠는가? 그는 아니라고 보았다. 실제로 그때 회의는 아무런 성과를 얻지 못했다. 오히려 자존심만 상하고 말았다. 오히라 마사요시 통산상이 한국 각료들에게 "한국을 위해서도 종합제철 건설은 안 되는(즉, 한국경제에 폐해만 끼치는) 일이니, 현해탄만 건너면 되니 일본의 질 좋은 철강제품을 국제시세대로 수입하는 것이 훨씬 유리하다"라는 충고를 했던 것이다.

대한항공 여객기가 도쿄에 내렸다. 도쿄에서 합류하는 포스코의 인재가 기다리고 있었다. 영어회화에 유창하며 영어 문법책이라 불리는 최주선이었다. 박태준은 그를 통역으로 택했다. 혹시 생겨날지 모르는 문서작성에 대한 대비이기도 했다. 최주선은 홋카이도 무로랑제철소에서 관리연수를 받는 중에 불려나왔다.

박태준의 1차 목적지는 KISA의 산파역으로서 KISA에 영향력이 막강한 포이가 기다리는 피츠버그, 2차 목적지는 IBRD와 미국수출입은행이 있는 워싱턴. 시카고에서 갈아탄 항공기가 피츠버그에 착륙할 준비를 하는 즈음, 박태준은 다시 착잡하고 초조해졌다.

'차관 조달에 나서지 않으려는 포이를 설득할 수 있을까? 포이가, KISA가 판단을 바꾸지 않는 경우에는 나까지 워싱턴에 가볼 필요가 없지 않나. KISA가 끝까지 그 모양이라면 IBRD나 수출입은행은 만나볼 필요도 없지 않는가? 그렇다고 KISA에게 책임을 물을 방법도 없지 않는가?'

처음부터 허술하게 출발한 협약서에는 KISA가 책임을 지지 않도록 돼 있다. 협약 파기의 최악 사태가 오는 경우, 1966년부터 한국정부를 대표해서 포이나 KISA와 교섭해온 경제팀 관료들이 할 수 있는 일이란 '어떻게 우리를 배신할 수 있느냐?'라는 도덕적 항의밖에 없었다. 이미 KISA는 세계은행의 똑똑한 경제 분석가들이 내놓은 '한국의 종합제철공장 건설은 시기상조'라는 근거를 쥐고 있으니, 그래서 아주 날씬하게 몸을 뺄 수 있으니, 아무리 도덕에 호소해봤자 그거야 가난한 나라의 서글픈 하소연일 뿐이지 무슨 소용이겠는가?

피츠버그에 도착한 박태준 일행의 숙소는 현지 철강업계의 배려로 미국 철강산업의 역사가 숨 쉬는 듀케인클럽에 마련되었다. 그는 가장 중요한 상대로 KISA 대표 자리에서 물러나긴 했으나 실질적인 대표라 할 포이를 찍었다. 3년 전 피츠버그를 방문한 한국 대통령에게 종합제철소 건설에 대한 협력과 지원의 추파를 던졌던 코퍼스사 대표. 백발이 성성한 백인 노신사는 다부진 체격의 동양인 젊은이와 예의바른 태도로 대화를 나눴다.

"KISA가 포철에 지원하겠다는 결정을 내리면 IBRD도 차관 제공을 결정할 것이며, 우리는 반드시 종합제철소 건설 프로젝트를 성공시킬 것입니다. 종합제철을 하나의 대형사업으로만 판단하는 것이 아닙니다. 근대화의 새로운 역사를 창조하는 견인차를 만드는 것입니다. 이런 점도 깊이 고려해주기 바랍니다."

박태준의 표정과 말씨는 진지하고 당당했다. KISA의 다른 간부들에게도 똑같은 자세로 똑같은 논리를 피력했다. 철강업계 거구들과 교섭하는 일에 꼬박 이틀을 바쳤다. 그러나 그들이 외교적 수사로 꾸민 답변의 메시지는 명확했다. 자폐가 주도적으로 작성한 IBRD 보고서의 '한국 종합제철소 프로젝트는 경제적 타당성이 희박하다'는 것을 하나같이 인용했다. 그것은 차마 딱 부러지게 표현하지 못하는, 그러나 명백하고 확실한 'NO' 사인이었다.

박태준은 허탈하고 서글펐다. 자본주의 진영 5대 강대국의 세계적 8개 철강업체로 구성된 KISA. 그 부자들과 맺은 계약서만 믿고 초대형 프로젝트를 시작하여, 착하고 소박한 주민들과 고맙고도 고마운 수녀원을 이주시키고, 부지조성 공사에 박차를 가하고, 은행 융자를 내서 사원주택단지 부지를 매입하고, 직원들을 뽑고, 해외 기술연수를 보내고……, 희망의 시간표에 따랐던 그 모든 일들이 물거품으로 사라질 위기를 맞은 밤. 그는 부자 나라의 호화로운 침대에 드러누워 길게 한숨을 쉬었다. 날이 밝으면 IBRD

와 미국수출입은행을 설득하기 위해 워싱턴으로 날아가게 되어 있었다. 아무래도 그 일정은 부질없는 시간낭비 같았다. KISA가 포기한 것을 철강업계보다 훨씬 더 약아빠진 금융기관이 받아줄 리 만무해 보였다.

밤이 깊었다. 박태준은 잠을 이루지 못했다. 방 안엔 어둠과 함께 무거운 침묵이 드리워져 있었다. 그대로는 더 견딜 수가 없었다. 약자의 설움에 짓눌려 있을 것이 아니라 최후의 오기라도 부려야 무슨 길이 뚫릴 것만 같았다. 최주선을 찾았다.

"포이 회장에게 지금 당장 만나자고 전화해."

"이 늦은 시간에 노인을 깨워도 되겠습니까?"

"돈은 있고 신의가 없는 사람들이잖아. 이대로는 못 가. 30분만 만나자고 해. 이게 KISA와는 마지막이야."

막 잠자리에 들었다는 포이는 당장 만나자는 제안에 깜짝 놀라서 시간을 물리려 했다. 내일 당신들이 워싱턴으로 떠나기 전에 일찍 시간을 내겠다는 것. 박태준은 지금 꼭 만나야겠다고 버텼다. 이윽고 정장으로 차려입은 노신사가 젊은이의 심야 무례를 점잖게 받았다. 과연 포이가 박태준의 설득에 어떻게 마음을 움직일 것인가?

하와이에서 환호한 박태준이
도쿄로 날아가다

박태준은 포이에게 심야 결례의 이해부터 구했다. 포이는 기분이 상한 표정은 아니었다. 한국어 바이블에 등장하는 단어를 빌리자면, 젊고 가난한 한국인 사장을 '긍휼히' 여기는 것 같았다.

"박 사장님, 하고 싶은 말씀이 무엇입니까?"

박태준은 사업과 다른 차원의 설득을 시도했다.

"미국이 이렇게 나오는 것은 매우 이해하기 어렵습니다."

실제로 그의 말은 '가시'를 달고 있었다. 아무리 사업세계지만 빈곤한 혈맹국을 상대로 지나치게 장사치 근성을 내세우는 것 아니냐, 이런 것이었다.

"한국은 공산주의의 확산을 막는 최일선 방어벽 역할을 하면서 산업화를 추진하고 있습니다. 오랜 빈곤에서 벗어나려고 온 국민이 발버둥을 치고 있는 상황이기도 합니다. 종합제철소를 갖지 못한다면 한국산업의 미래는 어두워질 수밖에 없습니다. 이런 특수한 사정을 혈맹국의 입장에서 고려해주시고, 특히 회장님께서 KISA 대표들을 직접 설득해주시기를 희망합니다."

백전노장의 자본가 포이는 담담하고 냉정했다.

"이것은 사업의 관점으로 접근해야 합니다. 경제적 타당성이 없는 프로젝트에 지원할 수는 없습니다. 당신의 애국심을 존중하고 실망감을 이해합니다. 그러나 IBRD의 한국경제에 대한 최종보고서 내용은 달라지지 않을 것입니다. 개인적으로는 박정희 대통령이 정열적으로 지도하는 한국을 도와드리고 싶지만 KISA의 미국측 회사로서는 IBRD의 의견을 무시할 수 없습니다. 그러니 내일 워싱턴에 가서 최선을 다하기 바랍니다."

포이의 마음은 이미 잠겨 있었다. 자기 마음을 다시 열어줄 수 있는 열쇠는 워싱턴의 두 은행이 갖고 있다고 했지만, 박태준은 백인 노신사의 점잖은 발뺌에 불과하다고 판단했다. 또한 포이의 마음이 굳게 잠겼다는 것은 KISA의 문도 은행들의 문도 잠겼다는 뜻임을 명확히 알아차렸다.

날이 밝았다. 거의 뜬눈으로 밤을 새운 박태준은 최주선에게 말했다.

"워싱턴 일정은 취소야. 정부 사람들이나 가보라고 해. 뻔해. 내가 포이에게 IBRD를 설득해달라고 하니 포이는 나한테 IBRD를 설득해서 다시 찾아오라고 하는 식인데, 퇴짜가 뻔해. 퇴짜 맞으러 왜 가? 푹 쉬었다가 짐이나 싸자. 돌아가서 생각하자."

그런데 아침에 포이가 박태준의 방에 들렀다. 노신사는 아들 또래밖에 안 되는 가난한 나라의 패기에 찬 젊은 사장을 빈손으로 돌려보내는 것이 사업적으로야 어쩔 수 없더라도 인간적으로는 찔리는 모양이었다.

"워싱턴의 일이 잘되기를 바랍니다."

노신사가 내민 손을 박태준은 정중히 잡았다.

"감사합니다. 하지만 저는 워싱턴에 가지 않습니다. 의례적 절차에 시간을 낭비하고 싶지 않습니다. 귀국해서 다른 방도를 찾아보겠습니다."

노신사는 그래도 가보라고 권유하지는 않았다. 오히려 따뜻한 눈빛으로 아주 엉뚱한 제안을 내놓았다. 하와이 와이키키 해변에 자기네 부사장의 콘도가 있으니 돌아가는 길에 거기 들러서 며칠 휴식하면 어떠하겠느냐는 것. 박태준은 호의를 거절하지 않았다. 지독한 실연에 빠진 젊은이처럼 지

243

칠 대로 지친 몸, 허탈의 웅덩이에 빠진 정신부터 수습해야 했다. 아니, 푹 쉬면서 절망에서 빠져나갈 구원의 동아줄을 찾고 싶었다. '절대적 절망은 없다'고 6·25전쟁에서 말짱히 살아남은 직후에 세워둔 그 좌우명에 의지하고 싶었다.

피츠버그에서 시카고로, 시카고에서 다시 하와이로. 항공기 안의 박태준은 천만 근 쇳덩어리가 가슴을 짓누르는 듯했다. 압박감과 좌절감의 무게였다. 워싱턴으로 날아간 일행에게는 한 가닥의 미련도 두지 않았다. 포이와 KISA의 완전한 배신, IBRD의 명백한 차관 거부. 서로 맞물린 그 결정이 포스코 앞의 엄연한 장벽이었다. 이를 애써 외면한 채 '워싱턴에서 만의 하나라도 성사될지 모른다'고 기대하는 것은, 그가 늘 거부하며 살아온 '요행수'에 매달리는 꼴이었다.

포이가 주선한 콘도는 힐튼하와이빌리지 호텔과 가까운 와이키키의 중심지였다. 백사장과 쪽빛 바다와 하얀 파도를 한눈에 내려다볼 수 있었다. 그 호텔은 미국 대중 드라마 「하와이 눈동자」의 중심무대로, 하와이 태생의 유명가수 돈 호가 노래를 불러 더 유명해진 곳이었다.

박태준은 뜨거운 햇볕이 쏟아지는 와이키키 해변으로 나갔다. 비키니를 입은 나신의 여성들이 백사장을 차지하고 있었다. 백인은 거의 대부분 본토에서 온 휴양객이고, 동양인은 일본인과 중국인이 압도적으로 많았다. 십여 년 전 육군 대령 신분으로 미국 연수를 가는 길에 잠시 이곳에 들렀던 추억을 떠올려보았으나 조금도 즐겁지 않았다. 그때와 지금, 그새 강산이 한 번 변하는 세월이 가로놓여 있건만 변함없는 것은 가난한 나라의 국민이란 신세였다. 변한 것이 있다면, 그때는 '돈 없는 장교'였는데 지금은 '자금 없는 사장'이라는 점이었다. 또한 그때는 국가적 빈곤을 극복하겠다는 의지가 지도력에서 빈약했으나 지금은 그것이 국가적 목표로 확고히 세워져 있다는 점이었다. 그러나 포철 건설의 밑천 1억 달러가 없었다. 그놈의 차관 1억 달러가 없어서 지도력에 큼직한 구멍이 뚫려 있었다.

'제철에 인생을 건다고 했는데, 그놈의 1억 달러를 못 구해서 이렇게 나가떨어져야 한단 말인가?'

박태준은 하늘을 쏘아보았다. 강렬한 햇빛이 사정없이 동공을 찔렀다. 얼마 동안이나 하늘을 원망하고 있었을까. 내가 일본에 가서 돈을 구해볼까 하는 생각이 떠올랐다. 일본 철강사들과 KISA의 일반기술계획 등에 대한 용역체결을 하고 빈번하게 접촉하며 친분을 쌓았지만, 작년 여름에 우리 장관들이 도쿄에 가서 '일본정부의 한국 종합제철에 대한 협력 거부 의사'를 확인한 후로는 박태준도 박정희와 마찬가지로 일본에서 차관을 구해보겠다는 생각을 완전히 접고 있었다. 게다가 KISA가 엄연히 실존하고 있고 한국이 대일청구권자금에다 상업차관까지 받아냈으니 일본의 외환보유고 수준으로 보든 우리의 자존심으로 보든 일본에 가서 새로 1억 달러나 빌려올 생각은 터무니없고 염치없는 수작 같았다.

'일본에서 차관은 무슨 차관……'

박태준은 새삼 일본 차관을 한쪽으로 밀어내며 아쉬워했다. 처음부터 일본하고 했으면 좋았을 텐데. 한 조각의 후회 같은 감상도 스쳐갔다. 그런 다음이었다. '일본 차관'이란 단어가 사라진 자리에 전광석화처럼 '대일청구권자금'이란 단어가 나타났다. 순간, 그는 전율했다.

"그래, 바로 그거다!"

박태준은 벌떡 일어섰다. 춤이라도 추고 싶었다.

대일청구권자금의 종합제철 건설비 전용. 하와이 와이키키의 뜨거운 해변에서 박태준이 구원의 밧줄처럼 거머쥔 그 아이디어를 뒷날에 포스코 사람들은 '하와이 구상'이라 명명한다. 그것은 한국 산업화시대 중대한 이정표의 하나로 삼아도 좋다. 대일청구권자금 일부를 밑천으로 삼지 않았다면 걸음마조차 제대로 해보지 못한 채 쓰러지고 말았을 포스코가 결과적으로 한국 산업화의 견인차 역할을 맡았기 때문이다.

대일청구권자금 일부를 전용하자는 박태준의 절묘한 아이디어는 확인 하나마나 현실성을 담보했다. 3억 달러의 무상자금만 해도 1966년부터 10년간 지급하니 아직 남았을 터, 대외경제협력기금(유상자금) 2억 달러에도 여유가 있을 터. 더구나 대외경제협력기금은 조건이 좋았다. 미국수출입은행의 차관이 거치기간 2년을 포함해 상환기간 10년에 확정금리만 연 6.29%였지만, 그것은 거치기간 7년을 포함해 상환기간 20년에 확정금리가 연 3.5%에 불과했다.

'하와이 구상'을 서둘러 실현하려면 전제조건을 갖춰야 했다. 박태준은 두 가지를 판단했다. 하나는 기술지원 등 일본철강연맹의 협력을 받아내는 것. 이것은 거뜬히 해낼 자신이 있었다. 또 하나는 양국 정부가 농림수산업 발전을 위해 사용한다고 합의해둔 자금의 용처를 바꾸는 것. 이 해결의 실마리를 거머쥔 박정희 대통령은 종합제철에 대한 집념과 의지가 워낙 강렬하지 않는가?

박태준은 먼저 박정희에게 전화로 전후 상황을 짤막히 보고했다. 그리고 이나야마 일본철강연맹 회장(야하타제철 사장)과 만날 수 있게 하라는 전보를 도쿄의 박철언에게 날렸다. 박철언은 야스오카의 힘으로 얼마든지 그 만남을 주선할 사람이었다.

하와이에서 곧장 도쿄로 들어간 박태준은 나가노 후지제철 사장부터 찾아갔다. 두 사람은 KISA 계획안에 대한 검토용역 의뢰 과정에서 친분을 맺은 사이였다. 나가노는 기술지원에 따른 정치적 문제를 언급하고 협력 의사를 표명한 뒤 이나야마 회장에게 협조를 구하는 것이 좋겠다는 충고를 해줬다. 박태준과 같은 생각이었다.

이어서 그는 박철언과 야기 노부오를 만나 그들과 함께 야스오카를 방문했다. 이나야마와의 만남도 야스오카를 거쳐야 더 힘이 붙을 것이었다.

야스오카는 직접 응접실 앞까지 나와서 박태준의 손을 잡으며 맞이했다. 그리고 손님의 설명을 경청하고 흔쾌히 조력자로 나섰다. 〈야스오카가 포항제철 건설에 결정적인 기여를 하게 된다〉고 했던 박철언의 증언은 바로 이 장면부터 가리킨 말이었다. 다음은 박철언의 자서전 『나의 삶, 역사의 궤적』에 나오는 내용을 축약한 것이다.

야스오카는 대일청구권자금 전용에 대해 일본내각을 설득하려면 우선 일본철강업계의 확고한 지지를 얻어야 한다는 박태준의 말에도 고개를 끄덕였다. 그는 즉시 일본철강업계의 지도자 이나야마에게 전화를 걸었다. 이나야마는 일본철강연맹 회장이며 일본에서 제일 큰 제철공장인 야하타제철소 사장이었다.

"지금 제 사무실에 한국 포항제철의 박태준 사장님이 와 계십니다. 그에게 당신의 충고와 지지가 필요합니다. 한일 양국에 이익이 되는 좋은 구상을 갖고 있으니, 가능하시면 박 사장의 구상이 실현되도록 방안을 찾아주셨으면 합니다."

야하타제철 본사는 야스오카의 사무실에서 겨우 몇 블록 떨어져 있었다. 이나야마의 응접실은 편안한 분위기였다. 박태준에게는 바닥에 깔린 짙푸른 카펫에 대한 인상이 오래 남는다. 이나야마는 손님을 정중히 맞이했다. 곤경에 빠진 젊은 동업자의 사정을 충분히 듣고 나서 고개를 끄덕였다.

"중도 폐기할 위기에 빠진 프로젝트를 구할 좋은 구상을 가지고 오셨군요. 복잡한 국제컨소시엄을 결성하지 않은 것이 오히려 다행인지도 모릅니다. 설사 건설자금을 확보할 수 있었다 할지라도 사고방식, 기술, 관리방식 등이 다른 사람들과 함께 힘을 합쳐 제철소를 짓는다는 것은 매우 어렵고 복잡한 일입니다."

이나야마의 격려와 위로는 따뜻했다. 박태준은 일본이 기술을 지원할 수 있는가를 타진해보았다.

"기술협력은 고도의 정치성을 띠기 마련이지요. 나의 생각에는 한국의 제철소가 일본의 설비, 기자재, 기술 등을 가지고 세워지면 양국 모두에게 큰 이익이 될 것입니다. 지리적으로 가까울 뿐만 아니라 문화적으로도 공통점이 많기 때문에 의사소통에 따르는 문제점도 그만큼 줄어들 겁니다."

한국 종합제철소 프로젝트에 적극 관심을 표명해준 이나야마. 과거의 한일관계에 편견이 없고 오히려 사과하는 입장이었다. 그래서 '가난한 사장'은 그에게 더 호감을 느꼈다.

도쿄에서 서울로 돌아온 박태준은 청와대로 올라갔다.

"전화로 보고를 드린 대로 KISA는 희망이 없어 보였습니다. 일본 철강업계는 협조하겠다는 약속을 했습니다. 각하의 결심만 남았습니다."

박정희가 주저하는 것 같기도 하고 뭔가를 깊이 셈하는 것 같기도 한 표정을 지었다. 그것은 '순간'이라고 해도 될 만큼 아주 짧은 동안이었다. 그러나 박태준은 꽤 긴 시간처럼 느꼈다. 이윽고 박정희가 비서를 통해 대일청구권자금이 8천만 달러쯤 남아 있다는 점을 확인했다. 그리고 자못 심각하게 말했다.

"대일청구권자금 전용은 마지막 카드다. 4월 중순에 파리에서 열리는 IECOK 총회가 끝날 때까지는 결정을 보류해서 종래의 방침을 지속하기로 하고, 그때까지는 덮어놔야 해. 섣불리 건드리면 벌집을 건드리는 격이 돼."

IECOK(International Economic Consultative Organization for Korea)는 이름 그대로 한국을 도와주겠다는 국제경제협의체, 미국 서독 영국 프랑스 등 서방 선진국들이 1966년 4월 파리에서 구성한 대한(對韓)국제경제협의체이다.

IECOK 총회의 결과까지만 기다려 보자는 박정희의 판단은 복합적이었다. 한국 국회의원의 80%가 농촌 출신이며 그들이 농업지원 정책을 강력히 지지하는 정치적 지형도를 감안할 때 농업부문에 쓰기로 돼 있는 대일청구권자금 전용 문제가 사전에 유출돼서는 절대 안 된다는 것, 전용을 결심하더라도 일본정부의 공식적 동의를 얻어야 한다는 것, KISA의 기본협정 해제 시한이 1969년 9월 1일이니 KISA가 정말로 한국 종합제철 건설을 포기할 뜻이라면 그 안에 더 분명한 입장을 한국정부에 전달해줘야 하니 KISA를 압박하면서 그 태도에 따라 대통령으로서 새 결단을 해야 한다는 것. 박태준은 듣지 않아도 박정희의 그런 심경을 짐작할 수 있었다. 똑같은 각오로 똑같이 고민하고 똑같이 추구하고 있으니 이심전심이야 당연한 이치였다.

박정희가 박태준에게 새 임무를 내놓았다.

"방향을 급선회하는 경우에는 임자가 일본과의 막후 협상을 직접 맡아."

"그러겠습니다."

그리고 김학렬 경제수석과 박태준이 따로 만나서 정리를 했다. '대일청구권자금 사용 문제는 이미 용처가 정해졌고 아직은 KISA의 태도가 분명치 않으니 4월 IECOK 회의의 결과를 보고 대통령께 정식으로 보고를 올리겠다.' 그리고 두 사람은 어떤 경우에도 대통령의 결심과 재가가 있을 때까지는 그 문제를 완전히 덮어두기로 했다. 종합제철 건설 문제에 관해 성급한 말들이 새어나가게 되면 KISA 5개국과 일본이 한꺼번에 얽히는 국제적 중대 사안으로 대두하여 일이 엉망으로 꼬여버릴 것이었다.

실제로 박정희의 경제팀 관료들이 대일청구권자금 전용에 대해 대통령에게 건의한 때는 그해 4월 중순의 파리 IECOK 회의가 '한국 종합제철에 대한 차관 제공을 거부'한 뒤였다. 그때 그 일을 다뤘던 관료들이 아주 뒷날에 남긴 회고(『코리언 미러클』)에는 '양윤세 경제기획원 국장'이 '김학렬 경제기획원 부총리'에게 "청구권자금으로 제철이나 조선산업을 하면 어떻겠느냐"라는 의견을 냈고, 이에 김학렬 부총리가 "내가 올라가서 각하께 잘 말씀을 드려보겠다"고 했다고 되어 있다. 그렇다면 그 대화의 시기는 아무리 빨라도 1969년 6월 2일 후의 어느 날이라고 봐야 한다. 왜냐하면 그해 6월 1일까지는 박충훈이 경제기획원 부총리였고 김학렬은 청와대 경제수석이었던 것이다. 김학렬의 "올라가서"라는 표현에도 그가 청와대 안에서 근무한 때가 아니었다는 점이 드러나 있는데, 그해 6월의 박정희에게는 이미 대일청구권자금의 포철 건설 전용이 최후 카드이고 확고부동한 방침이었다. 단지 분명한 것은 어느 시점인지 정확하진 않아도, 1969년 4월 18일 쯤 IECOK의 '한국 종합제철 차관 거부' 결정이 내려진 뒤로는 경제팀 관료들도 대일청구권자금의 전용을 위해 움직이게 되었다는 사실이다.

1969년 2월 하순, 박태준은 포스코 공채 1기 신입사원을 뽑았다(여기에는 포스코 제5대 회장을 맡게 되는 이구택 총각도 합격했다). 회사에 돌아와서 KISA의 차관 조달이 막힐 것이라는 소식을 전하면 "전부 도망갈 것 같아서" 미국 출장 결과를 도저히 이실직고할 수 없는 사장의 심정을, 그들은 까맣게 모르고 있었다. 그러나 차관 조달이 막혀 있는 상황에서도 과감히 신입사원을 채용하는 박태준은 새로운 무지개를 바라보고 있었다. 물론 그것은 박정희가 잠정적으로 재가한 대일청구권자금 전용의 아이디어였고, 그 실현의 디딤돌과 같은 이나야마의 적극적인 협력의사였다.

또한 박태준은 희망의 시간표에 따라 '영일대(迎日臺)'라는 포스코의 첫 영빈관도 착공한다. 머잖아 포항으로 들어올 외국 기술자들과 바이어들의 거처를 준비하는 일이었다. 1969년 7월에 준공된 영일대는 포항제철 1기 공사가 진행되는 기간에 포철을 방문한 대통령의 숙소로도 활용된다. 1970년 4월 1일과 10월 25일, 그리고 1971년 9월 2일에 박정희는 혼자서 또는 가족들과 영일대에서 일박을 한다.

박태준의 '하와이 구상'에 대한 반박이나 트집은 틀린 것이다

1969년 2월 박태준이 하와이에서 착안한 대일청구권자금 일부의 포항제철 건설비 전용. 이를 '하와이 구상'이라 부르는 명명(命名) 자체는 뒷날에 포스코가 했다. 당연한 일이다. 군사작전에는 암호명 같은 명명부터 이뤄지지만, 시대적 중대사에 대한 명명은 아주 나중에 이뤄진다. 을지문덕 장군의 '살수대첩'이 그렇고 이순신 장군의 '명량대첩'이 그렇고, 박정희 대통령과 우리 국민이 이룩한 '한강의 기적'이 그렇듯이.

그런데 포스코가 '하와이 구상의 실현'이라 부르는, 박정희가 박태준의 대일청구권자금 전용 아이디어를 재가하고 강력히 밀고나간 '사실'에 대해 의혹을 제기하며 반박하거나 부정하는 시각과 회고가 있다. 'KISA가 차관조달을 회피하는 상황에서 대일청구권자금을 전용해 포항제철을 건설하자고 했던 최초 아이디어가 누구의 것인가?' 이에 관한 포스코의 기록과 어긋나는 것은 극소수인데, 포항제철을 연구한 송성수의 주장과 박정희 정권의 경제팀에서 공로를 세운 오원철의 회고가 대표적이다.

먼저, 송성수의 주장에 대해

송성수는 2002년 《한국과학사회학지》의 「한국 종합제철사업계획의 변천과정: 1958-1969」에서 '하와이 구상'에 대한 반론을 펼쳤다. 그는 『포항제철 10년사』와 『포항제철 건설지』를 근거로, 박태준이 1969년 1월 KISA에 차관조달 가능성을 타진하기 위해 미국에 간 것은 사실이 아니라고 주장하고, 애초에 존재하지 않았던 '하와이 구상'이 1989년을 전후하여 인위적으로 재구성된 것이라고 판단했다. 그리고 오원철의 회고를 참조하여, 1969년 4월 하순에 도쿄에서 열렸던 회의를 전후하여 한국정부의 교섭팀은 일본정부를 대상으로, 박태준은 일본철강업계를 대상으로 협력 여부를 타진했다고 볼 수 있다고 정리했다.

송성수의 주장은, 박태준이 1969년 1월에 미국으로 간 사실이 없다는 것이 핵심적 전제이다. 박태준이 그때 미국으로 가지 않았기 때문에 돌아오는 길이어야 하는 '하와이 구상'이 있었을 리 없다는 것이다. 그러니까 포스코의 '하와이 구상'이 조작이라는 송성수의 주장은 무엇보다도 1969년 1월 31일에 박태준이 미국으로 출국하지 않았다는 점을 근거로 삼고 있다. 그런데 근거가 붕괴되면 어떻게 되겠는가? 당연히 그 위에 세운 논리들도 다 붕괴할 수밖에 없다. 이것이 논리세계의 준엄한 법칙이다.

1969년 1월 31일 폭설에 덮인 김포공항에서 미국으로 출발했다는 박태준의 회고를 정확히 뒷받침해주는 결정적인 자료가 존재한다. 그것은 1969년 2월 1일자 《매일경제신문》의 제2면에 자리 잡은 「공항왕래」라는 조그만 알림이다. 주요 인사의 출입국 동정을 일러주는 바로 거기에 '박태준이 1월 31일 14시 45분발 미국행 KAL편'으로 출국한 사실이 나와 있다. 출국 목적이나 정부의 동행자도 박태준의 회고와 정확히 일치한다. 출국 목적이 'KISA와 공장건설에 따른 확정재무계획 협의차 2주간 일정으로 미국에 간다'고 되어 있으며, 같은 비행기에 경제기획원 운영차관보 정문도가 박태준과 같은 용무(외자도입 협의차)로 탑승한 사실도 알려주고 있다. 또한 박태준이 회고를 통해 그때 홋카이도 무로랑제철소에 연수 나가 있던 최주선이 통역담당으로 도쿄에서 합류했다고 했는데, 미국 가는 그 대한항공이 도쿄에 들른다는 점을 확인해주듯 해당 지면에는 '성강산업대표이사 장소(張邵) 씨가 상의(商議)차 20일간 예정으로 일본에' 간다는 것도 알려주고 있다. 뿐만 아니라, 그날 한국 신문들은 박태준의 폭설 기억을 증언해주듯 일제히 '폭설 피해' 기사를 싣는다. 천안역 열차 추돌에 의한 대형 참사는 가장 끔찍한 폭설 피해였다.

1969년 2월 1일 매일경제신문 (박태준, 정문도의 미국 출국 사실과 폭설을 알려주고 있다.)

포스코가 '하와이 구상'이라는 명명을 하기 전에 박태준 스스로가 '1969년 2월 하와이'와 관련하여 직접 언급한 공식적 기록들 중에 가장 빠른 것으로 확인되는 자료는 포스코가 소장한 『임원간담회의 회의록』 제3권으로, 1975년 5월 26일, 박태준은 그날 회의에서 포항제철 건설 초창기에 이뤄진 주요 사항을 요약하여 임원들과 중간 간부들에게 직접 들려주었다. 그때 속기록을 살펴보자.

1968년 4월 1일 회사 창설 이후 KISA와 IBRD가 된다, 안 된다 해서 근 10개월 동안 허송세월을 하다가 더 이상 기다릴 수도 없고 해서 1969년 1월 31일 눈이 산더미 같이 쌓여 다른 여객기는 결항이 되고 마침 KAL만 운항한다고 해서 KAL기를 잡아타고 정문도(鄭文道) EPB 운영차관보와 같이 피츠버그에 갔음. 그때 워싱턴과 뉴욕에서 Westinghouse와 Blaw Knox의 사장 및 EXIM Bank들이 모여서 설명회를 개최한다고 전부 약속이 되어 있고 전용기까지 내놓으면서 야단법석인데, 그때 사람의 육감 같은 것이 있어서 가지 않고 본인은 피츠버그에서 하루 종일 잠만 잤음. 그때 이미 마음속으로는 이 사람들만 믿고 있다가는 안 되겠다는 결심을 하게 된 것임. 귀로에서 일본측과 교섭해 보아야 되겠다고 결심을 하고 八幡(야하타)의 稲山嘉寛(이나야) 사장과 만나자고 전보를 치고 돌아오면서 稲山嘉寛씨를 만났는데, 그때 기술협력을 해주겠다고 하는 결정적인 코멘트를 받은 것임. 그리고 귀국하여 회사에 돌아와 안 된다고 하면 전부 포기하고 도망갈 것 같아서 잘 되어간다고 했지만, 마음속으로는 청구권자금을 사용해야 되겠다고 하는 결심을 하고 있었음.

이 속기록에 담긴 박태준의 육성을 들으면, 박태준의 '하와이 구상'은 1989년 전후한 시기에 인위적으로 재구성되었다는 송성수의 주장과 달리, 실제로 1975년 시점에서 거의 동일한 내용이 박태준에 의해서 회고되었다는 점을 확인할 수 있다. 생사고락을 같이하는 임원들과 중간 간부들 앞에서 왜 있지도 않았던 얘기까지 꾸며내는 수고를 하겠는가? 그것은 박태준의 성품에도 전혀 맞지 않거니와, 더구나 그때는 박정희 대통령이 막강한 가운데 KISA와 교섭했거나 종합제철에 관여했던 관료들이 더 성장하여 한창 활개를 치고 있었다. 낮말은 새가 듣고 밤말은 쥐가 듣는다고, 무엇 때문에 박태준이 자기성품에도 맞지 않는 거짓말을 꾸며내서 대통령의 눈총을 받거나 관료들과 부질없는 다툼이나 일으킬 화근을 자초하겠는가?

그날 박태준의 설명에는 포이의 동정적인 주선에 의해 귀국 도중 하와이에서 휴식했다는 전후 사정이 빠져 있다. 하지만 '돌아오는 길'에 일본과의 교섭 구상을 하고, 야하타(八幡)제철소 이나야마 사장에게 만나자는 전보를 쳤다고 했다. 전보를 치는 행위는 분명히 해외의 어느 장소에서 이루어진 것이었다. 비행기 안에서 전보를 칠 수야 없지 않는가? 박태준은 돌아오는 길에 어딘가에 들렀을 때 그곳에서 일본과 교섭해야겠다는 구상을 하고 이를 위해 이나야마와의 만남을 주선해줄 상대(도쿄 박철언) 앞으로 전보를 보내서 약속을 잡게 했던 것이며, 그 구상의 장소에서 출발하여 일본으로 들어가 이나야마를 만난 뒤에 한국으로 돌아왔던 것이다.

그날 속기록에는 '하와이'라는 지명이 등장하지 않지만, 1969년 2월 하와이에 대한 박태준의 회고는 언제나 한결같았다. 그해 1월 31일 김포공항의 폭설 상황이 그러했고, 그때 '회사 청산 절차를 준비하라'는 비밀지시를 받은 황경로의 기억이 그러했고, 포이가 주선해준 콘도가 그러했다. 특히 그때 박태준의 미국행에 통역담당으로 일본에서 합류했던 최주선은 "하와이에서 대일청구권자금 전용의 아이디어를 시적인 영감처럼 포착"하고 나서 매우 좋아하던 박태준의 모습을 들려주었으며, 포항제철 사사(社史)를 쓰기 위해 박태준의 회고를 장시간 받아 적은 이대공도 그때 '하와이 아이디어'를 대단히 중요한 사건으로 기억했다.

박태준의 '하와이 구상'이 1975년 5월 26일 포스코 속기록에는 뼈대만 등장하는데, 그는 뒷날의 자세한 회고에서 1969년 2월의 '하와이'를 즐거운 기억으로 자세히 풀어놓고는 "만일 그때 박정희 대통령이 여러 가지 부담이 있음에도 불구하고 대일청구권자금 전용을 실질적으로 재가하시고는 '일단 IECOK 총회까지만 비밀로 하고 기다려 보자'고 하시지 않았더라면, 과연 어떻게 되었겠소? 포스코는 건설도 시작하기 전에 청산 절차를 밟아야 했겠지."라며 고개를 절레절레 흔드는 것으로 결말을 삼았다.

다음, 오원철의 회고에 대해

1928년에 태어난 오원철은 1957년 시발자동차 공장장을 지낸 경력이 보여주듯 엔지니어 출신으로 1961년 국가재건최고회의 기획조사위원회 조사과장을 맡아 박정희 정권과 인연을 맺었고 1970년 상공부 차관을 거쳐 이듬해부터 대통령 경제2수석비서관이 되고 1974년부터는 중화학공업기획단장도 맡는다. 박정희 정권의 '우수한 테크노크라트'로 평가 받는 그는 1990년대 후반 『한국형 경제건설』이라는 회고록도 펴내는데, 그의 '포항제철 건설과 대일청구권자금 전용 아이디어'에 대한 회고는 사이트 한국형 경제모델 CEOI.org에서 만날 수 있었다. 오원철은 박충훈 부총리 일행이 1969년 4월 파리에서 열린 IEOCK 회의를 마치고 귀국할 때 도쿄에서 있었던 일을 다음과 같이 기억한다.

박 부총리 일행은 IECOK 회의 후, 서독과 미국을 방문하고 동경에 도착했다. 공항에는 박태준 사장이 기다리고 있다가 나에게 종합제철에 대한 그간의 교섭내용을 물어보기에 IECOK의 분위기를 설명하니 몹시 우울해 했다. 사절단 일행은 호텔에 모여 그간의 교섭 내용을 정리하는 회의를 가졌다. 박 대통령의 특명사항인 종합제철에 대한 차관 획득에 실패했으니 모두 암담할 뿐이었다. 이때 양윤세 투자진흥관이 대일청구권자금을 요청하면 가망성이 있을 것 같다는 의견을 내놓았다. 나는 이 말을 듣자마자 회의장 밖으로 나와 주일 대사관 직원에게 부탁해서 일본 통산성 담당국장과의 면회를 신청했다.

그리고 2013년 9월 12일 《포스코신문》에 '오원철 인터뷰'가 실렸는데, 관련 내용은 다음과 같이 정리돼 있다.

……도쿄에 도착하니 박태준 사장이 공항에 나와 있었다. 대표단으로부터 회의의 분위기를 전해들은 박태준 사장은 침울해 했다. 호텔로 가서 논의를 거듭하는 중에 대일청구권자금 전용을 요청하면 가능성이 있다는 이야기가 나왔다. 분위기가 이렇게 돌아가자 오 전 수석은 언뜻 떠오르는 것이 있었다. "내가 나서서 무언가 해야겠다는 생각이 들더군." 대일청구권자금을 사용한다는 것은 자금문제가 해결된다는 이상의 그 무엇이 있다고 생각했다. 일본의 설비와 기술까지 들여올 수 있다는 판단이 뇌리를 스쳤다. …… 그는 회의장을 빠져 나와 주일대사관 직원에게 부탁해 일본 통산성 철강국장에게 면회를 신청했다. 고토 국장은 쾌히 승낙하면서 통산성 사무실에서 만나자고 했다. "……한국에서 성공하면 일본은 세계 시장을 노크할 수 있을 것이다." 이렇게 설득해 들어갔다. 고토 국장은 한참 생각하다가 부하직원들을 불러 이야기를 나누더니 결정을 내린 듯 "야리마소(해봅시다). 나는 윗선에 보고할 테니 당신도 한국정부에 보고하시오." 했다. 오 전 수석은 순간 전율을 느꼈다고 했다. …… 사실 이 대목은 한국의 종합제철 건설 역사에 일대 분수령이 되는 순간이었으며, 포항제철 건설사업이 성공으로 방향을 잡는 결정적인 계기가 되었다. "나는 즉시 이 사실을 박충훈 부총리에게 보고했고, 다음날 아침 하네다공항에서 박태준 사장에게도 이야기해 주었어요. 박 사장의 표정이 상당히 밝아지더군."……

오원철의 두 회고에서 좀 흥미로운 것은, IECOK 총회에 참석했다가 일단 도쿄에 내린 한국 관료들이 챙겨온 소식을 박태준이 '나(오원철)'에게서 또는 '대표단'에게서 듣고는 '몹시 우울해(침울해)' 했는데 이틀날 아침에 하네다공항에서 대일청구권자금 전용에 대한 견해를 듣고는 '상당히 밝아지더군'이라는 표현이다. 어떤 독자는 행간에서 어쩐지 회고자의 '박태준을 향한 즐겁지 못한 감정' 같은 낌새를 느낄 수도 있다. 무슨 사연이 있었나, 이런 생각이 언뜻 스쳐가게도 한다.

1969년 IECOK 파리 총회는 정확히 4월 17일에서 18일까지 양일간 열렸다. 그때는 박태준이 그해 1월 31일 출국하여 피츠버그, 하와이, 도쿄를 거친 뒤 서울로 돌아와 청와대에서 박정희와 대일청구권자금 전용에 대한 의견을 나눈 날로부터 두 달쯤 지나는 무렵이었다. 그래서 하루빨리 KISA와는 손을 털고 일본의 손을 잡아야 한다고 생각한 박태준은 4월 중순 다시 도쿄로 들어가 일본철강업계나 정계 지도급 인사들과 접촉하고 있었다. 파리에서 돌아온 관료들로부터 공항에서 '파장 소식'을 확인한 그는 오히려 속으로 '그거 참 듣던 중 반가운 소식'이라 여겼다. 그렇다면 오원철이 아주 오래된 기억들 중에 '박태준의 표정 변화에 대한 미세기억'에서는 약간의 착오를 일으켰던 것일까? 아니면 대통령의 뜻을 받들어 함구 중이었던 박태준이 그렇게 표정 연기를 잘했던 것일까?

모든 인간의 기억에는 한계가 있지만, 그때 공항에서 만난 박태준의 얼굴에 스쳐간 두 가지의 상반된 표정을 오원철은 소설가처럼 묘사했다. 과연 두 가지의 미세기억은 오원철의 뇌리에 전광석화 찰나에 화석처럼 채집됨으로써 아무리 긴 세월이 흘러도 퇴색하지 않은 것일까? 아니면 그것을 세상의 햇볕 속으로 불러낸 찰나에 회고자의 어떤 감정이 묻은 것일까?

물론 전자의 경우일 수 있고, 또 그렇게 보아도 된다. 왜냐하면 박태준과 오원철은 '한국의 종합제철이나 포항종합제철 건설'과 관련하여 각자가 접촉한 인물들이나 활약한 영역이 크게 달랐기 때문이다. 예컨대, 1969년 4월 오원철이 양윤세의 말을 듣고 즉각 일본 통산성 철강국장과 면담을 했다는 그즈음, 박태준은 일본내각 각료(장관)들이나 정계 지도자들이나 철강업계 대표들과 만나고 다녔다. 박태준이 일본철강업계 대표들과 만나고 다닌 이유는, 오원철이 테크노크라트로서 '뇌리'에 스쳤다고 회고한 바로 그 설비나 기술지원에 대해 적극적인 협력을 끌어내려는 것이었다. 일찍이 박철언이 매개한 야스오카를 비롯해 KISA 계획안에 대한 검토용역을 수행한 철강업체의 대표와 관계자들, 도쿄대학 김철우 박사, 신격호 롯데 사장 등을 십분 활용하면서…….

또한, 1969년 4월에 오원철은 상공부 국장급(기획관리실장)이어서 대통령 박정희와 포항제철 사장 박태준(그는 가끔 대통령과 독대하고 있었다)이 둘이서 심각하게 나눈 대화를 알아차릴 만한 위치에 있지 않았다. 그때 박태준의 이른바 권력적 위상은, 몇 달 뒤(1969년 10월)부터 비서실장을 맡게 되는 김정렴도 증언했다시피, 박정희가 허용하는 '독대'라는 만남의 형식이 상징적으로 극명히 보여준다. 박태준은 대통령과 언약한 일을 공식화하기에 앞서 오원철, 양윤세 등 관료나 제3자에게 밝힐 까닭이 없었고, 그렇게 입이 가벼웠으면 박정희의 신임이 두터워질 수도 없었을 것이다.

다만, 오원철은 박태준의 고유한 영역에서 어떤 일들이 전개되고 있었던가를 자세히 알지 못했을 뿐이다. 이것은 그의 잘못이 아니다. 그래서 오원철의 회고는 대일청구권자금 전용 아이디어가 '양윤세와 오원철의 것'이라고 말할 수도 있을 것이다. 1966년 11월부터 관료들이 주도해온 '관료들의 KISA'가 해체되는 쪽으로 완전히 기울어진 1969년 4월 중순, 오원철은 몰랐으나 벌써부터 박정희와 박태준은 '대일청구권자금 전용'이라는 최후 비장의 카드를 거머쥐고 있었으며, 그것은 오원철이 평가한 그대로 '한국의 종합제철 건설 역사에 일대 분수령이 되는 순간이었으며 포항제철 건설사업이 성공으로 방향을 잡는 결정적인 계기가 되었다.' 물론 그때 두 관료가 도쿄에서 다루었던 동일한 아이디어도 큰 맥락에서 보면 분위기나 대세를 만드는 데 톡톡히 일조를 했을 것이다. 그렇게 포항종합제철은 국가적 중대 사업이어서 그만큼 국가적 역량이 총체적으로 투입되어야 했다.

대일청구권자금 전용과는 별개 사안이지만, 1961년에는 국가재건최고 회의 '비서실장(또는 상공담당 최고위원)과 기획조사위원회 조사과장'이란 직함이 보여주듯 양자 간 권력서열의 격차가 컸던 박태준과 오원철이 그때로부터 17년쯤 더 지나서 날카롭게 대립한 적이 있었다. 1969년 4월로부터도 10년쯤 더 지난 1978년인데, 사안은 '제2제철소 실수요자 선정'으로, 경제 2수석(중화학공업기획단장) 오원철이 청와대 안에서 '정주영의 현대'를 강력히 지지하지만 박정희는 끝내 '박태준의 포철'을 선택한다. 정주영-오원철, 박태준-최각규(상공부 장관). 이렇게 짝을 지은 것처럼 전개되었던 '제2제철소 실수요자 경쟁'에 관한 이야기는 뒤에 나올 테지만, 노년의 박태준은 그때 그 일 때문에 오원철에게 마음을 좀 상했었다고 그저 덤덤히 회고한 적이 있었다. 동일한 사안 때문에 오원철은 박태준에게 어떤 마음이었을까?

드디어 박정희가 종합제철을 위한
최후 비장의 카드를 빼들다

1969년 4월의 IECOK 파리 총회가 포항종합제철 건설 차관 제공에 대해 '불가'를 결정한 이유는 두 가지였다. 첫째는 경제성이 결여되었다. 둘째는 한국의 외채 증가로 상환 능력이 없다.

박태준은 첫째 이유에 분개했다. 그들은 인도의 종합제철소 건설이 실패로 돌아갔으니 개발도상국의 그것을 위한 지원은 금물인 데다가 한국은 연산 60만 톤이니 너무 작아서 경제성이 없다는 것이었다. 인도 사례를 보라? 이것은 민족적 자존심 문제였다. 60만 톤이 너무 작다? 이것은 국가적 자존심 문제였다. 1962년 처음에 30만 톤, 1966년 50만 톤, 이어서 60만 톤. 이렇게 선진국의 월산(月産)에도 못 미치는 수치를 연산으로 잡은 것은 순전히 건설비(차관) 조달 능력이 없어서 첫 밑천을 적게 잡으려는 빈곤의 소치였다. 이미 1965년에 니시야마 가와사키제철 사장이 방한하여 박태준에게 '100만 톤 임해 제철소'로 시작하라는 충고를 했고 그것을 그가 그대로 박정희에게 보고를 했다. 박정희와 박태준이 몰라서 100만 톤을 주저한 것이 아니었다. 우리의 차관조달 능력을 감안한 결정이었다. 작게 시작하여 연차적으로 크게 가자는 장기적인 기획이었던 것이다.

261

박정희와 박태준이 IECOK 총회에 큰 기대를 건 것은 아니었다. 마지막으로 한 번 더, 이 심정이었다. 경제기획원 차관보 정문도 일행이 그에 앞서 3월 10일부터 4월 15일까지 포이의 개별교섭 권유에 따라 KISA 5개국을 차례로 순방했으나 손에 잡히는 성과를 거두지 못했기 때문이다. IECOK에 참석했다가 빈손으로 서울에 돌아온 박충훈(경제기획원장관)이 김포공항에 내려 기자들에게 종합제철 차관 도입에 대한 비관적 전망을 알리고 종합제철의 사업규모와 건설시기를 재검토하여 결정하겠다고 발표했다. 이발언에 박정희는 심기가 불편했다.

박충훈에게 박정희가 따끔하게 질책했다는 보도가 나왔으나, 포항시내엔 '종철이 공장 말뚝도 박기 전에 망했다'라는, 사실에 가까운 유언비어가 퍼지고 포철 직원들은 의기소침해져서 자기 미래와 회사 미래를 불안해했다. 그러나 박태준은 밝힐 수 없는 비장의 카드를 가슴에 품고서 언론이 뭐라든 관료가 뭐라든 포철은 반드시 성공하게 된다고 피력했다.

이때 세계은행이 한국에 약을 올렸다. 브라질의 이파팅가 우지미나스제철소 건설에 차관을 제공한다고 결정한 것이었다. 불난 집에 부채질 하듯 4월 29일엔 미국수출입은행이 한국의 종합제철소 건설은 경제적 타당성에서 의문이 제기된 상태이므로 차관을 제공할 수 없다는 최종 입장을 밝혔다. 이렇게 세계적 금융기관이 한국 종합제철에 돈을 댔다가 떼일 염려에 빠진 즈음, 세계인의 시선은 허공의 달에 집중되었다. 유인우주선 아폴로 10호가 달 표면에 다가서고 있었던 것이다. 미국과 한국의 까마득한 격차를 깨우쳐주는 빅 뉴스였다.

5월 2일 박정희가 청와대로 박태준, 박충훈, 김정렴(상공부장관), 이한림(건설부장관)을 불러 모았다. 이 자리에서 세 가지 방침이 결정됐다. 첫째, 세계은행에만 의지하지 말고 자체 검토를 강화해 차관제공을 설득할 입증자료를 제시할 것. 둘째, 포철의 항만 도로 부지공사는 계속할 것. 셋째, 국제 경쟁력을 갖출 때까지 정부 투자를 정부 보조로 전환할 것.

5월 27일 박태준은 박충훈과 함께 KISA 대표단 7명을 경제기획원에서 만났다. 이날 박태준의 안주머니엔 이미 이나야마 일본철강연맹 회장의 편지가 꽂혀 있었다. '일본정부가 대일청구권 자금의 제철소 전용에 동의한다면 일본철강연맹은 종합제철소 건설을 적극 지원하겠으며 일본 6대 철강회사 중 어느 기업이 종합제철소 프로젝트에 참여할지를 개인적으로 알아봐주겠다'는 약속이었다. 박정희에게 보고한 것이기도 했다. 그래서 KISA 대표들과 상면하는 박태준의 속내는 명료했다. KISA와 계약이 공식 종료되지 않은 상황에서 최후 수순으로 강력히 책임 추궁을 해둠으로써 조만간 일본과 본격 접촉해나가는 과정에 제기될지 모르는 '성가신 이의 제기'를 미리 예방하겠다는 것. 이번에도 그들은 희망적인 의견을 내지 않았다. '자금 없는 사장'은 차라리 후련했다.

KISA와 회의가 또다시 성과 없이 끝났다는 것을 신문들이 가만두지 않았다. 종합제철소 건설에 대한 비관론마저 제기했다. 1969년 5월 30일《동아일보》는 이렇게 질타했다.

제철소를 세우려 한다면 60만 톤 용량의 고로를 한 개 만든다 하더라도 외화만 약 1억3천만 달러를 써야 하는데, 이를 마련한다는 것은 지금과 같은 형세 하에서는 전혀 엄두조차 서지 않는 것이다. 그러한 외화가 마련될 수 있다 하더라도 60만 톤이나 100만 톤 정도의 용량으로서는 국제경쟁이라는 견지에서 볼 때 장난감 같은 것이므로 수입하는 것보다 두 곱 세 곱의 생산비를 넣어야 할 것인데, 이는 우리가 지금 한창 머리를 앓고 있는 부실기업을 하나 더 만드는 것밖에 안 된다.

6월 2일, 박정희는 박충훈을 내리고 김학렬을 올린다. 종합제철이 두 번째로 경제책임자를 바꾼 인사였다. 경제수석에서 경제기획원 부총리로 옮긴 김학렬은 취임 즉시 흑판에 '종합제철'이라 써놓고 "이 사업이 완결되거나 내가 그만둘 때까지는 지우지 말라"고 엄명한다. 취임 사흘째(6월 5일)는 박정희의 지시를 받들어 종합제철건설전담반(종합제철건설사업계획연구위원회)을 설치한다. 경제기획원의 정문도, 노인환을 비롯해 상공부, 건설부 관료들과 포항제철 4명(노중열, 김학기, 최주선, 조용선) 등 총 14명이었다.

전담반에는 일찍이 이승만 대통령 때 서독으로 국비 유학을 떠나 1964년 12월 박정희 대통령이 서독을 방문했을 때 '종합제철 건설'을 건의했던 김재관 박사도 합류한다(연재 24회). 이때 김재관은 한국과학기술연구소 제1금속연구실장이었다. 오원철(상공부 기획관리실장)은 포함되지 않았는데, 그때로부터 44년쯤 지난 뒤《포스코신문》인터뷰(2013. 9. 12)에서 그는 "여러 가지 유용한 정보와 아이디어를 연구위원회에 제공했다"고 밝혔다.

전담반(연구위원회)은 저마다 고유한 업무를 맡아 사명감과 의욕을 불태우며 속도를 냈다. 예습도 해뒀고 참고서도 갖춘 격이었다. 문제점 많은 KISA의 각종 계획안 및 그에 대한 일본용역단과 포스코 사람들의 검증자료들을 적절히 활용할 수 있었던 것이다. 이미 세계 철강업계의 당당한 강자로 부상한 일본, 그들의 철강전문지에는 '연산 제강 총량'을 계산하는 공식까지 나와 있었건만, 아직 한국은 철강 엔지니어링에서 걸음마 수준이었다. 다행히 전담반에는 그것을 보강해줄 한국인 인재가 박혀 있었다. 바로 김재관이었다.

김재관이 맡은 것은 '제철소 종합건설계획안'이었다. 그가 주도하여 '연산 103만 톤'계획안을 완성한다. 4년 전에 니시야마(가와사키제철 사장)가 박태준과 박정희에게 처음 충고해줬고 근래에는 이나야마(일본철강연맹 회장)도 '필수'라며 권유해준 "제1기를 연산 100만 톤으로 시작하라"는 그 '100

만 톤 종합제철소'가 한국인의 손에 의해 계산된 '103만 톤 계획안'으로 등장하는 것(공식에 대입한 정확한 수치는 103만2000톤)이다. 물론 그 계획안은, 몇 달 뒤부터 일본기술단(단장 아리가)이 주도해나갈 '포철 1기 건설'의 방대하고 복잡한 '일반기술계획(GEP)'과는 차원이 다른 것이었다.

김학렬은 전담반의 활기찬 진도를 살피는 가운데 일본철강업계 지도자들의 긍정적 동향과 대일청구권자금의 전용 가능성을 확인하여 한층 더 자신감을 갖고 6월 19일 "시설규모에는 약간의 변동이 있을지 몰라도 종합제철 건설의 대원칙은 추호도 변함이 없다."고 천명한다.

그리고 7월 31일 경제기획원이 다음과 같이 공표한다.

종합제철건설전담반으로 하여금 약 2개월 동안에 걸쳐 건설계획을 근본적으로 재검토하게 한 결과, KISA와의 기본협정은 포기하고 대일청구권자금으로 건설을 추진하기로 최종 결정을 내렸으며, 새로 마련된 계획은 종합제철의 시설규모를 당초의 연간 60만 톤으로부터 국제단위인 100만 톤으로 확장하고 청구권자금으로 이의 건설을 추진하기 위하여 이미 일본정부에 이를 정식으로 요청하였다.

드디어 박정희가 박태준과 함께 가슴에 품고 있던 최후 비장의 카드를 빼든 것이었다. 다시 박태준이 발에 땀이 나도록 도쿄 바닥을 뛰어야 하는 차례이기도 했다. 그해 2월, 물밑 교섭은 임자가 책임지라고 하는 박정희의 말에 그렇게 하겠다고 약속을 했던 것이다.

265

박정희가 중앙정보부장을 꾸짖다
– "그 친구 원래 그래. 건드리지 마!"

한국정부가 KISA에 휘둘리고 있어서 포스코는 착공 시기조차 예측할 수 없었던 1969년 4월, 국내 정치적 상황은 갈등과 혼란으로 치닫고 있었다. 그해 1월 여당(공화당)이 박정희의 3선을 허용하는 개헌을 검토한다고 발표한 것이 마치 국회의 벌집을 쑤신 것과 같았다.

야당(신민당)은 개헌 저지를 위한 '범국민투쟁위원회'를 결성하여 결사투쟁 태세에 돌입하고, 공화당 내부도 반(反)김종필파와 김종필파가 암투를 벌였다. 이것이 극적으로 표출된 사건은 4월의 '권오병 문교부 장관 불신임안' 국회 통과였다. 제3공화국 출범 이래 최초로 가결된 국회의 국무위원 불신임안 표결 결과는 찬성 89표, 반대 57표, 기권 3표였다. 김종필파 공화당 의원들이 여전히 정부는 자기네 지지에 의존하고 있다는 힘을 과시하려고 찬표를 던졌던 것이다.

공화당 지도부는 그들 5명을 제명했다. 여당에서 쫓겨난 김종필파 의원들이 무소속으로 의원직을 유지하는 상황에서 박정희는 '개헌 발의를 위한 국회의원 숫자'부터 확보해야 하는 비상한 국면을 맞았다.

박정희는 먼저 김종필을 청와대로 따로 불러 태도를 돌려세움으로써 개헌안을 국민투표에 부치기 위한 '국회 통과' 요건인 의결정족수 3분의 2를 무난히 확보했다. 그리고 7월 25일 일대 정치적 승부수를 띄운다. 개헌안에 대한 국민투표를 통해 대통령 신임 여부까지 묻겠다는 요지의 대통령 특별 담화 발표가 그것이다. 국민 여러분이 3선 개헌안에 찬성해주면 대통령을 계속하고 반대한다면 대통령도 그만두겠다. 이 단서가 개헌 정국에서 태풍의 눈이 되었다.

집권세력이 국민투표에서 3선 개헌안을 통과시키려는 사회적 분위기를 뜨겁게 달구기 위해 총력을 기울여야 하는 여름, 그 입체적 총력전에 예비역 장성들도 응원세력으로 동원되었다. 더러는 능동적 적극적이고 더러는 수동적 소극적인 '별들의 행동'을 한곳에 모으는 계책을 짜는 여권 고위층과 중앙정보부. 그들의 망원경에는 당연히 예비역 소장 박태준의 모습이 크게 잡혔다.

김형욱 중앙정보부장이 예비역 장성들의 '3선 개헌 지지 성명서'에 박태준의 서명을 받아오라며 포항으로 사람을 보냈다. 심부름꾼은 단순한 생각이었다. 국가를 위한 것이라거나 근대화를 위한 것이라거나 뭐 그런 거창한 당위적 명분을 앞세울 필요도 없이 박정희를 위한 것이니까 마땅히 박태준은 적극 동조할 것이라고 믿었다. 그의 확고한 믿음을 그러나 박태준은 보기 좋게 배반하듯이 단호히 거절했다.

"제철소 하나만 해도 바빠. 정치에는 끼지 않겠어."

칼로 무를 베듯 서명 요구마저 잘라버린 박태준. 이는 박정희와 박태준의 독특한 관계, 그 완전한 신뢰의 인간관계에 대해 현재를 가늠하고 미래를 예측할 수 있는 하나의 사건이었다.

박정희를 위한 서명에 거부한 박태준. 기획자들로서는 보잘것없이 작은 일이라고 보자면 그렇게 볼 수도 있는 일이겠으나 보기에 따라서는 봄날에 일어났던 김종필의 정치적 항명만큼 심각한 배반일 수도 있다고 판단했다. 그래서 대통령에게 보고하는 자들의 눈빛과 목소리에는 '감히 그럴 수 있나' 하는 분개가 묻어났다. 이제는 박태준도 끝났다는 고소한 기분마저 느꼈을지 모른다.

그런데 보고를 받는 이가 너무 무덤덤했다. 아니, 보고자들을 나무라듯이, 마치 박태준이 서명을 거절할 때 그랬던 것처럼, 박정희가 딱 잘랐다.

"그 친구 원래 그래. 건드리지 마!"

건드리지 말라는 박정희의 옹호를 받은 박태준은 박정희의 '특별담화'가 오뉴월 가마솥처럼 달궈놓은 서울을 떠나 도쿄로 날아갔다. 한국정부가 8월 하순에 열릴 한일각료회담에서 '대일청구권자금 전용'에 대한 합의를 끌어낸다고 결정했으니, 박태준에게는 박정희의 지시를 받고 소리 없이 수행해온 대일 물밑교섭을 마무리할 시간이었다. 일본정부가 한국정부의 절박한 제안을 받게 만들자면, 무엇보다도 종합제철소 건설에 대한 일본철강연맹의 '기술협력 의사표시'를 서류로 확보해둬야 했다. 이것이 예정된 협상에서 소중한 무기였다.

한국정부의 지휘자는 김학렬 부총리였다. 불퇴전의 각오로 반드시 해내야 한다는 박정희 대통령의 엄명을 받은 몸이었다. 그래서 그는 관료들 중어느 누구보다 가장 철저한 자세로 대일청구권자금 일부의 포항제철 전용을 성사시키려는 한일협상 준비에 각고의 노력을 기울이고 있었다.

8월 6일 박태준은 실무교섭단과 함께 도쿄에 내렸다. 포철에서는 노중열외국계약부장과 김학기 조사역이, 정부에서는 경제기획원 정문도 차관보와 양윤세 투자진흥관이 동행했다. 연산 조강 103만 톤 규모로 늘린 포항종합제철 건설안을 들고 도쿄에 도착한 박태준의 목표는 명백했다. 일본 3대 제철소인 야하타제철, 후지제철, 니혼강관의 지원을 바탕으로 일본철강연맹의 확약을 받아낼 것, 일본내각의 장관들과 의회 지도자들을 만나서 하나같이 동의하도록 마음을 돌려놓을 것.

　박정희의 정치 방면이 3선 개헌 통과를 위해 지략을 짜내는 8월, 박정희의 경제 방면은 무엇보다도 일본정부와 포항제철 건설을 위한 대일청구권 자금 전용에 합의하기 위해 총력을 기울이고 있었다.

운명을 움직인 인연의 얼개와
통산상의 실눈 뜨게 하기

8월의 도쿄는 서울보다 뜨거웠다. 박태준은 맨 먼저 야스오카를 찾아간다. 포철에 대해 협력을 아끼지 않겠다고 언약도 해주고 서신도 보내준 이나야마를 또다시 찾아가는 이번 길에도 박철언, 야기 노부오와 함께 야스오카의 방부터 거쳐야 더 힘이 붙을 것이고, 일본 정·재계의 거물들과 접촉하는 일도 그래야 더 수월해지고 더 힘이 붙을 것이라고, 그는 확신하고 있었다. 야스오카는 박태준과 포항제철의 막강한 후원자였다. 1969년 상반기 내내, 그해 여름 내내, 야스오카는 포철을 지원하는 막후 활동을 쉬지 않았다. 박철언은 자서전 『나의 삶, 역사의 궤적』에서 이렇게 정리하고 있다.

포항제철을 위한 야스오카의 집요한 막후 활동이 계속되었다. 야기와 나는 야스오카의 의중을 따라 야하따, 후지 제철사를 번갈아 빈번히 방문했다. 이나야마, 나가노, 양 거두의 합심과 협력으로 포철 문제는 일본철강연맹의 소관이 되었다. 포항제철은 연산 103만 톤을 기간으로 하는 종합제철소 건설 계획을 일본철강연맹에 제시했다. 철강연맹은 포항제철의 계획을 검토하고 그 타당성을 인정하는 공한을 발부했다.

69년 8월, 한일각료회의가 동경에서 열리게 되었다. 박태준은 사전 공작을 위해 일본으로 왔다. 그는 동경에 도착하는 대로 야스오카를 찾아왔다. 박태준은 일본철강연맹이 포항제철의 건설 계획을 적극적으로 검토하게 한 야스오카의 전력에 대하여 감사를 표하고, 한일각료회담 이전에 정·재계에 대한 접촉을 원만히 할 수 있게 주선해줄 것을 청원했다.

과연 야스오카의 위력은 대단한 것이었다. 이때(1969년 8월) 박태준의 활약상은 박철언의 자서전에 잘 찍혀 있다.

야스오카는 즉각 주선의 손을 써서 박태준으로 하여금 정계에서 기시 노부스께(岸信介), 가야 오키노리(賀屋興宣), 지바 사부로(千葉三郎), 이찌마다 나오또(一萬田尙登), 재계에서 해외경제협력기금 총재 다까스기 신이찌(高杉晉一), 경단련 회장 우에무라 코고로(植村甲午郎) 등 주요 인사를 만나게 하였다. 박태준이 만난 이들은 모두가 입을 모아 포항제철의 출현을 축복하고 지지했다.

야스오카가 총리대신 사토 에이사쿠(佐藤榮作)에게 포항제철에 관한 문제를 진지하게 말했다는 하야시 시게유끼의 말이 야기를 통해서 전해졌다. 수일 후에 야기는 내각 관방(官房)의 전갈을 받고 박태준과 같이 총리 관저로 관방부장관 기무라 도시오(木村俊男)를 찾았다. 셋이 하이어를 타고 총리 관저로 갔다. 야기와 박태준이 기무라를 만나는 동안 나는 대기실에 앉아 기다렸다. 상기된 두 사람과 나는 관저를 나와서 차에 올랐다. 차가 총리 관저의 문을 나서자 야기가 입을 연다.

"일은 성사됐어요. 기무라 관방부장관의 말은 이래요. 사또 총리는 포항제철 건설 자금에 관한 한국정부의 제의를 수락할 것이다. 박 대통령에게 그 취지를 전하라. 그러나 일한각료회의를 앞두고 이 말이 누설되지 않도록 주의하라는 것이었어요."

박태준으로서는 하늘이 주는 일대 복음이었다. 이어 박태준은 야스오카의 주선으로 외상(外相) 아이치 기이치(愛知揆一), 대장(재무)상 후쿠다 다케오(福田赳夫), 통산상 오히라 마사요시(大平正芳) 등을 두루 만났다.

그때 그 고장(일본)에서 위에 적은 이름들이 "차지하는 무게와 권위"에 대하여 박철언은 "하늘을 찌르고도 남음이 있었다"라고 했다. 그럴 만하다. 총리, 장관들, 재계 최고실력자들이 두루 등장하는 것이다. 그 놀라운 현실에 대하여 박철언은 기꺼이 털어놓는다.

불혹의 한국인 박태준이 연일 이들을 차례차례 거침없이 만나고 다녔다면 누구나 쉬이 믿을 수 있는 일이 아니었다. 그 믿을 수 없는 일이 눈앞에서 현실로 일어났고 이어졌다. 야스오카가 있었음으로, 그를 그리하게 한 박태준이 있음으로 가능했던 일이다.

일본 정·재계 지도자들의 존경과 신망을 한 몸에 받는 야스오카를 감동시킨 박태준. 그의 그 저력은 무엇이었을까? 크게 네 가지로 분석할 수 있다.

첫째는 박태준의 완벽한 일본어 구사와 일본문화 체득이다. 그는 1933년의 여섯 살부터 1945년의 열여덟 살까지 일본에서 성장했다. 그때 습득한 일본어와 체득한 일본문화가 이윽고 '근대화 조국'을 위한 보배로운 능력으로 발현된 것이다. 일본어를 완벽하게 구사할 수 없었다면, 일본인의 문화적 특성을 제대로 알지 못했다면, 그는 대학자로서도 저명한 야스오카에게 자신의 이상과 신념을 제대로 밝히지 못했을 것이다.

둘째는 1964년 1월 야스오카가 박정희의 특사로 장기간 방일한 박태준과 초대면하는 자리에서 과연 한국 대통령이 가장 신뢰하는 인물이라는 귀띔에 걸맞은 인물이라는 강렬한 첫인상을 받았던 점이다(126쪽 참조). 바로 그 인물이 맡은 국가적 대사(포항종합제철)이니 야스오카는 듬직했을 뿐만 아니라 그의 부탁은 곧 박정희의 뜻이 반영된 것이라고 믿을 수 있었다. 이러한 야스오카의 박태준에 대한 신뢰는 그가 대일관계를 헤쳐 나가는 길에서 보이지 않는, 그러나 든든하고도 큼직한 자산이었다.

셋째는 박태준의 강렬하고 순정한 무사(無私) 애국심이다. 대가는 대가를 알아보는 것처럼, 애국자는 애국자를 알아본다. 야스오카는 겨우 불혹을 넘어선 한국인과 대화하는 동안 난국에 빠진 조국을 위해 헌신하겠다는 그의 뜨겁고 순수한 영혼을 확인했을 것이다. 불타는 정열과 의지를 안으로 모을 줄 아는 침착성과 지혜도 발견했을 것이다.

넷째는 야스오카의 한국관과 박태준의 일본관이다. 한일관계를 일의대수에 비유하면서 일본의 과거를 사과하고 한국을 돕는 것이 일본에도 도움이 된다는 야스오카의 사고, 일본을 알아야 이용할 수 있고 이길 수 있다는 박태준의 용일주의(用日主義). 이것은 즐거운 손뼉소리를 낼 수 있는 정신적 조건이었다.

야스오카의 한국관에는 극단적 냉전체제 속에서 한국이 맡은 '반공 방파제론'도 포함돼 있었다. 박철언은, 야스오카가 일본철강연맹 회장 이나야마에게 전화를 한 뒤에 그의 뜻을 받아 야기와 함께 이나야마를 처음 찾아갔던 자리에서 나눈 대화를 명확히 기억한다.

"야스오카 선생의 견해는 간단명료합니다. 한국은 공산세력에 대치해서 전방 방어를 맡고 있는 나라입니다. 한국은 제철에 관한 한 북측에 비해서 빈약합니다. 이는 보강해야 합니다. 두 나라는 일의대수의 상호관계에 있다고 믿고 계십니다."

"예. 야스오카 선생의 의견은 강경하셨어요. 옳은 말씀이셨습니다. 나라의 장래를 그르치지 않기 위해서도 선생의 의견은 존중되어야 하겠지요."

야스오카의 측근 야기 앞에서 이나야마의 발언은 신중했고 그 내용은 상적(商的) 경쟁이나 이해의 수위를 초월하는 것이었다.

1969년으로부터 무려 31년이나 더 흐른 뒤의 일이지만, 일본 최장수 총리를 지낸 나카소네는 2000년 여름 박태준에게 편지를 보내온다.

귀하는 일본에 와서 하나라도 더 한국에 도움될 것을 가져가려고 모든 것을 다했습니다. 귀하의 애국심에 나는 항상 감동합니다.

미무라 료헤이 미쓰비시상사 회장은 박태준의 일본관을 이렇게 간파했다.

우리가 비즈니스를 하기 위해 한국을 연구하는 것처럼, 박태준 회장은 일본을 아주 깊이 연구하고 있는 전략가다.

박태준은 언제나 '일본을 아는 것이 먼저'라고 당당히 역설했다. 일본에 대한 그의 기본적 태도는 지일(知日)-용일(用日)-극일(克日)의 3단계를 밟아야 한다는 것. 감정에 압도당하면 일본을 알 수 없게 되고, 일본을 모르면 일본의 장점을 활용할 수 없게 되며, 그러면 일본에 앞설 수 없게 된다. 이렇게 정돈된 그의 전략이 확실한 실천으로 확립된 공간은 포스코이다. 영일만에서 얻고 배운 일본기술을 광양만에서 보기 좋게 활용하고 극복하여 세계 최고의 광양제철소를 완성하게 된다.

정말 인생에는 피할 수 없는 운명이란 것이 있을까? 있다면, 그 운명을 관장하는 존재가 절대자인가? 문학이나 철학에서는 진리의 실재(진실)에 도달해야 하는 여정이 참다운 삶의 운명이라고 한다. 그 운명이 필생의 과업이다. 진실(진리의 실재)이란 삶과 세계를 지배하는 근원적이고 궁극적인 주체로서, 언어와 시간을 초월하는 존재다. 곧 절대자다.

인간의 예지로는 온전히 해명할 수 없는 것이 역사다. 역사라는 것도 절대자에 근접하는 무엇이다. 그래서 역사는 특정 개인들에게 어떤 특별한 운명을 피할 수 없는 굴레처럼 덮씌우는가? 한국산업화 역사에서 한참을 유심히 들여다봐야 하는 장면이 '박정희의 종합제철 의지와 1969년 8월 도쿄의 박태준'이다. 여기엔 가정(假定)의 돋보기 네 개가 필요하다.

만약 박정희가 1964년 정초에 미국 유학을 떠나려는 박태준을 돌려세워서 '10개월간 특사'로 일본에 파견하지 않았다면? 그래서 박태준이 그때 이미 야스오카를 만나지 못했거나 박정희의 특사로서 그에게 강렬한 첫인상을 남기지 못했다면? 일찍이 박철언의 됨됨이와 능력을 알아본 박태준이 박정희에게 그의 존재를 알리고 '혁명정부 제1호 출국허가증'을 그에게 내줘서 일찌감치 그의 삶터인 도쿄로 보내주지 않았다면? 그리고 박태준과 박철언이 서로 돈독한 인간관계를 맺지 않았다면? 이 4가지를 모두 충족하지 못했더라면, 제철기술 제공에 대한 일본철강연맹의 협력이나 대일청구권자금 전용에 대한 일본정부의 협력을 1969년 8월 '단번에 그토록 순탄하게' 끌어내기란 대단히 어려웠을 것이다. 이러한 인연의 얼개가, 역사가 간택하고 관장한 특정 개인들의 운명이 아니라면 무엇이란 말인가?

1969년 8월 15일, 아이치 외무상이 한국 광복절을 축하하듯 기자회견을 통해 외무성 대장성 통산성 관계자들이 여러 차례 합동회의를 한 결과 대일청구권자금 전용에 대해 긍정적인 방향으로 검토가 이루어졌고 22일 일본 각의에서 최종 결정이 내려질 것이라고 발표했다. 이러면 다 된 밥이었다. 며칠 전에 관방부장관 기무라 도시오가 박태준, 야기, 박철언을 총리 관저로 불러서 "성사되었다. 박 대통령에게 보고해라. 단, 끝까지 기밀을 유지해라."고 일러준 그대로 '성사'가 되었고, 8월 15일이라는 특별한 날을 맞아 일본정부가 먼저 공개한 것이었다.

신생아 포항제철을 기사회생시킬 대한민국 산업화시대의 그 중대하고 긴요한 외교적 대성과는 '박정희의 사람들'이 저마다 최선을 기울이면서 연합작전을 성공적으로 수행한 결실이기도 했다. 박태준이 도쿄의 각계 거물들과 연쇄적으로 만나서 완벽한 정지작업을 해내고, 경제기획원의 정문도 운영차관보와 양윤세 투자진흥관을 비롯한 한국 관료들이 김학렬 부총리의 열정적인 지원과 지휘를 받으며 부지런히 뛰어다니고, 김종필까지 나서서 일본 정계 지도자들에게 '한국의 반공 방파제론, 그로 인한 과중한 방위비 부담론'을 설파했다. 통치자는 독려만 했을까? 그렇지 않다. 박정희는 주한 일본대사를 직접 청와대로 불러 협력하게 만들었다.

그런데 오히라가 느닷없이 심통을 부리듯 다 된 밥에 재를 뿌렸다. '아직 검토단계에 있고 최종 결정을 내리기에는 시간이 좀 더 필요하다'는 성명을 낸 것이었다. 일본 각의가 열리는 8월 22일까지는 일주일의 여유도 없었고, 한일각료회의까지는 딱 열흘이 남아 있었다.

마지막 장애물 오히라. 지난해(1968년) 8월 한일각료회의에서도 "한국은 일본 철강제품을 수입하는 것이 훨씬 유리하다"고 떠들었던 바로 그 오히라. 박태준은 무슨 수를 쓰든 오히라를 설득해야 했다. 일본 내각은 의사결정 구조가 전원합의체이므로 한 각료라도 비틀면 일을 망치게 된다. 박태준은 야스오카의 도움으로 오히라와 안면을 튼 사이여서 '무슨 수'를 쓰긴 써야겠지만 직접 다시 만나는 '수'가 최선의 '수'이자 유일의 '수'라고 생각했다. 그의 면담 신청을 오히라가 받아줬다. 경제학을 전공한 오히라는 독특하게 생긴 인물이었다. 유난히 큰 얼굴에 눈이 가늘어서 감고 있는 것 같았다. 그가 문제의 성명에 대한 근거를 대듯 박태준에게 경제학원론을 펼쳐놓았다.

"경제원칙에 의하면 산업화의 첫 단계는 농업자립화입니다. 농업자립화가 이루어졌을 때, 이를 바탕으로 성숙한 시장경제가 들어서게 됩니다. 제철소 건설은 그 다음의 일이지요. 지금의 한국은 농업에 투자할 시기입니다. 비료공장, 농기계공장을 세워 농업부터 발전시켜야 합니다. 수익성이 보장되지 않는다는 이유로 외국 은행들이 차관을 거부한 환경에서 제철소 건설을 밀어붙이겠다는 것은 무모한 선택이 아닐까요?"

오히라의 실눈은 상대를 똑바로 쳐다보지 않았으나 박태준은 경제전문가로서의 판단에 따라 반대한다는 점을 간파했다. 오히라가 '반한감정'을 앞세우지 않는다는 점을 그나마 다행이라고 여겨야 했다. 이것이 소득이었다. 그는 나쁜 인상을 남기지 않으려고 일단 얌전히 물러났다.

'농업자립화 우선'이라는 오히라의 주장은 장면 정권에서도 검토한 정책이었으나 박정희 정권은 중화학공업에 최우선으로 힘을 모았다. 이제 종합제철소만 건설하면 산업화의 확고한 기반을 다질 수 있는 단계였다. 한국은 비료공장을 이미 갖추고 있었다. 1966년 9월 '한비사건'이 터지긴 했으나, 이병철의 삼성이 일본과 협력해서 울산공업단지에 세운 야심작 한국비료가 대표적인 공장이었다. 농기계공장을 세워야 한다는 오히라의 충고도 틀리진 않았다. 몇 년 전부터 북한이 '또락또르'를 대대적으로 생산해 농업의 기계화를 부르짖고 있는 상황에서 남한도 농기계 생산에 깊은 관심을 기울이지 않을 리 없었다. 하지만 농기계를 나무로 만들랴. 북한에는 일제가 세운 제철소가 있지만 남한은 없으니 양질의 철을 생산해야 농기계공장도 갖출 수 있을 것 아닌가?

277

그러나 두 번째 만남에서도 오히라는 박태준에게 자신의 경제지식을 양보하지 않았다. 박태준은 어떡하든 꼼짝 못하게 항복시킬 논리를 찾아야했다. 시간은 많지 않았다. 22일 전에 오히라를 설득하고, 22일 전후로 일본철강연맹의 구체적 확약서를 받아야 했다. 박태준은 또다시 오히라에게 면담을 신청했다. 세 번째인데도 그는 선뜻 만나주었다.

"한 주일 안에 박 사장을 세 번째로 만나는데, 이런 일은 당신이 처음이오만, 내 원칙에는 아직 변함이 없어요."

"덕분에 공부를 많이 하게 되었습니다. 청일전쟁을 준비하는 과정에서 일본은 영국으로부터 군함을 차관으로 도입해왔습니다. 제철소가 없었기 때문입니다. 그래서 일본은 청일전쟁을 통해 제철소의 필요성을 절감했고, 명치 30년에 7만 톤짜리 야하타제철소를 세웠습니다. 그 뒤에 러일전쟁을 준비하는 일본에게 제철소의 필요성은 다시 절실해졌고, 제철소 건설을 서두르게 되었습니다. 그러니까 일본은 단순히 산업적 목적의식에서만 제철소를 세웠던 것이 아니라, 안보적 차원을 더 깊이 고려했습니다. 그때 제철소 건설에 심혈을 기울이고 있던 일본의 1인당 GNP는 오늘의 화폐가치로 100달러 미만이었고, 한국의 현재 1인당 GNP는 200달러에 육박하고 있습니다."

갑자기 오히라의 실눈이 드러났다. 세 번의 만남을 통틀어 눈동자가 처음 빛을 쏘았다.

"그걸 어디 가서 조사했어요?"

"정부간행물보관소를 뒤졌습니다."

그것은 사실이었다. 설득의 논리를 세우고 근거를 찾느라 골몰하고 있던 박태준의 머리에 섬광처럼 떠오른 생각이 그곳을 뒤져보자는 것이었다.

"정말 공부를 했군요."

박태준은 한 발 더 나갔다.

"북한은 일본이 남긴 제철소들이 있는 데다 소련의 지원까지 받으면서 이미 한국보다 열 배 넘는 철강을 생산해서 대규모로 무기를 만들고 농기계도 만듭니다. 한국이 제철소를 짓겠다는 것은 산업적 수익성뿐만 아니라 안보적 차원도 고려한 정책입니다. 현재의 냉전체제 대결에서 한국의 안보는 일본의 안보와 직결되는 문제가 아닙니까?"

오히라의 눈이 다시 사금파리처럼 반짝거렸다. 그가 불쑥 엉뚱한 말을 했다.

"사실은 내 숙부가 한국의 동남쪽에 사셨던 적이 있습니다. 경상북도 영일군 대송면의 대송국민학교에서 교장으로 봉직했습니다."

"예에? 그렇습니까? 그곳이 바로 우리 공장이 들어서는 자리입니다."

"정말 우연의 일치군요."

"인연이 있는 겁니다."

영일군(포항시로 통합됨) 대송면은 포항제철과 철강공단이 들어서는 터전이니, 박태준은 급히 '남다른 인연'을 상기시키며 한숨을 돌렸다. 대일청구권자금을 전용하기 위한 장도의 마지막 장애물을 한쪽으로 밀어낸 순간이었다.

"포철 자금을 합의 못하면 돌아오지 말라"고 박정희가 김학렬에게 엄명했으니

 8월 22일 일본철강연맹은 이나야마 회장의 주선으로 '한국제철소건설 협력위원회'를 구성했다. 일본 철강회사들과 종합상사들로 구성한 이 위원회는 설계·건설의 기술지원과 기자재 선정의 협력을 위한 조직이었다. 이날 일본정부는 한일각료회담의 의제를 검토하려는 각의를 소집하고 한국의 종합제철소 프로젝트를 상정해, 오히라 통산상을 포함한 각료 전원의 지지를 확인했다. 23일 박태준은 야하타, 후지, 니혼강관 등 3개사 대표의 이름으로 된 '포항종합제철 계획의 검토에 관한 건'이라는 공문을 받을 수 있었다. 서울행 비행기에 오른 그는 야스오카, 이나야마 양인의 은혜를 각골난망 심정으로 아로새겼다.

 박태준은 홀가분하게 부총리를 방문했다. 뜻밖에 김학렬의 태도가 딱딱해졌다.

 "일본정부가 22일 청구권자금 전용 문제에 대해서는 사실상 동의했지만, 양국 각료회담에서는 기술협력에 대해 까다롭게 나올 수도 있습니다. 일본 철강업계의 확실한 보증이 필요합니다. 그걸 쥐고 있어야 안심할 수 있습니다. 일본 3대 철강회사 사장들의 서명이 담긴 기술협약 문서를 받아주세요."

"이 공문이면 됩니다. 일본인의 특성상 그런 확약 문서까지 요구하는 것은 생각할 수도 없는 일입니다. 그것은 신뢰를 의심하는 겁니다."

"그래도 국가와 국가 간의 관계는 묘할 수 있습니다. 회담 개최 전까지 기술지원을 하겠다는 확약 문서를 대표들의 공동서명으로 받아주세요. 부탁합니다."

박태준은 불가 사유를 꼽았다. 일본 3대 철강사 사장들이 이제 막 포철 일을 마치고 시골별장으로 휴가를 떠났을 가능성이 높다는 것, 한일각료회의가 나흘밖에 남지 않았다는 것, 그들의 신의를 의심하는 행동이 오히려 불신을 일으킬 수 있다는 것. 그러나 김학렬은 박태준의 마스코트와 다름없는 '완벽주의'를 들이밀었다.

"일을 완벽하게 처리하자는 것입니다. 완벽을 기하기 위해 다시 한 번 수고를 해주실 수 없겠습니까?"

"완벽하지는 않다? 바로 떠나겠습니다."

박태준은 여장을 풀 겨를도 없이 다시 공항으로 나갔다. 참으로 멋쩍고 민망한 심부름에 내몰린 아이처럼 낭패감과 수치심이 마음속에 달라붙었지만 대의(大義) 달성을 위하여 '완벽을 기하자'고 하니 그따위 감정에 연연하고 싶지 않았다.

이나야마는 도쿄 본사에 있었다. 박태준은 괴로운 숙제를 솔직히 털어놓았다. 서양인들(KISA)과의 약속에서 너무 크게 당했기에, 만의 하나라도 대비하려는 한국정부의 노심초사를 이해해 달라는 양해도 구했다.

"다른 두 분 사장님과 관계 요로의 입장을 확인한 다음에 내일 연락을 드리겠습니다."

이나야마가 호의를 무시당한 섭섭함을 참느라 말씨를 낮게 깔았다. 박태준은 난처했다. 그러나 체면을 구길 수밖에 없었다.

"시간이 너무 촉박하다는 점을 고려해주십시오. 한국정부는 확실한 문서를 갖고 싶은 것입니다."

잠시 생각에 잠겼던 이나야마가 입을 열었다.

"알았습니다. 최선을 다해보겠습니다. 두 분께 전화를 해볼 테니 대기실에서 기다려주십시오."

대기실로 나온 박태준은 면목이 없었다. 초조하기도 했다. 여태껏 수많은 일본인과 접촉했으나 지금처럼 마음이 무거운 적은 없었던 것 같았다. 다행히도 행운은 여전히 박태준의 편이었다. 이나야마가 서명한 문서를 건네주면서, 후지제철 사장과 니혼강관 사장도 마침 도쿄 사무실에 계시니 당장 찾아가라고 했다.

박태준은 김학렬이 요구한 기술지원 확약서를 품에 넣자 곧장 도쿄 시가지를 빠져나왔다. 하네다공항에는 서울행 오후 5시 노스웨스트오리엔트 항공기가 있었다. 그걸 아슬아슬하게 잡아타고 저녁놀에 물드는 동해를 건너오는 동안 그의 가슴은 성취 희열과 포항종합제철의 희망으로 뿌듯했다.

그런데 김학렬이 또 문제점을 집어냈다.

"서류에는 '100만 톤 규모의 포항제철소 건설계획을 검토한 결과 일응(一應) 타당성이 있다고 판단되며……' 하는 구절이 있군요."

박태준은 잠자코 기다렸다. 부총리가 말을 이었다.

"일응 타당성이 있다? 이게 안 좋아요. 일응 타당성이 있다, '일응', 이게 분명치가 않아요. 이래서는 지원 의사가 완전히 확실하다고 생각할 수 없습니다. '일응'을 빼고 '타당성이 있다'라고만 된 문서를 새로 받아주세요."

박태준은 입술을 굳게 다물었다. 희열과 희망으로 뿌듯했던 가슴에 순간적으로 서운한 감정이 넘쳐났다. 실망감이 꿈틀대고 분노마저 일어서려 했다.

'일응을 불안해하다니…….	일응, 일정 정도, 이걸로 사람을 거듭 망신시켜야 한단 말인가!'

그는 버럭 고함을 지르고 싶었다. 그러나 가만히 침을 삼켰다.

"일본 철강 3사 대표들이 시골로 휴가를 떠나서 도쿄를 비웠습니다. 이건 서명을 받는 자리에서 직접 확인한 사실입니다. 그러니 시간이 안 됩니다."

박태준이 불가 사유를 차분히 밝혔다.

"그래도 한 번 더 수고하셔야 합니다. '일응'을 빼야만 애매모호한 느낌을 지울 수 있습니다."

"그 한 단어 때문에 우리가 그분들의 신의를 의심해야 합니까? 우리는 당신들을 제대로 믿지 못하고 있다, 그러니 일응을 반드시 빼줘야 한다, 이렇게 되는 것인데, 이러한 우리 정부의 마음을 그분들에게 알려주자는 것입니까?"

"미안합니다. '일응'이 있으면 애매모호한 문서라는 지적을 받을 수도 있습니다."

김학렬은 '일응'을 뺀 확약서로 다시 받아와야 한다고 버텼다. 박태준은 어쩔 것인가? 똑같은 일로 세 번째 일본으로 날아가서 '일응'만 뺀 문서로 다시 만들어 달라고 고개 숙여 부탁해야 하는가? '일응' 때문에 쩔쩔매며 두려워하다니! 그는 벌레를 씹는 기분이었다. 아직 박태준은 몰랐으나 김학렬에게는 그럴 수밖에 없는 사정이 있었다. 한일각료회담을 준비하는 그에게 박정희가 "이번에 도쿄 가서 포철 자금을 합의하지 못하면 돌아오지 말라."고 강력히 지시했던 것이다.

바로 이즈음이었다. 박정희는 가나야마 야시히데(金山政英) 주한 일본대사를 청와대로 불러 사토 에이사쿠 일본총리에게 보내는 친서를 맡기며 김학렬에게 그랬듯이 "포항제철과 관련해 좋은 답장을 받지 못하면 서울로 돌아올 필요가 없다."고 을러멨다.

박정희의 종합제철 의지와
'일응'을 빼기 위한 박태준의 마라톤

박태준은 도리 없이 또다시 김포공항으로 달려갔다. 오직 '일응'이라는 두 글자의 일본어(한자)를 빼기 위하여. 그러나 그것이 '마라톤 같은 장정'이 될 것이라는 예상까지는 못하고 있었다.

박태준은 도쿄에 닿기 바쁘게 이나야마 회장에게 연락을 취했다. 미리 들었던 그대로 이나야마는 도쿄에 없었다. 비서가 하코네에 가서 휴가를 보내시는 중이라고 했다.

다음, 그는 나가노 후지제철 사장에게 전화를 넣었다. 나가노는 고향에 내려가 있었다. 도쿄에서 800킬로미터나 떨어진 히로시마, 그 원폭 피해의 대명사가 그의 고향이었다.

세 번째로 그는 아카사카 니혼강관 사장을 찾았다. 아직 아카사카는 도쿄에 있었다. 휴가 떠날 차비를 하는 중이었다. 간발의 차이로 한 명은 쉽게 만날 수 있는 상황이었다. 그러나 가장 중요한 상대, 가장 확실한 상대는 역시 일본철강연맹 회장이었다.

박태준은 얼굴에 철판을 깔았다는 심정으로 이나야마의 비서실에 들렀다. 회장에게 연락을 취해달라는 그의 부탁을 받은 비서가 '휴가중'이라며 정중히 거절했다. 어쩌겠는가? 고함을 칠 수도, 빌어볼 수도 없는 노릇이었다.

이제 구원을 요청할 곳은 딱 한 군데. 박태준은 염치없는 부탁을 들고 하릴없이 야스오카를 찾아갔다. 야스오카는 곤란한 표정부터 지었다. 기껏 '일응' 때문에 휴가 떠난 거물들에게 결례를 해야 하는가. 야스오카의 마음속으로 지나가는 불편한 말들을 박태준은 생생히 들을 수 있었다.

"포항종합제철에 대한 한국 각료들의 노심초사에서 비롯된 일입니다. 신의를 의심하는 것이 아닙니다. 만의 하나라도 실수가 없도록 예방하고 점검하는 차원입니다. 이 점을 깊이 이해해주시기를 부탁드립니다."

박태준은 정성껏 간곡한 부탁을 내놓았다. 야스오카의 얼굴에서 망설이는 표정이 깨끗이 스러졌다. 야스오카는 이나야마의 비서에게 전화를 넣었다.

"박 사장님의 곤란한 사정에 대해서는 들었을 테지요. 결례를 할 수밖에 없는 박 사장님의 국사(國事)에 대하여 깊은 이해를 부탁드린다는 나의 뜻을 이나야마 회장님께 잘 전해주기 바랍니다."

박태준은 야스오카에게 깊은 마음에서 우러나오는 감사를 올렸다. 그리고 찻잔을 앞에 두고 담소를 나누는 십여 분이 흘러갔다. 이나야마의 비서가 전화를 걸어왔다. 역시 이나야마는 변함없이 따뜻한 은인이었다. 비서에게 다음과 같은 지시를 내린 것이었다.

박 사장이 원하는 대로 해드리라. 나가노 사장에게는 내가 직접 전화를 해두겠다. 도쿄에 계시다는 아카사카 사장에게는 자네가 전화를 드려서 상황을 잘 말씀드리고 승낙을 받아내라.

이제 박태준 앞에 기다리는 것은 시간과의 다툼이었다. 그는 '일응'을 빼고 새로 작성한 협조각서를 품고 자동차로 비행기로 이틀에 걸쳐 세 곳을 찾아다녔다. 이윽고 서울로 돌아왔을 때는 한일각료회담이 하루 앞으로 다가와 있었다.

"해냈어요?"

김학렬이 '일응'을 뺀 서류를 보자고 했다.

"여기 있습니다."

박태준은 웃으며 새 각서를 넘겨주었다. 피로가 몰려들었으나 마음은 잔잔해지고 있었다.

1969년 8월 26일 오후, 도쿄에서 제3차 한일각료회담이 열렸다. 한국정부 대표단은 김학렬 부총리를 중심으로 외무부장관 최규하, 재무부장관 황종률, 농림부장관 조시형, 상공부장관 김정렴, 교통부장관 강수종 등으로 꾸려져 있었다.

회담 사흘째, 드디어 종합제철소 프로젝트가 책상 위에 올랐다. 일본정부 대표단은, 원칙적으로 찬성하지만 일본철강업계와 상의한 후 자세하게 검토하겠다는 입장을 표명했다. 김학렬은 바로 그 순간을 위해 '철저히' '완벽하게' 준비한 서류를 꺼냈다. 박태준이 마라토너처럼 뛰어다니며 확보한, 일본철강업계 3사 대표의 '협조각서'였다. '일응'마저 삭제한 그 문서에는, 100만 톤 규모는 경제적 타당성이 있다는 요지와 기술협력을 약속한다는 내용이 포함돼 있었다.

1969년 8월 24일을 전후하여 도쿄와 서울을 세 차례나 오가며 마라토너처럼 뛰어다닌 그때 박태준의 모습에 대해 일본 지도자들은 어떻게 기억하고 있었을까?

그즈음부터 이미 일본정계에서 전도가 양양했으며 뒷날에 일본 총리 (1982~87)를 지낸 나카소네는 이렇게 회고했다.

뭐니뭐니 해도 박태준 선생의 노력이 일본의 협력을 도출해냈던 것으로 보는 것이 타당할 것이다. 그는 보는 이들이 오히려 안타까워할 정도로 열심히 뛰어다녔다. 일본 측은 박 선생의 진지한 노력에 감동을 받았다.

대장상, 외무상을 거쳐 1978년부터 수상을 맡게 되는 후쿠다 다케오는 이렇게 회고했다.

나는 '철강산업을 일으켜 국가건설의 초석이 되겠다'는 박태준 선생의 기백에 압도되었다. 박 선생은 '그것이 내가 이 땅에 태어난 뜻'이라고 단호히 말했다.

'한국인으로 태어난 뜻이 철강산업을 일으켜 국가건설의 초석이 되는 것'이라는 확고한 신념을 일본 지도자들에게 당당히 천명한 박태준, 그리고 불퇴전을 지시한 박정희의 강철 같은 의지를 받들어 박태준에게 '일응 빼기 마라톤'까지 부탁한 김학렬의 철저한 협상준비. 이것이 1969년 8월 28일 일본정부의 매우 귀중한 성명을 탄생시킨다. 바로 그날, 일본정부가 '한국 종합제철소 프로젝트를 위해 서울로 대표단을 파견한다'고 공식 발표를 한 것이다. 곧이어 이튿날에는 야하타제철 후지제철 니혼강관 3사의 사장들이 서울로 날아와서 김학렬 경제기획원 부총리를 예방한다.

무려 10년 가까이 끌어온 한국의 종합제철이 극적으로 불임 상태를 벗어날 가능성이 열린 시간이었다. 그러나 아직은 포스코의 씨앗이 완전히 한국경제의 자궁에 착상된 상태는 아니었다. 곧 영일만을 방문하게 되는 일본조사단의 보고서가 어떤 방향으로 가느냐. 이것이 최후 관문이었다.

황무지에 내리는 가을비의 섭리가
포철 착공을 앞당겨준다

1969년 9월 17일 포항종합제철 건설 타당성 조사를 위한 일본조사단(단장 아카자와 쇼이치)이 김포공항에 내렸다. 서울 거리가 한창 소란스러운 날이었다. 9월 14일(일요일) 새벽 2시 30분, 이효상 국회의장이 야당 의원들과 학생들의 철야농성장으로 변한 세종로 국회 본회의장을 피해 제3별관 3층 회의실에서 전격적으로 3선 개헌안 통과 방망이를 두드리고 나서 겨우 사흘째였던 것이다.

그러나 아카자와는 정치인이 아니라 관료였다. 동경대학 법학부를 졸업한 엘리트로서 그해 8월 도쿄의 한일각료회담이 '대일청구권자금 일부의 포철 건설 전용'을 다루는 자리에는 일본 경제기획청 조정국장으로 참석하고 있었으며, 양국 공동성명 문안의 작성자이기도 했다. 아카자와는 그때 그 자리의 팽팽한 분위기를 다음과 같이 증언한다.

나는 외무성, 대장성, 통산성을 뻔질나게 오가며 각료회의 공동성명 문안을 작성했다. 그런데 이 공동성명 문안이 '코에 걸면 코걸이, 귀에 걸면 귀걸이' 식이었다. 지금도 그 문구는 생생히 기억하고 있는데, "양측의 의견을 조정하기 위해 한국에 조사단을 파견하기로 했다" 하는 것으로서, 어떻게 보면 한국정부의 요청을 받아들인 것 같지만 사실은 그렇지 않은 것이었다. 김학렬 부총리가 김포공항의 귀국성명에서 "한일 양국은 종합제철 건설사업을 추진하는 데에 기본적 합의를 했다"라고 발표했으나, 우리 일본 측에서는 "일단 타당성 조사를 한 후 검토하기로 했다"라는 식의 발표를 했다. 어쨌든 우리 일본정부는 그 공동성명에 따라 20명으로 구성된 조사단을 한국에 파견하기로 했는데, 내가 단장으로 임명되었다.

그런데 일본조사단이 서울에 도착한 것보다 훨씬 앞선 8월 26일, 박태준은 참으로 속이 시원한 문서를 받았다. '한국과 KISA 간 기본계약을 무효화한다'라는 KISA의 통보가 그것이었다. 그는 오래 앓아온 이빨 몇 개가 한꺼번에 쑥 빠진 것 같았다. 이제 마지막 고비는 일본조사단이었다.

대일청구권자금 일부의 포철 전용에 대한 한일협약 서명과 포철 착공은 야무지게 맞물려 있는 일이었다. 서명이 없으면 착공이 있을 수 없는 이치였다. 일본과 되기는 되겠지만 밑도 끝도 모르게 다시 질질 끌어낼 것인가? 아니면 착착 하나씩 풀어내서 서명을 앞당기고 빠른 시일 내에 건설을 시작할 수 있을 것인가? 자금도 기술도 경험도 없는 포스코의 운명이 꼼짝없이 일본조사단에 맡겨졌다. 그리고 그것은 그들의 보고서, 다시 말해 단장 아카자와의 판단에 달려 있었다. 박태준은 의연하고 정중하고 진솔하게 그를 상대했다. 아카자와는 어떤 심정이었을까? 다음과 같은 회고를 남긴다.

우리 조사단의 방한 일정 중에는 포항 현지시찰도 포함되어 있었으며, 교통편은 전세기를 이용하기로 예정되어 있었다. 그런데 포항 현지 시찰 예정일 전날부터 호우가 쏟아져 비행기가 뜰 수 없었다. 당시 나는 도쿄에서 처리해야 할 중요한 업무가 있었기에 현장시찰을 중지하느냐, 귀국을 하루 이틀 연기하느냐를 놓고 고민을 했다. 그러나 그 고민은 아주 쉽게 풀렸다. 경제기획원으로부터 3량으로 편성된 특별논스톱 열차로 경주까지 우리 조사단을 수송하기로 했다는 연락을 받았기 때문이다. 이 3량의 특별열차 중 한 칸은 우리 조사단이, 다른 한 칸은 한국측 사람들이 이용했으며, 가운데 칸은 식당차로 되어 있었다. 내가 박태준 사장과 친히 이야기를 나눌 수 있는 기회를 갖게 된 것은 바로 이 열차 내에서였다. 빗속을 달리는 열차 안인 탓일까? 편안하고 여유 있게 나와 박 사장은 대화를 나눌 수 있었다. 신의 섭리라고나 할까, 아니면 사바세계의 인연에 의한 것이라고 할까? 우리는 아주 오래 전에 만났던 사람들처럼 대화를 나눌 수 있었다. 한국의 경제, 포항제철의 구체적인 건설계획과 원료문제, 장차 대제철소로 발돋움할 포항제철과 일본의 제철회사 간의 관계 등 생각나는 대로 흉금을 털어놓고 이야기를 나누었다.

박 사장과의 장시간에 걸친 대화를 통해서 나는 그의 인품에 대해 강한 신뢰를 갖게 되었다. 대화 중 나는 박 사장이 참으로 솔직하며 오로지 제철산업의 발전을 위해 목숨까지 아끼지 않는 순수하고 박력 있는 사람이라는 것을 느꼈고, 과정에서의 어려움은 많겠지만 박 사장이 지휘를 한다면 한국에서의 제철소 건립과 경영이 틀림없이 성공할 것이라는 확신을 얻었다.

경주에서 하루를 묵은 우리 조사단은 다음날 포항 현지를 시찰할 수 있었다. 말이 현장시찰이지 그곳은 황무지 바로 그것이었다. 지금으로서는 상상할 수 없는 황량한 풍경이었다. 그 황무지 위에 사람이 세운 것이라곤 '롬멜하우스'라 불리는 목조건물 하나와 브리핑용 공장 조감도 하나뿐이었다. 우리 조사단 일행은 기가 막혔고 탄식이 절로 나왔다. 그러나 이상하리만큼 나는 담담했고, 이 일은 일본정부가 꼭 협력해야 한다고 생각할 뿐이었다. 그 이유는 박 사장이 나로 하여금 반하지 않고는 견딜 수 없을 만큼 훌륭한 인품을 가졌기 때문이었다. 결국 조사를 마치고 일본에 돌아온 나는 매우 긍정적인 보고서를 쓰기에 이르렀고, 양국 정부의 승인을 받아 포항제철 건설이 착수된 것이다.

아카자와가 일본조사단 단장 자격으로 처음 '황량한 영일만 현장'을 다녀간 그날로부터 대략 15년쯤 세월이 흐른 뒤의 어느 저녁이었다. 경주 보문단지의 호텔에서 한일경제인협회가 열렸다. 한국측 회장은 박태준이고, 일본측 경제인 일행에는 아카자와도 포함돼 있었다. 공식회의를 마치고 만찬과 함께 여흥을 시작하려는 참이었다. 문득 박태준이 와인 잔을 들고 마이크 앞으로 성큼성큼 나갔다.

"여러분. 우리 포항제철은 포항 1고로를 '아카자와 고로'라고 부릅니다. 아카자와 고로를 위하여, 건배!"

원탁에 앉아 잔을 들고 박태준을 쳐다보고 있던 아카자와는 눈시울이 뜨끔하고 가슴이 짜안했다. 말 한마디로 천 냥 빚을 갚는다는 속담, 바로 그 인간적 감화가 일어난 순간이었다.

박태준이 아카자와에게 천 냥 빚을 감동적으로 갚아준 그해 가을 저녁은 어느덧 '박정희 5주기'를 헤아리는 즈음이었다. 이때 세계철강업계의 신흥 강자로 부상한 박태준의 포스코는 광양제철소를 짓고 있었다. 세계철강협회가 '세계철강경기 침체와 철강과잉공급'이란 이유를 들이대며 개발도상국의 철강생산능력 증대에 반대하고, 일본 철강업계가 이른바 '부메랑'을 노골적으로 날려대며(일본철강업계가 포항제철이라는 호랑이새끼를 키워서 드디어 역으로 공격을 당하게 되었다는 뜻) 협력을 거부하는 상황이었다. 그러나 박태준은 '역사의 선순환 의지에 대한 신뢰 논리'(중진국은 선진국을 따라가고 개도국은 중진국을 좇아가는 것이 역사의 상식적 법칙인데, 앞선 나라들이 항상 한 손을 뒤로 내밀고 있어야 역사의 선순환 의지가 지속적으로 작동될 수 있다는 것)로써 막아내고 받아치며 오히려 광양제철소 건설에 더욱 속도를 내는 중이었다. 고인(박정희)과 철석같이 약속했던 '철강 2000만 톤 시대'를 향하여 박태준이 자신의 특장인 과학적인 판단력과 불굴의 리더십을 마치 쉬지 않는 엔진처럼 돌리며 당당하고 꿋꿋하게 전진하는 것이었다.

마침내 박태준이
'진정한 착공' 준비에 돌입하다

아카자와 쇼이치가 인솔한 일본조사단이 포항을 다녀간 1969년 9월 중순, 박태준은 포스코 내에 '건설기획조정위원회'를 구성했다. 이 조직은 설계 및 공정 기획, 시공업체와 계약업무 조정, 예산 통제, 설비구매 기획, 설비 인도 및 설치 기획 등에 대한 실무적 검토와 실행을 맡는다.

그러나 아직도 포스코는 '무(無)'의 상태와 다름없었다. 직원들이 여러 선진국 제철소에서 기술연수를 받고 있어도, 순수한 포스코의 힘으로는 건설공정 관리와 설비 선택을 감당할 능력이 모자랐다. 그래서 박태준은 업무를 크게 둘로 쪼갠다. 설비 선정과 설치에 대한 감독은 일본 기술자문단에 맡기고, 부지조성과 공장건물 신축과 국내 건설업체 감독은 포스코가 전담하기로 한다.

이 지점에서 박태준은 업무효율의 극대화를 위하여 중요한 또 하나의 결정을 내린다. 그가 십여 년 전 미국 육군부관학교에서 처음 배웠고 이태 전부터는 일본 월간지 《토목》에서 접해온 '복잡한 공정관리를 위한 PERT 기법'을 포스코에 도입하기로 한 것이다.

PERT기법은 정해진 공기(工期)와 예산에 맞춰 효율적으로 프로젝트를 진행하는 공사 실행계획이다. 이는 공사일정과 전체적 공기를 산출하고 각 부문의 상호의존 활동을 조정하는 업무에 안성맞춤이었다. 공사부장 심인보가 며칠을 끙끙댄 끝에 『새로운 공정관리기법』이란 교재를 만들었다. 박태준은 모든 간부를 불러 모아 그의 강의를 듣게 했다. 그리고 못을 박았다.

"오늘 이 시점부터 모든 업무를 PERT기법으로 관리하고 모든 추진계획을 PERT기법에 의거해 보고하라."

1960년 가을에 미국 연수를 떠나는 박태준에게 뭐든 잘 배워오면 국가를 위해 쓰일 날이 올 것이라고 했던 박정희. 그때 그의 그 작별사가 박태준의 각별한 노력과 어우러져 멋지게 실현되는 장면이었다.

포스코가 영일만 공장 건설의 착공지점 쪽으로 침착하게 차질 없이 다가가는 1969년 10월 17일, 박태준이 전혀 기웃거리지 않은 정치권은 저항과 소란과 음모를 거쳐서 3선 개헌안 국민투표를 실시했다. 투표율 77.1%에 찬성 65.1%, 반대 31.3%였다. 3선 개헌 찬반(贊反)에다 '대통령 직위 진퇴(進退)'를 직결시켜 일대 정치적 승부수를 걸었던 박정희에게는 불만스러운 결과였다. 그 후속 조치의 일환으로 권력 판도에 변화가 일어난다.

정일권 총리 이하 내각과 이후락 비서실장이 일괄 사표를 제출했다. 이것은 그해 여름에 박정희가 김종필을 달랠 때 미리 약속한 일들의 하나이기도 했다. 여기서 박정희는 상공부장관 김정렴을 비서실장으로 부르고, 이후락을 중앙정보부장에 앉히는 인사도 단행한다. 김정렴은 박정희의 경제를 더 밝게 하는 역할을 할 것이고, 이후락은 박정희의 정치를 더 어둡게 하는 역할을 할 것이다.

1969년 가을이 저물었다. 11월 하순에 접어들자 국민투표 후유증이 가라앉으며 한국경제 전망에 강한 청신호가 들어왔다. 농업은 벼 수확 773만

7천여 석을 올려 최대 풍작을 달성하고, GNP 성장률은 15% 이상—1969년 GNP 성장률은 유례없이 15.9%였음—으로 예측되고, 소비자물가 상승률은 9%대로 떨어져서 1960년대를 통틀어 최저치에 머물고 있었다.

1969년 12월 3일, 드디어 '박정희 근대화의 가장 선명한 청신호'에 불이 들어온다. 한국 종합제철소 건설자금 조달을 위한 한일기본협약 조인식이 그것이다. 만약 아카자와가 보고서에 부정적 평가나 미적지근한 평가를 담았더라면 또다시 얼마나 더 질질 끌게 될지 몰랐을 시대적 국가적 대사(大事)가 불과 100여일 만에 실현된다. 박태준도 곁에 앉아서 지켜보는 가운데 김학렬 부총리와 가네야마 주한 일본대사가 양국을 공식 대표하여 서명한 문서에는 이런 내용들이 담겨 있다.

종합제철소의 규모, 설비, 내용, 건설, 공기 등에 관해서는 기본적으로 한국 측의 건설계획을 조정한 일본조사단의 보고서에 따라 실시한다. 일본측은 재산 및 청구권에 관한 일본국과 대한민국의 협정 및 관련 문서에 의거하여 한국의 종합제철 건설을 위한 협력을 제공한다는 의도를 표명한다.

거듭 말하지만 '일본조사단의 보고서'라는 단서를 주목해야 한다. 그들의 펜에 착공 시기 등 포철의 장래가 걸린 것이었는데, 박태준이 이미 그해 가을에 단장(아카자와)을 감화시켜 놓았으니…….

그리고 협약서에는 〈일본측의 협력은 다음의 설비를 대상으로 구체화한다〉라는 조항도 포함되고, 그 밑에 제선공장(고로), 코크스공장, 소결공장, 제강공장, 연속주조공장, 분괴압연공장, 반(半)연속식 압연공장, 원료하역 및 처리 설비, 동력 및 용수설비 등이 제시돼 있다. 특이한 한 가지는, 포스코의 역사를 통틀어 '첫 판매 제품'을 생산하게 되는 '중후판공장'이 빠져 있다는 점이다. 이것은 유대인 괴상이라 불린 아이젠버그가 중후판공장 건설을 선수 치듯이 장악했기 때문에 발생한 사안인데, 뒤에 다룰 테지만, 1970년 여름에 박태준이 아이젠버그와 거의 결투에 가까운 한판 승부를 거치고 나서야 포스코가 중후판공장(요새는 '후판공장'이라 함)을 첫 준공 공장으로 직접 짓게 된다.

포항제철 1기 완공(조강 연산 103만 톤 규모)을 위해 3년에 걸쳐 일본이 제공할 자금은 총 1억2천370만 달러였다. 청구권 자금 7천370만 달러와 일본수출입은행 상업차관 5천만 달러. 청구권자금은 유상 4천290만 달러, 무상 3천80만 달러.

1962년 울산 30만 톤 종합제철 좌절, 1964년 12월 박정희의 서독 방문과 종합제철에 대한 새로운 결심, 1965년 5월 박정희의 미국 피츠버그 방문과 포이 접견 및 박정희가 박태준에게 내린 종합제철 특명, 1966년 1월 박정희의 미국 방문과 포이 접견, 그해 11월 서방 5개국 8개 철강사의 KISA 구성, 그리고 기나긴 지리한 교섭……. 1967년 10월 3일 박정희의 '준비 덜 된 종합제철' 기공식(포항) 강행, 11월 8일 종합제철건설사업추진위원회 위원장에 박태준 공식 임명, 박태준의 KISA를 향한 비판과 불만 및 재협상, 1969년 2월 박태준의 대일청구권자금 전용 건의와 박정희의 재가, 박태준과 정부 관료들의 곡절 많은 한일협상과 1969년 8월 양국의 원칙적 합의, 그리고 그 실현을 앞당겨준 아카자와 쇼이치와 박태준 사이의 '가을비의 섭리'……. 그렇게 박정희와 박태준의 포항종합제철은 천신만고의 길을 헤쳐 나와 상법상 주식회사로 탄생한 다음에도 거의 이태나 더 지나서야 비로소 '진정한 착공식'을 기획할 수 있게 된다.

대일청구권자금(일제식민지 배상금) 일부를 전용하여 포항종합제철 건설에 투입하자는 한일협약식을 그 현장에서 증인처럼 지켜본 박태준은 '국가적 대의'에 순수하게 복무하라는 대명의 천만 근 무게를 온 영혼으로 감당하며 다시 옷깃을 가다듬었다. 자립경제 기반 위에서 번영을 구가하고 선진 제국과 어깨를 나란히 한다는 국가적 숙원이 이루어질 수 있느냐 없느냐. 이것이 포항제철의 성패와 직결돼 있다는 자각을 새삼 똑바로 세웠다. 협약 서명을 지켜본 그 자리가 어쩌면 자기 인생에서 영원히 잊지 못할 엄숙한 한 장면이 될 것 같았다.

확실히 박태준은 '박정희의 영예'를 한층 더 영광스럽게 해주고 '박정희의 공로'를 한층 더 장대하게 해줄, 박정희 통치시대에 대한 평가에서 '박정희의 가장 밝은 자리'에 우뚝 서게 될 수밖에 없는 '박정희의 탁월한 인재'였다. 왜냐면 그는 두뇌, 체험, 견문, 지식보다 더 귀중한 정신적 자산을 소유하고 있었던 것이다. 무엇보다도 중국 신해혁명을 이끈 쑨원[孫文]이 소중히 간직했던 천하위공(天下爲公, 『예기(禮記)』 〈예운(禮運)〉편에 나오는 말로 '천하는 모든 사람의 것이 된다'는 뜻), 그 '공(公)'의 세계에 뿌리를 내린 무사심(無私心)의 투철한 애국적 신념과 확고한 청렴성이 그것이었다. 그는 부정, 부패, 야합, 아부 따위를 혐오했다. 구질구질한 것은 딱 질색이었다. 애국과 청렴이라는 무사심의 레일 위로 달리는 기관차처럼 살아가려고 했다. 그러한 박태준의 정신적 특장과 사람 됨됨이를 박정희가 전폭적으로 신뢰하고 옹호했으며, 이것은 대한민국 산업화 혁명전선의 두 사내를 이체동심(異體同心)의 하나로 묶어주는 강철 같은 띠이기도 했다.

제5장

'우향우'와 '종이마패'의
기적

10년 가까이 영일만에 머물렀던 일본기술단이 석별의 글을 남겼다.

〈모든 역경을 딛고 포항제철은 단기간에 일본의 제철소에 버금가는 대규모의 선진제철소를 건설하는 데 성공했다. 이 회사가 4기 확장을 마칠 때면 아마도 생산능력과 시설 면에서 세계 최고가 될 것이다. 포항제철의 잠재능력은 경영정보시스템, 연수원, 정비관리센터 등 독창적인 조직에 기인한다. 고급인력과 최고경영자의 탁월한 경영능력이 합쳐져 포항제철은 머지않아 세계 최고가 될 것이다.〉

70. 2. 3 日本 技術 用役團 에서 提起한 問題를 韓國側의 利益
을 最大限 保障 할수있도록 하는 考慮下에 事前에 決定
해주어야 北 購買方式에 關하여 아래와 같이 建議함

購買方法 決定에 考慮 될 要素

1. 兩國 政府間에 合議된 金額 範圍를 可能한
限 運 用한다.

2. 性能 保障에 關하여 技術 協力 會社나 機械
供給 會社가 責任 지도록 한다.

3. 工期. 工程을 可能한 限 履行 할수있도록한다.

4. 請求. 權 賞金 運用 節次를 簡素化 할수있는
範圍內에서 最大限 簡便한 手段 方法을 考慮한다.

위와 같은 要素에 依據 다음과 같이 行政節次
을 取할수 있도록 한다.

㉮ 浦項 綜合製鐵이 日本 技術 協力 會社와 協議
하여 機械 製作이나 供給 業者를 隨意 로
選定 可能하도록 한다.

㉯ 境遇에 따라서는 設計 製作 等 部分的으로 事
前 進行을 可能하라는 簡便 契約을 施行
했을 時 政府에서 이를 保證 해준다.

㉰ 이러한 方式으로 推進 해나가기 爲해 兩國 政府
間에 追加的인 協議 文書가 交換될 必要가
있다면 政府에서 이를 推進 한다.

1970 年 2月 2日

박태준의 "우향우"를
박정희는 '종이마패'로 옹호한다

1970년과 1970년대의 개막을 한꺼번에 알리는 붉은 햇덩이가 영일만 수평선 위로 얼굴을 내밀었다. 쇳물, 바로 그 빛깔이었다. 한국 산업화 역사에서 1970년 새해에 기록할 쾌거는 마침내 종합제철 건설의 막을 올렸다는 것이다. 빼앗긴 국가, 부서진 국가, 쪼개진 국가, 빈곤한 국가에서 각각 54년과 44년을 살아온 박정희와 박태준은 1970년대의 개막과 더불어 종합제철 건설의 막을 올리면서 드디어 '진정한 대망'을 손에 잡히는 어떤 벅찬 실체처럼 느낄 수 있었다.

국가와 국민과 역사의 이름으로 도전하는 포항종합제철 건설. 박태준이 그 출발선에 섰다. 그 자리는 겨울바람이 세차게 몰아치는 영일만 황량한 모래벌판이었다. 그가 연단 위에 올랐다. 제복을 입은 사원들이 군인들처럼 오와 열을 맞춰서 열중쉬어 자세를 취하고 있었다. 그는 속으로 헤아렸다. 입으로 하는 말은 잔소리에 그치겠지만, 깊은 내면에서 뿜어져 나오는 외침은 상대의 내면에 씨앗처럼 안착한다는 것을.

"포항종합제철은 조상의 혈세로 짓는 제철소입니다. 실패하면 조상에게 죄를 짓는 것이고 우리 농민들에게 죄를 짓는 것이니, 목숨을 걸고 일해야 합니다. 실패란 있을 수 없습니다. 실패하면 우리 모두 '우향우'해서 영일만 바다에 빠져죽어야 합니다. 기필코 제철소를 성공시켜 나라와 조상의 은혜에 보답합시다. 제철보국! 이제부터 이 말은 우리의 확고한 생활신조요 인생철학이 되어야 합니다."

박태준은 비장했고 사원들은 뭉클했다. 누가 애쓸 필요도 없이 그 외침은 가슴과 가슴을 타고 번져나갔다. '조상의 혈세'는 포철 1기 건설에 투입되는 일제식민지 배상금을 의미했다. 이는 민족주의를 자극했다. 오른쪽으로 돌아서 곧장 나아가 바다에 투신하자는 '우향우'는 비장한 애국주의를 고양했다. 둘은 '제철보국' 이념에 자양분이 되었다. 제철로써 조국의 은혜를 갚고 조국 세우기에 이바지하자는 것은, 민족과 국가를 위한 대역사에 참여한다는 자긍심을 조직에 불어넣으며 빠르게 '포스코 정신'으로 뿌리내렸다.

그런데 출발선을 막 떠난 박태준 앞에는 벌써 장애물이 기다리고 있었다. 거대한 국가자금을 만지고 있으면 그림자처럼 따라붙는 부패세력과 정치자금을 어떡할 것인가?

"서울사무소에 큰 문제가 발생했다고 합니다. 각종 청탁 전화들이 빗발치는 바람에 업무가 마비될 정도랍니다."

포항에서 비서실장의 보고를 받은 그는 와야 할 것들이 지각도 안 하고 빨리도 왔다고 생각했다.

"누가 그런 짓을 해? 그거 이리 내."

비서실장이 내민 것은 권력자들의 주문사항이었다. 박태준은 쫙쫙 찢어서 쓰레기통에 던져 버렸다. 그리고 이태 전 창립식(1968년 4월 1일)에서 '사회사업적' 관리를 철저히 배제하겠다고 선언한 일을 떠올리고, 흔히 청탁을 거절당한 실력자들은 거절한 이를 모함하거늘 앞으로 더 철저한 원칙주의자로 일관해야 한다는 각오도 새로이 다졌다.

대일청구권자금으로 포항제철을 건설하는 박태준의 사명의식이나 윤리의식은 '조상의 혈세'라는 말에 함축돼 있다. 그 자금의 전용을 위한 사전정지 작업을 위해 도쿄에서 활약하고 있는 박태준과 만났던 도쿄대학 김철우 박사는 이렇게 증언한다.

한국이 제철소 건설에 일본의 식민지배상금을 쓰기로 하는 과정에서 나는 큰 걱정부터 앞섰다. 대표적으로 그때 인도네시아 정권은 권력자 개인과 정당이 그 돈을 뜯어먹었던 것이다. 그러한 내 염려에 대해 박태준 사장은 단호히 답했다.

"그런 실례가 있기는 있는데, 내가 맡은 이상 그렇게 못합니다. 김 박사는 저를 잘 모르실 겁니다. 한국에 오셔서 제 주변 사람들에게 물어보면 저를 아시게 될 겁니다."

이 자리에서 나는 박 사장에게 감명을 받았다. '이 사람은 믿어도 되겠구나.' 하고 마음을 놓았다.

새해가 열흘 남짓 지나는 동안, 박태준은 '조상의 혈세'를 한 푼도 더럽히거나 낭비하지 않겠다는 자신의 의지만으로는 해결할 수 없는 구조적 문제와 맞닥뜨렸다. 포철 1기 설비구매의 대금지불과 설비선정, 그 중대한 절차에 비능률과 잡음을 부르는 혼선이 깔려 있었다. 청구권자금은 정부 간 협정이어서 포스코가 직접 사용할 수 없고, 상업차관은 계약 당사자의 합의를 거친 뒤 정부의 승인을 받도록 되어 있었다. 이는 포스코를 설비구매의 주체로 나서지 못하게 하는 덫이었다. 포스코는 정부기관인 '주일구매소'

를 통해 설비구매를 계약할 수밖에 없었다.

그러한 이중구조가 당장 말썽을 일으켰다. 주일구매소가 부당하게 설치는 것이었다. 포스코가 면밀히 검토한 설비공급 업체에 대해 성능이나 가격에서 생트집을 잡는가 하면, 포스코가 정당하게 탈락시킨 업체와 계약하겠다고 우기는 것이었다. 엎친 데 덮친 격으로, 공급업체로부터 상납이나 리베이트를 받아내려는 유력 정치인들의 협잡도 개입했다.

박태준은 판단했다. 출발하자마자 맞닥뜨린 장애물들을 일거에 뛰어넘지 못하면 정치적 스캔들에 휘말리고 설비구매 차질로 전체 공기와 비용에 심각한 결과를 초래할 것이라고. 이것을 말끔히 해치워줄 존재가 필요했다. 오직 청와대의 한 사람뿐이었다.

단단히 벼르고 있는 박태준에게 기회가 왔다. 각하께 공사 진척 상황을 보고하라는 청와대 비서실의 연락을 받은 것이었다. 1970년 2월 초. 박태준이 브리핑을 시작하려 하자 박정희가 참석한 비서들에게 나가 있으라고 했다.

"완벽주의자인 임자가 알아서 잘하고 있을 텐데 보고는 무슨 보고. 그래, 일은 순조롭게 되어가나?"

박정희는 박태준의 속내를 꿰뚫는 듯했다.

"구매절차에 문제가 있습니다."

"어떤 건가?"

박태준은 설비구매에서 부닥친 난관을 설명하고 개선방안을 건의했다. 심각하게 듣고 있던 박정희가 말했다.

"지금 건의한 내용을 여기에 적어봐."

박정희가 메모지를 내밀자, 박태준은 경제부처 회의에서 지시할 자료인가 하며 건의사항을 간략히 정리했다.

박태준의 구매방식에 관한 건의는, 구매방법 결정에서 고려할 요소 4가지와 이를 뒷받침할 행정절차 3가지였다. 전문·목표·방법으로 구성한 그것은, 설비구매를 둘러싼 모든 문제를 단번에 해결할 조건을 갖추고 있었다. '포철이 일본기술협력회사와 협의하여 공급업체를 선정하도록 한다'는 것은 주일구매소나 관료들이나 정치인들의 간섭을 배제한다는 뜻이다. '경우에 따라 사전 시행을 할 수 있도록 하는 간편계약을 했을 때 정부에서 이를 보증해준다'는 것은 포철이 구매계약의 주체로 나서고 정부가 구매절차의 간소화에 동의한다는 뜻이다.

박태준이 박정희에게 메모지를 넘겼다. 이때 깜짝 놀랄 일이 벌어졌다. 내용을 야무지게 훑어본 박정희가 메모지의 좌측 상단 모서리에 친필서명을 하여 도로 내밀지 않는가. 그는 당혹스러웠다. 박정희를 오래 보좌했으나 처음 보는 결재방식이었다.

"내 생각에 임자에겐 이게 필요할 것 같아. 어려울 때마다 나를 만나러 오기가 거북할 것 같아서 아예 서명을 해주는 거야. 고생이 많을 텐데, 소신껏 밀고 나가."

박정희는 따뜻한 목소리에 미소까지 지었다. 박태준은 가슴이 찡했다. 몇 달 전 '3선 개헌지지 성명'의 서명에 동참해달라는 중앙정보부의 요청을 거부했을 때도 '원래 그런 친구야' 하고 받아넘긴 바로 그 사람이 이번엔 대통령 권한의 일부를 자신에게 일임하지 않는가.

"각하, 반드시 해내겠습니다."

박태준은 영혼으로 주먹을 불끈 쥐었다. 박정희의 전폭적 신임과 지지, 이것은 박태준의 책임감과 사명감을 더 키우는 영양분이 되었다.

너무나 가볍고 건조한 종이, 그러나 그것은 박정희의 무겁고 극진한 마음의 선물이었다. 대일청구권자금 전용을 착상하고 건의해준 일에 대한 고마움의 뜻도 담았을 것이다.

박정희의 친필서명이 적힌 그 메모지는 포스코 역사에서 '종이마패'라 불린다. 임금이 암행어사에게 마패로써 전권을 위임했듯, 대통령이 포철 사장에게 사인 메모지로써 전권을 위임했기 때문이다.

종이마패는, 박정희가 박태준에게 종합제철을 맡기는 자리에서 말했던 그대로 한 푼 에누리 없이 그가 '소신껏' 밀고 나갈 수 있는 버팀목이 된다. 그러나 박태준은 한 번도 그것을 내민 적이 없었다. 관계자 외에는 일절 언급조차 않다가, 1979년 10월 26일 박정희 대통령의 급서 후 고인의 포항종합제철에 대한 집념과 애정을 회고하는 자리에서 처음 공개하게 되며, 현재 그것은 진본 그대로 포스코역사관에 전시돼 있다.

박태준이 중후판공장부터 짓자
박정희는 정주영에게 조선소를 강권한다

1970년 4월 1일 오후 3시. 영일만 모래벌판에서 천둥 같은 폭발음과 함께 오색찬란한 연기가 피어오르고, 지반을 다지기 위해 항타기로 파일을 두들겨 박는 굉음이 요란하게 울려 퍼졌다. 1961년부터 박정희가 꿈꿔온 종합제철, 그로부터 십년간 숱한 고난과 시련을 헤쳐 나온 포항종합제철 착공식. 한국 건설현장 착공식에서 최초로 선보인 파일 항타에서 버튼을 누른 사람은 셋이었다. 박정희 대통령, 김학렬 부총리, 박태준 사장.

박정희의 기념사는 웅대한 포부, 그 자체였다. "공업국가 건설에 선행돼야 할 근간산업 중 철강산업이 가장 중요한 분야"라는 사실을 강조하고 "공업국가 건설을 위해서는 온 국민이 총역량을 집중해야 하며, 포항종합제철은 73년까지 103만 톤 규모의 공장을 예정대로 완공하면 계속 확장하여 70년대에 1000만 톤 규모까지 생산 능력을 갖추기 바란다"고 역설했다.

'포항제철 1000만 톤'이라는 박정희의 비전을 받아 연단에 오른 박태준은 "민족중흥의 기틀"을 놓겠다는 각오로써 포스코의 '존재 이유'를 천명했다. 그것은 사원들과 우리 국민, 그리고 박정희를 향한 약속이었다. "종합제철 건설은 바로 우리가 비축했던 민족역량의 결정일 뿐만 아니라, 강력한 국민 의지의 발현이며 우리의 오랜 꿈을 현실화하는 가교가 될 것"이라며 "훌륭한 공장을 최소 비용으로 건설하고, 완벽한 조업준비 자세로서 공장 가동 시점에서 바로 정상조업에 돌입해야 하며, 보장된 품질의 철강재를 원활히 공급"하겠다고 당당히 밝혔다.

공장부지 232만 평에 주택단지와 연관단지 부지를 합하면 389만 평. 그 엄청난 단군 이래 최대 역사(役事)가 마침내 파일 박기를 시작하자 국내 언론의 태도도 완전히 달라졌다. 가난한 한국이 KISA에 배반당했을 때는 '무리한' 추진이라고 비판했으나, 대역사의 막이 오른 현장을 지켜보며 '희망찬' 미래를 예견했다.

성공이냐 실패냐. 포스코라는 거대한 열차를 성공으로 이끌어나갈 레일은 이미 깔려 있는 것이나 마찬가지였다. 그러나 사람들의 눈에는 띄지 않는 레일이었다. 박태준의 '우향우'와 그 정신으로 똘똘 뭉친 포스코의 일꾼들, 그리고 그들을 옹호하는 박정희의 신뢰—이것이 보이지 않는 두 레일이었다.

종합제철소 건설 방식에는 크게 전방방식과 후방방식이 있다. 전방방식은 제조 과정과 동일하게 제선공장(고로)과 제강공장을 먼저 지은 뒤에 압연공장을 세우며, 후방방식은 압연공장을 먼저 짓고 제강공장과 제선공장을 뒤에 세운다. 압연공장을 먼저 세우는 후방방식은, 쇳물이 나오기 전부터 반제품인 슬래브를 들여와서 완제품의 압연강판을 생산할 수 있다. 철강공급과 회사수익을 훨씬 앞당길 수 있는 길이다. 이 장점을 주목한 박태준은 후방방식을 택했다.

그러나 후방방식을 실현하는 데는 '조상의 혈세'가 아닌 별도의 큰돈을 외국에서 들여와야 했다. 수입한 슬래브를 완제품으로 가공할 중후판공장 건설. 여기엔 2천500만 달러 상당의 새로운 외자가 필요했다. 유일한 해결

책은 외국의 유명한 제철설비 업체를 불러들이는 것. 박태준은 오스트리아의 푀스트 알피네를 파트너로 잡았다. 1970년 6월 23일 포스코 사장과 푀스트 알피네 사장은 영일만의 '중후판공장 건설 기본계약'에 서명했다. 이때 투자 결정을 내렸던 오스트리아 국립은행 총재 헬무트 하세는 박태준과의 협상에 대해 다음과 같은 회고를 남긴다.

세계의 모든 철강인들이 과연 포철이 성공리에 건설될 수 있을까에 대해 반신반의하고 있던 때였습니다. 그러나 우리는 매우 큰 규모의 차관을 포철에 제공하기로 결정했습니다. 일부 사람들은 우리의 결정을 마치 자살행위로 보는 듯했어요. 박태준은 매우 끈기 있는 사람입니다. 모든 상황이 불리한 여건에서의 협상이란 피곤하기 마련입니다만, 그는 나를 꾸준히 설득하여 우리가 포항제철 1기 공사에서 큰 역할을 하도록 했습니다.

중후판은 주로 선박 건조에 쓰는 철강재다. 1972년 7월에 완공될 영일만의 중후판공장에 제일 먼저 눈독들인 한국 기업인은 정주영 현대 회장이었다. 어느 날 그가 박태준에게 만나자고 했다.
"조선소를 만들 생각입니다. 어디가 좋겠습니까?"
박태준은 선배의 선견지명에 반색을 했다.
"좋은 생각입니다. 후판은 굉장히 무거운데, 바다로 날라야 합니다. 물류원가도 절감해야 하니, 울산 정도면 적당할 겁니다. 울산이면 포항에서 바지선으로도 실어 나를 수 있는 위치입니다."
"고맙소. 일류제품을 만들 거라고 믿어요."
"물론입니다. 서로 도움이 돼야지요."
포스코는 단골고객을 확보하고, 현대는 양질의 값싼 철판을 안정적으로 확보하는 만남이었다. 한국 중공업이 웅비의 날개를 준비하는 자리이기도 했다. 박태준이 선견지명이라고 표현했을 만큼 정주영과 조선소 얘기를 처음 나눈 그때는 몰랐다가 나중에 그도 듣게 되지만, 정주영이 박태준을 찾아왔을 때는 이미 청와대로 불려가서 박정희에게 혼쭐난 다음이었다.

정주영은 부총리 김학렬에게서 '조선업을 하라'는 권유를 받고 차관 도입을 위해 일본, 미국으로 돌아다녔으나 '정신 나간 사람'이란 푸대접만 당했다. 그래서 김학렬을 찾아가 기권할 수밖에 없다고 밝혔다. 이 보고를 들은 박정희가 정주영을 불러 단단히 야단을 쳤다. 한 나라의 대통령과 경제 부총리가 적극 지원하겠다는데 그거 하나 못하느냐면서 무슨 일이 있어도 어떻게 하든 해내라고 몰아세운 것이었다. 머잖아 포철이 양질의 후판을 생산할 것이니 때를 맞춰서 반드시 선진국 규모의 조선소가 태어나야 한다. 이것이 박정희의 양보할 수 없는 판단이었다.

정주영의 현대는 1972년 3월 울산에서 조선소 건설을 착공했다. 건설에 3년 걸리는 도크와 역시 3년 남짓 걸리는 선박 건조를 동시에 시작한, 세계 조선업계의 기존 상식을 뛰어넘는 '정주영다운' 방식으로…….

박정희가 "마음대로 써라"며 돌려준 보험 리베이트를 박태준은 교육보국의 밀알로 심는다

1970년의 박정희는 국내의 거센 저항을 받는 가운데 워싱턴과 몹시 껄끄러워지고 있었다. 김지하 시인의 '5적 필화' 사건이 일어나고, 닉슨이 주한미군 철수를 기획했다. 그해 2월의 닉슨독트린은, 미국이 베트남전쟁에서 발을 빼겠다면서 아시아 각국의 안보문제는 아시아 각국이 상호 협조하여 알아서 대처하라는 선언이었다. 경제와 안보의 안경을 착용한 박정희의 시각에는 '내우외환'이었다. 그는 닉슨독트린을 역이용할 '자주국방·자립경제·자주통일'의 깃발을 준비했다.

박정희가 김종필을 총리로 기용한 때는 1971년 6월이다. 김종필이 빠진 1970년의 공화당에서 주도권을 잡고 있던 신주류를 흔히 '4인 체제'라 불렀다. 당의장 백남억, 재정위원장 김성곤, 사무총장 길재호, 원내총무 김진만. 이들 중 김성곤이 제일 셌다. 특히 김성곤은 체제유지와 정권창출이란 명목에 걸맞은 규모의 정치자금을 광범위하게 끌어 모아야 했다.

당 밖에서는 중앙정보부장 이후락이 맵차게 설쳤다. 그는 김성곤을 능가했다. 박정희는 그러한 내막을 잘 알았다. 군대 시절에 부정부패에 맞섰던 박정희에게는 체질적으로 안 맞는 일이었다. 그러나 정권과 체제 유지에는 정적(政敵)들과 지지자들, 군 지휘관들을 관리하는 자금이 필요했다. 이것이 그의 고민이었다. 못마땅한 구조여도 눈을 감는 수밖에 없었다.

1970년 가을 어느 날이었다. 박태준의 인생에 처음으로 굉장한 규모의 '뒷돈'이 저절로 굴러왔다. 보험회사 리베이트 6천만 원. 1기 건설이 시작돼 영일만으로 들어오는 고가 설비에는 규정상 거래하는 양측이 다 보험을 들어야 했는데, 그게 뜻밖에도 큼직한 떡고물을 안겨준 것이었다.

박태준은 임원들과 의논하여 대통령의 통치자금으로 드리는 게 좋겠다고 결정했다. 공화당 재정담당 책임자가 정치자금 모으느라 포스코에도 압력을 넣는 상황에서 부담 없는 공돈이 생겼으니 체면치레는 될 것 같았다.

"나라를 위해 쓰시라고 기부금 좀 가져왔습니다."

박태준이 6천만 원짜리 수표를 박정희 앞에 놓았다.

"포철은 절대 정치자금 안 낸다고 한 사람이 왜 이래?"

의아하게 쳐다보는 박정희에게 그가 돈의 성격을 설명했다.

"임자는 앞으로 할 일이 태산이야. 가져가서 마음대로 써."

박정희가 봉투를 도로 밀었다.

"제가 쓰기엔 너무 많은 돈입니다."

"임자 스케일이 그렇게 작아? 떡을 사먹든 술을 사먹든 맘대로 써. 내 선물이라고 생각해."

봉투를 돌려받는 박태준을 박정희가 날카롭게 쳐다보았다.

"여보게, 그러면 다른 국영기업체 사장들도 이런 리베이트를 받아왔다는 거 아닌가?"

박태준은 눈앞에 불꽃이 튀는 듯했다. 부정할 수도 긍정할 수도 없는 질문이었다. 청와대를 나서는데 곤혹스러웠다. 순수한 마음을 냈다가, 괜히 다른 사람들의 숨겨진 잘못을 고자질이나 한 꼴이 되고 말았으니……

포항으로 내려온 박태준은 곧 임원회의를 열었다. 공돈 6천만 원을 어떻게 쓸 것인가. 그가 안을 냈다.

"우리 회사의 주택문제는 어느 정도 해결되고 있으니, 하나 남은 중요한 과제는 우리 사원 자녀들의 교육문제요. 앞으로 사원이 대폭 늘어나고 젊은 사원들이 나이가 들어가면 무엇보다 자녀교육이 회사의 중요한 복지문제로 떠오를 텐데, 그때를 대비해서 이걸로 제철장학재단을 설립하면 어떻겠소?"

모두 흔쾌히 동의했다. 이튿날부터 실무진은 제철장학재단 설립을 위한 법적 절차에 들어갔다.

1970년 11월 5일 '재단법인 제철장학회' 설립이사회가 열렸다. 박태준이 '교육보국'이라는 원대한 포부의 한 자락을 내비쳤다.

"오늘 조촐하게 출발의 첫걸음을 내디디지만, 장차 우리 직원 자녀들에게 최고 교육시설과 장학 혜택을 제공하게 될 것입니다. 더 나아가 국가 장래와 교육을 연결시키는 철학적 사고가 바탕이 되어야 합니다. 사람은 교육에 의하여 그 능력을 최대한 발휘할 수 있고, 숨은 역량은 교육을 통해서만 계발되는 것입니다."

제철보국과 교육보국을 '천하위공(天下爲公)' 실천의 두 핵으로 보듬은 박태준이 장학재단 설립에 속도를 내고 있을 때 한국전력, 석탄공사 등 국영기업체 사장들이 대통령에게 '크게 깨졌다'는 소문이 나돌았다. 박태준이 경악할 노릇은, 박 아무개의 고자질 때문이라는 꼬리표였다. 그는 귀를 막고 싶었다. 미안하기도 하고 억울하기도 했다. 해명하러 돌아다닐 수도 없는 터에 누군가는 복수의 손길마저 뻗쳐왔다.

"보험 리베이트가 어디 6천만 원뿐이었겠나?"

이렇게 의심하는 세력이 박태준과 임원들을 뒷조사했다. 그는 '순진의 대가'로 하릴없이 겪는 곤욕이라 여겼다. 덤벼드는 파리처럼 좀 성가실 뿐,

겁낼 것은 전혀 없었다. '뒷구멍' 따위는 하나도 두지 않았으니.

박정희는 대선을 준비하고 있으면서도 박태준과의 관계만은 결코 얼룩을 만들고 싶지 않다고 거듭 확인하듯 박태준의 '저절로 생긴 돈'마저 격려의 선물로 돌려주었다. 두 사람의 '독특한 인간관계'를 새삼 확인하는 이 장면에서, 박정희는 '거절과 격려'의 선택이 돋보이고 박태준은 그것을 고스란히 원대한 포부의 밑거름으로 묻은 선택이 돋보인다.

은행 빚을 내서 사원주택 건립의 첫발을 내딛었던 박태준은 묘하게도 박정희의 체온이 묻은 '공짜 뒷돈'으로 제철장학재단을 설립했다. 이 재단은 박태준의 교육보국과 포스코의 육영사업에서 모태가 된다. 1971년 9월 처음 유치원을 세우는 박태준은 회사의 성장과 사원 자녀의 성장이 거의 일치함에 따라 장학재단을 교육재단으로 확장하면서 초·중·고교를 차례차례 설립한다. 1980년대에 광양제철소를 건설할 때는 유치원부터 고등학교까지를 거의 한꺼번에 다 세운다.

박태준은 유치원·초·중·고 14개교를 지방(포항과 광양)에 세워 한국 최고 학교로 육성할 뿐만 아니라 1986년에는 포스텍을 세워 세계적 명문대학의 반열에 올려놓는다. 1970년 11월 제철장학회를 설립할 때 박태준이 '국가 장래와 교육을 연결시키는 철학적 사고'를 주문하고 요청했던 것은 조금도 허튼 소리가 아니었다. 그 철학이 한국 사학교육의 새 지평을 열어젖혔다.

정치자금 요구를 거절하면서
"중통령"이라 불러 달라는 박태준

1971년 새해 영일만에는 거대한 철골 구조물이 우후죽순처럼 솟아올랐다. 바깥세상은 온통 대통령선거에 관심이 쏠리는 중이었다. 3선 개헌을 통과시킨 박정희가 확고부동한 공화당 후보로 정해져 있었고, 신민당은 김영삼·김대중·이철승의 '40대 기수 3파전'을 거쳐 김대중을 후보로 내세우고 있었다.

신민당이 서울의 높은 지지율을 바탕으로 승리를 호언장담하는 가운데, 공화당은 그래도 정권을 사수할 수 있다는 계산과 예상을 거머쥐고 있었다. 선거를 '전투'라 여기는 정치동네는 요새도 '돈'을 '총알'이라 부른다. 사방을 두리번거리는 공화당 재정위원장이 한창 설비 구매 중인 포스코를 큼직한 총알 창고의 하나로 찍었다. 바야흐로 박태준의 포스코에는 '정치적 외풍'이 들이닥치기 시작하는 계절이었다.

이른바 공화당 4인 체제의 핵심인 재정위원장 김성곤. 그가 박태준을 자택으로 불렀다. 거실에는 여러 사람이 차례를 기다리고 있었다. 정치헌금을 내려고 초대받은 사람들 같았다. 서로 잘 아는 박태준과 김성곤은 가벼운 인사를 주고받았다. 먼저, 주인이 본론을 꺼냈다.

"다가오는 대선을 생각해서 박 사장도 이번에 정치자금을 내주시면 고맙겠습니다. 다음 달에 도쿄에서 포철의 설비 입찰이 있다지요?"

"예. 계속되는 입찰들 중에 하나지요."

"마루베니로 낙찰해주세요. 무슨 말인지 아시지요?"

손님이 얼굴을 찌푸렸다. 주인은 짐짓 웃었다.

"이것이 대선에서 각하와 여당을 돕는 일입니다."

"포철은 어떤 정치자금 조성에도 관여하지 않겠다는 것이 저의 확고한 방침이고, 각하께서도 그렇게 알고 계시며 또 그렇게 하라고 하셨습니다."

두 사람 사이로 짧지만 무거운 침묵이 지나갔다. 손님이 심각하게 한마디를 더 보탰다.

"포철이 정치헌금 때문에 제대로 완공되지 못하면, 그때 가서 책임은 누가 지는 겁니까? 국가적 제일 목표인 근대화는 또 어떻게 되겠습니까?"

주인이 눈가에 주름을 새겼다.

"모든 일에는 선후가 있지 않습니까? 선은 각하가 승리하는 것입니다. 박 사장 자신과 포철, 그리고 국가의 장래를 생각해서라도 마루베니로 낙찰해주세요."

"자격을 갖춘 응찰자들 중에서 최저입찰자를 선정하는 것이 우리 회사의 방침입니다. 마루베니가 그런 자격을 갖추면 당연히 낙찰될 것입니다."

두 사람은 껄끄러운 기분 그대로 헤어졌다. 박태준의 원칙에 의해 마루베니는 당연히 탈락했다. 그리고 며칠이 지났다. 박태준은 다시 악역을 맡은 이에게 불려갔다.

"다음 입찰에서는 꼭 마루베니를 도와주세요."

"마루베니의 입찰가는 최저입찰가보다 무려 20%나 높았습니다. 특정회사에 특혜를 줄 방법은 없습니다. 그런 식으로 하다가는 지금의 빠듯한 예산으로 포철을 제대로 완공할 수 없습니다. 선도 알고 후도 압니다. 포철에는 전혀 여유가 없습니다."

박태준은 '여유가 없다'고 표현했다. 속마음은 달랐다. '조상의 혈세로 건설하는 제철소이기 때문에 우리는 목숨을 걸고 있다'는 일장 훈계라도 하고 싶었다.

"내가 모르는 바 아닙니다. 각하가 선거에서 이겨야만 나라도 발전하고 우리도 제자리를 지킬 수 있는 거 아니오? 그러니 다음에는 무조건 마루베니를 밀어주세요."

그러나 마루베니는 번번이 입찰에서 떨어졌다. '20%' 또는 그 이상의 정치자금을 더 얹었으니 그쪽으로 떨어질 국물조차 없었다. 그때마다 박태준은 같은 장소로 불려가야 했다. 무려 다섯 차례였다. 내용은 하나같이 특정 업체에 특혜를 주라는 압력과 회유였다. 하지만 그는 소신을 굽히지 않았다. 답답해진 쪽은 정치자금의 악역을 충실히 수행해야 하는 권력자였다. 끝내 그가 박태준에게 역정을 부렸다.

"결국 한 번도 배려하지 않았네요. 내가 내 주머니를 채우려고 정치자금을 모으는 것이 아니잖소? 내가 그렇게 부탁했는데도 끝까지 우리 당을 도와주지 않았소. 뭡니까? 혼자만 독불장군으로 나가면 정권이 유지되고 근대화가 된다는 거요? 이거 참, 소통령이라도 된다는 거요?"

"그런 별명을 붙이시려거든 소통령보다는 차라리 중통령이라고 불러주시오."

박태준은 부드럽게 김성곤의 말을 받아넘겼다.

포철 사장이 공화당 재정위원장의 임무를 모르는 바 아니었다. 아니, 너무 잘 알고 그 쫓기는 심정을 충분히 이해하고 있었다. 그래서 탓하고 싶지도 않았다. 다만 박태준은 '한 군데서만 틈을 보여도 둑이 무너지게 된다'는 긴장의 끈을 꽉 조이고 있어야 했다. 그것이 포철을 성공의 언덕으로 끌고 올라가는 매우 중요한 리더십의 하나라는 판단을 하고 있었다.

공화당 재정위원장이 포철 사장과의 버거운 씨름을 포기하는 자리에서 내뱉은 그 '소통령' 소리를 박태준은 몇 번이나 더 들어야 했다. 국회였다. 예산 문제 따위로 국회에 불려나간 박태준은 "저기 소통령 가시네."라는 야유와 조롱이 손가락질과 함께 표창처럼 뒤통수에 꽂히는 느낌을 받아야 했다. 그러나 그는 멈칫거리거나 돌아보지 않았다. '소통령'을 훈장이라 여기며 '이왕이면 중통령이라 부를 것이지' 하고 배포를 부렸다.

박태준이 박정희의 '종이마패'를 가슴에 품고 '모든 정치자금 요구'를 철저히 배격하여 '최저비용 최고품질'이라는 설비구매 원칙을 관철한 것은 포항종합제철의 성공적인 건설과 합리적인 경영을 담보해주는 긴요한 요인이 되었다. 만약 박태준이 '소통령'이라는 비아냥거림에 대해 '중통령'이라 불러달라고 맞설 수 있는 기개와 신념을 갖추지 못했더라면? 박태준이 그것들을 갖추었더라도 박정희가 옹호해주지 않았더라면? 포스코는 창업 단계에서부터 크게 휘청거릴 수밖에 없었을 것이다.

일본과 동등한 조건으로 원료공급계약을 체결하고 열연비상을 걸다

1968년 4월 1일 '정부기관이 지배주주인 상법상 주식회사'로 포스코가 태어난 그때, 포스코와 지배주주(한국)는 자금(자본)이 없고 기술이 없고 경험이 없었다. 그래서 무(無)에서 출발한 포스코라 불리며, 그래서 포스코의 대성취를 '무에서 유를 창조했다'라고 부르고 있다. 그런데 그때 한국의 종합제철 프로젝트는 '3무 상태'가 아니라 '4무 상태'였다. 자금, 기술, 경험 그리고 '원료'마저 없었던 것이다.

쇳물 100만 톤 생산에는 철광석 170만 톤과 코크스용 유연탄 70만 톤이 고로 속으로 들어가야 한다. 한국은 상품성을 갖춘 철광석이 거의 없고 고로에서 태워야 하는 '코크스탄'의 원료인 유연탄(이를 '원료탄'이라 함)은 아예 없는 거나 마찬가지다. 69년 10월 경제기획원의 종합제철사업계획연구위원회가 내놓은 보고서에도 유연탄은 전량 수입, 철광석은 연간 30만 톤 정도를 국내산으로 쓸 수 있는데 그나마 수입품과 섞어야 한다고 돼 있었다.

1970년 4월 1일 영일만 현장에서 박정희 대통령, 김학렬 부총리와 나란히 서서 착공 버튼을 누른 그즈음부터 이미 박태준은 원료의 안정적 확보를 매우 중시하고 있었다. 그래서 그 뒤로 몇 차례 호주와 인도를 방문했던 그는 1971년 들어서 특히 봄날부터 여름날까지 호주에 머무는 날들이 길어졌다. 영일만에는 열연공장 기초공사가 한창이고 고로는 아직 설계도면으로만 존재하는 시기였다. 그러나 그는 원료공급 계약체결을 서두르고 있었다.

호주 광산업자들은 결코 녹록한 상대가 아니었다. 광산개발의 초기 비용이 어마어마한 규모이기 때문에 한국의 신생 포스코를 믿었다가는 개발비만 날리게 된다는 경계심으로 똘똘 뭉친 자들이었다. 박태준에게는 몹시 불리한 조건이었다. 그들의 경계심을 풀지 못하면 원료공급에 차질이 발생할 수밖에 없을 것이었다.

세상은 넓다. 그러나 동종의 비즈니스업계는 좁다. 포스코의 박태준이 당면한 원료문제에 대한 소문이 일본 철강업계에 퍼져 나갔다. 그러자 그에게 유혹이 왔다. 슬쩍 편하게 둘러갈 수 있는 방법이었다. 일본 미쓰비시상사가 수수료만 더 얹어준다면 무역업 형태로 위탁공급을 해주겠다는 것이

1970년 10월 포철 항만시설을 시찰하는 보트 안에서(박정희 대통령, 육영수 여사, 박태준 사장)

었다. 박태준은 무엇보다도 자존심부터 꽉 상했다. 비록 자본도 기술도 경험도 원료도 없지만 국가와 국민의 이름으로 도전하는 포항종합제철의 원료구매마저 일본에 의지하는 것은 스스로 용납할 수 없었다. 그는 어금니를 물었다. 원료구매에서 일본 철강업계보다 단 한 푼이라도 더 비싼 거래는 하지 않겠다. 그건 어림없는 일이다. 이렇게 자신을 다그쳤다.

다시 시드니로 날아가는 박태준의 출장 가방에는 호주 광산업자들의 마음을 움직이기 위한 비장의 무기가 들어 있었다. 황량한 공장부지 위에 세워둔, '제선공장' '제강공장' '열연공장' 등 공장 위치를 알려주는 안내 표지판, 이걸 찍은 사진이 그것이었다. 그 사진이 광산업자들의 눈길을 끌어들일 수는 없었다. 그러나 그는 이 사진들은 박정희 대통령과 박태준 포철 사장이 한국 국민에게 내놓은 엄숙한 약속의 증표라고 했다. 이것이 그들의 장삿속으로 비집고 들어갈 틈을 만들었다.

박태준은, 포스코는 국가가 보장하는 국가적 프로젝트라는 점을 강조하며 자신의 진심과 정성을 솔직히 다 드러냈다. 한국여성과 결혼한, 주한 호주대사관의 상무관 케리를 시드니로 불러들이고, 시드니의 한국대사관도 열심히 뛰어다니게 했다. 뜻이 있는 곳엔 역시 길이 있었다. 그렇게 총력을 기울인 결실이 '일본 제철소들과 동등한 조건의 장기공급 계약'이었다. 그것이 박태준에게는 포스코를 성공시킬 수 있는 서광 같았다.(1973년 6월 8일의 1고로 화입을 기준으로 잡을 때 포스코는 호주와 인도에서 철광석 6개 브랜드, 미국과 캐나다와 호주에서 원료탄 6개 브랜드와 장기공급 계약을 체결하고 있었다. 첫 철광석은 1973년 4월 14일, 첫 원료탄은 1973년 2월 17일 각각 포항항에 입하된다.)

1971년 가을이 다가서는 영일만으로 돌아온 박태준은 가슴이 뿌듯했다. 그러나 열연공장 기초공사의 진도를 확인한 직후에는 갑자기 냉동고 속에 갇히는 것처럼 오싹해졌다. 열연설비를 공급할 미쓰비시중공업 책임자

우츠미가 조용히 건의했다.

"3개월 이상 지연된 기초공사 공기를 만회할 방법이 없습니다. 박 사장님, 설비 인도 계획을 공사 진도에 맞춰서 연기해야 합니다. 현재 계획대로 설비를 인도한다면 다른 곳에 보관해야 하는 문제, 나중에 대형 크레인을 다시 동원해서 옮겨와야 하는 문제 등 어려운 문제들이 따르게 됩니다. 물론 예산도 그만큼 더 소요됩니다."

박태준은 시드니에서 커다란 알처럼 품고 온 희망이 산산이 부서지는 기분이었다. 그러나 그는 주먹을 쥐었다.

"아닙니다. 예정대로 싣고 오시오. 우리는 해냅니다."

그 지점에서 박태준은 '열연비상'을 선포했다. '9월 중에는 무조건 하루 700입방미터의 콘크리트를 타설할 것!' 그때까지는 하루에 많아야 300입방미터였으니 두 배도 더 늘린 목표치였다. 새 목표를 달성하자면 밤낮을 가리지 말아야 했다. 지위 고하를 막론하고 현장에서 밤낮 없이 콘크리트 타설에 매달려야 했다.

박태준의 열연비상 선포는 일본 기술자들이나 현장 일꾼들에게 불가능한 선택, 너무 무리한 목표로 보였다. 그러나 오히려 과학적인 판단이었다. 비상 선포에 앞서 포항 일대의 콘크리트 배합용 모래와 자갈, 레미콘 차량, 강원도에서 실려 오는 시멘트 등 물적 자원과 인력의 현황을 면밀히 검토했던 것이다. 그보다 더 중요한, 보이지 않는 힘도 건재하고 있었다. 일꾼들의 정신력과 지도자의 솔선수범이 바로 그것이었다.

"회사가 죽느냐 사느냐 갈림길에 처해 있다. 우향우 하겠느냐? 조상들에게 얼굴을 똑바로 들겠느냐?"

박태준은 잠시도 멈추지 않았다. 작업화를 신은 채 사무실에서 새우잠으로 눈을 붙이기도 했다. 회사 부인회의 아낙들도 손수레를 끌었다. 비가 내리면 모두 판초우의를 뒤집어썼다. 심야와 새벽에도 현장은 불이 환했다.

9월 중순의 비 내리는 심야였다. 박태준은 트럭들이 길가에 일렬로 서 있는 것을 발견했다. 피곤에 지친 기사들이 운전대에 얼굴을 묻고 잠들어 있었다. 안쓰러웠다. 그러나 깨워야 했다. 어둠 속에서 졸다가 다가서는 사람이 사장인 줄 모르고 담뱃불을 빌리자는 일꾼도 있었다. 담배를 피우지 않는 그는 라이터를 빌려서 불을 붙여 주었다.

악전고투는 헛되지 않았다. 두 달 만에 다섯 달 걸려야 하는 콘크리트 타설을 마친 것이었다. 3개월 공기 지연을 완전히 만회한 1971년 10월 31일, 그 시월의 마지막 날, 비로소 박태준은 비상을 해제했다. 사장을 포함한 모든 일꾼이 막걸리 사발을 치켜들었다. 그들의 눈에는 빠짐없이 이슬이 맺혔다. 그러나 그것은 눈물이 아니었다. 우리도 할 수 있다, 우리도 뭉치면 된다. 그 뭉클한 마음이었다.

2014년 봄날의 하루였다. 박태준이 타계한 뒤 세 번째로 돌아온 봄이었다. 서울 동작동 현충원도 초록빛 신록으로 부시고 있었다. 고인의 필생의 반려자(장옥자)가 유택 앞에 커피 한 잔을 놓고 묵념을 올린 다음 저 까마득한 '열연비상'의 그해 가을 어느 새벽에 남편과 나누었던 대화 한 토막을 회고했다. 작가는 알고 있는 일화였다.

"며칠을 거의 밤샘을 하고는 또 새벽에 작업복으로 갈아입더라고요. 그래서 내가 여자의 마음에 건강을 걱정하느라고 한마디 했어요. 당신 개인 회사도 아닌데 그렇게 몸이 부서져라고 해요? 아이구, 단단히 혼이 났어요. 내 개인 회사가 아니기 때문에, 국가의 대업이기 때문에 목숨을 걸고 하는 거지, 내 개인 회사라면 나도 이렇게까지는 안 하겠소. 그러고는 훈육도 하시대요. 이 선생은 그 설교를 안 들어도 다 알지요?"

참배객들은 일제히 고인의 귀에도 들릴 만하게 웃음을 터트렸다.

"현장의 나는 전쟁터 소대장"이라 외치는
박태준의 철저한 현장제일주의

"명령은 5%고 확인과 감독이 95%다." 군대 지휘관 박정희의 원칙이었다. 포항제철 건설 현장의 박태준에게 그것은 강철 같은 원칙으로 끊임없이 작동하고 있었다.

1972년 봄날의 나른한 한낮. 박태준은 제강공장 건설현장에 차를 세웠다. 기초공사가 마무리 단계에 접어들고 있었다. 종합제철소 모든 공장의 기초공사가 다 그렇지만, 특히 수백 톤의 설비를 천장에 매달아 움직이게 하는 제강공장은 기초공사에서 강철 파일을 두들겨 땅속으로 박는 작업부터 제대로 해야 후환을 막을 수 있다.

파일 박기의 작업 순서는 간단했다. 먼저 지하 20~50미터에 분포한 암반에 닿기까지 파일을 하나씩 두들겨 박는다. 암반 깊이가 파일 하나의 길이보다 더 깊은 경우엔 다른 파일을 용접으로 잇대어야 한다. 빽빽하게 들어선 파일들의 길이는 땅속의 암반 위치에 따라 들쭉날쭉할 수밖에 없어서, 지상에 남은 부분은 일정 길이만 남기고 자투리를 잘라낸다. 그렇게 키를 통일시키고 나서 파일 속으로 콘크리트를 쏟아 붓는다. 만약 제대로 박히지 않은 파일이 있으면, 다시 말해 '부실공사'가 있으면 박힌 파일이 쏟아져 들어오는 콘크리트 무게부터 견디지 못해서 저절로 기울어지게 된다.

제강공장 기초공사에서 파일에 콘크리트를 먹이는 날, 그것이 포스코의 미래를 위한 무슨 천우신조였는지 몰라도, 마침 박태준이 지휘봉을 들고 높다란 구조물 위에서 그 작업을 지켜보았다. 그런데 묘한 현상이 벌어졌다. 레미콘트럭의 콘크리트를 받아먹은 강철 파일들이 슬며시 한쪽으로 기울어지지 않는가. 그의 동공에 불꽃이 튀었다.

박태준은 즉각 공사를 중단시키고 불도저를 불러오게 했다. 다른 현장에 있던 중장비가 꾸물꾸물 달려오는 사이, 어느덧 비상이 걸려 간부들이 모여들었다.

"밀어봐."

불도저가 비스듬히 기운 파일을 건드리자 맥없이 쓰러졌다. 옆의 똑바로 서 있는 파일도 건드려보았다. 역시 맥없이 쓰러졌다. 더욱 경악할 노릇은, 지상에 남은 파일들의 길이를 맞추느라 잘라낸 자투리 파일을 그대로 모래밭에다 나무토막처럼 꽂아둔 것도 있었다. 있을 수 없는, 도저히 있어서는 안 되는 장면에서 박태준은 또다시 인격을 헌옷처럼 벗어던져야 했다.

"책임자 나왓!"

책임자는 일본 설비회사의 하청을 받은 한국 건설회사 소장이었다. 박태준은 지휘봉으로 그의 안전모를 내리쳤다. 단번에 지휘봉이 두 토막 났다. 나무로 된 연결 부위가 부러진 것이다.

"이 새끼 이거, 너는 민족 반역자야. 조상의 혈세로 짓는 공장에서, 야 이 새끼야, 저게 파일로 보이나? 저건 담배꽁초야, 담배꽁초! 천장의 전로에서 쇳물이 엎질러지면 밑에서 일하는 동료가 타죽거나 치명적 화상을 입는 거야. 그래서 부실공사는 곧 적대행위야!"

비서가 긴네준 두 번째 지휘봉이 부실공사 책임자의 안전모 위에서 또 부러졌다. 그가 꿇어앉았다.

"여기, 일본 회사 책임자 찾아와!"

최종 책임자는 일본 설비회사의 현장감독이었다. 그가 하청회사의 시공에 대한 감독을 맡도록 계약돼 있었다. 일단 소나기는 피하려 했던 일본인 감독이 포철 사장 앞에 죄인처럼 불려나왔다. 박태준은 일본말로 사정없이 퍼부었다.

"이 나쁜 놈아, 너희 나라 공사도 이런 식으로 감독하나! 우리가 어떤 각오로 이 제철소를 짓고 있는지 몰라! 이 나쁜 놈아!"

박태준의 세 번째 지휘봉이 일본인 감독의 안전모를 후려쳤다. 이번에도 그것은 단번에 부러졌고, 얻어맞은 사람이 그 충격에 무너지듯 그대로 털썩 꿇어앉았다.

"정말 잘못했습니다."

큰 과오를 솔직히 인정하고 사죄하는 일본인 남성 특유의 자세와 목소리였다.

비로소 박태준의 분노는 한풀 꺾였다. 현장엔 잠시 바람이 죽어 있었다. 말소리도 숨소리도 덩달아 죽어 있었다. 이제 곧 바람과 함께 말소리와 숨소리가 살아나면, 제강공장의 '꽁초파일 사건'은 바람을 타고 아주 빠르게 모든 현장으로 빠짐없이 번져나갈 것이었다. '사장님은 전쟁터의 정말 무서운 소대장'이란 소문도 한 번 더 퍼질 것이었다.

"현장에서 나는 사장이 아니라 전쟁터 소대장이다. 전쟁터 소대장에겐 인격이 없다."

박태준은 평소 그렇게 강조하고 있었다. 부실공사를 막고 안전제일의 생활화를 위해 현장에선 자신의 인격을 버리겠다는 선언이었다. 욕설도 하고 지휘봉도 쓰고 때로는 발까지 세게 나간다는 선언이었다. 1970년대 한국의 건설업 수준에서 지휘자가 고매한 인격에 매달린다면, 자신의 인격을 지키는 대신 국가대업을 망칠 수밖에 없다. 이 판단과 확신을 그는 명백히 하고 있었다.

1972년 6월 어느 날, 박태준은 기초공사에서 큰 말썽을 일으켰던 제강공장 현장을 찾았다. 한창 철구조물 공사가 진행되고 있었다. 솔선수범이 몸에 익은 그는 90미터 높이의 제강공장 지붕으로 올라갔다. 주먹만 한 대형볼트로 육중한 철구조물을 연결하는 작업에는 볼트를 확실히 조이는 일이 가장 중요하다. 그게 안 되면 대형사고의 씨앗을 뿌리는 격이다. 수백 톤씩 나가는 장비들의 수많은 반복운동을 견디지 못한 철구조물이 예고도 없이 갑자기 무너져 내릴 수 있기 때문이다. 그래서 대형볼트는 작업자의 눈으로 조임 상태를 확인할 수 있도록 돼 있다. 제대로 조여진 것은 말끔하고, 허술히 조여졌거나 오차가 생긴 것은 지저분하다.

박태준이 허공에서 걸음을 멈췄다. 철구조물에 박힌 볼트가 지저분해 보였다. 자세히 살펴보니 한두 군데가 아니었다. 그는 아찔했다. 자신의 몸이 까마득한 땅바닥으로 추락하는 것 같았다. 시찰을 중단하고 사무실로 돌아와 간부들을 집합시켜 불호령을 내렸다.

"지금 즉시 모든 볼트를 하나도 남김없이 일일이 확인하라! 잘못 조인 볼트는 머리에 흰 분필로 표시하라! 서울사무소에 연락해서 시공회사의 책임자를 즉각 현장으로 내려오게 하라!"

무려 24만 개 대형볼트 중 약 400개에 흰 분필이 칠해졌다. 그것들은 모조리 교체되었다. 미래의 어느 순간에 일어날 수 있는 붕괴사고를 미리 예방한 일이었다. 직원들 사이에 '섬뜩할 만큼 예리한 육감을 지닌 사람', '남의 눈엔 멀쩡해 보이는 것에서 문제점을 발견하는 비정상의 눈을 지닌 사람'으로 불리게 되는 박태준. 그의 대단히 특별한 감각은 부실공사를 추방하여 포철의 미래에 느닷없이 덤벼들 큰 우환을 막아내는 예방주사 같았다.

박태준은 외국 출장이 없는 날에는 거의 매일 포항에 머물면서 하루에 서너 시간쯤 눈을 붙이고 이른 아침부터 회사로 나가 건설회의를 주재하고 틈만 나면 현장을 순시하며 모든 공장의 구석구석을 살펴보았다. 그렇게 현장제일주의와 완벽주의를 추구하는 박태준과 포항제철을 격려하기 위해 박정희도 애정과 관심을 아끼지 않았다. 1968년 11월 첫 방문 후 1972년 11월까지 공식적인 기록만 보아도 일곱 차례나 포철을 다녀간 것이다.

첫 출선을 준비하며
속을 태우는 박태준과 포철 사내들

영일만 모래벌판에 최초 공장이 완공됐다. 1972년 7월 4일 오전 11시, 포철 1기의 22개 공장 중 제일 먼저 '중후판공장 준공식'이 열렸다. 외자 2천430만 달러와 내자 24억 원을 투입한 공장 건설에서 '공기 1개월 단축' 목표를 성취했다.

중후판공장은 반제품(슬래브)을 호주나 일본에서 수입해 와서 길이 22미터 조선용, 오일탱크, 고압보일러탱크, 교량, 댐 건설용 등 강판을 연간 33만6천톤 생산함으로써 400만 달러의 수입대체 효과를 올리게 된다. 후판(厚板) 생산 개시. 박태준은 포스코의 첫 제품에 '품질로서 세계정상'이란 기념휘호를 썼다.

7월 31일 '포항제철 제품 첫 출하'라는 플래카드를 붙인 20톤 대형트럭 3대가 사장을 비롯한 임직원의 가슴 벅찬 박수를 받으며 포항제철소 정문을 빠져나갔다. 최초의 반(半)국산 후판 62톤, 목적지는 호남정유 여수공장. 유류저장탱크 제작용으로 팔려 나가는 것이다. 아직 고로에서 쇳물이 나오는 것은 아니지만, 그래도 포스코는 감격하지 않을 수 없었다. 박태준도 어린 맏딸을 시집보내는 아버지와 같은 심정이었다.

영일만의 첫 공장 준공식보다 한 시간 빨랐던 7월 4일 오전 10시, 한반도 모든 구성원을 설레게 하는, 조만간 한반도에서 천지개벽을 일으킬 것 같은 엄청난 뉴스가 터졌다. 서울과 평양이 똑같은 시각에 별안간 '7·4남북 공동성명'을 발표한 것이다. 그해 5월 대한민국 중앙정보부장 이후락과 조선민주주의인민공화국 제2부장 박성철이 비밀리에 평양과 서울을 오가며 합의했다는 '자주·평화·민족대단결의 3대 통일원칙'을 비롯해 상호중상·비방·무력도발 중지, 다방면에 걸친 교류 실현, 이를 위한 '남북조절위원회' 구성 등 어느 하나도 민족적 염원을 반영하지 않은 것이 없었다. '자주'만 들여다봐도 평양의 자주는 '반미'가 그 기둥이고 서울의 자주는 '반공'이 그 기둥인데, 과연 평양과 서울의 집권자는 어떤 정치적 계산으로 그렇게 대담한 선언을 내놓았을까.

1972년 10월 3일 포스코는 1기 건설의 핵심설비 중 하나인 열연공장 준공테이프를 끊었다. 연간 62만2천 톤의 슬래브를 처리하여 열연코일 18만3천 톤, 박판 22만 톤, 대강 18만 톤 등 58만3천 톤의 완제품을 생산할 공장. '후방방식'에서 일관제철소의 하(下)공정 건설을 마무리한 날, 박태준은 첫 열연제품에 '피와 땀의 결정체'라는 기념휘호를 쓰며 가슴을 진정시켰다. 피와 땀, 이것은 흔한 수사가 아니었다. 2개월 동안의 철야 돌관작업을 통해 5개월 지연된 공기를 따라잡았던 1971년 가을의 열연비상, 그 고투를 담은 말이었다.

열연공장을 준공했을 때 포철 1기 건설은 종합진도에서 79.2%의 공정률을 기록했다. 그보다 더 벅차고 뿌듯한 일은 구성원들의 정신이었다. 무에서 유를 창조하자는 도전에 성공한 자신감, 민족적 염원을 실현한다는 자긍심, 애국적 의지를 불태우는 사명감. 이 정신적 자산들의 요체라고 할 '제철보국'이 포스코 현장에 든든한 기초공사처럼 안착해 있었다.

그즈음 한반도는 정치적 배덕의 길로 빠져들었다. 평양의 김일성이 제5기 최고인민회의를 열어 '국가주석 중심제'로 정부조직을 개편하면서 사실상 '영구집권체제'를 구축하자, 서울의 박정희가 1972년 10월 17일 '10월유신'을 단행하여 '영구집권체제' 구축에 들어갔다. 7·4남북공동성명, 그 설레는 화해무대에 졸지에 무서운 한파가 몰아쳤다. 대한민국은 '자립경제·자주국방·자주통일'과 '한국적 민주주의'란 명분으로 '겨울공화국'에 진입했다. 머잖아 남북관계도 다시 꽁꽁 얼어붙을 것이었다.

시월유신 통치체제는 열흘 뒤 등장한 '유신헌법'으로 이른바 합법화를 모색했다. 개발독재의 경제성장을 끌어나가는 국가적 동원체제의 심장인 동시에, 억압과 저항의 악순환을 거듭하는 독재통치의 비극적 종말을 잉태한 자궁과 같았던 유신헌법. 개헌반대 발언이 원천적으로 봉쇄된 가운데 11월 21일 국민투표에 부쳐져 '투표율 91.9%에 찬성 91.5%'라는 결과를 남겼다. 새 헌법이 규정한 '대통령 간접선거'에 의거해, 12월 23일 통일주체국민회의 대의원들이 체육관에서 박정희 후보를 제8대 대통령으로 선출하였다.

스산한 겨울공화국의 1972년 겨울, 그러나 영일만의 겨울은 공기단축의 열정으로 뜨거웠다. 포철 1기 종합준공에 대한 '공기 2개월 단축'이란 결전의 목표가 세워져 있었다. 박태준은 1972년 12월 31일 서울 본사를 아예 포항으로 이전했다. 현장제일주의의 실천이었다.

포철 1기 공사의 절정은 '고로 화입'과 '첫 출선'이었다. 제1고로 화입일(火入日)은 73년 6월 8일로 잡혔다. 아직은 크고 작은 공사가 500여 항목이나 남은 5월 7일, D-32일의 그날, 박태준은 '고로 잔공사(殘工事) 비상'을 선포했다. 그것이 위력을 발휘했다. D-1일, 6월 7일. 박태준은 공기단축의 일정표 그대로 본관 앞 광장에서 태양열을 채화할 수 있었다.

6월 8일, 디데이가 밝았다. 7명의 원화 봉송 주자들이 차례차례 하늘의 불씨를 넘겨받았다. 오전 10시 30분, 7번째 주자가 넘겨준 원화봉을 받은 박태준은 엄숙히 기도하는 마음으로 고로에 불을 지폈다. 불은 붙었다. 첫 쇳물이 나오려면 그때부터 21시간 동안 기다려야 했다. 그는 고로 앞에 엎드려 절을 올리는 것으로 기다림을 시작했다. 잘생긴 돼지머리가 올라앉은 조촐한 제상 앞에 다른 임원들도 엎드려 절을 올렸다.

박태준은 숙소로 돌아왔으나 좀처럼 잠을 이룰 수 없었다. 잠시도 긴장을 놓지 못했던 숱한 역경이 파노라마처럼 전개되는가 하면, 다음날 아침엔 정말 '우향우'를 해야지 않는가 하는 초조감도 떨쳐버릴 수 없었다. '고로에서 쇳물이 나오지 않으면 영일만에 빠져죽어야 한다. 전쟁터에서 용케 살아남은 이 한몸 죽는 거야 가족에게 죄스런 일이지만, 조상의 피맺힌 돈을 헛되이 날려버린 민족적 죄업은 누가 짊어져야 하나.' 이런 생각이 스쳐갈 때마다 고개를 강하게 저으며 다그쳤다. '불길한 생각을 버려야 한다. 반드시 된다고 낙관적으로 생각해야 한다.'

1973년 6월 9일 새벽 5시, 일찍 깨어난 박태준이 노심초사하는 시각, 고로에선 심각한 실수가 발생했다. 첫 출선을 확실히 하려고 개공기로 출선구를 뚫다가 그만 파이프를 망가뜨린 것이다. 공장장 조용선은 아찔했다. 벽 두께가 2미터나 되는 출선구를 산소불로 직접 뚫는 수밖에 없었다. 잘 해보려던 일이 오히려 피 말리는 사투를 초래하고 말았다.

한국의 근대문명이나 근대문화 용어에는 일본식 한자어가 흔하다. '미술'만 해도 그렇다. 한국 철강인들은 일본식 한자어 그대로 고로에서 쇳물이 나오는 것을 '출선(出銑)'이라 한다. 과연 식민지배상금으로 건설한 포항제철 첫 고로에서 '출선'을 이룰 수 있을 것인가? 영일만 수평선 위로 떠오르는 찰나의 햇덩이 빛깔과 흡사한 그 '쇳물'이 제대로 나오기는 나올 것인가?

애정 어린 음성으로
세 차례나 '박태준'을 호명한 박정희

박태준은 아침에 몸을 깨끗이 씻었다. 아들의 성공을 빌기 위해 정한수를 뜨러 나가는 어머니의 심정으로 숙소를 나섰다. 형산강 다리를 건넜다. 어느새 말간 해가 한 발 남짓 올라와 있었다. 영일만 바다에는 눈부신 아침 햇살이 쏟아지고 있었다. 오전 7시 30분, 박태준을 비롯한 임원들과 건설 요원들이 700입방미터 고로의 제2주상에 올라섰다. 막 출선구 뚫기가 끝난 참이었다. 과연 한국 역사상 최초의 대형고로에서 쇳물이 나올 것인가. 그리하여 22개 공장으로 구성된 '일관·종합제철'은 정상적으로 가동될 수 있을 것인가.

"펑!"

굉음이 터졌다. 출선구를 뚫고 나온 오렌지색 섬광이 사람 키보다 높이 치솟았다. 박태준은 자신도 모르게 주먹을 불끈 쥐었다. 천천히 불꽃이 스러졌다. 고로 안에 침묵이 가득 찼다. 그때였다. 숨을 죽이고 내려다보는 사람들의 발밑으로 꾸물꾸물 기어 나오는 물체가 있었다. 용암 같은 황금색 액체였다. 아침마다 바라본 영일만의 일출, 수평선에 올라앉는 찰나의 그 태양 빛깔이었다. 쇳물이었다.

"나왔다! 나왔다!"

순식간에 고로 내부는 환호의 도가니로 바뀌었다. 포스코의 상징마크와 닮은 도랑을 따라 흘러가는 황금색 쇳물. 그 역사적 현장을 지켜보는 사내들의 눈에서 왈칵왈칵 눈물이 흘러내렸다.

"만세! 만세!"

사내들의 두 팔이 머리 위로 힘차게 올라갔다. 박태준은 자신도 모르게 두 팔을 올렸다. 감격의 '만세'를 외치며 눈물도 흘렸다.

포항제철소 제1고로의 폭포 같은 첫 출선, 활짝 열린 한국 경제사의 새 지평. 그 지점에서 포항 1기 종합준공식을 위해 남은 과제는 정상조업 도달이었다.

일찍이 풍수의 달인 이성지가 예언한 대로 황량한 모래벌판은 가뭇없이 사라지고 높다란 굴뚝들이 그 시(詩)의 대나무를 대신했다. 3년에 걸쳐 연인원 810만 명, 경부고속도로 건설비의 3배에 이르는 1천135억5천300만 원을 투입했다. 약 8만2천 개의 기계를 공장에 설치하고, 약 2만7천 개의 콘크리트파일과 약 2만8천 개의 강철파일을 땅속에 박았다. 한국 역사상 초유의 대역사가 예정 공기를 두 달이나 단축해 완벽하게 끝났다.

더욱 반갑고 놀라운 일은, 조강 톤당 건설단가가 251달러에 불과하다는 것. 비슷한 시기에 건설된 대만 CSC의 667달러, 일본 오기시마제철소의 626달러에 비해 40% 수준이었다. 이것은 세계적 철강기업으로 도약할 포스코의 근원적인 원가경쟁력을 담보했다.

1973년 7월 3일 '포항종합제철 종합준공식'이 열렸다. 정확한 명칭은 '포항종합제철 제1기 종합준공식'이겠으나 이 땅의 첫 고로가 첫 쇳물을 쏟아내고 첫 일관제철소가 완공되었으니 그렇게 붙이는 것이 더 좋았다. '사진만장(沙塵萬丈)'의 영일만 모래벌판엔 22개 대형공장이 늠름한 위용을 갖추고 있었다. 맨주먹이어서 불가능할 것이라는 통념을 통쾌하게 깨버린 대역사이기에 사람들은 '무에서 창조한 유'라고 불렀다. 서울 광화문에 대형 경축아치가 세워졌다. 기념우표도 발행되었다. 서울에서 내려갈 축하객들을 위해 포항까지 특별열차도 편성되었다. 그날은 국가적 경축일이었다. 한국 산업화 역사의 기념비와 금자탑을 동시에 세운 날이었다.

박정희 대통령과 내외 귀빈, 회사 임직원과 건설요원들이 영일만 모래벌판에 세워진 '민족중흥의 기틀'에 모여들었다. 박정희는 여덟 번째 방문이었다. 1968년 11월 첫 방문 때 남의 집을 다 헐어놓고 제철소가 되기는 되겠느냐고 쓸쓸히 독백했던 그가 여덟 번 만에 드디어 기쁨을 감추지 못하고 있었다. 목소리는 카랑카랑했다.

"지금으로부터 3년 전 1970년 봄에 여러분들이 보통 롬멜하우스라고 부르는 저 앞에서 지금은 고인이 되었습니다만 김학렬 전 부총리와 박태준 사장, 그리고 나 세 사람이 포항종합제철 기공식의 버튼을 눌렀습니다. 그 후 만 3년 3개월 만에 허허벌판이었던 이곳에 이와 같은 초현대적인 훌륭한 종합제철공장이 준공된 데 대하여 감개무량함을 금할 수 없으며, 그동안 박태준 사장 이하 여러분들의 노고에 대하여 심심한 치하를 드리는 바입니다."

박정희는 구체적인 수치를 밝히며 국가경제의 비전을 제시했다.

"이제 우리는 남을 따라가기 위한 출발에 있어서 첫 개가를 여기서 올렸다고 나는 생각합니다. 이 공장은 금년부터 계속해서 200만 톤으로 확장공사를 하고 또 계속해서 1976년 말까지 700만 톤 규모까지 확장할 계획을 지금 추진하고 있습니다. 또한 정부는 1980년대에 가면 우리나라의 철강 수요가 국내만 하더라도 약 1200만 톤 내지 1300만 톤을 넘을 것이라는 추정 하에 포항종합제철의 1차, 2차 확장 공사와는 별도로 이와 병행하여 연산 약 1000만 톤 규모의 제2종합제철공장 건설을 지금 예의 추진 중에 있습니다. 이러한 공장들이 전부 계획대로 순조롭게 추진되어서 80년대 초에 가면 우리가 지금 지향하고 있는 100억 달러 수출이라는 것도 그다지 어려운 문제가 아니라고 나는 보는 것입니다. 100억 달러 수출을 할 때가 되면 총 수출량에 있어서 중화학 분야의 제품이 차지하는 비율이 전체의 약 60%를 넘게 될 것입니다."

그리고 박정희는 마무리에 이르러 포스코의 존재 이유와 의의를 이렇게 정리했다.

"이 포항종합제철이 앞으로 우리나라 중화학공업 발전에 명실공히 핵심적이고 근간적인 역할을 훌륭하게 수행해줄 것을 당부하면서……."

비록 조강 연산 103만 톤에 불과해도 웅대한 미래의 기반을 확고히 마련한 포항종합제철 1기 종합준공을 위해 서울 광화문에다 경축 아치를 설치할 만큼 국가적 경사로 여긴 박정희가 영일만 현장의 박태준을 얼마나 장하고 고맙게 여겼을까? 도메인 주재원으로서 그 자리를 지켜보았던 일본인 모모세 타다시는 이렇게 증언한다.(모모세는 1997년 『한국이 죽어도 일본을 못 따라잡는 18가지 이유』, 『한국이 그래도 일본을 따라잡을 수 있는 18가지 이유』라는 베스트셀러의 저자이기도 하다)

박정희 대통령은 연설에서 무려 세 번이나 박태준이라는 이름을 언급했으며 그 목소리에 애정이 담겨 있었다. 박태준을 발탁해서 제철소를 맡긴 것은 정말 옳은 판단이었으며, 박 대통령의 기대 이상으로 120% 목표를 달성하고 성공시켰다고 하는 신뢰와 감격이 담겨진 목소리였다. 테이프가 남아 있다면 다시 한

번 그 연설을 듣고 싶다.

이날 박태준은 박정희에게 철 병풍을 기념품처럼 선물했다. 현재 포스코 역사관에 진열돼 있는 그 병풍에는 제선공장 전경, 제강공장 전로, 열연공장 압연기가 양각으로 드러나 배경을 이루고 노산 이은상이 지은 시가 새겨져 있다.

보라 하늘을 향해 치솟는 불꽃
여기는 잠자지 않는 일터
지축을 흔드는 우렁찬 소리
파도보다 더 높은 젊은 의욕
우리는 땀과 양심과 성실을 바쳐
새 역사의 바퀴를 떠밀고 간다
조국과 인류의 영광을 위해

언론들은 '1973년 7월 3일은 포철의 임직원들을 위해 오래 기억해야 할 날이며 포철의 조국 근대화 기여도는 정당하게 평가되어야 한다'고 했다. '정당한 평가'란 아직 까마득한 미래의 일이라고 생각한 박태준은 거대한 포부를 품었다. 박정희가 제시한 '철강 2000만 톤 시대', 이것이었다.

과연 '철에 목숨을 걸었다'는 박태준은 길고 험난한 '철의 여정'을 가장 빛나게 완주하는 영광의 마라토너로 등극할 것인가. 일제식민지 배상금으로 세운 고로 앞에서 박정희와 벅차게 나눈 짧은 대화 속에 그 가능성이 담겨 있었다.
"임자, 수고했어."

"아닙니다."

"이 고로의 불꽃이 국가재건, 민족중흥의 불꽃이야."

"이 불꽃을 끝까지 짊어지고 가겠습니다."

"그래. 우리는 이 불꽃을 짊어져야 해."

우리는 이 불꽃을 짊어져야 돼. 박정희가 되뇐 말을 박태준은 첫사랑의 밀어(蜜語)처럼 남몰래 가슴에 아로새겼다.

박태준에게 '기적'이란 말을
선물하는 박정희

"정말 믿어도 되는 거야?"

식민지배상금으로 세운 용광로, 그 국가재건과 민족중흥의 불꽃을 끝까지 짊어지겠다고 박정희 앞에서 다짐했던 박태준이 그의 전화를 받았다. 1974년 1월 중순이었다.

"지금 포철 보고서를 보고 있어."

"네."

포스코가 경제기획원과 재무부에 제출한 '1973년도 연차보고서'가 대통령 책상 위에 올라가 있는 모양이었다.

"순이익을 표시하는 난에 제로가 너무 많이 들어간 것 같아. 1천200달러겠지. 어떻게 가동한 지 6개월밖에 안 되는 종합제철 공장에서 1천200만 달러의 이익을 낼 수 있겠나? 제로 4개가 더 붙은 거 아닌가? 정말 믿어도 되는 거야?"

대통령이 밝은 목소리로 포철 사장을 놀리려 했다. 하지만 박태준은 이미 한 차례 겪은 일이었다. 부총리도 그랬던 것이다. 세계 종합제철소 역사상 신설 제철소가 가동 첫해부터 흑자를 낸 유례가 없으니 모두가 당연히 적자를 낼 것이라고 예상했던 것이다.

"주주총회에 보고하려고 7명이 넘는 공인회계사가 몇 주일에 걸쳐 면밀하게 만든 재무제표입니다. 그들은 참빗으로 머리를 빗듯이 모든 사항을 일일이 검토했습니다. 허위기재나 오류는 한 점도 없습니다."

"내가 임자의 성품을 몰라서 이러겠나? 기쁘고 놀라서 이러는 거야. 임자가 기어이 기적을 일궈냈어."

박정희가 '기적'이란 말을 선물했다. 정상조업을 시작하여 여섯 달 만에 1천200만 달러(약 46억 원) 순이익을 올린 사실은 포스코와 한국정부의 단순한 기쁨에만 머무는 게 아니었다. 2기, 3기, 4기에 이어 제2제철소까지 건설해나갈 '포스코와 박태준'의 국제적 신인도를 급등시켰고, 그것은 앞으로 외국 투자유치를 끌어올 강력한 자석이었다.

박태준의 포스코가 조업 원년의 정상조업 6개월 만에 모든 이들의 예상을 보기 좋게 깨부수고 1천200만 달러의 통쾌한 흑자를 올릴 수 있었던 결정적 이유의 하나는 건설 순서를 '후방방식'으로 결정한 그의 전략적 선택, 그리고 그것이 헛되지 않게 제때 오스트리아 푀스트 알피네를 설득하여 '중후판공장'을 완공한 것이었다. 1971년 9월 '열연비상'을 걸어서 3개월이나 지연된 공기를 두 달 만에 다섯 달치를 해치우며 거뜬히 만회한 사실도 빼놓을 수 없다. 포스코는 중후판공장을 1972년 7월 4일 완공한 데 이어 그해 10월 3일에는 열연공장도 완공했다.

열연공장은 중후판공장보다 훨씬 더 규모가 컸다. 중후판공장이 슬래브를 처리하여 연간 22만6천 톤의 제품을 생산하는 규모인데, 열연공장은 슬래브를 처리하여 연간 58만3천 톤의 제품(열연코일, 박판 등)을 생산하는 규모였다. 슬래브를 싣고 호주의 포트 켐블라를 출항한 선박이 포항 앞바다에 등장한 때는 8월 하순이었다. 중후판공장에서 생산한 후판제품이 7월 31일 처녀 출하를 한 상태에서 10월 3일 열연공장이 시험조업에 들어갔으니 박태준의 '후방방식'이 완성된 것이나 진배없어서 '포스코에 수익이 들어오는 구조'가 갖춰진 것이었다.

만약 박태준이 철강제품의 중간소재인 슬래브를 수입해 와서 후판제품부터 생산해야겠다는 결단을 내리지 못했더라면, 설령 그 결단을 내렸더라도 만약 푀스트 알피네를 제때 제대로 설득하지 못하여 유대인 거간꾼 아이젠버그가 장난치는 대로 '조일제철'이란 유령 같은 회사에다 중후판 생산을 그냥 맡기게 되었더라면, 만약 열연비상을 걸어서 지연된 공기를 완전히 만회하고 더 나아가 당초 계획보다 공기를 단축하여 열연공장을 제대로 완공하지 못했더라면, 포스코의 '일관제철소 조업 원년 흑자기록'은 세워지지 않았을 것이며 박정희가 감격한 목소리로 '기적'이란 단어를 쓰도 못했을 것이다.

1974년 1월 영일만 모래사장에는 기적의 뿌리들이 강철파일처럼 깊숙이 박혀 있었다. 굵은 것만 추려도 8가지였다.

1) 최저비용의 최고설비 구매
2) 공기단축
3) 정상조업 조기 달성
4) 안정적 원료구매
5) 기술인력 조기육성
6) 단계별 적정 사원 확보
7) 복지정책 조기 정착
8) 위 일곱 가지를 다 합친 것만큼 중요한, 제철보국과 우향우로 뭉친 불굴의 도전의지

여기서 반드시 기억해야 할 것이 하나 더 있다. 8가지의 튼튼한 뿌리들을 다 합친 것만큼 주목해야 할 무형의 성공요인이 하나 더 있다. 그 뿌리들에 부단히 영양을 공급하는 최고경영자의 탁월한 리더십, 이 리더십을 확실히 감싸주는 튼튼한 보호막이 바로 그것이다. 미국 스탠포드대학교 비즈니스스쿨이 다음과 같이 명쾌히 분석했다.

포항제철은 박정희 대통령의 강력한 의지와 박태준 사장의 탁월한 리더십을 바탕으로 성공할 수 있었다.

그런데 박정희가 박태준에게 기적을 일궈냈다고 자랑스러워한 포철의 성공 과정에는 박정희가 활용한 유대인 거상(巨商) 아이젠버그와 박태준이 결투를 벌이는 일도 발생했다. KISA가 한국 정부를 골탕 먹이던 시절부터 아이젠버그를 매우 못마땅하게 여겨온 박태준이 이제 철(鐵)의 손으로 어떻게 다룰 것인가?

박태준에게 물 먹은 아이젠버그의
첫 음모

1950년대부터 70년대까지 한국 정·재계가 괴상(怪商)이라 부르기도 했던 아이젠버그는 어떤 인물인가? 아이젠버그는 한국 제철산업과의 관련만 보아도 1954년 이승만 대통령이 의욕적으로 추진한 대한중공업공사 평로 제강공장 프로젝트에도 등장했다. 물론 그는 1960년대 한국에서 기세가 등등했다. 1964년 12월 6일 박정희 대통령이 서독 방문 장도에 올랐을 때 첫날부터 호텔 로비에서 기다린 사내가 아이젠버그였다. 그 모습이 조갑제의 『박정희』에는 이렇게 담겨 있다.

12월 7일 오전 10시 30분, 숙소인 쾨니히스호프 호텔에 도착하자 뤼브케 대통령이 박 대통령을 안내하여 들어섰다. 박 대통령 곁에서 통역을 하려고 바짝 따라 붙었던 백영훈 통역관의 증언.

"부동자세로 선 경호원들만 보이는 로비에 웬 서양인이 의자에서 신문을 읽고 있었습니다. 황당했지요. 그 순간 그는 신문을 천천히 접으며 박 대통령을 바라보고 웃더군요. 유태인 거상 아이젠버그였습니다. 순진한 박 대통령은 무척 반가워하면서 저를 통해 뤼브케 대통령에게 아이젠버그를 소개해 주었습니

341

다. '우리나라를 잘되게 하기 위해 백방으로 도움을 주고 계신 아이젠버그 씨입니다'라고 말입니다. 그날 이후 박 대통령의 서독 체류 기간 내내 아이젠버그는 박 대통령 뒤를 따라다녔습니다."

그 막강한 유대인을 박태준도 잘 알고 있었다. 1961년 11월 그가 국가재건최고회의 상공담당 최고위원으로 활약한 시절에 정래혁 상공부 장관이 독일을 방문하여 3천750만 달러 상당의 마르크화 차관 도입을 성공시켰는데, 당시에 물밑 교섭을 맡은 이가 아이젠버그였던 것이다. 그때부터 이미 박태준은 아이젠버그를 빨리 내쳐야할 '필요악'으로 보았다. 나라가 가난하니 그따위 구전으로 더럽게 자기 뱃속을 채우는 로비스트를 활용할 수밖에 없다는 점을 통탄스러워했다.

박태준과 아이젠버그의 첫 대결은 1970년 초반 포철의 중후판공장 건설에서 이뤄졌다. 재일교포가 포철 울타리와 가까운 자리에 포철 착공식보다 앞서 '조일제철'이라는 중후판공장을 세우기로 했다. 조일제철 건설에서 차관 알선은 아이젠버그가 맡았고, 한국정부는 지불 보증을 섰다. 아이젠버그가 소개한 파트너는 파나마 유나이티드개발회사였다. 그러나 그 회사의 실제 소유자는 바로 아이젠버그였다. 그러니까 그는 조일제철 건설 자금에서 이권을 이중으로 뜯어먹은 것이었다.

포스코 첫 공장인 중후판공장. 박태준은 오스트리아의 푀스트 알피네와 추진하는 외자 도입 및 설비 협상 과정에 오스트리아 국적도 가진 아이젠버그의 개입을 철저히 차단했다. 박태준이 포스코의 외자담당을 데리고 직접 뛰어다녔다. 그 차관을 승인한 오스트리아 국립은행 총재의 증언을 앞에서 들었지만, 박태준은 오스트리아 철강인과 금융인을 '진정성'으로 감동시켰다. 그러나 문제는 조일제철이었다. 가난한 나라의 약점을 파고든 아이젠버그의 그것을 박태준은 헌신짝처럼 차버려야 했으나 한국정부가 지불보증을 섰으니 포스코가 흡수(합병)하는 수밖에 없었다. 조일제철 흡수, 이것은 박태준의 포스코가 자금과 정력을 낭비한 유일한 사례였다.

조일제철 배후에는 한국 권력자들이 도사리고 있었다. 대통령도 함부로 다루지 않는 아이젠버그를 활용한 그들은 스위스 대사를 지낸 여당의 K의원과 군의 요직을 거쳐 정부 고위직도 지낸 더 막강한 권력자 J였다.

중후판공장 준공식(1972년 7월 4일)을 앞둔 어느 날이었다. 느닷없이 아이젠버그가 박태준에게 전화를 걸어왔다. 왜 자신에게는 여태껏 준공식 초청장이 오지 않느냐는 것. 박태준은 어이가 없었다. 가난한 나라의 돈을 너무 많이 먹었으니 그걸 게워내면 초청하겠다는 말이 목구멍까지 치밀었다. 아이젠버그가 한국 고위층의 이름을 들먹였다. 일종의 무력시위에다 협박이었다. 박태준은 일절 반응하지 않았다. 이 교활하고 거만한 인간에게는 끝까지 본때를 보여줘야 한다고 단단히 마음만 먹었다. 그는 끝내 아이젠버그에게 초청장을 보내지 않았다. 당신과는 더 이상 어떤 관계도 맺지 않겠다는 강한 메시지였다.

아직 유신헌법이 등장하기 전에 아이젠버그가 포스코 설비를 노리며 날뛰었던 배경에는 '포스트 박정희'를 노리는 권력 암투도 작동하고 있었다. 박정희 후계 경쟁자로는 K, L, J가 꼽혔다. 항간에는 "K, L은 자금이 많지만 J는 자금이 없어서 어쩌나" 하는 소문이 돌았다. 여기서 J에게 포스코는 '정치자금'의 매력적인 원천으로 보일 수 있었다. 박태준을 포스코에서 뽑아내고 자기 사람을 심게 된다면 앞으로 엄청난 공사들이 창창하게 남았으니 얼마든지 파이프를 꽂을 수 있다고 판단했을 것이다.

조일제철을 통해 톡톡한 재미를 챙기긴 했으나 포스코의 중후판공장 준공식에 초청도 받지 못함으로써 박태준에게 자존심을 크게 다친 아이젠버그. 실상 그는 1970년 초부터 포항제철소 설비들을 노리며 음모를 꾸몄다. 1969년 12월 3일 대일청구권자금 전용과 제철기술 지원 등에 대한 한일기본협정 조약, 1970년 4월 1일 포항제철소 착공식. 그 넉 달 사이에 포스코는 일본 철강설비업체들과 구매계약을 진행했다. 아이젠버그는 몸이 달았다. 그의 눈에는 박태준보다 먼저 손봐야 할 장애물이 있었다. 영일만 현장에 파견된 일본기술단 아리가 단장이었다.

아리가는 박정희와 박태준의 종합제철에 대한 '진정한 의지'를 충분히 이해하고 존중하는, 제철설비에 대해 빠삭하게 아는 양심적인 엔지니어로서, 1억 달러 넘는 포철 1기 설비구매에서 중요한 역할을 담당하고 있었다. 아이젠버그는 아리가부터 뽑아내고 싶었다. 아리가 대신 자기 입맛에 맞는 인물을 박아두는 것이 포스코에 좋은 뒷구멍을 확보하는 방법이다. 이 계산이었다.

때마침 아이젠버그에게 절호의 기회가 왔다. 일본 철강업계의 합병이 그것이었다. 1970년 4월 1일 포스코가 착공식을 거행한 그날, 야하타제철과 후지제철이 합병한 '신일본제철'이 탄생했다. 아리가는 후지 출신, 신일본제철 최고경영진은 야하타 출신. 아리가에게는 아주 불리한 여건이었다. 아리가는 영일만을 떠나 일본으로 복귀하게 될 것인가?

박태준에게 내리 세 번 패퇴한 아이젠버그가 다시 꾸민 음모

아이젠버그는 영일만에서 아리가를 솎아내기 위해 신속하고 기민하게 움직였다. 그의 사업 거점이 일본이니 그럴 만한 능력과 인맥을 거머쥔 인물이었다. 다만, 박태준이 그의 발을 따라잡고 손을 묶을 수 있는가? 이게 관건이었다.

아이젠버그가 1970년 4월 일본에서 수상쩍게 움직인다는 소식이 박태준의 정보망에 걸려들었다. 그는 지체 없이 즉각 도쿄로 날아갔다. 만사를 제치고 황급히 만나야 할 상대는 합병을 거쳐 새로 태어난 '신일본제철'의 회장, 바로 이나야마였다. 아이젠버그가 박태준보다 한 발 빠르긴 했으나 그의 도착이 결코 지각은 아니었다. 이나야마는 박태준의 소상한 설명을 심각하게 경청했다. 아리가에게는 아무런 탈도 일어나지 않았다. 여름이 와도 그는 영일만에 그대로 남아 있었다. 아이젠버그가 '조일제철(중후판공장)'에 이어 박태준에게 두 번째로 물을 먹은 일이었다.

아리가 제거에 실패한 아이젠버그가 주춤한 사이, 이번에는 '소화(昭和) 시대의 최대 괴물'로 꼽히는 일본인 골칫덩어리가, 포철이 일본의 철강설비 회사들과 진행하고 있는 설비 계약에 개입하려 했다. 한일관계에도 상당한 막후 역할을 해온 것으로 알려진 문제의 인물은 박태준에게 간단명료한 요구를 했다. '나'라는 인물을 보면 알 테니 '나'를 경유해서 설비들을 구매하라. 박태준은 '괴물'을 상대하는 최고 비책은 그 앞에서 눈썹 하나 까딱하지 않는 '더 무서운 괴물'로 맞서는 것이라고 판단했다.

일본 괴물의 요구를 받아든 심부름꾼이 박태준을 찾아왔다. 만남을 주저하거나 회피할 생각이 전혀 없었던 그는 그저 의연히 타이르기만 했다.

"나는 내 나라를 위해 취해야 할 올바른 방도를 취할 뿐이오. 이것이 일본을 위해서도 좋은 일이라고 생각하기에 내 방법을 그대로 밀고 나가겠소."

이때 박태준은 어떤 괴물도 물리칠 부적을 품고 있었다. 박정희의 '종이 마패'. 그러나 수고스럽게 꺼내진 않았다.

박정희의 각별한 후견인처럼 행세해온 아이젠버그와 포철 사장 박태준의 세 번째 결투는 포철 2기 주요설비인 연속주조공장 계약과정에서 이뤄졌다. 1973년 4월 일본기술단의 용역을 거쳐 그해 12월에 착공한 포철 2기 157만 톤 공사.

1973년 가을에 포스코는 연속주조공장 설비구매 계약 협상을 시작했다. 당시만 해도 그것은 상용화된 지 얼마 지나지 않은 최신 설비였다. 세계 철강업계에서는 오스트리아의 푀스트 알피네, 스위스의 콩캐스트, 독일의 만네스만 등 3개사만 공급능력을 갖추고 있었다. 어떡하든 최저가격에 구매해야 하는 포스코로서는 입찰 경쟁자가 셋뿐이라 불리한 조건이었다.

그런데 박태준에게 콩캐스트와 계약하라는 국내 권력 쪽의 압력이 들어왔다. 아이젠버그가 끼어든 것이었다. 보고를 접한 박태준은 속으로 '아이젠버그 이놈이 또……' 하고 호랑이눈썹을 곤두세우며 실무책임자에게 엄명을 내렸다.

"우리 회사의 원칙대로 해."

공정하게 최저가격으로 유인할 국제입찰, 그래봤자 3개사가 전부였으나 그래도 그것만이 돈을 아끼는 길이었다.

박태준이 남아프리카연방공화국 요하네스버그에서 열린 세계철강협회에 참석하고 있는 동안 유럽 3개사는 치열한 수주경쟁에 돌입했다. 1973년 11월 26일 비엔나에서 공개입찰이 열렸다. 푀스트 알피네가 낙찰을 받았다. 포스코 담당자들은 경쟁 3사 대표들과 악수를 나누었다. 콩캐스트 사람들이 뒤에서 불만을 늘어놓았다. 애당초 그들은 포스코에 연속주조 설비를 팔아봤자 운전이나 제대로 할 수 있겠느냐며 잔뜩 거드름을 부린 자들이었다. 그것은 포스코가 자기네 것을 살 수밖에 없다는 확신의 표현이었다. 그들 뒤에는 아이젠버그가 있고, 아이젠버그는 한국 권력층을 움직이는 큰손이라는 점을 꿰차고 있었던 것이다.

박태준에게 내리 세 번씩이나 물을 먹은 아이젠버그는 1974년을 맞아 포스코에서 박태준을 제거하겠다는 '거창한 목표'를 세워야 했다. 이런 경우에 그런 종류의 인간들이 흔히 동원하는 방법이 쥐도 새도 모르게 덫을 놓는 것이다. 물론 도덕적 모함이 제일 간편하고 효과적인 덫이고, 아이젠버그도 그 효율성을 익히 잘 아는 인물이었다.

1974년 봄날에도 포스코는 '조업과 건설(2기)'을 병행하는 체제를 빈틈없이 가동하고 있었다. 그해 6월 26일, 포항제철에 느닷없이 긴 사이렌이 울려 퍼졌다. 그 소리가 뚝 떨어진 순간, 조업현장과 건설현장 곳곳에서 함성과 박수가 터졌다. 연산 103만 톤 체제로 출범한 종합제철소의 제1고로가 '정상 조업 1주년'을 눈앞에 두고 마침내 '쇳물 100만 톤'을 토해낸 것이었다. '조업 1년'의 순이익은 242억 원을 기록하고 있었다.

박태준은 다시 직원들의 복지후생을 강조했다. 천성적으로 '전시행정'의 속임수 따위를 혐오한 그는 그때 《조선일보》 인터뷰에서 "직원의 복지후생을 허울 좋게 선전용으로 하는 것이 아니라 실질적으로 성과 있게 하고 있다. 이 노력을 가장 잘 알아주는 사람들은 우리 직원들이다."라고 떳떳하게 털어놓았다. 6월 27일 임원간담회에서도 박태준은, "우리 직원들 중에서 부인이나 가족이 중병을 앓는 사람이 없는지 인사부에서 파악하라."는 지시를 내렸다.

박태준은 직원들에게 '목욕론'도 줄기차게 전파했다. 한마디로 요약하면, "몸이 청결해야 정신이 청결해지고 그것이 공장의 청결로 이어진다. 공장의 청결은 제품의 완벽성과 안전사고 예방으로 이어진다."라는 것이었다. 이는 이병철 삼성그룹 회장이 탁견이라며 박수를 아끼지 않은 '박태준식 공장관리 1호 철학'이었다.

어쩌면 포스코가 식민지배상금으로 세운 1고로의 '쇳물 100만 톤' 생산 기념으로 자축의 긴 사이렌을 영일만에 울린 그즈음이었는지 모른다. 1973년 세밑에 포스코의 연속주조 설비(포철 2기 주요 설비) 입찰에서 보기 좋게 물을 먹은 아이젠버그가 아무도 모르게 공화당 국회의원 K와 다시 굳세게 손을 잡았다. 그들은 비밀리에 진정서를 만들었다. 연속주조 설비가 푀스트 알피네로 낙찰된 배경에는 뒷거래 의혹이 있으며 같은 설비를 푀스트 알피네보다 훨씬 싸게 구매할 수 있다는 내용이었다. 그럴싸한 근거까지 첨부한 그 진정서는 관계 요로에 들어갔다. 아직 설비가 납품되지 않았으니 심각한 문제가 들통 나는 경우에는 공급자를 교체할 수도 있을 것이다.

문제의 진정서가 마지막에는 누구 손에 들어갈 것인가? 대통령 손일까, 중앙정보부장 손일까? 음모를 당하는 사람은 음모 자체를 까맣게 모르는 상태에서 은밀히 추진된 그것이 과연 어느 정도 잉태기간을 거쳐서 어떤 결과를 낳을 것인가?

가택수색을 당한 박태준이 박정희에게 사표를 내는데

1974년 6월 28일 대통령 가족이 포항을 찾았다. 그날 오전에 박정희는 울산의 현대조선소 1차 준공식 및 26만 톤짜리 유조선 두 척의 명명식(命名式)에 참석했다. 한국 중공업사의 이정표를 세우는 그 자리에서 "오는 1977년까지 두 개의 거대 조선소를 더 지어 조선능력을 연간 600만 톤으로 늘리고 한 해 수출액의 10%인 10억 달러를 벌어들이겠다."고 천명한 그는 숙소를 박태준의 포스코가 새로 지은 영빈관인 포철주택단지 내 '백록대'로 잡았다. 달포 전에 완공한 백록대, 이 숙소는 포스코를 방문한 국빈급 인사들의 숙소로 활용하게 된다. 첫 손님이 한국 대통령과 가족이었다.

그런데 전혀 뜻밖의 일이 벌어졌다. 환한 표정으로 뜰에 나가 백록대를 바라보고 있던 박정희가 별안간 박태준에게 날카롭게 물었다.

"집이 왜 하필 흰색이야?"

"한라산 '백록담'에서 따온 이름입니다. 백록담의 '백(白)'을 생각한 것입니다."

"이 사람아, 백악관 냄새가 나잖아. 나는 싫어. 백악관이야 뭐야."

거부감으로 뭉쳐진 목소리였다. 박정희에게 '최초로 기합을 받는' 박태

349

준은 좀 머쓱했다. 미안하기도 했다. '처음부터 백악관과는 거의 내내 불편한 관계를 감당해온 각하의 마음을 미처 헤아리지 못했구나.' 속으로 이렇게 가만히 후회를 했다.

이튿날 대통령과 가족은 형태를 거의 다 갖춘 포항제철소 주물선(鑄物銑) 공장 건설 현장까지 둘러본 다음에 포항을 떠나갔다. 박태준에게는 특히 육영수 여사가 즐겁고 행복해 보였다. 1960년 부산 군수사령부 시절의 박정희는 과음이 잦은 편이라 서울에서 내려온 육영수의 안색을 흐리곤 했는데, 그때 제일 공범으로 찍혔던 박태준이기에 장본인에게나 육 여사에게나 서로가 그만큼 더 친근한 사람이었다. 대통령의 자녀들도 박태준을 그냥 '아저씨'라 불렀다.

7월 3일, 포철 1기 종합준공 첫돌. 박태준은 새로 정신을 가다듬는 계기로 삼았다. 국가적으로 기억할 만한 그날을 신문들도 잊지 않았다. 《조선일보》 사설은 다음과 같은 시선을 담았다.

제품의 질에 있어서도 영국 로이드선급협회를 비롯한 주요국의 권위 있는 기관으로부터 품질 및 규격에 있어서 인정을 받고 있다고 하며, 국내 판매 가격은 수입 가격의 22~42%까지나 저렴한 편으로, 그에 따른 수입대체로서 지난 한 해 동안에 1억5천만 달러의 외화를 절약한 셈으로 분석되고 있다.

대통령이 가족과 함께 백록대에 하룻밤을 묵고 주물선공장을 방문한 데 이어 사회적인 축하를 받는 종합준공 첫돌을 맞았으니 포스코로서는 기분 좋은 여름을 맞고 있었다. 단지 하나, 박태준이 까맣게 모르는 아이젠버그의 음모는?

어느 월요일 아침, 두 사내가 서울 북아현동 박태준 자택에 들이닥쳤다.

가택수색이었다. 마침 고2 맏딸 혼자였다. 포항의 아버지에게 내려간 어머니 대신으로 동생들을 챙겨 막 등교시킨 참이었다. 여고생이 대범하게 보여달라고 요구한 수색영장에는 박태준, 장옥자란 이름이 적혀 있었다.

"밀수품을 사들였다는 혐의가 포착돼서 관세법 위반혐의로 집을 수색하는 거다."

그때 한국에는 미제나 일제가 '귀하신 몸'이어서 암시장 뒷거래가 흔했다. 면소재지 담뱃가게에도 양담배가 버젓이 진열된 요새 세상이야 웃을 노릇이지만, 양담배 따위가 무슨 진귀한 물건인 양 암시장에 나돌던 시절이었다. 그래서 실력자들의 가택을 수색하면 외제품 두셋쯤은 나오기 일쑤였고, 당국은 미운 털 박힌 실력자를 혼내거나 망신시켜 제거할 수단으로 가택수색을 전가의 보도처럼 휘둘렀다.

두 사내가 장롱과 조그만 금고를 뒤졌다. 집문서, 패물 몇 가지, 잦은 해외출장의 흔적으로 남은 푼돈의 외화. 두 사내가 서로 난처한 시선을 교환했다.

"우리도 네 아버지를 존경하지만 공무집행상 어쩔 수 없었다."

"가택수색을 당하면 어른들도 벌벌 떠는데 네 침착성에 놀랐다."

가택수색은 한 편의 소극(笑劇) 같은 부질없는 소동으로 막을 내렸다. 그러나 객석에 앉은 관객들 중 오직 한 사람만 자리를 떠나지 못했다. 모종 음모가 꾸며진 것이라고 직감한 박태준은 생각에 잠겼다.

'과연 각하도 알고 계셨는가? 어떤 모함이 각하의 귀에 들어갔고, 그래서 나에 대한 일말의 의구심이라도 품으셨는가? 신뢰가 없다면 어떻게 일할 수 있겠는가? 그따위 모함은 앞으로도 몇 번이고 반복될 수 있는데 그때마다 이런 곤욕을 겪어야 한단 말인가?'

박태준은 괴로웠다. 대통령이 서운하기도 했다. 한 번쯤 경각심을 일깨워주려는 조치였을지 모른다고 가정해 봐도 뒷맛이 영 개운치 않았다. 그렇다면 방법은 하나뿐.

박태준은 청와대의 피스톨 박(경호실장 박종규)에게 전화를 걸었다.

"각하를 뵐 일이 생겼는데 일정을 빨리 잡아봐."

"안 그래도 형님에게 알려야 했는데, 잘 됐습니다."

사석에선 박태준을 형님이라 부르는 피스톨 박이 모월모일 각하께서 대구에 내려가시는데 숙박은 포항에서 하신다고 했다. '포항'이란 포항제철 영빈관 백록대였다.

얼마 지나지 않아 대통령 일행이 백록대에 일박 여장을 풀었다. 박정희의 대통령 재임기간에 이뤄진 총 17회 포항 방문에서 공식적인 포철 방문 총 13회를 제외한 나머지 4회 중 하루였다.

백록대 아래층에서 저녁식사를 마친 박정희가 이층으로 올라갔다. 박태준은 경호실장, 비서실장과 함께 아래층에 남았다. 박태준이 경호실장을 부리부리한 시선으로 쏘아 보았다.

"사람을 모래벌판에 던져놓고 독약 먹이려는 음모나 꾸며?"

피스톨 박이 어리둥절한 표정을 지었다. 비서실장은 얌전히 있었다.

"형님, 대체 무슨 말이오?"

박태준은 경호실장의 반문에 아랑곳하지 않고 모래알처럼 쌓인 말을 뱉어냈다.

"서울에서 호사스러운 생활을 하고 있으니까 마음만 먹으면 누구든 손볼 수 있다고 생각하는 인간이 청와대에도 있는 모양인데, 더러운 놈 깨끗한 놈 가릴 줄은 알아야지. 그것 하나도 제대로 못하면서 서울에서 밥 먹고 하는 일이 뭐야?"

피스톨 박이 항의했다.

"도대체 무슨 일인지 귀띔이라도 해줘야지요?"

"모른다고? 그러면 됐어."

박태준은 무뚝뚝하게 말을 끊었다. 하지만 속은 조금 풀렸다. 경호실장이 모른다면 대통령도……

이윽고 박정희가 박태준을 이층으로 불렀다. 두 사람은 탁자를 사이에 두고 마주앉았다.

"오늘 저녁은 아무래도 고민거리가 있구먼. 그게 뭔가?"

"믿음이 없어서야 어떻게 일을 하겠습니까?"

"무슨 말이야, 그게?"

"포철을 떠나야 할 때가 온 것 같습니다."

박태준은 안주머니의 사표를 꺼내 정중히 대통령 앞에 내려놓았다.

"이게 뭐야? 도대체 왜 이래? 영문이나 알아야지."

"저는 훌륭한 보상을 받았습니다. 아이만 있는 집에서 가택수색까지 벌인 것은 너무 훌륭한 보상이었습니다."

"뭐? 가택수색을 당해?"

박정희가 깜짝 놀랐다. 비서실장이 불려 올라왔다.

"어떻게 된 거야?"

사정 쪽으로 들어왔다는 진정서에 대해 짤막히 보고를 올린 비서실장이 조심스레 말을 맺었다.

"진정서에 대한 진위 조사부터 해보겠다고 해서…….."

박정희가 호되게 꾸짖었다.

"사람을 가릴 줄 알아야지! 아무에게나 그런 짓을 하나!"

박정희 대통령과 육영수 여사

박태준 회장과 장옥자 여사

제강사고를 극복한 박태준에게
이병철이 찾아오다

포스코 사장 박태준이 어찌 짐작이나 할 수 있었으랴. 1974년 6월 29일 준공을 앞둔 포항제철소 주물선공장에서 육영수 여사와 따뜻하게 나누었던 작별인사가 다시는 만나지 못할 영원한 작별이 될 줄이야……. 그해 8월 15일, 영부인이 문세광의 흉탄에 쓰러진 것이다. 박태준은 눈물을 참을 수 없었다. 벌써 십여 년 전, 1964년 새해 첫날, 박정희의 부름을 받아 청와대로 들어간 자신에게 따끈한 정종 한 잔을 따라주며 "요새도 많이 마셔요?" 하고는 미소를 지으며 살짝 흘겨보던 그 고운 눈매가 눈물샘을 건드리는 것만 같았다.

영부인을 보호하지 못한 자책감에 시달리는 경호실장 피스톨 박(박종규), 그가 쓸쓸히 청와대에서 퇴장했다. 육영수의 급서가 불러온 박종규의 퇴장과 차지철의 등장(8월 22일). 이것은 시나브로 박정희에게 다가드는 비극적 종말을 암시해주는 복선 같은 것이었다. 그러나 그때는 모두가 그것을 놓치고 말았다. 피스톨 박의 퇴장은 박태준에게도 청와대의 만만한 상대가 사라진 일이었다.

사랑하는 아내를 잃은 박정희는 그 뒤로 공식 기록상 네 차례 더 포항제철을 방문한다. 1976년 5월 31일 포철 2기 종합준공식, 1977년 9월 7일 건설 현장 순시, 1978년 12월 8일 포철 3기 종합준공식, 1979년 1월 31일 포철 4기 종합착공식(이날 포철에는 들르지 않음). 그 이전의 아홉 차례에 견줘보면 뜸해진 편이었다. 대통령이 판단하기에도 그만큼 포항제철이 안정 궤도 위에 올랐다는 뜻이었을 테지만, 비단 그뿐이었으랴. 날이 갈수록 정치 방면이 더 복잡해지고 더 위험해지고 더 난해해졌다는 뜻이기도 했다.

박태준의 포스코는 박정희가 제시한 비전(포항제철소에서 연산 조강 1000만 톤 달성)을 향해 순탄하게 나아가고 있었다. 1975년 봄날에 원료 공급선의 다양화를 위해 뉴질랜드, 인도, 브라질, 페루, 캐나다, 미국 등으로 바쁘게 돌아다닌 박태준은 1976년 새해 들어 포철 2기 종합준공 카운트다운을 시작하고, 곧이어 외자 7억6천360만 달러와 내자 4억8천907만 달러가 소요될 포철 3기 종합착공을 준비했다.

포철 3기를 계획할 때 포스코는 3기 건설의 내자 소요 총액(2천750억 원) 중 42%를 자체 경영이익금과 사내 보유자금으로 충당할 수 있을 것으로 계산해 본다. 그러나 재무부서가 주판알을 '짜게' 굴린 결과였으며, 실제로는 90%를 충당하게 된다. 이것은 경영상태가 매우 견실하다는 결정적 증거였다. 전용 받은 대일청구권자금을 '그보다 훨씬 초과하여 너무 충분하게' 우리 정부에 갚아주는 가운데 '제철보국' 경영철학에 따라 국내 수요가들에게는 국제 시세보다 무려 20%~40% 싸게 공급해오고 있음에도 불구하고……

그러한 실적과 실력을 바탕으로 박태준은 포철 3기 설비들 중 고로는 그때 세계에서 용적량이 가장 큰 대형(3천759입방미터)으로 결정했다. 1고로와 2고로를 합친 것보다 더 큰 규모였다. 엔지니어들이 우리 손으로 돌릴 수 있겠느냐는 걱정을 했지만 그는 도전해야 한다고 밀어 붙였다. 뒷날에 포스코 사장을 역임하는 강창오 3고로 공장장은 다음과 같은 회고를 남긴다.

"고로의 말썽이나 고장을 엔지니어들은 '배탈'이라 부르는데, 300만 톤짜리를 세운다고 했을 때, 솔직히 겁을 먹었습니다. 우리 기술력에는 아직 너무 과하지 않나 했던 겁니다. 내가 3고로 공장장으로 갔습니다. 그런데 겁먹은 것을 용케도 알아차린 것처럼 말썽을 일으키더군요. 꼬박 2주일을 거의 뜬눈으로 사투를 벌인 끝에 간신히 배탈을 잡았어요. 회복에 1주일이 더 필요해서 3주간 3고로를 돌리지 못했는데, 영업 손실이 60억 원에서 70억 원 정도였지요. 그런데 박태준 사장께서 "배탈을 경험하고 극복한 기술자들이 제철회사의 자산"이라며 오히려 격려를 해주셨지요. 밤샘 작업에 매달려 있었을 때는 격려방문을 오셔서 '센트롬'이라는 미제 비타민을 주셨는데……"

1976년 8월 2일 땡볕 아래서 포철은 300만 톤 규모 3기 건설을 위한 종합착공의 축포를 터트렸다. 3기는 1기와 2기를 합친 것보다 1.2배, 2기의 2.5배 규모였다. 공사 절정기에는 하루 1만4천여 명이 투입돼야 하는, 말 그대로 단군 이래 최대 역사를 시작하며 박태준은 역설했다.

"한마디로 당사의 운명이 걸려 있을 뿐만 아니라 우리나라가 중진국으로 도약하는 제4차 경제개발5개년계획의 성패가 달린 중대한 계기임을 깊이 명심하고 맨주먹으로 출발했던 창업정신을 다시 한 번 일깨워야 합니다."

1976년이 저물었다. 박정희는 김재규를 중앙정보부장에 앉혔다. 하지만 한미관계나 국내정치 상황은 박정희의 험난한 전도를 예고하고 있었다. 심복을 바꾼다고 해서 달라질 일이 아닐 것 같았다.

포스코의 앞길에도 뜻밖의 복병이 없는 것은 아니었다. 1977년 4월 2일 새벽, 최악의 사고가 발생했다. 제1 제강공장에서 크레인 기사가 졸다가 그만 쇳물을 바닥에 엎질렀다. 용암처럼 펄펄 끓는 쇳물 44톤을 잘못 쏟아버린 사고……

요행히 인명 피해는 없었다. 가장 심각한 피해는 '공장의 신경계'라 할, 제강공장 지하에 매설된 케이블의 70%가 타버린 것이었다. 긴급 파견된 일본인 기술자들이 완전복구에는 3개월 내지 4개월 걸릴 것이라고 했다. 복구기간이 늘어나는 그만큼 조업 차질과 영업 손실이 커질 수밖에 없는 상황에서 박태준은 '완전복구 1개월'이라는 비상 목표를 내걸고 기어코 성취한다.

꼬박 한 달 동안 사투를 벌여 목표를 성취한 영일만 사내들이 엔간히 한숨을 돌리고 있던 6월, 이병철 삼성그룹 회장이 포항제철을 찾았다. 그는 사고 수습을 끝냈다는 후배(박태준)와 임직원을 격려해주고 공장도 제대로 살펴보려는 마음이었다. 그날이 박태준으로서는 선배(이병철)와 두 달 만의 재회였다. 지난 4월 초에 안양 골프장으로 박태준을 불러내서 장기영 전 부총리와 화해의 자리(1967년 9월말 박태준 종합제철사업추진위원장 내정자가 장기영 경제부총리에게 거칠게 대든 적이 있었다.)를 마련해준 이가 이병철이었다. 그리고 며칠 지나지 않아 박태준은 싱가포르에서 한국일보 주재기자를 통해 느닷없이 장기영의 부음을 듣게 되었고…….

이병철은 다른 방문객이 한 번도 묻지 않았던 질문을 던졌다.

"재무구조가 어떻게 되나?"

황경로가 여러 가지를 대답했다. 50% 수준의 부채비율, 차관과 내자의 조기 상환, 3기 건설 소요내자의 90% 포철 자체 조달. 이병철이 자못 놀라운 표정을 감추지 못했다.

"그러면 포항제철은 박 사장의 것이네. 박 사장, 이런 경영의 모든 것을 다 어디서 배웠나?"

선배는 후배에게 묻는 것이 아니라 칭찬과 격려를 보내는 것이었다.

다음으로 이병철은 고로를 보려고 했다. 박태준은 선배를 1고로 주상으로 안내했다. 선배가 시선을 몇 바퀴 돌리고 나서 말했다.

"여기는 안방이네. 고로가 이러니 다른 데는 더 안 봐도 되겠다."

고개를 끄덕인 선배는 후배가 창안한 연수제도, 연수원 운영, 연수투자에 대해 감명을 받았다. 연수가 기술식민지 극복의 첫째 단계고, 기술개발이 그 둘째 단계라는 후배의 지론에도 흔쾌히 동의했다.

부실공사를 폭파한 박태준이
'가난뱅이국가' 딱지도 날려 버리다

'발전주의 국가'가 주도하여 압축성장하는 한국경제에 아주 좋은 보약이 되었던 1970년대 중후반의 '중동 특수'. 빈곤을 떨쳐내고 일어서려는 한국인에게 고맙게도 달러를 보태주는 그것이 1977년 여름의 영일만 건설현장에는 장애물과 다르지 않았다. 건설 숙련공들이 대거 아라비아 사막으로 떠나버려서 숙련공 부족에 비례하여 공기가 지연되고 공사품질이 저하되는 것이었다.

1977년 8월 1일. 아침부터 불볕이었다. 박태준은 발전송풍설비 공사현장 앞에 차를 세웠다. 콘크리트 구조물이 80%쯤 진척되어 높이 70미터의 굴뚝도 올라가 있었다. 그는 찬찬히 기초공사 상태를 살펴보다 지휘봉으로 한 지점을 가리켰다.

"저긴 왜 저렇게 울룩불룩 나와 있어?"

포스코 감독의 낯빛이 낮달처럼 질렸다.

"입사한 지 몇 년 됐나?"

"3년 조금 지났습니다."

"나는 10년 됐어. 저대로는 안 돼. 방법이 뭔가?"

"문제 부분을 뜯어내고 다시 하겠습니다."

감독이 조심스레 답했다. 사장의 지휘봉이 움직였다. 턱, 안전모에서 소리가 났다. 퍽, 어깨에서 소리가 났다.

"너 인마, 정신이 있는 놈이야, 없는 놈이야? 그러면 콘크리트 양성시기가 안 맞잖아?"

"예, 그건 그렇습니다."

박태준은 일본인 감독관도 앞으로 불렀다.

"너희는 뭐 했어!"

짧은 정적이 흘렀다. 별안간 육중한 철근 같은 명령이 떨어졌다.

"당장 폭파해!"

"무슨 말씀이신지……?"

박태준은 친절하게 폭파 준비까지 일러줬다.

"먼저 드릴을 가져와서 군데군데 구멍을 뚫고 다이너마이트를 넣어. 다이너마이트는 대한중석에 연락하면 금세 오게 돼 있어. 다이너마이트가 오면 구멍에 넣고, 물 젖은 가마니를 덮어. 그러고는 바로 폭파야."

현장 책임자들에겐 바쁜 하룻밤이 지나갔다. 석산 현장으로 달려가서 폭약을 구해오랴, 포항경찰서에 뛰어가서 폭파 허가를 받으랴, 폭약을 장전하랴, 폭파기사를 대기시키랴…….

이튿날이었다. 그림자가 짧은 한낮에 '이상한 기념식'이 마련되었다. 포항제철 안에 있는 모든 건설 현장의 책임자와 간부, 외국인 감독, 그리고 포스코 임직원이 한자리에 모였다. 모두 입을 굳게 다물고 있었다. 숨소리도 들리지 않는 듯했다. 땡볕만 뜨거웠다.

'나의 사전에 불가능은 없다'고 했다는 나폴레옹의 말을 떠올린 박태준은 문득 하나의 문장을 완성해 보았다. '포철의 사전에 부실공사는 없다.'

하지만 정말 그걸 실현하려면 그런 거창한 말까지 동원할 필요는 없다고, 그는 생각했다. 80%나 진척된 공사를 다이너마이트로 완전히 날려버리는 '거창한 폭파식'이야말로 어떤 호소나 명령보다 훨씬 더 강력하게 경각심을 불러일으킬 것이라고, 그는 확신했다.

"꽝! 꽝! 꽝!"

굉음이 터졌다. 예산과 시간과 노력이 한순간에 파편으로 부서진 찰나, 모여든 사람들은 놀라는 것이 아니라 오히려 더 굳게 입을 다물었다. 허망하게 사라진 것들과는 견줄 수 없는 무형의 자산이 그들의 머리와 가슴에 오롯이 남아야 했다. 그것이야말로 하나의 문장이면 너무 충분했다.

'포철의 사전에 부실공사는 없다.'

영일만 바다 빛깔에 가을이 묻어나는 9월 7일, 박정희가 포철 3기 건설 현장을 찾아왔다. 박태준의 첫눈에 어딘가 모르게 지쳐 보이던 대통령의 얼굴이 포철의 활기찬 현장을 둘러보는 동안에 밝아진 것 같았다.

"한 방 꽝 날렸다고?"

"대포 한 방보다 약한 거였는데, 청와대까지 들렸습니까?"

두 사람은 풀썩풀썩 웃었다.

"내년 12월에 550만 톤 끝내면 1000만 톤까지는 훨씬 가깝고 쉬워집니다."

"포철은 든든하게 잘 가고 있는데 국가재건, 경제개발이 우리가 혁명 때 처음 생각했던 것보다는 오래 걸려. 시간은 빨리 가고."

박정희가 천천히 고개를 끄덕였다. 그게 그럴 수밖에 없지 않나, 하고 스스로 헤아리는 것 같은 모습이었다.

1977년 여름에 누구도 상상 못할 폭파식을 거행하여 현장 풍토를 일대 쇄신한 박태준은 그해 가을에 한국기업 최초로 '정부보증 없는 차관도입'

에 도전한다. 국회가 삭감시킨 포항제철 4기 공사 착수금 예산 1억 달러. 이 돈을 그는 미국 시티은행의 홍콩 계열은행인 APCO에 가서 '포스코 자력'으로 차입하기로 결심했다. 국제금융기관이 신인도 낮은 개발도상국 기업과 차관 협상을 벌일 때마다 요구하는 정부보증, 이번 기회에 그는 그 가난뱅이 딱지 같은 것을 찢어버리고 싶었다.

'포철 예산 반대'를 통해 새로운 기회를 제공해준 국회에 대해 오히려 고맙게 생각하며 APCO에 들어서는 박태준에게 가장 듬직한 무기는 포스코의 조업실적과 경영실적이었다. 그것들이 통하지 않으면 일은 그르칠 수밖에 없을 것이었다. 포스코의 서류들을 자세히 살핀 은행원이 환한 미소를 지었다. 추가 서류도 추가 설명도 요구하지 않았다. 존경의 눈빛으로 박태준의 얼굴을 쳐다보았다.

"포스코의 신인도에는 정부보증이 별도로 필요하지 않습니다."

차관도입의 정부보증, 한국에서는 포스코가 처음 그 굴레를 벗어던진 기업이 되었다. '가난뱅이 나라'라는 딱지를 떼버린 박태준은 가슴 저 밑바닥에 고여 있던 설움 비슷한 그 무엇이 증발하는 것 같은 기분도 덤으로 맛보았다.

정주영의 현대와 박태준의 포철이 벌인
제2제철소 쟁탈전

1978년, 무오년(戊午年) 새해가 밝았다. 포스코 창업 10주년의 해. 박태준은 신년사에서 자신감 넘치는 새 비전을 제시했다.

"10년 전 오직 젊음과 정열, 사명감만으로 뭉쳐 우리나라 철강공업의 밑거름이 되기로 다짐한 이래 오늘에 이르기까지가 '개척과 시련'의 시기였다면, 금년을 기점으로 한 앞으로는 '성장과 안정'을 향하여 우리가 구축해온 성과를 다듬고 앞으로의 기반을 다져나가야 할 때라고 하겠습니다."

'성장과 안정'으로 나가려는 첫해에 포스코는 '포항 3기 설비 조기준공, 포항 4기 설비 조기착공'이란 과제를 짊어져야 했다. 그런데 박태준은 정초부터 전혀 뜻밖의 소식을 들었다. 서울에서 신년 하례를 마치고 나오는 걸음에 잘 아는 언론인이 야릇한 귀띔을 해줬다.

"현대가 제2제철소를 먹으려고 합니다. 상당히 진척됐어요. 경제수석 등 청와대 비서실이 적극적으로 현대를 민다고 합니다."

박태준은 의아한 표정부터 지었다. 설마, 하고 미심쩍어하는 가운데 억

울한 느낌이 한 줄기 냉랭한 바람처럼 스쳐 지나갔다. 사정이 그럴 만했다.

4년 전, 그러니까 1974년에 정부가 주도해서 민간기업 형태로 '한국제철주식회사'를 설립한 적이 있었다. 제2제철소 건설을 위한 회사였고, 초대 사장은 경제부총리 출신의 태완선이었다. 그러나 '한국제철'은 일 년을 넘기지 못하여 난관에 봉착했다. 설상가상의 형국으로 짓눌려 버렸다. 외국 자본을 끌어오지 못하는 것, 파트너인 미국 유에스스틸이 무리한 조건을 양보하지 않는 것. 유에스스틸은 '투자수익률 20% 보장'을 요구할 뿐만 아니라 '한국제철' 건설 계획과 중복되는 포스코의 '포철 3기 공사 계획'을 1980년까지 연기해야 한다는 조건까지 덧붙였다.

'한국제철'을 어떻게 처리할 것인가? 회사를 청산할 때 자본금 손실은 누가 해결할 것인가? 이것은 정부가 결정할 일이었지만 아무리 둘러봐야 합당한 자격을 갖춘 기업은 포스코밖에 없었다. 1975년 새해 벽두에 박정희의 경제팀 관료들이 포스코의 '한국제철' 흡수를 결정할 것이라는 소문이 무성했다. 그것이 결정된 때는 그해 3월이었다. 핵심 내용은 이런 것이었다.

포항제철이 경영난에 봉착한 한국제철을 1975년 4월 15일까지 인수하는 조건으로 포항제철에게 '제2제철소'를 건설할 권리를 인정한다.

그러니까 포스코는 1975년 4월 '한국제철'을 인수한 그때 이미 '제2제철소 건설 권리'를 획득해놓은 것이었다. 그런데 이제 와서 뜬금없이 경제관료들이 자기네 입맛대로 제2제철소 건설을 '정주영의 현대'에게 넘겨주려 한다니! 박태준은 뒤통수를 만져봐야 할 노릇이었다.

아니 땐 굴뚝에 연기가 나랴. 이 속담이 적중했다. 소문은 곧 명명백백한 사실로 드러났다. 그것도 불을 지핀 쪽에서 당당히 밝히는 방식이었다. 한국의 대표적인 대기업으로 성장한 현대그룹이 현대중공업을 중심으로 자본금 2억 달러의 '현대제철소'를 설립하겠다, 즉 제2제철소 실수요자가 되겠다고 공개적으로 선언했다. 박태준은 귀에 송곳이 닿는 것 같았다. 현대의 주장에 박힌 핵이 바로 그의 청력을 날카롭게 자극하는 송곳이었다. 현대는 '제2제철소의 민영화'를 제2제철소 실수요자가 될 수 있는 가장 요긴한 논리적 핵으로 삼고 있었다.

포스코는 정말 뒤통수를 얻어맞은 격이었으니 한 발 늦었으나 서둘러 대응책을 세워야 했다. 박태준은 첫 단계로 여론 경쟁을 상정했다. 회사의 홍보 역량을 대폭 강화해야 했다. 그는 포항으로 돌아온 즉시 홍보실무 책임자 이대공에게 긴박한 상황을 알려주고 대책 강구를 지시했다. 뒷날 포항공과대학 건설본부장, 포스코 부사장, 포스코교육재단 이사장을 역임하게 되는 이대공은 그때 박 사장의 지시를 받고 이렇게 건의했다.

"사장님, 일일이 대응하지 않는 것이 좋을 듯합니다. 석 달만 기다리면 회사 10주년입니다. 그날을 포철 홍보의 절정과 전기로 삼았으면 합니다. 이후 상황이 달라지도록 최선의 노력을 다하겠습니다. 곧 홍보계획과 행사계획 보고서를 올리겠습니다."

박태준이 대뜸 재가했다.

"그래, 우리 회사도 그런 일을 할 때가 됐어."

정주영의 현대와 제2제철소 쟁탈전이 벌어진 때에 딱 맞춰 찾아온 '포스코 창립 10주년'. 이대공, 윤석만 등 홍보 참모들은 절호의 기회를 최대한 살려야 했다. 창립 10주년을 '포스코 홍보의 전국화, 본격화, 적극화'의 계기로 삼고, 현대와 일전에서 일차적으로 여론을 선점한다는 목표를 잡았다. 이제 포스코는 지역적, 방어적, 소극적 홍보 관행을 벗어던지기로 했다. '영일만의 기적'은 언론의 조명을 받을 만한 충분한 자격을 갖추었고, 바야흐로 항간에도 '이제는 자기 PR시대'라는 말이 새로운 문화 조류의 도래를 알리는 짤막한 선전구호처럼 번져나가고 있었다.

정주영 회장 일가가 소유한 말 그대로의 '사기업 재벌 현대'는 공기업 포스코에 비해 홍보력이 월등히 앞서 있었다. 하지만 포스코 홍보팀은 '10주년 홍보 계획서'란 굵은 책자를 만들어 사장의 결재를 받았다. 그에 따라 2월부터 서울의 유수 언론인을 포항으로 초청했다. 필설로만 '영일만의 기적'을 말해온 이들이 눈으로 직접 그것을 확인할 수 있는 기회였다. 포스코도 까다로운 손님들을 상대할 자신감이 넘쳤다.

포스코가 3월 13일 상공부로 제2제철소를 짓겠다는 제안서를 보낸 데 이어 3월 21일 예비계획서까지 제출했다. 이튿날, 놀라운 일이 벌어졌다. 현대도 전격적으로 예비계획서를 제출했다. 우선 울산에 300만 톤 규모로 제철소를 짓고 최종 1000만 톤 규모의 제철소를 경북 영해에 짓겠다는 내용이었다.

재계 일각은 현대와 포스코의 제2제철소 쟁탈전을 '재벌 오너 정주영'과 '포철 사장 박태준'의 씨름이라며 흥미로운 관전에 들어갔다. 현대는 이미 막강한 지원부대를 갖추고 있었다. 중화학공업에 대해서는 청와대의 막강한 실세라고 알려진, 중화학공업기획단장을 겸하는 대통령비서실 경제2수석 오원철. 누구보다도 그가 정연한 논리를 갖추어 현대를 밀고 있었다. 마침 박정희가 박태준을 찾는 일도 뜸했다. 유신체제의 종반기에 접어든 대통령은 정치 방면이 너무 어수선하여 그 바깥에 있는 일꾼과 오붓하게 만나기가 어려운 모양이었다.

1978년 4월 1일 포스코는 창립 10주년을 맞이했다. 박정희가 선물을 보내왔다. '鐵鋼은 國力'이라는 친필 휘호였다. 포스코 창립 10주년. 박태준은 누구보다 가슴이 벅찼다. 그는 기념사에서 솔직한 속내를 굳이 숨기려 하지 않았다.

"포철 창립 10주년은, 충실한 사명감과 정열의 화신이었던 우리가 10년의 젊음을 불태워 봉사한 대가로서 온 겨레에게 희망과 용기를 안기고 후대에는 영광을 물릴 수 있게 된 것을 확인하는 제전(祭典)입니다. 본인은 여러분과 더불어 허다한 난관을 극복한 경험에서 '행운의 여신은 민족적 대의를 위하여 인내와 끈기로 슬기롭게 정진하는 자의 편에 선다'는 확신을 저버릴 수가 없습니다."

한국 일간지들이 일제히 '포철 10년의 의의'에 찬사와 격려를 보냈다.

오일쇼크 이후 대부분의 제철소들이 조단(操短)과 운휴 속에 빠뜨려지고 있는 지금까지 포철은 도리어 평균 110%라는 높은 가동률을 유지하면서, 그동안 도합 820억 원이라는 순이익을 올렸던 것이며, 공장 확장공사의 소요내자 중 66%에 해당하는 2천848억 원을 자체 조달해왔다는 점은 특기할 만한 사실이 아닐 수 없다.《조선일보》 1978년 4월 1일

외국의 전문가들을 놀라게 한 포철이야말로, 우리 힘을 결집하기만 하면 못해낼 것이 없다는 공업한국의 의지를 표상하는 상징적 존재이다.
《한국일보》 1978년 4월 1일

포철 10년의 경영성과는, 다른 국영기업체들이 빠지기 쉬운 안이한 매너리즘을 탈피하여 합리적으로 경영돼왔음을 실증하는 것이다.
《동아일보》 1978년 4월 2일

현대와 겨루는 포스코에게는 응원가 같은 '사설'들이었다. 물론 신문들은 축하와 격려 뒤에 '제2제철소 쟁탈전' 예고도 빼놓지 않았다. 제2제철소 건설 사업자 선정에 대해 정부가 거시적인 안목에서 정책적으로 신중히 배

려해야 한다는 지적이 많았다. 기술과 자본과 경험의 축적도 고려해야 한다는 주장도 제기했다. 이것은 포스코에게 응원가였다.

현대도 가지런히 논리를 펼쳤다.

조만간 중동건설의 특수경기가 하강기에 접어들게 되니 '풍부한 돈과 인력과 중장비'를 곧바로 제철소 건설에 투입할 수 있다. 자동차, 중공업, 조선소, 건설 등 철을 대량 소비하는 업체를 소유하고 있다. 정부의 재정 지원을 받지 않고도 건설비를 조달할 수 있다. 현대그룹의 역량을 활용하면 제철소 건설과 제품생산에 필요한 기술력을 동원할 수 있다. 해외지사를 움직이면 제철소에 들어갈 원료를 확보할 수 있다. 국내 철강업에 경쟁사가 들어섬으로써 선의의 경쟁을 유발할 수 있다.

현대는 '선의의 경쟁'이라는 포장 속에다 '포철의 철강독과점체제'를 공격할 비수를 감추고 있었다. '독과점은 폐해를 낳을 수밖에 없다'는 주장은 그 실태와는 무관하게 인간의 정서에 무조건 옳은 소리로 들릴 만한 것이었다. 그러나 그때 포스코로선 억울한 노릇이었다. 시장독과점을 악용해 자사이기주의에 빠져 있었다면 당연히 비판받아야 하지만, 조상의 혈세로 세운 국민기업으로서 국가적 대의를 경영원칙으로 삼아왔기 때문이다.

현대가 힘주어 외치는 '선의의 경쟁'은 오원철의 주장이기도 하고 박정희의 방침이기도 했다. 1974년부터 박정희 대통령의 중화학공업 건설과 방위산업 건설을 보좌해온 오원철 경제2수석은 뒷날의 회고에서 박정희 방식의 '독점과 경쟁의 배합 전략'을 이렇게 정리했다.

1960년대에서 1970년대에는 수요가 부족해서, 국제 규모의 공장을 건설하는데 큰 어려움을 겪었다. 국제 규모에 미달하는 공장이라는 것은 단적으로 말해서 국제경쟁력이 없는 공장이라는 뜻이다. 당연히 생산 제품은 국제가격보다 비쌀 수밖에 없고, 따라서 수출한다는 것은 불가능하다. 이럴 때는 하루속히 국제 규모의 공장으로 키워나가는 것이 우선적 과제였다. 즉 독점은 국제경쟁력이 생기고 난 후의 문제라는 뜻이다. 이 독점 공장이 일단 국제규모화가 된 후에는 즉시 또 하나의 회사를 설립해서 경쟁체제로 가야 한다는 것이 박대통령의 방침이었다. 그래야만 선의의 경쟁이 일어나서 품질향상과 가격인하가 이뤄지고 국제경쟁력 강화가 계속된다는 이론이었다. 여기에 해당하는 것이 '석유화학과 종합제철'이었다.

정주영의 현대에게는 '선의의 경쟁'이 박태준의 포스코를 이길 수 있는 최강의 무기였으며, 청와대 경제비서진에게는 '선의의 경쟁'이 정주영의 현대를 밀어줄 수 있는 윤리적 기반이었다. 그러나 그들이 '선의의 경쟁'에 도달하는 논리를 자세히 들여다보면 박태준의 포스코에는 한참 빗나가는 것이었다. 품질향상, 가격인하, 국제경쟁력이라는 기준이 그러했다. 그것들은 이미 박태준의 경영원칙이 실천해오는 덕목들이었다. 또한 연산 1000만 톤 정도의 제철소를 '규모의 경제'가 구현되는 미래의 국제규모 제철소라고 단정할 수 있을지도 의문이었으며, 아직은 갈 길이 먼 한국과 같은 환경에서 '건전한' 선의의 경쟁이 보장될 수 있을지도 의문이었다.

제2제철소 주인이 현대냐 포철이냐. 언론의 표현은 '쟁탈전'이었지만, 3년 전에 그 권리를 확보했던 포스코로선 '방어전'이고 현대에겐 '공격전'이었다. 무릇 전투가 그렇듯이 초기 형세는 선제 공격자가 유리하기 마련이다. 그러나 포스코 창립 10주년 행사 직후, 현대는 소나기를 피하려는 작전인지 숨을 고르는 듯했다. 이때 박태준이 직접 신문에 등장하여 일갈을 한다. 조선일보 선우휘 주필의 애독자 많은 대담 「차 한 잔을 나누며」에 나간 것이다. 대담은 포스코 영빈관 '청송대'에서 이뤄졌다. 선우휘는 포항종합제철에 보내는 '영일만의 기적'이란 찬사에 동의하는 언론인이고 작가였다.

"정말로 훌륭한 일을 하셨습니다. 국민의 한 사람으로서 경의를 표합니다. 저도 6·25전쟁터에서 고생한 경험이 있지만, 우리 국민 모두가 조국의 경제전쟁을 승리로 이끌어온 박 사장님의 노고에 훈장을 드려야겠습니다."

선우휘는 깍듯하게 인사부터 차리고 대담을 시작했다. 1978년 4월 18일 《조선일보》에 실린 대담에서 박태준의 일갈만 다시 들어보자.

선우 : 4월 1일이면 만우절인데 포항제철만은 거짓말이 아니었다는 얘기군요. (웃음) 그런데 근래에 거론되고 있는 제2제철 문제에 대해 박 사장님은 어떻게 생각하시는지요?

박 : 요즘 제2제철 문제가 항간에서 상당히 논의되고 있는 것 같습니다만, 기업이라면 수요가 증가하면 당연히 확대재생산을 추진하게 되는 것이고, 증산의 필요성이 느껴지면 그동안에 축적된 기술과 경험을 바탕으로 기업을 확장하게 되는 것입니다. 저희 회사도 그에 대비해서 수요추정을 KDI(한국개발연구원)나 KIST(한국과학기술연구소)를 통하여 계속해서 시켜왔고, 자체적으로도 경영정책실에서 한 해에 한 번씩 수요추정을 하고 있습니다. 오일파동 이후 세계 철강경기가 계속해서 불황상태에 있는데도 불구하고 국내 철강수요는 점점 더 늘어나고 있기 때문에, 과거에 했던 수요추정 자체가 좀 미심스럽다고 해서 다시 KIST와 용역을 맺어서 금년 6월 말까지 보고서가 나오게 돼 있어요.

그런 식으로 수시로 수요추정을 하면서 제2공장의 필요성 유무나 설비용량을 어느 정도로 해야 되겠느냐 하는 검토를 해오고 있고, 또한 이미 제철소를 보유한 선진국들의 설비용량이나 1인당 철강소비량도 제철설비를 확장해나가는 데 하나의 바로미터가 될 수 있기 때문에 수시로 비교, 검토해오고 있습니다. 그래서 우리는 제2공장이 필요하단 생각을 일찍부터 가졌고 또 그를 위하여 기술축적(해외연수비 2천200만 달러, 1천360명 육성)을 해왔고 이미 계획을 다

성안시켜놓고 있어요. 항간에서 어떤 민간 재벌이 한다든지 하는 보도도 간혹 나오는데 제 개인의 생각은 이미 명확히 정립되어 있습니다.

선우 : 새로 민간에서 하는 경우에는 완전히 백지에서부터 다시 시작해야 되는 것 아닙니까?

박 : 그렇지요. 저는 그래서 이 문제를 두 가지 각도에서 보아야 되지 않느냐 봅니다. 하나는 경제적 기술적 사업적인, 극히 실무적인 측면에서 보는 것이고, 또 하나는 우리나라가 앞으로도 계속해서 확대경제 정책을 지향해나갈 텐데 소위 기초물자에 대한 기본적인 관리방향을 어디로 끌고 갈 것이냐 하는 정책적인 측면이 있을 것입니다.

새로운 제철소를 건설한다고 하면 여기에서 사람이 빠져나갈 수밖에 없는데, 우리가 맡아서 계획적으로 엔지니어링 단계부터 건설, 조업에 이르기까지 단계별로 필요한 사람을 지명해서 보내면 효율적인 인력 활용이 가능하겠지만, 민간기업이 한다고 가정해보면, 경험 있는 사람은 우리 회사밖에 없는데 우리 회사에서 무작정 사람을 빼내가게 되었을 때 거기서 일어나는 부작용은 상상하기조차 무섭습니다. 계획적으로 사람이 빠져나가지 않으니까 양쪽이 모두 잘못될 가능성이 큽니다.

그밖에 제1공장이 이미 있는 상태에서 제2공장을 건설할 때에는 상호보완 관계가 많이 이루어지기 때문에 절약 요인이 굉장히 많게 되지만, 새로 하려면 그 낭비는 엄청날 겁니다. 불필요한 설비가 더 추가되어야 하니까 자연히 부담이 가중되는 셈이지요. 그렇게 될 때에 과연 거기에서 나오는 제품의 원가에는 어떠한 영향을 끼치게 되겠느냐 하는 것은 명약관화한 일이겠지요.

어떤 시기에 가서 민영화를 하더라도 저의 개인적인 생각으로는 정부주도형 민영화가 바람직하지 않느냐 생각합니다. 국가경쟁력의 측면에서 보더라도 오늘날 영국, 오스트리아, 일본, 이탈리아, 인도 등 대부분의 나라들이 소수 (제철)공장들을 계속해서 통합해나가는 경향이 있는데, 우리나라와 같이 시장이

크지도 못한 나라에서 왜 이같은 기초산업을 두 개, 세 개로 나누어 추진할 필요가 있느냐 하는 겁니다. 자유경쟁의 효과를 말하는 사람이 있을는지 모르나, 철의 경우에는 미국도 현재 관리가격제이고 기초물자이기 때문에 정부에서 단속을 하고 있습니다.

차 한 잔에 담은 박태준의 일갈이 거둔 효과였을까. 4월 하순엔 포스코가 제2제철소 실수요자로 결정될 것이란 소문이 흘러나왔다. 그러나 5월의 상황은 달라졌다. 현대가 인천제철을 인수하면서 재공세에 나서고, 이에 발맞춰 일부 신문이 다시 '제2제철소 민영화' 논의에 불을 지폈다.

박태준이 포철 3기 공기단축을 위한 '건설비상'을 선포하고 종합 카운트다운 체제에 돌입하여 영일만에 다시 전투 같은 날들이 이어지는 1978년 6월 중순, 포스코는 '제2제철소 1기 설비 사업계획서'를 상공부에 제출했다. 그리고 8월에는 현대가 '제2제철소 1기 건설 사업계획서'를 상공부에 제출했다.

이제 제2제철소 쟁탈전이 막이 오른 무대 위의 실전으로 전개될 시간이었다. 그 지점을 기준으로 삼는 경우, 한국 관료사회의 관행상 대통령이 직접 손대지 않는 한 '계획서'보다는 배후의 '끗발'이 더 큰 힘을 발휘하기 마련이었다.

그즈음에 제2제철소 입지 후보지로는 두 곳이 거론되었다. 현대가 제시한 경북 영해, 건설부가 찍어둔 충남 아산. 정부가 포스코에 의견을 물어오자 포스코는 두 곳 중 아산을 추천한다. 그러나 제2제철소 입지 선정 문제는 졸지에 박정희 대통령이 세상을 떠나고 이태쯤 더 지난 1981년 11월에 가서야 최종적으로 결정이 난다.

박태준은 정주영의 현대를 향한 신경이 좀 더 예민해진 상황에서 외국

설비공급사 감독들로부터 '포철 3기 설비의 11월 말 완공 불가'라는 건의를 받았다. 이유는 셋이었다. 한국 건설업체의 시공능력 부족, 국산화 설비의 납기 지연, 하자 발생에 의한 재시공 현장 증가. 그러나 그는 물러서지 않았다. 아니, 물러설 수 없었다. '공기 5개월 단축'이란 목표를 위태롭게 하는 '기술부족'을 한국인의 다른 장점으로 보충하겠다고 판단했다.

9월 17일 추석. 박태준은 솔선수범으로 차례 모시기와 연휴를 포기했다. '추석연휴 반납운동'이 회사 살리기 캠페인처럼 영일만 모든 현장에서 전개되었다. 2만여 건설역군들에게도 '성묘 미루기'나 '성묘 후 빨리 돌아오기'란 말이 회자되었다. 이 운동에 동참할 것을 호소하며 '포항종합제철주식회사'의 이름으로 찍어낸 유인물에는 〈번영 위해 바친 추석, 조상인들 탓할쏘냐〉란 구호가 찍혀 있었다.

추석을 맞아 고향에 가지 못한 일꾼들을 위해 박태준은 묘안을 냈다. 한국에서 제일 큰 차례 상을 회사 정문에 차리는 것. '자원은 유한, 창의는 무한'이란 슬로건이 걸린 정문 밑에 기다란 상을 놓고 흰 종이로 덮었다. 제수는 포항 죽도시장에서 최고품으로 마련했다. 합동 차례 상 앞에 꿇어앉아 제일 먼저 술잔을 올린 이는 포철 사장이었다.

추석연휴를 반납하거나 줄이자는 캠페인은 큰 성과를 거두었다. 추석 당일에도 38%의 건설역군들이 현장을 지켰다. 사흘 만에 67%, 닷새 만에 100% 출근율을 기록했다. 현장 사람들 스스로가 그 소식에 놀랐다. 그것은 고스란히 공기단축의 새로운 에너지로 충전되었다.

영일만 현장이 완전히 활력을 되찾은 가을 초입, 포스코와 현대의 제2제철소 쟁탈전은 승패의 고비를 맞았다. 그러나 박태준은 박정희와 독대할 길이 막혀 있었다. 정치와 절연하고 포철에 몰두하는 동안 어느새 대통령과 만날 기회가 대통령의 뜻에만 맡겨진 격이었다. 1961년부터 1973년까지 수시로 이뤄졌던 숱한 독대들에 비춰볼 경우에는 그가 격세지감에다 고립감마저 느낄 만한 일이었다. 1977년 9월 7일에 포철을 다년간 박정희는 1978년도 벌써 10월에 접어들건만 그동안은 한 번도 포철을 방문하지 않았는데, 더구나 그해는 정초부터 대통령 비서실이 줄기차게 현대를 밀고 있었다. 그렇다고 대통령이 포철을 방문할 3기 종합준공식(그해 12월) 때까지 마냥 기다릴 수도 없는 노릇이었다. 그날이 오기 전에 '제2제철소 쟁탈전'은 결말을 보게 돼 있는 것이다.

그러한 상황에서 우선 박태준은 내각으로 눈을 돌렸다. 소통의 선은 주무장관인 최각규 상공부 장관이었다. 제2제철소 실수요자 선정에 국내의 비상한 관심이 쏠린 때, 마침 최각규는 부산까지 출장을 내려왔다가 포철이 3기 종합준공식을 준비하고 있는 영일만으로 '사전 점검'의 발길을 돌렸다.

포스코 영빈관에서 박태준과 최각규는 밤늦도록 깊은 대화를 나누었다. 상공부 장관의 궁금증과 의구심을 차근차근 풀어주는 포철 사장의 말씨와 표정은 처음부터 끝까지 진지하고 확신에 차 있었다. 세계 철강업계에서 한국의 입장, 한국 철강업계의 장래, 성장하고 있는 동남아시장 공략에 대한 전략과 전망, 포스코가 비축한 노하우, 자금조달 능력, 해외연수를 다녀왔거나 나가 있는 기술인력의 실태……. 특히 박태준의 견해는 제2제철소를 설계하고 건설하는 주체를 밝히는 대목에서 더욱 힘이 붙었다.

"우리는 포항 3기 공사에서 22.5%까지 끌어올린 장비와 기자재의 국산화율을 제2제철소에선 50~60% 수준으로 끌어올릴 계획입니다. 고도의 기술이 들어가는 장비만 수입할 것입니다. 그러나 가장 중요한 것은 제2제철소를 포철의 힘으로 짓겠다는 것입니다. 레이아웃, 기본계획서, 전체 설계도, 건설, 조업 등 모든 것을 포철이 직접 할 것입니다. 지금의 포항 3기 공사도 대부분 우리 기술자들이 맡아서 하고 있습니다. 올해 11월 말에 3기가 완공되면 일본기술단도 우리 회사에서 완전히 떠나게 되어 있습니다."

최각규는 껄끄러운 질문을 피하지 않았다.

"현대는 제철소 건설에는 물론이고 철도, 항만, 용수 등 모든 인프라도 정부의 지원을 받지 않고 자체적으로 해결하겠다고 하니, 제2제철소에 대한 정부의 재정지원에 부담을 느끼는 경제부처 일각에서도 현대를 지지하는 분위기가 있습니다. 청와대 비서실만 현대를 미는 게 아닌 거지요."

박태준은 명쾌히 반격했다.

"우리나라 기업들, 특히 대기업들 중에 정부의 지원을 안 받은 기업이 있습니까? 이미 정부의 온갖 특혜를 받으며 성장해온 대기업이 이제 와서 인프라 사업 몇 개를 자체적으로 해결한다고 해서 그게 정부 지원은 없는 거라고 하면 어떻게 되는 겁니까?"

"정곡을 찌르는 반론이군요."

아침에 포항을 떠나는 손님의 마음은 편안했다. 오래 고민해온 숙제를 간밤에 해결했던 것이다. 최각규는 진심으로 박태준의 포철을 지지하게 된다.

2014년 2월 13일 최각규는 《포스코신문》과 인터뷰를 했다. 그의 회고는 박태준의 회고와 일치하는 것이었다.

"내가 포항에서 박태준 사장을 만났을 당시는 제2제철 건설 실수요자 논쟁이 뜨겁게 달아오르고 있을 때였어요. 포항제철과 현대가 치열한 공방전을 벌이고 있었죠. 박태준 사장은 포항제철의 장래, 한국 경제에서 포항제철이 차지하는 위치, 세계 시장에서 포항제철이 나아가야 할 길 등에 대해 매우 구체적으로 조목조목 설명했어요. 포항제철이 국제경쟁력을 확보하려면 아직 갈 길이 먼데 제2제철을 민간에서 건설하게 되면 제 살 깎아 먹기가 된다는 점, 포스코가 국제 규모를 달성하면 그때 가서 민간의 참여를 고려해도 늦지 않다는 점,

그리고 철강업이란 기본적으로 기업 간 경쟁이 아닌 국가 간 경쟁이란 점을 강조하더군요. 나는 그때 박 사장의 말에 크게 공감했습니다."

그때 실제로 최각규는 경제장관 간담회에서 포철의 입장을 적극 대변했다. 정부나 청와대 분위기는 현대 쪽으로 기울어져 있었다. 현대가 공언해온 대로 공세를 강하게 펼친 것이었다. 제철소를 건설함에 있어서 철도·항만·용수 등 모든 인프라도 정부의 지원을 받지 않고 자체적으로 해결하겠다며 큰소리를 치고 있었다. 이것은 예산 걱정을 앞세우는 쪽의 눈길을 끌만한 당근이었다. 그래서 정부의 재정지원에 부담을 느끼는 경제부처 일각에도 현대를 지지하는 목소리가 두드러졌다.

"상공부는 주무부처로서 포항제철을 적극 지지했어요. 주무부처 장관이라고 해서 마음대로 할 수 있는 것은 아니지만 아무래도 다른 부처보다는 주장에 무게가 실렸겠지요. 그때 박태준 사장이 한 말이 생각나더군. 우리나라 기업치고 정부 지원을 안 받은 기업이 있느냐는 거였어요. 이미 정부의 온갖 특혜로 성장해온 기업이 이제 와서 인프라 사업 몇 개를 자체적으로 해결한다고 해서 그게 정부 지원이 없는 거냐, 이런 주장이었어요. 당시 상황으로 봐선 정곡을 찌른 지적이었지. 나 또한 그런 논리까지 동원하여 다른 부처들을 설득한 결과, 분위기가 포항제철로 반전되었습니다."

최각규 상공부 장관의 설득이 큰 도움이 되어서 정부 부처의 분위기는 포항제철을 지지하는 쪽으로 반전되었다고 하지만, 그가 회고한 그대로 "주무부처 장관이라고 해서 마음대로 할 수 있는 것"은 결코 아니었다. 현대냐 포철이냐, 정주영이냐 박태준이냐. 제2제철소 실수요자 선정은 결국 박정희의 뜻에 달려 있었다.

박정희가 박태준에게
마지막 선물을 안겨주다

1978년 10월 초순, 청와대에서 월간 경제장관회의가 열렸다. 부총리, 재무부 장관, 상공부 장관, 건설부 장관 등 경제부처 각료와 대통령 비서실장, 경제수석비서관이 한자리에 모였다. 세간의 관심이 집중된 제2제철소 실수요자 선정 문제가 거론되지 않을 수 없었다. 의견은 딱 갈렸다. 청와대 참모들은 현대를 지지하고, 상공부 장관과 건설부 장관은 포스코를 지지했다. 논리도 팽팽히 맞섰다. 경제수석은 민간기업 육성, 시장경제 촉진, 선의의 경쟁, 중동 산유국들과 밀접한 현대의 외자도입 능력 등을 내세운 반면에, 상공부 장관은 포철의 노하우, 기술능력, 사명감으로 뭉친 정신력, 세계시장 진출 가능성, 국제 신인도 등을 내세웠다.

회의는 결론을 낳지 못했다. 양측의 대립이 그대로 대통령의 손에 넘겨졌다. 과연 박정희는 어떤 절차를 거쳐 어떤 결정을 내릴 것인가?

상공부 장관 최각규가 제2제철소 실수요자 관련 결재서류를 대통령에게 올렸다. 박정희는 대충 훑어보고 "놓고 가라"고만 했다. 결재를 하거나 수정을 지시하는 평소와는 다른 모습이었다. 그때 박정희는 속으로 의아해하고 있었던 것이다. 가끔 제2제철소에 대한 청와대 참모의 보고가 올라오고 언론이 종종 거론을 했지만, 정작 핵심 당사자인 박태준은 아무런 연락이 없었으니……

2014년 2월 13일 최각규는 《포스코신문》 인터뷰에서 해당 장면에 대해 "박정희 대통령의 독특한 리더십의 일면을 볼 수 있었다"며 다음과 같은 회고를 남겼다.

"청와대란 수많은 정보가 모여드는 곳인데, 대통령께서 제2제철 관련 정보에 어두웠을 리가 있겠어요? 당시는 실수요자도 입지도 결정되지 않은 상황이었기에 여기저기서 온갖 주장이 중구난방으로 흘러나오고 있는 상황이었지. 그런데 서류를 두고 가라고 하시면서 내일 아침 박태준 사장에게 청와대로 들어오라고 연락하고 헬기를 대기시켜 놓으라고 지시하는 거야. 다음날 박 사장을 헬기에 동승시켜 제철소 입지를 둘러봤어요. 실수요자와 입지를 동시에 결정한 거나 다름없는 일이었어요. 내 뜻이 이러하니 다들 그렇게 알라는 시그널을 보내면서 소모적인 논쟁을 차단하신 거지."

1978년 10월 16일 대통령이 포철 사장을 청와대로 부르라는 지시를 내렸을 때 아마도 비서진은 김이 팍 새는 느낌부터 받았을 것이다. 박태준을 청와대로 오게 하라. 박정희의 그 지시가 최각규의 회고 그대로 "제2제철소는 박태준에게 맡긴다"는 명확한 신호라는 것을, 왜 비서진이 눈치 채지 못했으랴. 줄기차게 현대를 밀어온 처지에서는 난감하기도 하고 찜찜하기도 했을 것이다.

대통령 면담보다 30분 앞당겨 도착해 달라는 비서진의 부탁을 받은 박태준은 그것이 일종의 '예비회의 또는 조율회의 제안'이란 점을 훤히 알아차렸으나 군말 없이 순순히 응해주었다. 하지만 제2제철소 실수요자 선정 문제는 결코 어정쩡하게 타협하거나 특정인의 입장을 감안해줄 수 없는, 국가적 명운과 직결된 대의며 대사라는 인식을 강철처럼 단단히 챙기고 있었다. 그러니 당최 그 회의가 어떤 성과를 낳을 리야 만무했다.

"이제는 얼굴 보기도 힘들구먼."

박정희가 반갑게 박태준을 맞았다.

"오래 뵙지 못했습니다."

"그래, 모든 일이 잘 되어가나? 그래서 얼굴 보기가 어려웠나?"

박태준은 잠깐 사이를 뒀다. 벌써 열 달 넘게 끌어온 제2제철소 쟁탈전을 떠올리는 그는 격한 감정을 억누르며 좀 냉소적으로 말했다.

"제가 뵙고 싶어도 그러기가 매우 어려웠을 것입니다."

"그래도 나는 임자가 보고 싶었어."

박태준은 오랜 고립감이 녹는 듯했다. 안 그래도 할 말은 남김없이 할 작정이었지만, 한결 마음이 편안해졌다. 몇 마디 안부와 포철 근황에 대한 대화가 오간 다음에 박정희가 제2제철소를 탁자에 올려놓았다.

"임자의 말을 들어보고 결정하기로 했어."

"여기 계신 분들이 객관적으로 많이 연구하셔서 보고 드린 것으로 알고 있습니다."

박정희가 씩 웃으며 박태준을 쳐다보았다.

"나는 포철 사장 박태준의 보고도 들어야겠어. 시작해."

박태준은 힐끗 자신의 손목시계부터 보았다.

"하지만 시간이 별로 없지 않습니까?"

"시간 걱정은 말고, 하고 싶은 말이 있으면 다 해봐."

박태준은 가슴의 응어리 같은 논리들을 꺼냈다. 대통령이 귀를 기울이자 비서들은 듣고만 있었다. 간간이 대화가 섞인 가운데 정연하게 전개해 나간 그의 긴 주장은 《조선일보》 선우휘 주필과 대담에서 처음 공개했던 내용들을 하나도 빼놓지 않았다. 뒷부분에 이르러서는 '사람 빼가기'가 야기할 수 있는 '양사(兩社) 공멸'을 우려하는 대목에다 또 하나의 방점을 세게 찍었다. 그리고 이렇게 마무리했다.

"세계 철강업계를 주도하는 선진국들은 개발도상국이 더 이상 제철소를 증설하는 것에 반대하고 있습니다. 세계 철강경기가 악화되면 더 심해질 것입니다. 앞으로는 포철 하나를 계속 확장해나가는 것만으로도 세계 철강업계의 압력을 견뎌내기가 어려울 것입니다."

이윽고 박정희가 비서들을 바라보았다.

"본인은 박 사장의 말을 완벽하게 이해했는데, 여러분의 생각은 어떤가요? 혹시 질문이 있나요?"

묘한 절충안을 내는 목소리가 있었다.

"포철이 매년 이익을 내고 있으니, 제2제철소는 현대가 맡아서 하고 포철이 투자하는 방식은 어떻겠습니까?"

박태준은 즉각 반박했다.

"포철이 그런 데 쓸 돈은 없습니다. 밖으로는 융자상환과 설비도입에 막대한 돈이 필요하고 안으로는 사원훈련, 공장관리, 설비보수에 많은 돈이 들어갑니다. 더 중요한 것은, 제철소는 처음부터 끝까지 직접 맡아서 하지 않으면 실패하기 쉽습니다. 그 제안은 탁상공론에 불과합니다."

박정희가 손에 쥔 연필로 톡톡 탁자를 치면서 독백처럼 중얼거렸다.

"정주영은 불도저같이 일하지. 국가경제 발전에 공헌도 크고……."

문득 팽팽한 긴장이 드리웠다. 침묵 중에 톡톡 탁자를 치던 연필이 멈췄다.

"그러나 철은 역시 박태준이야. 오늘의 만남이 결정에 큰 도움이 됐어."

박정희가 똑 부러지게 말했다.

"제2제철소는 포철이 맡아야 합니다. 그렇게 하는 것이 국가발전에 도움이 되는 길입니다. 모두 수고했습니다."

포항종합제철 창립 10주년을 기념하여 '鐵鋼은 國力'이란 휘호를 선물했던 박정희, 그의 카랑카랑한 결정이 떨어졌다. 포스코 사장이 대통령 비서진과의 긴 씨름에서 승리한 순간이었다. 아니었다. 박정희의 박태준에 대한 완전한 신뢰, 박태준의 논리에 대한 박정희의 냉철한 수긍이 하나로 뭉쳐져서 현대 경영진과 대통령 비서진의 동맹을 격파한 순간이었다. 또한 그 결정에는 박정희가 박태준의 '오랜 빛나는 노고에 대한 인간적인 보답'으로서 그에게 안기는 선물의 의미도 담겼다. 물론 선물을 받는 쪽은 그만한 자격을 갖추고 있었다.

제2제철소 실수요자라는, 포항제철소와 같은 제철소를 하나 더 세우라는 엄청나게 무거운 박정희의 선물을 받은 박태준. 그러나 그는 까맣게 몰랐다. 그것이 박정희의 '마지막 선물'이 될 줄이야……

박정희와 박태준의 완전한 신뢰관계가 새삼 확인된 그해 가을, 머잖아 '흰 고양이든 검은 고양이든 쥐를 잘 잡으면 된다'는 한마디 비유로 거대한 대륙과 10억 인구를 개혁·개방의 시대로 이끌어나갈 중국 최고실력자 덩샤오핑이 일본을 방문하고 있었다. 일본의 현대적 제철소에 진중한 시선을 기울이는 '작은 거인'을 10월 26일 이나야마 신일본제철 회장이 기미츠제철소로 안내하게 된다. 1965년 5월 한국의 박정희가 미국의 피츠버그 제철소를 찾아갔던 것처럼, 1978년 10월 중국의 덩샤오핑은 일본의 기미츠제철소를 찾아간 것이다. 양국 지도자의 선진 제철소 방문에 나타난 시간적 격차는 그대로 양국 산업화의 시간적 격차로 이어지고……

"박태준을 중국으로 수입하면 되겠다"는
덩샤오핑

제2제철소 실수요자 결정에 대해 박정희가 사실상 '박태준의 포철'로 결정한 것이나 다름없는 상황에서 박태준은 청와대 헬기에 올랐다. 앞 헬기엔 대통령, 비서실장, 경제수석, 포철 사장이 탑승하고 뒤 헬기엔 포스코의 건설계획부장, 대통령의 경호원들이 탔다. 박정희의 깊은 관심 속에서 '제2제철소 입지 선정'의 여정을 출발하는 것이었다.

헬기의 목적지는 서해안 가로림 지역. 오원철 경제2수석이 대통령에게 건의한 곳으로, 경북 영해를 포기한 현대가 재빨리 새로 찍은 곳이기도 했다. 답사를 마치고 박정희가 박태준에게 소감을 물었다. 그는 솔직히 답했다.

"제철소 입지를 간단하게 결정할 수는 없다고 생각합니다. 수많은 기술적, 경제적 요소들을 평가해야 하고 사전에 충분하고 면밀하게 조사해야 합니다."

박정희가 고개를 끄덕였다.

"조사가 충분치 못했다는 얘기구먼. 그러면 전문가들에게 철저한 조사부터 시키도록 해야지."

그런 다음에 박정희는 상공부 장관이 맡겨둔 서류에 결재를 했다. '제2 제철소'라고 쓴 부분을 펜으로 지우고 친필로 '포철 제2공장'이라 쓰며 한 마디를 덧붙였다.

"제2제철이 아냐. 포철 제2공장이야."

그 말은 친필 글씨에 단단히 입히는 보호막 같았다. 이 장면을 직접 지켜보면서 가슴이 찡해오는 무엇을 느끼지 않을 수 없었던 최각규는 그때로부터 어언 36년 가까이 흘러간 2014년 2월 13일, 《포스코신문》 인터뷰에서 다음과 같이 회고한다.

"청와대에 두고 온 서류(제2제철소 실수요자 선정 관련)에 결재가 난 것은 꽤 시간이 지나서였다는데, 대통령께서 서류를 다시 읽어보시더니 '제2제철'이라고 쓴 부분을 펜으로 지우고 대신 친필로 '포철 제2공장'이라고 쓰셨어요. 그러면서 '제2제철 아냐. 포철 제2공장이야.' 하면서 아예 못을 박듯이 말씀하셨어요. 박정희 대통령의 포철에 대한 애착과 박태준 사장에 대한 강한 신뢰가 물씬 느껴져 왔어요."

10월 30일 최각규 상공부 장관이 '포항종합제철이 제2제철 실수요자로 선정'되었음을 공표했다. '포철 제2공장'을 건설할 박태준은 곧바로(11월 초순) 회사 내에 '제2제철소 입지조사위원회'를 출범시켰다. 위원회는 일본 해양컨설턴트, 가와사키제철, 네덜란드의 네데고 등 해외 용역업체에게 가로림 지역에 대한 종합적 정밀조사를 맡기기로 한다.

포스코가 제2제철소 실수요자로서 입지 선정의 '확실한 의견'을 내기 위한 확인 작업에 들어간 즈음, 영일만의 포철 3기 건설은 '공기 5개월 단축'이란 목표에 바짝 다가서고 있었다. 일꾼들이 치열한 작업강도를 11월 한 달만 더 감당해주면, 공기 5개월 단축에 대해 '지나친 욕심'이라거나 '무리한 추진'이라며 회의의 시선을 거두지 못하는 외국 기술자들에게 다시 한 번 '기적'을 보여줄 쾌거였다.

포철 3기 종합준공. 영일만에 연산 조강 550만 톤 규모 제철소를 완성하여 일약 세계 17위 제철소로 도약하는 포항종합제철, 남은 것은 종합준공식이었다. 대통령의 일정에 맞춰 날짜를 12월 8일로 잡았다. 즉시 박태준은 도쿄로 날아갔다. 지난 10년간 아낌없는 성원을 보내준 은인들에게 감사의 뜻을 담아 정중히 준공식에 초대하려는 걸음이었다.

박태준은 전혀 몰랐지만, 제법 오래 전에 배달된 '아주 특별한 화환'이 길이 시들지 않을 듯이 주인공을 기다리고 있었다. 도쿄에 내린 그가 맨 먼저 이나야마 신일본제철 회장을 방문했을 때, 포스코의 승승장구를 진심으로 축하해준 이나야마가 미소를 지었다.

"박 사장님, 중국에 납치되지 않도록 조심하세요."

"무슨 말씀이십니까?"

박태준은 조금 긴장했다. 자라 보고 놀란 가슴 솥뚜껑 보고 놀란다더니, 별안간 그는 포철의 걸음마 단계에서 맞았던 저 1970년 5월 '저우언라이 4원칙'을 떠올렸다. 중국이 서방을 상대하는 대외무역의 원칙이라고 천명한 저우언라이 4원칙의 첫 번째가 '한국 및 대만과 경제협력관계를 맺고 있는 외국 상사나 메이커와는 무역을 하지 않는다'는 것이었다. 중국으로서는 한국과 대만에 불이익을 안겨줘서 북한과 북베트남의 기분을 맞춰주자는 속내였는데, 특히 중국의 거대시장을 두드려온 일본 상사들과 설비업체들이 일제히 얼어붙었다. 물론 포스코와 협력하는 일본 철강업체들도 납죽 엎드려서 그 원칙의 눈치를 살폈다. 그때 박태준의 부탁을 받기도 하고 자신의 대범한 기질도 발휘하여 그것을 맨 먼저 공개적으로 돌파한 일본인이 바로 이나야마였다.

어느덧 십 년쯤 지나간 그때의 긴박했던 사태를 언뜻 떠올린 박태준을 쳐다보며 이나야마가 껄껄 웃었다.

"지난 10월 26일에 중국 덩샤오핑이 우리 기미츠제철소를 방문했습니다. 자본주의 경제제도에 관심이 많은 것을 보니 죽의 장막에도 조금씩 문이 열리는 것 같습니다."

1978년 그 냉전시대에 서방세계는 흔히 중국을 '죽의 장막'이라 부르기도 했다.

"몇 년 전에 벌써 조그만 탁구공이 거대한 죽의 장막에 구멍을 내지 않았습니까?"

박태준의 '탁구공'은 1974년 미국과 중국의 '핑퐁외교'를 가리켰다.

"그렇지요. 그런데 덩샤오핑은 일본의 제철소에 대한 관심이 유난히 깊더군요. 기미츠제철소를 둘러보면서 뜻밖에도 포항제철 이야기를 꺼냈습니다. 결론은, 우리한테 포항제철 같은 제철소를 중국에 지어달라는 것이었어요. 진심의 부탁이었는데, 내가 가능할 것 같지 않다고 정중히 답을 했어요. 덩샤오핑은 조바심을 내는 것 같더니, 그게 그렇게 불가능한 요청이냐고 되물었습니다."

이나야마는 환한 표정으로 말을 이었다.

"제철소는 돈으로 짓는 것이 아니라 사람이 짓는데, 중국에는 박태준이 없지 않느냐, 박태준 같은 인물이 없으면 포항제철 같은 제철소는 지을 수 없다고 명백히 말해줬습니다. 덩샤오핑은 잠시 생각에 잠기더니, 그러면 박태준을 수입하면 되겠다고 하더군요. 박 사장님, 중국이 당신을 납치할지도 모릅니다."

이나야마와 박태준은 홍소를 터뜨렸다.

그때 이미 중국 지도부는 '박태준 파일'을 갖고 있었다. 어떤 인물이 어떤 신념과 어떤 리더십으로 포항제철의 경이(驚異)를 이룩하였는가. 덩샤오핑은 꿰차고 있었다. 그것은 '박정희의 경제개발'을 주요 참고서로 활용하며 개방의 길로 나서는 중국 지도부가 한국 경제인들 중 박태준을 가장 훌륭한 인물로 인식하게 만드는 계기가 되었다. 그리고 이나야마가 여러 인사들에게 즐거운 화제로 삼았던 그 일화는 '발 없는 말이 천 리 간다'는 속담 그대로 시간의 흐름을 타고 널리 퍼져나갔다.

박태준의 외국손님들을 위해
박정희는 숙소자리까지 피해준다

1978년 12월 8일 오후 3시, 3고로 주상에서 '포항제철 3기 설비 종합 준공식'이 열렸다. 대통령, 상공부 장관, 건설부 장관을 비롯한 내외 귀빈 300여 명이 참석했다. 박정희는 장대한 공장에서 "1984년까지 우리나라가 철강생산능력에 있어 전 세계 10위권대에 들어가면 조선, 석유화학, 자동차공업, 시멘트 생산능력에서 모두 전 세계 10위권 내에 들어가게 된다"며 오래 갈망해온 포부와 비전을 거듭 제시했다. 압축적 경제성장을 위해 '한국적 민주주의'를 할 수밖에 없다는 대전제를 존재의 근거로 밟고 있는 유신체제. 박정희는 영일만의 기적을 찾아와 '경제개발'을 당당히 실증하고 싶었을 것이다.

국내 모든 언론은 국내정치 상황과 무관한 시각에서 '포철의 위업'에 찬사와 격려를 아끼지 않으며 박태준을 '한국의 카네기'라 부르는 데 주저하지 않았다. '다른 욕심'은 없느냐며, 그에게 은근히 정계 진출 의사를 권유하고 타진하는 질문도 나왔다. 그러나 박태준은 "철에 미친 사람으로서 전혀 다른 욕심은 없다"고 잘라 말했다. '종업원을 다그친' 지휘자와 그의 솔선수범 아래 정신적 일체감으로 뭉친 모든 사원들의 피땀으로 550만 톤 체제를 갖춘 포스코의 영광은 이제 박정희가 제시한 원대한 목표(철강 2000만 톤 시대)의 25%를 조금 넘어선 수준이었다.

성대하고 자랑스러운 준공식을 마친 박정희는 그날 하룻밤을 경주 호텔에서 묵는다. 박태준이 영빈관 '백록대'를 권유했으나 박정희가 사양한 것이었다. 권유하고 사양하는 두 사람의 대화에는 이런 내용도 포함되었다.

"경호 문제만 봐도 경주 호텔보다야 저희 백록대가 훨씬 편하지 않습니까?"

"그날 저녁은 내가 임자의 짐이 되는 게 싫어서 그래."

"섭섭한 말씀을 다 하십니까?"

"임자의 외국 손님들이 많이 오잖아? 그런데 내가 있어 봐? 안 그래?"

박태준은 박정희의 진심어린 배려를 깊은 가슴속으로 받아들였다.

포철 정문을 나와서 경주 보문단지의 대통령 숙소로 향하는 대통령 승용차에는 상공부 장관이 동승했다. 이때 나눈 박정희와의 대화를 최각규는 길이 잊지 못한다. 백록대로 가지 않은 대통령의 속마음을 미리 알지도 못했고 헤아릴 수도 없었던 최각규가 문득 박태준 사장이 따라오지 않는다며 의아해했다. 이 순간, 박정희가 그에게 뭐라고 말했을까? 최각규는 2014년 2월 13일 《포스코신문》 인터뷰에서 이렇게 털어놓는다.

준공식을 마친 뒤 대통령께서 포철의 영빈관에서 주무시지 않고 경주의 호텔로 가셨어요. 그때 내가 대통령 차에 동승했는데, 가다 보니 박태준 사장이 안 보이는 거야. 그래서 "박 사장이 안 따라옵니다" 하고 말씀드렸더니 "내가 오지 말라고 했어. 외국 손님들도 많고 한데 그 일이나 잘하라고 했어. 사실은 그래서 내가 그 자리를 피해준 거야. 내가 거기 있어 봐. 내게 신경 쓸 일이 좀 많겠어?" 이러시는 거야. 긴 말 하지 않아도 서로 통하는 무언가가 없고서야 어떻게 그럴 수 있겠어요? 막말로 다른 국영기업체 사장이라면 대통령이 오지 말란다고 그 말을 곧이곧대로 믿고 안 오겠어요?

1978년 세모에 박태준은 포철 4기 설비 '조기착공과 조기준공'에 관한 세부계획 작성을 지시했다. 제4고로, 제2연주, 제2열연공장 등을 비롯한 7개 공장 신설, 제2제강공장을 포함한 6개 공장 확장, 항만 하역 철도 등 11개 부대설비 증설. 이렇게 구성된 '포철 4기 확장공사'에서 그는 지난 10년 동안 터득한 경험과 지혜를 총동원하기로 하고 건설본부 조직을 대폭 개편했다. 포철 4기 건설(확장공사)을 '기필코 우리 손으로 제2제철소를 설계하고 건설하기 위한 마지막 수업 기간'으로 활용하자. 사장의 각오와 포부를 포스코 사람들은 자신의 그것으로 공유했다.

3기 종합준공식이 끝난 1978년 세모, 일본기술단이 보따리를 꾸려 본국으로 돌아가게 되었다. 제철기술의 식민지를 극복하기 위해 해외연수와 기술개발에 과감히 투자해온 포스코가 기술독립의 기반을 다진 것이었다. 앞으로는 그 위에서 세계 최고 기술을 확보한다는 더 큰 목표를 향해 나아가야 했다. 10년 가까이 영일만에 머물렀던 일본기술단이 석별의 글을 남겼다.

모든 역경을 딛고 포항제철은 단기간에 일본의 제철소에 버금가는 대규모의 선진제철소를 건설하는 데 성공했다. 이 회사가 4기 확장을 마칠 때면 아마도 생산능력과 시설 면에서 세계 최고가 될 것이다. 포항제철의 잠재능력은 경영정보시스템, 연수원, 정비관리센터 등 독창적인 조직에 기인한다. 고급인력과 최고경영자의 탁월한 경영능력이 합쳐져 포항제철은 머지않아 세계 최고가 될 것이다.

단순한 덕담이 아니었다. 실상 그대로였다.

3기 종합준공을 둘러본 박정희가 박태준에게 '특별한 보상'을 내렸다. 그동안 너무 많이 독수공방시킨 아내를 위로하는 뜻에서라도 한 달 간 세계여행을 다녀오라는 것. 하지만 박태준은 휴가를 다 받을 수가 없었다. 사원들의 고생도 참 많았기에 대폭 사양할 수밖에 없었다.

1978년을 고작 이틀 남긴 날. 포스코의 사무실과 현장에서 박수와 환호성이 터졌다.《동아일보》가 '올해의 인물'로 '포항제철 박태준 사장'을 선정한 것이었다. 사원들은 송년회에서 외칠 멋진 말을 챙길 수 있었다.

"철에 미친 우리 사장님이야말로 진짜 애국자다. 우리 사장님의 영광과 포항제철의 무궁한 발전을 위하여!"

1978년 12월 29일《동아일보》는 1면 한복판에 다음과 같이 박태준을 '올해의 인물'로 선정한 이유를 밝혔다.

마치 철인(鐵人)처럼 철(鐵)에 파묻혀 포철을 제1기 사업 연산 103만 톤 규모에서 이제 550만 톤으로 끌어올리기까지 그 자신이나 포철 종업원들은 한결같이 한의 세월을 보냈다. 지나간 10년 세월을 한국경제의 도약기로 본다면, 박 사장은 그 뒤에 숨은 말없는 주역의 한 사람으로 보아 무방할 것 같다. 비록 저임금, 물가고, 빈부격차의 확대 등 응달지역이 독버섯처럼 눈에 띄기는 하나, 70년대 들어 우리 경제가 양적으로 성장한 것만은 틀림없다. 이때 또 얼마나 많은 사람들이 '성장열차'에 올라앉아 자신의 기여도를 높이높이 자랑했는가. 그러나 박 사장의 경우 일선에 별로 나타나지 않았다. 그는 화려한 장막 뒤에서 말없이 10년을 보내면서 오늘의 한국경제를 이끌어갈 중화학 공장의 모체인 철강공업을 일으켰다. 그는 숨가쁘게 움직였으며 늘 바빴다.

위의 글에는 나타나지 않은 포스코의 중요한 공적 하나를 더 기억해야 한다. 그것은 '전산화'다. 1978년의 한국사회나 한국기업에는 '전산화'가 낮선 단어였다. 그것을 체계적으로 도입하고 정착시킨 선구자가 포스코였다. 1950년대부터 일본 제철회사들은 일본을 경제대국으로 끌어올리는 견인 차 역할을 했다. '산업의 쌀'을 안정적으로 공급했을 뿐 아니라, 뛰어난 정 보기술을 산업계에 전파한 공로도 컸다. 종합제철소는 다른 제조업과 달리 복잡하고 다양한 과정을 일관공정 체계로 관리하기 때문에 전산화 도입이 빨라진 업종이다. 포스코도 초창기부터 전산화에 깊은 관심과 노력을 기울 였다. 설비자동화의 필수기술인 자동제어 시스템을 비롯해 공정계획, 작업 지시, 품질관리, 인력관리, 조직관리, 매출관리 등 회사의 모든 신경을 컴퓨 터에 집대성한다는 목표를 세우고 있었다.

일본 제철회사들이 '철과 전산화'로 일본경제에 기여했듯, 포스코는 국 내 제조업체에 '산업의 쌀'을 공급함으로써 산업발전의 견인차 역할을 하고 FA, OA, 통신 등 전산화의 첨단시스템을 선구적으로 도입하고 적용하여 이 땅에 정착시키는 데 앞장섰다.

'김대중 납치사건'을 일으킨 이후락에게
재떨이를 날렸다고 박정희가 박태준에게 털어놓은 밤

1979년 1월 31일 저녁, 박정희가 포항으로 내려왔다. 명목은 다음날로 잡힌 '포철 4기(850만 톤 체제) 종합착공식 참석'이었다. 그러나 진짜 목적은 공장 순시가 아니었다. 오늘 밤에 막걸리 한잔 하자. 이것이었다. 다른 뜻은 없었다. 막걸리 한잔, 이것이었다. 다만, 막걸리는 포항 막걸리가 아니었다. 대통령이 고향 막걸리를 마시고 싶다고 했다. 박태준은 구미(선산)로 사람을 보내서 막걸리를 구해 오고 신선한 해물들로 안주를 준비해 둔다.

박정희는 저 1960년 부산 시절처럼 허심탄회하게 아무런 부담 없이 박태준과 술잔을 나누려는 마음이었다. 마냥 편안한 사람과 마냥 편안한 대작을 바라는 박정희의 심경을 박태준은 손바닥처럼 읽을 수 있었다. 무엇보다도 박태준은 대통령이 지치고 외로워 보였다. 사모님만 살아 계셨더라도⋯⋯. 육영수, 그 이름과 그 모습이 그의 가슴을 쓰라리게 했다.

포항시 효자동 포철주택단지 내 백록대, 그 2층에 마련된 술자리. 박정희와 박태준은 정말 오랜만에, 거의 20년 만에 인간적인 맨가슴을 열어놓고 있었다.

"이렇게 편하게 모셔본 것이 정말 까마득한 옛날 일인 것 같습니다."

"나도 임자하고 이런 자리를 갖고 싶어서 훌쩍 찾아온 거야."

"배려 덕분에 휴가는 잘 다녀왔습니다."

"겨우 일본에서 일주일을 보냈다며? 못난 사람⋯⋯."

"어쩌겠습니까? 우리 직원들에게 한 달 휴가를 줄 수 없으니 그 정도도 과분한 것이지요."

"그건 그래. 하여간 임자는 못 말려."

두 웃음이 손뼉처럼 터졌다. 데면데면한 구석이라곤 손톱만큼도 찾아볼 수 없는 분위기 속에서 두 사람은 헤아리지 않는 술잔을 주고받았다.

박태준이 박정희에게 받았던 '과음에 대한 처벌'을 꺼냈다.

"이 사람아, 내가 과음 가지고 나무랄 사람이야? 그거 무슨 소리야?"

"그때 각하의 주치의를 포항에 두고 가시지 않았습니까?"

"아, 그래!"

두 사람은 껄껄거리며 벌써 6년 전에 있었던 짧은 소동을 술잔에 담았다.

1972년 11월이었나, 박정희가 포항제철을 방문했을 때였다. 박태준은 브리핑을 준비했는데 지독한 숙취에 시달리고 있었다. 게다가 아침에 먹은 깍두기 두세 토막이 오지게 막힌 것 같았다. 숙취에 체증, 설상가상이었다. 느글느글 끓는 속이 가라앉을 줄 몰랐다. 조금도 사정을 봐주지 않았다. 대통령이 앞에 있건 말건 위장 밖으로 밀어낼 것은 기어코 밀어내려고 했다. 박태준은 꾹 참으며 보고를 시작했다. 그것이 착각이었다. 구토의 위력이 억지력의 임계점을 쿡 쑤셨다. "죄송합니다." 이 말을 내놓기 바쁘게 그는 후다닥 뛰어나갔다. 과음 후유증에 시달리는 모습을 하필이면 대통령에게 적나라하게 들키는 포철 사장⋯⋯.

하지만 박정희는 아무렇지도 않다는 듯이, 좀 고소하다는 듯이 그저 웃고만 있었다. 아무렇게도 여기지 않는 것은 애주가의 덕망이라 치더라도,

좀 고소해하는 것은 자신과의 모든 술자리에서 언제나 멀쩡했던 술꾼이 드디어 한 번 무너지는 모습을 재밌게 지켜보는 즐거움 같은 것이었다.

박태준이 구토를 마치고 얼굴을 수습하여 자리로 돌아오자 박정희는 인자한 형님이나 스승처럼 말했다.

"고생이 많아서 그래."

그런 다음에는 주치의를 쳐다보며 지시를 내렸다.

"저 친구 다 낫게 해주고 올라오시오."

그래서 대통령 주치의가 사흘이나 포항에 머물렀다. 박태준은 '과분한 처벌'을 받은 셈이었고…….

박태준이 박정희의 잔을 채웠다.

"각하의 주치의가 사흘이나 포항에 남았으니 저로서야 그보다 더 심한 처벌이 어디 있었겠습니까?"

"어, 그렇게 된 거네."

두 사람은 다시 홍소를 터뜨렸다.

대화가 철강 쪽으로 옮겨졌다. 박태준이 보고하듯 또박또박 말했다.

"내일 착공하는 4기를 마치면 850만 톤 규모로 확장됩니다. 포항에서 1000만 톤은 부지가 협소해서 한 번 더 확장을 해도 목표치에는 조금 미달하게 되겠지만, 제2제철소에서 1200만 톤을 해버리면 대망의 철강 2000만 톤 시대를 넘어설 것입니다. 자신감이야 넘치지만 아직 갈 길이 멀어 보입니다."

두세 차례 무겁게 고개를 끄덕인 박정희가 불현듯 목소리를 깔았다.

"태준이."

'임자'도 아니고 '자네'도 아니고 참으로 오랜만에 박정희의 음성으로 들어보는 이름. 박태준은 좀 멍멍했다.

"네, 각하."

"내가 말했나? 우리가 가야 할 길이 혁명 때 처음 생각했던 것보다 험하고 멀다고?"

"네. 포철에 오셔서 독백처럼 그런 말씀을 하셨지요."

"언제였나. 고로 앞에서 우리가 약속했지. 고로의 불꽃이 국가재건, 민족중흥의 불꽃이니 우리는 그걸 짊어지고 가야 한다고."

"1억 달러가 없어서 그렇게도 속을 태웠던 1고로 앞이었습니다. 그때 약속드린 대로 저는 철강 2000만 톤 시대를 열어젖히는 그날까지 어떠한 일이 있어도 고로의 불꽃을 짊어지고 가겠습니다."

"태준이 약속은 신용장인 거 알아. 그렇게 해야지."

두 사람은 똑같이 눈높이로 막걸리 잔을 들었다.

1979년 1월의 마지막 밤, 칠흑의 하늘엔 들꽃 같은 별들이 총총히 피어 있고, 총총한 별만큼이나 무수한 이야기들이 두 사람의 술잔을 기다리고 있었다. 이미 밤은 깊었다. 그러나 오랜만에 불을 밝힌 '백록대'는 어둠을 거부하고 있었다. 대통령의 고향에서 실어온 막걸리가 동이 나야만 두 사람은 자리를 작파하려는가.

박정희와 박태준은 잠시 대미(對美)관계를 화제로 삼았다. 박정희가 지미 카터 미국 대통령과의 불편한 속사정도 솔직히 토로했다. 묵묵히 듣고 있는 박태준은 그 대목에서 1974년 6월 가족과 함께 백록대의 첫 귀빈으로 찾아온 박정희가 건물의 흰색을 가리키며 "백악관이야 뭐야" 하고 짜증 부리던 장면을 얼핏 떠올려야 했다.

이윽고 국내정치 문제가 화제에 올랐다. 박정희도 박태준도 피하고 싶은 화제였는지 몰라도 어쩔 수 없이 그렇게 흘러갔다. 박태준은 대미관계처럼 이번에도 주로 경청하는 입장이었다. 그러고 있는 어느 순간이었다. 한참을 듣고만 있던 박태준이 마치 아슬아슬한 어떤 실마리를 조심스레 잡는 경우처럼 속에 가둬뒀던 생각 하나를 꺼냈다.

"각하께서 잘 알고 계시다시피 저는 최고회의를 떠난 뒤로 정치와는 담을 쌓고 제철에만 몰두해왔습니다. 원래부터 정치에는 소질이 부족한 데다 그래서 정치 감각이 더 둔해졌습니다만, 세상의 매사에는 다 그 단초라는 것이 있다고 한다면, 국내정치를 더 어렵게 만든 계기는 아무래도 김대중 납치사건이 아닌가 합니다. 아무리 정적이어도 그런 방식으로 다룬 것은."

박태준이 말을 멈췄다. 박정희의 시선이 예사롭지 않았던 것이다.

"태준이마저 나를 그런 사람으로 보나?"

박태준은 움찔했다. 그 사건이 대통령의 획책이었다는 것이 아니라, 그때 중앙정보부장이었던 이후락의 엄청난 과오를 비판할 참이었던 것이다. 박정희는 박태준에게 틈을 주지 않았다. 하지만 말씨는 오히려 차분했다. 회한 같은 것이 묻어 있었다.

"알아, 태준이 마음은……. 그때 이후락이가 헐레벌떡 청와대로 올라와서 숨이 넘어갈 것처럼 보고한 것이 바로 그 사건이었는데, 나는 처음 듣는 거였어. 미국 쪽에서 당장 중단하라는 전화가 왔다나. 너무 화가 치밀어서 재떨인지 뭔지 탁자 위에 있던 걸 면상 쪽으로 확 집어 던지고는, 그따위 짓거리는 당장 집어치우라고 고함을 질렀어."

박정희가 잔을 비우고 말했다.

"김형욱이, 이후락이, 너무 오래 썼어."

박태준은 얼른 위로의 말이 떠오르지 않아 혼자서 잔을 들었다. 그리고 잔을 내려놓으며 밝은 목소리로 화제를 돌리려 했다.

"그때 그 사건 때문에 갑자기 저는 진짜 사업가로 변신하게 되었습니다."

"허어, 그래?"

이번에는 박태준의 이야기가 제법 길어졌다.

1973년 8월 도쿄에 체류하는 김대중이 통일당 당수를 만나러 그랜드팔레스호텔에 들렀다 잠복 중이던 한국 중앙정보부 요원에게 납치된 뒤 선박으로 옮겨져 일본과 한국 사이의 공해에서 극적으로 구출된 사건이 발발했다. 한국과 일본이 발칵 뒤집히고, 그해 4월에 터진 미국 닉슨 대통령의 워터게이트 사건처럼 세계의 이목을 끌었다. 그러한 가운데 1차 석유파동이 세계경제를 급격히 위축시키면서 한국경제의 목을 옥죄고 있었다. 그해 12월 연산 157만 톤 규모의 포철 2기를 착공하여 260만 톤 체제를 갖추려는 포스코에게는 석유파동만으로도 엄청난 악조건이었는데, 그보다 더 다급한 악조건이 덮쳐왔다. 일본정부가 김대중 납치사건에 대한 항의와 보복으로 대한(對韓) 경제협력의 전면적인 중단을 선언한 것이었다.

　　전면적인 중단, 일본정부의 대한(對韓) 경협중단은 말 그대로 전면적인 것이었다. 설비구매나 기술협력에서 일본철강업계와 돈독한 관계를 유지해야 하는 박태준의 포스코도 예외로 두지 않는다고 못을 박았다. 한국정부가 사건 발발 86일 만에 중앙정보부 관련자들을 면직 처분하겠다는 공개 발표를 하고 김종필 국무총리가 방일하는 등 우여곡절을 거쳐 그해 12월 22일 중단되었던 한일각료회의가 간신히 재개되었다. 그러나 일본정부는 봉쇄해둔 경협의 길을 풀지 않았다. 이번에도 포스코를 예외로 인정하지 않았다. 도쿄에 머물며 태완선 부총리 등에게 회의 결과를 확인한 박태준은 문득 자신의 무릎을 쳤다.

　　'정치인이 아닌 내가 왜 정치적 방법에 매달리고 있는가? 사업의 난관은 사업가의 방식으로 돌파해야 옳지 않은가!'

　　그것은 일종의 대오각성이었다. 박태준은 즉시 독일 가는 루프트한자 항공기에 좌석을 구하게 하고 외국계약부장과 함께 짐을 꾸렸다. 그는 포철 1기 건설에서 대성공을 거두었으니 유럽 철강설비업체들로부터 환영 받을 것이라고 확신했다. 그것은 적중이었다. 크리스마스 휴가, 새해 휴가를 반납한 철강설비업체 중역들이 박태준이 기다리는 함부르크 고급호텔의 로얄스위트룸으로 속속 모여들었다. 그리고 그들은 1974년 벽두에 영일만 포스코의 영빈관 '영일대'로 날아왔다.

백록대 창밖에는 바람소리가 으르렁거렸다. 박태준은 벌써 5년이나 지난 1974년 1월의 이야기를 이렇게 마무리했다.

"그때도 오일쇼크 여파로 전력을 아끼자는 국가적인 캠페인이 전개될 때였는데, 저는 영일대에 밤마다 불을 환하게 켜라고 했습니다. 일본 기술자들을 자극했던 건데, 그 작전이 효과만점이었습니다. 구라파에서 설비 장사꾼들이 와 있다니까 주한 일본대사가 바로 연락을 해왔던 겁니다. 지금 그 협상에 일본 업체들도 끼워줄 수 있느냐, 이거였습니다. 애를 먹일까 하다가 1기에 적극 협조해준 공로도 있고 해서 동등한 자격을 주겠다, 더 늦지는 말라고 했더니, 단걸음에 달려왔습니다. 그래서 2기는 우리 입맛대로 구라파, 일본, 미국에서 골고루 설비구매계약을 하게 되었고, 그게 설비구매의 선을 다양화하는 계기도 됐습니다. 나는 정치인이 아니라 사업가다, 이 착상을 했던 것이 그런 결과를 낳았던 건데, 성동격서라는 말을 생각하면, 그 착상이 성서격동의 전략으로 구체화되었던 겁니다."

박태준의 이야기가 무거웠던 분위기를 엔간히 걷어냈다. 박정희도 밝은 기운을 더 받고 싶은지 새로 박태준의 잔을 채워주며 거의 20년이나 흘러간 '회도 많고 술도 많다'고 했던 저 아득한 부산 시절의 한 토막을 술상 위에 올려놓았다.

"부산에서 기자들하고 한잔 하던 밤에 광주로 가라는 인사명령을 받았잖아?"

"예. 그랬습니다."

박태준이 미소를 지었다. 파장에는 참모들이 사령관을 업고 나온 그날 밤, 이제는 오래 전에 보았던 어느 영화의 한 장면처럼 아른아른한 그 우스 꽝스런 안남춤 장면을 언뜻 떠올린 것이었다. 이심전심으로 그 장면을 더듬 는 것인지, 아니, 한번쯤 그때 그 밤으로 후련하게 돌아가고 싶은 것인지, 박 정희도 길게 미소를 지었다. 그의 고향 막걸리는 1월의 긴 밤처럼 넉넉히 남 아 있었다.

포스코의 공식 기록에는 '박정희의 13번 포철 방문' 날짜가 열두 번째까 지만 나와 있다. 마지막 열세 번째는 보이지 않는다. 백록대에서 박태준과 단둘이서 맨가슴으로 '고향' 막걸리를 대작한 그날이 열세 번째 방문이었 다.

이튿날(1979년 2월 1일) 박정희는 포철에 들리지 않고 서울로 올라갔다. 그 날 포철은 4기 종합착공식을 가졌다. 예정과 달리 '포철 4기 확장공사' 종 합착공 버튼을 누르는 자리에 박정희가 나타나진 않았으나, 박정희와 박태 준이 영일만의 사명감에 불타는 사내들과 더불어 일심으로 창조해 나가는 '영일만 신화'의 완성을 위한 제4막 무대가 활짝 열린 것이었다.

박태준의 가슴에 박힌 박정희의 마지막 말,
"나는 여기까지가 아닌가 하는 느낌"

1979년 7월 초순, 장안의 화제는 2박 3일 방한 일정을 마치고 7월 1일 서울을 떠난 지미 카터 미국 대통령과 박정희 대통령의 정상회담이었다. 인권 문제, 주한미군철수 문제를 놓고 양국 수뇌가 심하게 얼굴을 붉혔다는 소문이 장삼이사의 술안주 거리였다. 유언비어가 아니라 실상에 가까운 거였고…….

도쿄에서 7개국 정상회의를 마치고 서울로 들어왔던 미국 대통령 일행은 '포스코의 귀중한 한 사람'에게 자유를 선물하기도 했다. 영어생활을 6년 넘게 감당한 뒤에도 여전히 감옥에 갇혀 있던 김철우 박사가 그해 8월 15일 광복절 특사로 풀려나는 것이다. 냉전체제의 이념대결이 세계에서 가장 엄혹하게 관철된 한반도의 한 희생양이 그토록 지난하게 자유를 회복한 과정에는 그의 일본인 친구들의 조력도 작용했다. 김철우를 잘 아는 그들 (과학자)이 지미 카터를 수행한 비서와 따로 만나서 '김철우는 스파이가 아니다'라는 진정을 했고, 그것이 한국 정부의 요로에 강하게 전달되었던 것이다.

시나브로 서울시민이 지미 카터의 방한 뉴스를 잊어 가는 7월 24일, 청와대에서 대통령이 주재하는 회의가 열렸다. 안건은 포항종합제철 제2공장 입지 선정이었다. 고재일 건설부 장관, 최각규 상공부 장관, 박태준 사장이 참석했다.

그 무렵의 한여름 밤이었다. 박태준은 박정희의 부름을 받았다. 그때로부터 삼십 년을 헤아릴 만한 세월이 더 흐른 다음, 그때 그 술자리에 대한 박태준의 회고는 무겁고도 짧았다. 그것이 박정희와 마지막 만남, 마지막 대작, 마지막 대화였다는 사실 때문에 회고 자체가 벅차게 쓸쓸한 것인지…….

"임자하고가 제일 편해. 머리를 몇 개씩 달고 마시는 술이 술이야? 간장이지."

"오늘 저녁에는 틀림없이 술을 드시게 됩니다."

두 사람은 환히 웃었다. 그러나 박태준은 박정희가 몹시 고독해 보였다. 분위기가 좋지 않았다는 소문을 나돌게 만든 한미정상회담의 후유증인가. 이런 짐작을 그는 해보았다.

"각하와 카터의 회담이 처음엔 어색했지만 결말은 비교적 잘된 것이라고 들었습니다만."

박정희가 설명했다.

"주한미군을 철수하지 않겠다는 약속만 보면 결말이 좋았다고 보이겠지. 나는 생각도 느낌도 달라. 단단히 벼르고 있었는데, 카터가 회담 자리에 앉자마자 일방적으로 쏘아버렸어. 배석자들 말로는 통역까지 그게 45분이나 걸렸다는데, 주한미군의 역할이 무언가, 얼마나 중요한가, 이걸 교사가 학생을 훈육하는 것처럼 들려줬던 거야. 그간에 카터가 괴롭혔던 것에 대해 갚아줬던 거지. 카터는 화를 꾹 참고 있다가 다 듣고 나서는 반격도 하더군. 한국이 북한보다 인구도 많고 경제력도 강한데 왜 북한이 군사적 우위를 점하도록 허용하느냐. 이거였어. 우리가 자주국방을 실제로 해야 돼. 언제까지 매달리고 끌려갈 수는 없잖아? 지금 내 소원이 뭔지 아나?"

박정희가 박태준을 똑바로 쳐다보았다.

"자주국방 계획을 완수하는 날, 그날로 국군의 날 행사처럼 보란 듯이 시가행진 하고, 사열 받고, 즉시 하야성명 발표하고, 청와대를 떠나서 시골 농부와 같은 사람으로 돌아가는 거야. 뭐 그리 먼 일은 아니야. 준비가 잘 되고 있어."

자주국방을 위한 어떤 비장(祕藏)의 계획이 완성 단계에 접어들었다는 뜻이었다. 박태준은 박정희의 얼굴에 얼핏 피어나는 낭만적인 청년의 표정을 포착할 수 있었다. 짧은 사이, 혁명을 꿈꾸는 장군시절에 구상(具常) 시인 등과 어울리는 기개(氣槪)의 술자리로 돌아간 사람 같았다.

"저는 철모 같은 작업모가 어울리지만 원래 각하는 허름한 밀짚모자가 어울리지 않습니까?"

박태준이 밝게 받았다.

"그래. 나는 시골 농부들이 좋아. 순박하지. 그 사람들하고 논둑에 주저 앉아 막걸리를 마시면서 남은 세월을 보내고 싶은데……."

박정희가 말끝을 흐렸다. 다시 표정도 어두워졌다.

"카터를 재차 만나서는 기분을 좀 풀어줬지. 김포공항으로 가는 리무진 에 동승을 했는데, 나한테 종교가 있느냐고 물었어. 기독교라는 답을 기대 하는 줄이야 알았지만, 나는 어린 시절에 고향에서 주일학교에 다닌 경험 밖에 없었으니까 없다고 했더니, 대통령 각하께서 예수 그리스도를 만나게 되기를 희망한다고 하더군. 말이야 정중했지만, 끝까지 인권문제를 건드렸 던 거지."

박태준은 묵묵히 있었다.

"재차 만났을 때도 카터는 양국간 가장 중요한 문제가 인권개선 조치라 고 하더군. 그때는 나도 예의를 차렸어. 현재로서는 어떤 조치를 취해야 할지 확언할 수 없으나 대통령 각하를 만족시키기 위해 최선을 다하겠다는 말을 해줬던 거야……. 왠지 모르겠어. 나는 여기까지가 아닌가 하는 느낌이 들어."

나는 여기까지가 아닌가 하는 느낌, 이것이 1979년 한여름 밤에 박정희가 박태준에게 털어놓은 자기 운명에 대한 예감 같은 것이었다.

박정희와 마지막 만남, 마지막 대작, 마지막 대화에 대한 노인(박태준)의 회고는 여기까지였다. 그리고 그는 이렇게 말을 맺었다.

"각하가 그렇게 돌아가신 뒤부터 현재까지도 내 가슴속에는 '나는 여기까지가 아닌가 하는 느낌'이라는 그때 그 말씀이 가시처럼 박혀 있소."

홀연한 박정희 서거 소식에
박태준은 두문불출 후 약속실현을 다짐한다

1979년 10월 26일 박태준은 여느 날처럼 분주한 하루를 보냈다. 아침 8시 30분 임원간담회의 주재로 시작한 빡빡한 일정 중에 특별한 일은 특강이었다. 그는 제철연수원에 강사로 가서 포스코 중간간부들에게 '자주관리'와 '국제수준의 안목'을 역설했다.

"하나의 기업이 성장, 발전하는 과정도 국가와 꼭 마찬가지라고 생각합니다. 회사 창립 초창기, 즉 유년기와 소년기에는 회사를 어떻게 이끌어 나가느냐에 따라 회사의 장래와 성패가 좌우되는 것입니다. 우리 회사에서 유년기와 소년기에 해당하는 이 시기까지는 본인이 앞장서서 본인의 방침대로 회사를 이끌어왔습니다. 이제 우리 회사는 청년기에 접어들었다는 것이 본인의 판단입니다. 한 국가가 성장단계에 따라서 리더십의 패턴도 상이(相異)한 것과 마찬가지로, 이제는 우리 회사에 있어서 리더십의 패턴도 지금까지와 달라져야 한다고 생각합니다. 청년기에 접어들었기 때문에 여기서 여러분은 '자주관리'를 토착화하려는 본인의 뜻을 충분히 깨달았으리라고 생각합니다."

이어서 박태준은 '국제수준의 안목'을 요구하고 강조했다.

"본인이 평소에 생각하는 바는 우리 직원들의 안목은 최소한 국제수준의 안목으로 표준화되고 평준화되어야 한다는 것입니다. 우리 회사는 이미 국제적인 수준의 기업으로 성장하였습니다. 그런데 왜 우리는 계속 일본에 뒤지고 있는가? 물론 축적된 기술력의 격차나 일천한 역사 등 모든 면에서 아직 부족하다는 점을 도외시할 수는 없겠지만, 우리의 안목이 일본 수준에 미치지 못한 데에도 중요한 원인이 있습니다. 안목의 국제화가 자주관리의 성공의 요체가 될 것입니다. 그러므로 여러분이 국제수준의 안목을 가지는 것이 곧 회사를 반석 위에 올려놓을 수 있는 오직 하나의 힘이라는 생각을 가져야 합니다."

포항시 효자동에 있는 제철연수원에서 박태준이 회사의 리더십 패턴 변화에 대해 국가의 그것에 비유하며 자주관리와 국제수준의 안목을 강조한 그날 저녁, 박정희는 무참히 시해를 당한다. 그 비보를 박태준은 이튿날 이른 아침에 포항의 숙소에서 처음 들었다. 포스코 임직원들은 포항시 효자동 포철주택단지 내(內) 야트막한 야산 언덕 위에 외톨의 자그만 절간처럼 자리 잡은 박태준 사장의 숙소를 '효자사(孝子寺)'라 부르고 박 사장을 '효자사 주지'라 부르기도 했다. 그만큼 그는 서울의 가족과 떨어져 지내는 날들이 많았다.

10월 27일 아침에도 박태준은 혼자였다. 음식도 장만하고 옷가지도 챙겨주는, 마치 군대 장교시절의 당번병 같은 비서(총각)만 거실을 서성거렸다. 라디오를 통해 엄청난 뉴스를 들은 비서는 입을 꾹 다문 채 바짝 긴장을 죄고 있었다. 마냥 기다리지 못한 비서가 살그머니 침실의 문을 열었다. 여느 아침과 달리 박태준은 단정히 책상 앞에 앉아 눈을 감고 있었다. 그의 가슴 앞에 놓인 라디오를, 비서는 보았다. 라디오는 잠잠했다. 어떤 소리도 내지 않았다. 꺼진 상태였다. 비서는 아무 말 없이 도로 문을 닫았다.

꼬박 하루를 두문불출로 보낸 박태준은 이튿날 아침에야 평소와 다름없이 작업복 차림으로 안전화를 졸라맸다. 그러나 회사에 당도하여 먼저 회의를 주재하지 않았다. 혼자서 묵묵히 걸었다. '나는 여기까지가 아닌가 하는 느낌'이라고 하셨던 그 말씀이 정녕 이것이었단 말인가? 몇 차례나 부질없는 원망처럼 그 말을 되뇐 박태준의 납덩이같은 발길이 이어 나가는 동선(動線)은 박정희의 포항제철소 방문 발길이 그려놓은, 지표에는 없지만 그의 머리에는 뚜렷이 남은 동선이었다. 1978년 12월 포철을 열두 번째로 찾은 박정희가 걸어갔던 동선을 따라 무거운 걸음을 옮기는 박태준은 견디기 어려운 슬픔 속에서도 박정희와 약속하고 박정희와 함께 꿈꾼 '철강 2000만 톤 시대'를 놓칠 수 없었다.

'이제 어떻게 할 것인가? 어떤 방법을 쓰든 그 약속을 실현해야겠는데, 과연 어떤 방법이 있는가?'

졸지에 박정희가 사라진 날, 박태준이 지휘하고 박정희가 엄호한 포항종합제철은 이미 대한민국 국민경제의 금자탑으로 우뚝 솟아 있었다. 임자 뒤에는 내가 있으니 소신껏 밀어붙여 봐. 이 격려성 언약을 박정희가 고스란히 실천함으로써 박태준은 온갖 정치적 외풍과 음모를 돌파할 수 있었다. 그러나 별안간 박정희는 지상에서 사라졌다. 이것이 엄연한 현실이었다.

6·25전쟁 발발 전에 간신히 숙군(肅軍)의 사선(死線)을 빠져나온 박정희, 그의 전도(前途)가 암울하기 짝이 없었던 그때부터 그의 생이 비극으로 마감된 그날까지 언제나 한결같고 허물없는 술친구로 지내온 구상(具常) 시인. 박정희가 권유하는 국가재건최고회의 상임고문이나 장관직뿐만 아니라 대학 총장직도 번번이 사양하고 술자리에선 가끔 대통령을 '박첨지'라 부르기도 했던 구상 시인이 경북 왜관의 베네딕트 수도원에서 『나자렛 예수』를

집필하고 있다 '졸지에 유명을 달리한 대통령 박정희'의 고독한 영혼을 위하여 조시(弔詩) 「진혼축 鎭魂祝」을 바쳤다.

국민으로서는 열여덟 해나 받든 지도자요
개인으로는 서른 해나 된 오랜 친구
하나님! 하찮은 저의 축원이오나
인류의 속죄양, 예수의 이름으로 비오니
그의 영혼이 당신 안에 고이 쉬게 하소서
이 세상에서 그가 지니고 떨쳤던
그 장한 의기와 행동력과 질박한 인간성과
이 나라 이 겨레에 그가 남긴 바
그 크고 많은 공덕의 자취를 헤아리시고
하나님, 그지없이 자비로우신 하나님
설령 그가 당신 뜻에 어긋난 잘못이 있었거나
그 스스로 깨닫지 못한 허물이 있었더라도
그가 앞장서 애쓰며 흘린 땀과
그가 마침내 무참히 흘린 피를 굽어보사
그의 영혼이 당신 안에 길이 살게 하소서

〈설령 그가 당신 뜻에 어긋난 잘못이 있었거나/그 스스로 깨닫지 못한 허물이 있었더라도/그가 앞장서 애쓰며 흘린 땀과/그가 마침내 무참히 흘린 피를〉 굽어보시기를 구상의 조시는 절절히 희원하건만, 당장에는 그 간곡한 기도의 시어(詩語)에도 숱한 돌멩이가 날아들 것이었다. (실제로 그런 일이 일어났다. 구상 시인은 "독재자에게 조시를 바치다니!"라는 온갖 비난에 대해 "친구니까"라고 단 한마디만 반응했다.)

박정희의 실존이 없는 지상에는 두고두고 그의 공과(功過)에 대한 시비가 격렬하고도 지루하게 이어지게 되지만, 박정희의 갑작스런 공백이 발생한 시간대에 오직 포스코만으로 한정해서 들여다볼 경우, 그의 죽음은 포스코로 불어오는 온갖 정치적 외풍을 막아주던 가장 든든한 울타리가 느닷없이 사라진 것이었다. 박태준은 오싹했다.

'그 누가, 그 무엇이 앞으로 회사의 든든한 울타리 역할을 해줄 것인가?'

공든 탑이 무너지랴. 이것은 속담이어도 틀린 말일 수 있다. 공든 탑은 좀처럼 무너지지 않는다고 힘차게 주장하는 말인데, 실상은 탑을 쌓아 올리기야 어려워도 무너뜨리기야 얼마나 쉬우랴.

제6장

화룡점정

포스코의 주식을 공로주로든 뭐로든 단 한 주도 받지 않은 것으로도 유명한 박태준이 만약 박정희 서거 후에라도 '딴생각'을 품었더라면 두 인물의 만남은 '위대한 만남'의 종착역에 도달할 수 없었다. 떠난 이의 뜻과 남은 이의 뜻이 끝까지 일치한 점. 이는 '위대한 만남'의 화룡점정이다.

박정희와의 약속을 실현한 박태준은
스스로 정계와 포스코 회장직을 떠난다

　박태준이 박정희와 약속한 '철강 2000만 톤 시대'를 완전히 실현한 때는 1992년 10월 2일, 박정희가 세상을 떠난 지 13년 만이었다. 생전의 박정희가 박태준에게 마지막 선물로 안겨준 제2제철소를 연산 1200만 톤 체제의 광양제철소로 완공한 그날, 포스코는 포항제철소와 광양제철소를 합쳐 연산 2100만 체제를 갖추었다. 장장 25년 인생을 바쳐 박정희와의 약속을 실현한 그날, 박태준의 영혼에는 희열과 회한, 영광과 고통이 뒤엉켜 뜨거운 응어리로 맺힌 가운데 박정희 사후의 숱한 곡절들이 파노라마처럼 스쳐 지나갔다.

　전두환의 요청으로 정계(政界)에 한 발을 들여놓을 때 '박정희 대통령 대신 이제는 내 스스로 정치적 외풍을 막아내는 포스코의 울타리가 되어야 한다'고 되뇌었던 다짐, 포스코 측근들에게 "박정희 대통령 서거 후에는 내 능력의 9할을 외풍 막기에 쓰는 거 같다"고 몇 차례나 토로했을 만큼 참으로 힘들었던 그 실천, 노태우의 거듭된 강요를 끝까지 뿌리칠 수 없어서 하루아침에 여당(민정당) 대표로 나설 수밖에 없었던 일, 곧이어 벌어진 노태우-김영삼-김종필의 3당 합당을 한 걸음 늦어서 알게 되었을 때의 분노,

여당(민자당)의 대통령 후보 경선에 나서려 했으나 김영삼의 '박태준 배제 경선 요구'에 굴복한 노태우마저 앞을 가로막으니 깊은 한숨을 들이쉬고 하릴없이 접어야 했던 좌절……. 이제 대통령선거를 앞둔 때에 스스로 다스려지지 않는 여당 대통령 후보 김영삼에 대한 실망감, 그리고 그것이 미구에 야기할 심각한 갈등에 대한 예견, 종합준공식이 끝나는 대로 김영삼과 결별하고 정계를 은퇴하며 포스코 회장직에서도 물러나겠다는 확고한 결심.

박태준은 그해 10월 중순을 넘기지 않아 세 가지 결심을 그대로 실천한다. 정계를 은퇴하고 포스코 회장을 자진 사임한 박태준은, 대통령 당선이 확실시되는 김영삼이 광양제철소까지 몸소 찾아와 '선거대책위원장을 맡아 달라'고 부탁하지만 끝내 '김영삼은 구국의 지도자가 될 수 없다'는 자신의 평가를 양보하지 않는다. 그리고 비싼 대가를 돌려받는다. 김영삼이 대통령으로 취임한 이듬해 봄날, 박태준은 느닷없이 해외 유랑의 길로 나서게 되는 것이다. 광양에서 벌어진 김영삼과 박태준의 '4시간 담판', 그 결렬이 박태준에게는 '해외 유랑 4년'으로 돌아온 격이었다고나 할까….

1992년 10월 2일, 눈부신 쪽빛 가을날, 광양제철소 종합운동장 내빈석 꼭대기에는 '포항제철 4반세기 대역사 종합준공'이라는 현수막이 걸려 있었다. 대역사를 마무리 짓는 장엄한 식장에 1만2천여 명이 모였다. 노태우 대통령, 세계 철강업계 지도자들, 주한 미국대사를 포함한 외교사절들, 국내외 취재진, 박태준 회장과 임직원, 지역사회의 축하객……. 그러나 꼭 있어야 하는 한 얼굴을 박태준은 찾을 수 없었다. 그것이 그에게는 누구도 알지 못하는 어마어마한 회한이었다. 단상에 마련된 자리에 앉은 그는 잠시 눈을 감았다. 잔잔한 바람결이 문득 귀에 익은 음성을 들려주었다. 언젠가 그 사람과 나누었던 속삭임 같은 대화의 한 토막이었다.

"이 고로의 불꽃이 국가재건, 민족중흥의 불꽃이야."

"이 불꽃을 끝까지 짊어지고 가겠습니다."

"우리는 이 불꽃을 끝까지 짊어지고 가야 해."

1973년 7월 3일 일제식민지 배상금으로 완공한 포철 1고로 앞에서 박정희와 연애의 밀어처럼 속삭였던 대화. 오로지 그것만이 포스코 회장 자리를 스스로 물러나려는 박태준의 마음을 부드럽게 쓰다듬었다. 용케도 그 불꽃을 끝까지 짊어지고 왔구나. 그는 안도의 숨을 내쉬며 눈을 떴다. 비로소 눈앞에 도열한 포스코 직원들의 모습이 한눈에 들어왔다. 고생들 많았고 수고들 많았어. 그가 혼잣말을 하며 미소를 머금는 사이, 노태우가 마이크 앞에 서 있었다.

민정당 대표를 맡지 않겠다고 박태준은 진심으로 극구 사양했으나 기어코 그 굴레를 그에게 덮어씌운 사람, 민주주의의 축제라는 모양새를 얼마나 진정으로 추구했는지 몰라도 박태준에게 여당 대통령 후보 경선에 나서 달라고 슬쩍 권유하더니 얼마 못 가서는 김영삼의 몽니에 겁을 먹고 거꾸로 그걸 얼른 그만두지 않는다며 조바심을 부려댄 사람. 25년 대역사를 종합 준공 하는 자리의 박태준에게 노태우는 그런 사람이었다. 하지만 대통령의 치하 중 몇 마디가 포철 회장의 고막을 건드렸다.

"자본, 기술, 경험이 제대로 갖춰지지 않은 상태에서 시작해 4반세기 만에 연간 2100만 톤의 생산능력을 지닌 세계 3위의 철강회사로 성장한 포철의 위업은 세계 철강사에 길이 빛날 금자탑이 될 것입니다."

세계철강협회장 로튼이 나섰다. 그는 진정어린 격찬을 아끼지 않았다.

"포스코와 박태준 회장이 이룩한 업적은 추진력과 엄격성과 탁월성으로 세계에 빛나는 모범이며, 4반세기라는 짧은 기간에 이처럼 거대한 기업을 이룬 데 대해 찬사와 존경을 아끼지 않습니다."

이윽고 박태준이 연단에 올랐다. 두 개의 마이크가 놓인 자리, 금빛도 은빛도 없는 그저 평범한 자리. 그러나 그 자리는 세계 최고의 철강인이 오르는, '철강황제' 또는 '철강왕'에게 어울리는, 보이지 않는 '철(鐵)의 용상(龍床)'이었다. 박태준의 인생에 찬란한 절정의 순간이었다. 그는 벅찬 감회를 여느 때와 다르지 않은 목소리로 밝혀 나갔다.

"오랜 대역사 속에서 민족경제의 초석을 다진다는 일념으로 몸 바쳐 일하다가 유명을 달리하신 동지들의 혼령이 오늘 이 자리를 지켜보고 계실 것을 생각하니 실로 만감이 교차합니다. 제철보국의 정신 아래 '민족기업 인간존중 세계지향'의 기업이념을 더욱 착실히 펼쳐나가는 한편, 21세기를 지향하는 새로운 기업상을 정립할 것입니다. 그리고 국민 여러분의 끊임없는 사랑을 바탕으로 어떤 어려움이라도 헤쳐 나가면서 기필코 '다음 세기의 번영과 다음 세대의 행복'을 창조하는 국민기업의 지평을 열어갈 것입니다."

그러나 박태준이 가장 깊은 속마음을 펼쳐놓을 자리는 따로 있었다. 격정을 안으로 차분히 다스린, 고로의 불꽃처럼 타오르는 울먹임을 한 줄기 찬물처럼 찬찬히 풀어놓을 곳이 그에겐 따로 있었다.

성대한 잔치가 끝났다. 손님들이 돌아갔다. 장엄한 무대 위의 모든 의자들이 치워졌다. 세계 최고의 철강인이 앉았던 평범한 의자도 치워졌다. 그러나 치워진 것은 평범한 의자가 아니었다. '철의 용상'이 그 주인의 의지에 따라 무대를 내려간 것이었다.

완전한 신뢰의 아름다운 재회
−박태준이 박정희의 영전에 올리는 보고

1992년 10월 2일 늦은 오후, 박태준은 한 사람의 손님처럼 광양제철소를 떠났다. '철강 2100만 톤 대한민국'을 완성한 그가 반드시 찾아가야 할 곳은 서울에 있었다. 종합준공식에는 끝내 모습을 드러내지 않았던 그 사람을 찾아가기 위해 박태준은 먼저 서울 북아현동 자택으로 돌아왔다. 밤이 깊었다. 잠이 오지 않았다. 이따금씩 눈시울이 뜨끔거렸다. 그러나 아직 눈물을 맺을 때가 아니라고 그는 생각했다.

날이 밝았다. 10월 3일, 개천절. 한국 신문들은 기사 사설 칼럼으로 일제히 '포철 대역사의 대미'에 아낌없는 찬사와 격려를 보냈다. '포철 신화'를 통해 우리 국민은 뿌듯한 자부를 느낀다고 했다. 이렇게 좋은 날, 신문마다 온통 최상의 찬사를 쏟아낸 아침, 박태준은 하얀 와이셔츠에 검은 넥타이를 매고 검은 양복을 입었다. 반드시 가야 할 곳이 있었다. 자신의 진심을 들어줄 혼령이 기다리는 곳으로, 그는 가야만 했다.

이 골짜기에는 얼마나 숱한 영혼이 쉬고 있는가. 대한민국 현대사의 영욕을 침묵 속에서 웅변하는 어마어마하게 넓은 묘역, 서울 동작동 국립 현충원. 박태준은 박정희의 유택 앞에 섰다. 곁에 누운 육영수도 그의 육성을 들을 것이었다. 박태준 뒤에는 그의 부인 장옥자, 두 고인의 아들 지만과 딸 근영, 국회의원 최재욱……. 동행들이 묵념의 자세로 서 있었다.

박태준이 두루마리를 펼쳤다. 한지에 붓글씨로 쓴 보고문. 드디어 그는 눈물을 흘릴 수 있을 것 같았다. 목소리가 젖어도 좋을 것 같았다. 자신의 인격과 신념과 포부를 완전히 신뢰해준 한 사나이를, 그는 사무치게 그리워했다.

각하! 불초 박태준, 각하의 명을 받은 지 25년 만에 포항제철 건설의 대역사를 성공적으로 완수하고 삼가 각하의 영전에 보고를 드립니다.

포항제철은 빈곤타파와 경제부흥을 위해서는 일관제철소 건설이 필수적이라는 각하의 의지에 의해 탄생되었습니다. 그 포항제철이 바로 어제, 포항·광양의 양대 제철소에 연산 조강 2100만 톤 체제의 완공을 끝으로 4반세기에 걸친 대장정을 마무리하였습니다.

"나는 임자를 잘 알아. 이건 아무나 할 수 있는 일이 아니야. 어떤 고통을 당해도 국가와 민족을 위해 자기 한몸 희생할 수 있는 인물만이 이 일을 할 수 있어. 아무 소리 말고 맡아!"

1967년 어느 날, 영국 출장 도중 각하의 부르심을 받고 달려간 제게 특명을 내리시던 그 카랑카랑한 음성이 지금도 귓전에 생생합니다. 그 말씀 한마디에, 25년이란 긴 세월을 철에 미쳐 참으로 용케도 견뎌왔구나 생각하니, 솟구치는 감회를 억누를 길이 없습니다.

돌이켜보면, 참으로 형극과도 같은 길이었습니다. 자본도 기술도 경험도 없는 불모지에서 용광로 구경조차 해본 적 없는 39명의 창업요원을 이끌고 포항의 모래사장을 밟았을 때는 각하가 원망스럽기도 했습니다. 자본과 기술을 독점한 선진 철강국의 냉대 속에서 국력의 한계를 절감하고 한숨짓기도 했습니다. 터무니없는 모략과 질시와 수모를 받으면서 그대로 쓰러져버리고 싶었던 때도 있었습니다.

그때마다 저를 일으켜 세운 것은 '철강은 국력'이라는 각하의 불같은 집념, 그리고 13차례에 걸쳐 건설현장을 찾아주신 지극한 관심과 격려였다는 것을 감히 말씀드립니다.

포항제철 4기 완공을 1년여 앞두고 각하께서 졸지에 유명을 달리하셨을 때는 철강 2000만 톤 생산국의 꿈이 이렇게 끝나버리는가 절망하기도 했습니다. 그러나 저희는 철강입국의 유지를 받들어 흔들림 없이 오늘까지 일해 왔습니다. 그 결과 포항제철은 세계 3위의 거대철강기업으로 성장하였으며, 우리나라는 6대 철강대국으로 부상하였습니다.

각하를 모시고 첫 삽을 뜬 이래 지난 4반세기 동안 연인원 4000만 명이 땀 흘려 이룩한 포항제철은 이제 세계의 철강업계와 언론으로부터 최고의 경쟁력을 지닌 철강기업으로 평가받고 있습니다. 그러나 이것이 어찌 제 힘이었다고 할 수 있겠습니까? 필생의 소임을 다했다고 생각하는 이 순간, 각하에 대한 추모의 정만이 더욱 새로울 뿐입니다. "임자 뒤에는 내가 있어. 소신껏 밀어붙여 봐." 하신 한마디 말씀으로 저를 조국 근대화의 제단으로 불러주신 각하의 절대적인 신뢰와 격려를 생각하면서 다만 머리 숙여 감사드릴 따름입니다.

각하! 염원하시던 '철강 2000만 톤 생산국'의 완수를 보고 드리는 이 자리를 그토록 사랑하시던 근영 양과 지만 군이 지켜보고 있습니다. 자녀분들도 이 자리를 통해 오직 조국근대화만을 생각하시던 각하의 뜻을 다시 한 번 되새기며, 각하의 유지를 받들기 위해 더욱 성실하게 살아갈 것이라 믿습니다. 저 또한 옆에서 보살핌을 게을리하지 않을 것을 다시 한 번 약속드립니다.

각하! 일찍이 각하께서 분부하셨고, 또 다짐 드린 대로 저는 이제 대임을 성공적으로 마쳤습니다. 그러나 이 나라가 진정한 경제의 선진화를 이룩하기에는 아직도 해야 할 일들이 산적해 있습니다. '하면 된다'는, 각하께서 불어넣어 주신 국민정신의 결집이 절실히 요청되는 시기입니다. 혼령이라도 계신다면, 불초 박태준이 결코 나태하거나 흔들리지 않고 25년 전의 그 마음으로 돌아가 '잘사는 나라' 건설을 위해 매진할 수 있도록 굳게 붙들어 주시옵소서.

불민한 탓으로, 각하 계신 곳을 자주 찾지 못한 허물을 용서해주시기를 엎드려 바라오며, 삼가 각하의 명복을 빕니다. 부디 안면하소서!

저 1961년 5월, 거사 명단에 박태준의 이름을 빼놓은 박정희가 거사에 실패하여 형장의 이슬로 사라지게 되면 자신의 가족을 부탁하려 했던 박태준. 쿠데타라 불리는 그 거사를 감행하고 십여 년쯤 지난 뒤부터는 민주화 세력과 본격적으로 갈등하고 대립하는 가운데 고달픈 나날의 기나긴 근대화를 혁명적으로 이끌었으나 용퇴 기회를 놓치고 열여덟 해 지도자의 삶을 비극으로 마친 박정희. 고인의 오래된 뜻을 고이 받들어 유택 앞에서 새삼 언약한 대로 방황하는 황야의 박지만을 경영인으로 이끌어준 박태준. 그는 '박정희와 박태준'의 독특한 인간관계, 완전한 신뢰의, 그 자신의 고백을 그대로 옮기자면 "절대적인 신뢰의" 인간관계를 1992년 개천절 국립묘지 한 귀퉁이에서 마침내 비장한 아름다움으로 매듭지었다.

박태준의 국회의원선거 지원 유세에서
'침묵의 열변'을 토한 박지만

1997년 초여름, 박태준은 4년여 해외 유랑생활을 접고 포항으로 돌아왔다. 정치적인 상처를 입고 조국을 등져야 했던 그는 어느덧 일흔 살을 헤아렸다. 그러나 5년 전 박정희의 유택 앞에서 다짐했듯이 '잘사는 나라 건설에 매진'할 각오를 다지고 있었다. 그때 한국경제는 엉망으로 꼬이는 중이었다. 그러나 아직 박태준에겐 힘이 없었다. 그가 마지막으로 나라를 위해 헌신할 힘을 어디서 구할 것인가? 마치 박태준을 내쫓은 김영삼이 그를 기다려온 것처럼, 때마침 김영삼이 포항에다 그에게 기회를 열어주었다.

대통령 김영삼의 이른바 '역사 바로 세우기'에 의해 옥중출마로 당선한 국회의원 허화평(포항시 북구)이 대법원 확정 판결에 의해 의원직을 상실함으로써 그 빈자리에 생겨난 보궐선거. 박태준은 출마를 결심했다.

박태준의 인생을 통틀어 자신이 직접 후보로 나선 최초의 선거. 날짜는 7월 24일로 정해졌다. 칠순 나이에는 더위가 체력적인 부담이었다. 하지만 그는 건재했다. 청년시절부터 12년간 군대에서 다져놓은 다부진 기초체력이 있고, 영일만 포철 현장의 구석구석을 누비고 다닌 시절에 단련한 근육과 뼈가 튼튼하고, 무엇보다 자신과의 투쟁에서 패배하지 않을 자존심이 여전히 심장처럼 뛰고 있었다.

무소속 후보 박태준. 여당(신한국당) 후보가 있어도 선거운동의 양상은 이내 민주당 이기택 후보와 무소속 박태준 후보의 양자대결로 형성되었다. 포항이 고향, '꼬마 민주당' 대표, 7선 관록. 이들을 결합한 이기택의 기세도 만만찮았으나 박태준은 몸소 등장하지 않는 후보와의 대결도 상정하고 싶었다. 현 청와대 주인과의 간접 대결이 그것이었다. 직접 대결은 이기택이지만 자신의 인생과 국가적 차원에서는 대통령 김영삼을 의식하지 않을 수 없었다. 그래서 그는 청와대 앞에서 일인시위를 벌이는 것 같은 메인 슬로건을 내걸었다.

'겡제'는 가라, '경제'가 왔다!

박태준은 조그만 유세차에 올라 줄기차게 외쳤다.

"김영삼 대통령은 '경제'를 '겡제'라고 발음합니다. 그래서 오늘의 한국정부에서 '경제'는 사라지고 '겡제'만 설치고 있습니다. 여러분, '겡제'가 '경제'를 살릴 수 있겠습니까? 결코 없습니다. 무너져 내리고 있는 한국경제를 살리기 위해 하루빨리 '경제'는 '경제'에게 맡기고 '겡제'는 떠나야만 합니다. '겡제'는 가라, '경제'가 왔다!"

'겡제'란 김영삼을 가리키고 '경제'란 박태준을 가리키는 말이라는 것을 모르는 시민은 없었다. 머잖아 터지는 'IMF사태'를 김영삼의 '겡제'라고 한다면, 포철 신화의 주인공, 실물경제의 대가, 한국 산업화의 영웅, 세계의 철강왕 그리고 그들의 혼연일체가 박태준의 '경제'였다. 그는 그러한 자신의 거대 이미지를 불식하기 위해 더위를 이겨내며 부지런히 시민 속으로 들어갔다.

박태준 후보의 개인연설회. 포항역 광장에 운집한 시민들 앞에는 전혀 뜻밖의 연사가 나타났다. 서른아홉 살의 박지만, 박정희 대통령의 외아들. 시민들은 박정희 대통령의 혼령이 박태준을 돕기 위해 홀연 등장한 것 같은 착각을 일으켰다. 사회자가 연단에 오른 박지만을 소개했다. 우레 같은 박수를 받은 박지만이 연단 옆으로 나와 허리를 굽히고 마이크 앞에 섰다. 군중은 찬물을 끼얹은 듯 잠잠했다. 박지만은 한마디 말이 없었다. 물론 인사말도 없었다. 잠시 마이크 앞에 서 있다, 말없이 그대로, 곧 연단을 내려갔다. 그러나 그것은 열변이었다. 침묵의 열변이었다.

보궐선거는 박태준의 압승으로 끝났다. 이제 그는 시민의 힘으로 국가의 일을 맡으러 나갈 기본준비를 갖추었다. 그해 12월은 대통령선거. 박태준은 누구와 연대할 것인가? 그의 주변은 보수파 일색이었다. 그러나 그는 말했다.

"산업화세력과 민주화세력의 화해, 영남과 호남의 화합은 우리 시대의 절박한 요청입니다. 시대정신입니다."

김대중과 연대하겠다는 선언과 마찬가지였다. 그것은 명분이자 현실이었다. 국가경제의 일대 위기가 닥쳐오는 상황을 정확히 예견하고 있는 박태준, 그는 대립과 갈등을 화해와 화합으로 바꾸는 국가적이고 국민적인 결단이 필요하다는 것을 내다보고 있었다. 김영삼의 밑으로는 들어갈 수 없고 들어가지도 않을 박태준, 그는 김영삼에게 등 돌리는 시늉을 했으나 그의 사람들과 선거운동을 해야 하는 이회창 후보와 손을 잡을 수 없었다.

김대중과 김종필, 자민련 총재를 맡은 박태준. 이들의 연대를 DJP라 불렀다. 박태준을 존중하여 DJT라 부르는 이들도 있었다. 박태준은 김종필에 견줄 만한 정치적 영향력을 가진 정치인이 아니었다. 그러나 정치 9단과 어깨를 겨룰 경제 9단이었다.

　김대중과 이회창의 대결이 박빙의 승부로 이어지는 가운데 12월 3일 국제통화기금(IMF) 총재 미쉘 캉드쉬가 김포국제공항에 내렸다. 박태준이 예견한 '코쟁이'의 출현이었다. 그는 1997년 늦여름부터 말해오고 있었다. "이대로 가면 태평양전쟁 종전 직후 맥아더 장군이 동경만 함상에서 일본 접수를 선언했던 것처럼, 어느 날 갑자기 코쟁이 하나가 김포공항에 내려서 한국경제 접수를 선언할 것"이라고. 그의 예견이 적중한 그것을 평범한 한국 시민은 그냥 '아이엠프사태'라 부르고 똑똑한 이들은 '외환위기사태'라 불렀다. 6·25전쟁 이후의 최대 국난, 정축국치(丁丑國恥)라며 가슴을 치는 언론인과 지식인도 많았다.

박태준이 김대중을
박정희 생가로 안내하다

1997년 11월 하순, 대선 형편이나 경제 형편이나 긴박하게 돌아가는 그즈음의 어느 아침, 박태준은 김대중 대선 캠프의 젊은 국회의원 김민석에게 전화를 걸었다. 간단하고도 분명한 용건이었다. 12월 5일에 김대중 후보와 함께 구미시 박정희 대통령 생가를 방문하는 일정을 잡아서 재가를 받으라는 것.

박태준은 김대중에게 미리 말해둔 대로 이제는 박정희와 김대중이 화해할 자리를 마련하고 싶었다. 표를 얻어오는 데야 얼마나 도움이 되랴마는 김대중의 대선에 '철저한 박정희의 사람'이라고 알려진 박태준이 두 팔을 걷고 나섰으니 더 미룰 수 없는 중대사라고, 그는 생각했다. 과거의 정적(政敵)이었던 박정희와 김대중, 그러나 한 사람이 갑자기 세상을 떠남으로써 미처 인간적으로 만나볼 기회도 얻지 못했던 두 사람. 이제는 살아있는 사람이 먼저 화해의 길을 가야 하는 것이라고, 그는 판단했다. '산업화세력과 민주화세력의 화해, 영남과 호남의 화합.' 지금 박태준이 외로이 외치고 있는, 아직은 메아리가 미미한 그 화해와 화합의 길을 닦는 일에 김대중이 앞장서야 하고 박태준은 열심히 도와야 한다고, 그는 확신했다.

12월 5일, 삼십 년 전 박정희가 '우리는 민족중흥의 역사적 사명을 띠고 이 땅에 태어났다'로 시작하는 「국민교육헌장」을 선포한 그날, 김대중은 박태준의 안내를 받아 경북 구미시 상모동 박정희 생가를 찾아갔다. 김대중의 대통령 재임 중에 정부가 편성하고 승인하는 '박정희 기념관' 건립예산의 단초가 되기도 한 그 자리에는 박정희의 외아들도 함께했다. 박지만의 동행, 이는 박태준이 설득한 결과였다. 산 사람이 찾아와서 죽은 사람과 오래 전에 맺었던 나쁜 매듭을 푼다고 알려진 자리에는 지역민 500여 명이 모여들었다. 김대중이 무슨 말을 하려나. 그들은 궁금증을 품고 있었다.

화해의 마당에 들어선 대선 후보는 화해의 말들을 간추리고 있었다. 그가 박태준에게 먼저 밝혔고, 듣는 이가 고개를 끄덕인 내용이었다. 김대중이 지역민들 앞에서 말했다. 그러나 그것은 박정희의 혼백을 향해, 산업화와 민주화가 마치 동일한 역사의 무대에 공존할 수 없는 것처럼 어처구니없이 상충했던 유신체제의 시대를 향해, 더 나아가 대한민국의 현대사를 향해 던지는 메시지여야 했다.

"고인이 경제에 7할을 바치고 인권에 3할을 쓴 분이었다면, 고인과 정치적으로 대립하던 시절의 나는 인권에 7할을 바치고 경제에 3할을 쓴 사람이었습니다. 고인과 나의 차이는 바로 거기에 기인한 것이었습니다."

김대중은 에둘러 말했지만, 속이 시원하도록 직방으로 말하진 않았지만, 박정희 통치 18년에 대해 '공칠과삼(功七過三)'으로 평가하고 정리하는 것에 가까웠다. 다만 아쉬운 점은, 그날의 화해 행사가 대통령선거운동 기간에 이뤄진 탓인지 보수 성향의 주요 일간지들이 거의 다루지 않아 결과적으로 국민의 가슴에 널리 전파되지 못한 것이었다.(광복 70주년에 그 뉴스를 재생하면 더욱 반갑고 귀중한 '역사적 뉴스'가 되지 않을까?)

12월 16일 대통령선거는 김대중 후보의 신승으로 끝났다. 약 39만 표 승리. 아이엠에프(IMF)사태 한복판, 정축국치의 한겨울, 일흔 살을 갓 넘은 박태준 앞에는 부도 직전의 엉망진창으로 널브러진 국가경제를 수습해야 하는 막중한 과업이 기다리고 있었다. 아, 어떻게 일으켜 세운 경제였는가. 그는 박정희를 바라볼 면목이 없었다. 지금부터 혼신의 정성을 바쳐 빠른 시일 안에 국민 생활을 정상화함으로써 박정희를 바라볼 만한 면목도 갖춰야 했다.

김대중의 승리는 박태준에게 포스코 최고경영자 자리에서 김영삼의 사람을 밀어내고 포스코의 사람을 앉힐 수 있는 힘도 주었다. 그것은 대통령 김대중이 자민련 총재 박태준에게 건네는 예의의 선물이기도 했다. 1998년 3월, 대통령 후보 김영삼의 경제 과외교사도 했던 김만제(金滿堤)가 포스코 회장을 물러나고 포스코에서 잔뼈가 굵은, 박태준이 유난히 아껴온 엔지니어 유상부(劉常夫)가 이어받았다. 그때까지도 포스코의 지배주주는 정부 기관들이어서 대통령이 포스코 최고경영자의 인사권을 쥐고 있었다.

정축국치를 극복해 나가는 신고(辛苦)의 시간대에서 '재벌개혁의 전도사'라 불렸던 박태준은 2000년 새해에 뉴밀레니엄의 첫 총리라는 기록을 남기지만 김대중-김종필 연대의 틀이 깨진 정치적 후유증 속에서 그해 5월 19일 총리직을 자진 사퇴한다.

이제 무엇이 박태준을 어서 오라고 손짓할 것인가? 진작부터 그의 몸속에 도사리고 있는 지병이 그의 삶에 피할 수 없는 싸움을 걸어오고 있었다. 이대환의 『박태준』 평전은 역사의 무대를 퇴장하는 박태준의 대미를 이렇게 쓰고 있다.

20세기 후반기의 한국 산업화 무대에서 단연 빼어난 주역이었던 박태준. 세

계가 인정하는 '세계 최고의 철강인' 박태준. 1997년 10월부터 2000년 4월까지, 한국이 50년 만에 수평적 정권교체를 달성하고 비참한 국가부도의 위기를 극복해낸 그 절박한 시기에, 그는 정치권력의 무대에서 과거의 순수한 열정과 화려한 경력을 바탕으로 김대중의 자문과 조연을 맡았다. 역사의 관습은 조연에 대한 대접과 평가가 지나치게 옹색하다. 관찰의 시각을 아주 좁혀서 오직 '세기말과 신세기의 벽두에 걸친 절체절명의 국가적 위기의 2년 6개월 무대'만 살펴볼 때, 박태준은 김대중 옆에서 어떤 자세로 어떤 공헌을 남겼을까?

박태준이 떠난 뒤 김대중은 건강에 대한 일반인의 우려를 넘어 '국민의 정부'를 완주했다. 역사적인 6·15남북정상회담이 실현되었다. 그는 노벨평화상을 받았다. 현직 대통령의 영광을 축하하는 관제(官製) 현수막이 방방곡곡에 걸렸다. 그러나 그것은 대다수 국민의 가슴에는 걸리지 못했다. 불행히 통치권력의 핵심요직을 맡았던 그의 측근들이 비리에 연루되어 줄줄이 구속되었다. 부패로 얼룩진 정권의 맥을 더 빼려는 것인지 평양의 김정일은 끝내 서울로 오지 않았다. 그 뒤, 북핵 문제는 어렵게 꼬였다. 남북관계는 1972년 박정희-김일성의 '7·4남북공동성명'을 하나의 큰 기록으로 남긴 것처럼, 2000년 김대중-김정일의 '6·15선언'도 그런 전철을 따라 보낼 것인가?

정치권력의 무대에서 퇴장한 '세계 최고의 철강인'은 지칠 대로 지친 몸으로 이제 자신의 건강을 되찾기 위한 고달픈 여정에 올랐다. 그의 체력과 의지가 이번엔 자신의 폐 밑에 큼직하게 자라난 물혹의 억압과 그 고통으로부터 인생의 황혼기를 해방시켜야 하는 차례를 맞았다.

목숨 건 대수술의 결심을 세운 박태준은 거실에서 자신을 지켜보고 있는, 자신보다 훨씬 젊은 박정희의 사진을 쳐다보았다. 4년여 해외 유랑 시절에도 늘 방안을 지켜주었던 사람, 도쿄 12평 아파트에서 맞은 새해 첫날에는 양복을 차려입은 그의 세배를 말없이 받아준 사람.

물끄러미 박정희를 쳐다보는 박태준은 별안간 귓전을 맴도는 친근한 목소리를 듣고 있었다.

"임자, 힘내야지. 됐어. 그만하면 많이 했어."

박태준의 두 눈이 돋보기 유리알 뒤에서 촉촉이 젖고 있었다.

베트남에서 박정희의 빚도 갚고 싶었던
박태준

    2010년 1월 하순, 박태준은 3박 4일 계획으로 베트남 하노이를 방문했다. 그의 인생에서 네 번째 베트남 방문을 환영하듯 마침 하노이 시가지에는 '수도 천 년'의 경축 현수막들이 축제 분위기를 자아내고 있었다. 미군의 무자비한 폭격을 받아 거의 석기시대로 돌려졌던 베트남의 수도, 그 중심가에 1996년 현대식 특급호텔이 들어섰다. '하노이대우호텔'이다. 박태준은 한국 경제계의 후배 김우중이 세운 호텔에 여장을 풀었다. 하노이대우호텔을 세울 때만 해도 "세계는 넓고 할 일은 많다"며 글로벌 경영의 기세를 펼치는 김우중에게 그 입지를 추천한 이가 바로 박태준이었다. 왜 그는 후배에게 하노이의 요지를 추천할 수 있었을까?

    박태준이 생애 처음 하노이(베트남)를 방문한 때는 1992년 11월 하순이었다. 한국정부와 베트남정부의 수교(1992년 12월 22일) 협상이 한창 무르익고 있던 그때, 박태준은 정장 차림으로 하노이 바딘광장부터 찾았다. 호찌민(胡志明) 영묘 참배. 그는 박정희의 한국경제가 베트남에게 졌던 '불행한 빚'을 자신이 앞장서서 갚아야겠다는 결심을 세우고 있었다. 한국이 극단적 냉전체제의 최전선을 통과하면서 산업화에 몰두한 시절에 감행했던 월남(베트남) 파병. 그는 베트남전쟁의 특수도 활용하며 경제발전에 먼저 성공한 한국이 베트남에 투자하는 것은 베트남에 대한 한국의 빚을 갚아나가는 길이고 한국의 도덕성을 높이는 길이라는 확신도 갖고 있었다.

바딘광장을 나선 박태준은 베트남 최고지도자와 만났다. '도이모이'라는 개방정책을 이끄는 두 모이 당서기. 주인은 경제개발 방향에 대해 묻고, 손님은 한국 경험의 장단점을 간추렸다. 두 모이의 작별인사는 특별했다. "내가 왜 이리 늦게 당신을 만나게 되었는지 원망스럽군요." 그리고 그는 보반키엣 총리도 만났다. 연산 20만 톤 규모의 전기로 공장, 파이프공장, 하노이-하이퐁 고속도로 건설 등에 기본적인 합의를 했다. 베트남으로 진출하려는 박태준의 선구적 구상. 문제는 한국의 정치권력이었다. 과연 그것이 그에게 포스코 경영에 대한 권한을 언제까지 보장할 것인가?

박태준과 두 모이의 만남은 그의 하노이대우호텔 입지 추천으로 이어졌지만, 정작 두 사람의 재회는 이뤄지지 못했다. 박태준의 베트남 구상도 골격은 무너지고 말았다. 이듬해(1993년) 3월, 김영삼 정권의 출범과 거의 동시에 정치적 박해를 받은 그가 기약 없는 해외 유랑의 길에 올랐던 것이다.

다시 박태준의 베트남 방문이 이뤄진 것은 첫 방문으로부터 꼬박 열두 해나 지난 2004년 11월이었다. 호찌민(옛 사이공)을 찾은 일흔일곱 살의 포스코 명예회장은 1993년 3월부터 1997년 5월까지 이어진 자신의 해외 유랑과 더불어 물거품처럼 사라진 '베트남 구상'을 회상했다. '그때 그런 일만 없었더라면 이 땅에서 많은 일들을 이루고 박정희 대통령 시절에 만든 역사적 부채도 갚고 우리의 도덕성도 높이는 일거삼득을…….' 12년 전 베트남 지도자들과 공유했던 희망과 약속이 희수(喜壽)의 영혼에 회한을 일으켰다.

2007년 6월 박태준은 세 번째로 베트남을 찾았다. 몇몇 동지들과 보름 일정으로 돌아볼 동남아, 홍콩, 중국 여행의 첫 기착지가 호찌민이었다. 베트남의 변화와 발전 양상에 대한 궁금증을 풀어보려는 방문이었다. 식사 때마다 그는 베트남의 독한 소주를 반주로 곁들였다. "아주 좋은 술"이라며 기분 좋게 여러 잔을 거푸 마시는 그의 모습은 아직 천진한 청년 같았다.

박태준이 2010년 1월 생애 네 번째로 베트남을 방문하여 하노이대우호 텔에 묵는 목적은 베트남 쩨 출판사가 번역 출간한, 이대환이 쓴 평전 『철 의 사나이 박태준』 출판기념회 참석과 국립하노이대학 특별 강연이었다. 출판기념회는 1월 28일 저녁에 열렸고, 특별 강연은 이튿날 오전으로 잡혀 있었다.

1월 29일 오전 11시, 국립하노이대학 강당에는 총장과 보직 교수들, 오백여 대학생들이 앉아 있었다. 순차 통역으로 한 시간 넘게 진행된 박태준 의 연설은 여든세 살의 노인이 아니라 현역 지도자처럼 패기와 열정이 넘쳐 났으며, 베트남과 한국, 아니 세계의 청년을 향해 던지는 그의 정신이 응축 돼 있었다. 그래서였을까. 젊은 청중은 강연을 마친 여든세 살의 노인을 향 해 환호성을 지르고 열렬한 기립박수를 보냈다. 통역을 맡았던 여성 교수가 젖은 눈빛으로 조심스레 고백했다.

"빌 클린턴 전 미국 대통령, 장쩌민 전 중국 주석, 그리고 얼마 전에는 이 명박 한국 대통령이 하노이대학에서 강연을 했고, 저는 그분들의 말씀을 경청했습니다. 그러나 박태준 선생의 강연처럼 저의 가슴을 울려주진 못했 습니다."

과연 박태준의 어떤 말들이 베트남 젊은 엘리트들의 영혼에 잔잔한 파 문을 일으키고 푸른 가슴을 일렁이게 했을까? 그는 정열적으로 외쳤다.

"한 나라가 일어서는 과정에서 무엇보다도 중요한 전제조건은 지도층과 엘 리트 계층이 부패하지 않고 확실한 비전을 제시하며 솔선수범으로 앞장서는 것입니다. 부패는 자기 영혼과의 부단한 싸움입니다. 인간은 땡볕의 생선처럼 부패하기 쉽습니다. 욕망이 그렇게 만드는 것입니다. 그러나 부패하지 않는 것은, 특히 지도층이나 권력자가 부패하지 않는 것은 자기 영혼이 저급한 욕망과의 부단한 싸움에서 승리한 것입니다. 젊은 엘리트 여러분에게 베트남의 미래가 달려 있습니다. 여러분은 호지명 선생의 청렴을 배워야 합니다. 그래야 지도자가 되었을 때, 권력자가 되었을 때 부패하지 않을 것이며, 그래야 베트남을 부강하고도 훌륭한 나라로 일으켜 세울 것입니다." (이 연설의 전문은 이 책의 부록에 실려 있다.)

박태준으로서는 그다지 특별한 말이 아니었다. 자신의 경험과 실천에서 우러나는 '살아 있는 말'이었다. 또한 그것은 박정희 앞에서 언제나 당당할 수 있는 자신의 참모습 그대로이기도 했다.

식민지 배상금, 박정희, 순직 동지들을 잊지 말라고 당부하는 여든네 살의 박태준

청암(靑巖) 박태준은 생애에 여든네 번째로 맞은 여름의 한 자락을 일본 홋카이도 삿포로에서 보내고 있었다. 2011년 8월, 한낮 수은주가 섭씨 25도에 닿을락말락하는 피서 휴양지. 그러나 그는 겨울철 독한 감기에 걸린 것처럼 자꾸만 기침을 하고 있었다. 결코 예사로운 징후가 아니었다. 기침을 시작한 지 어느덧 여섯 달째 접어들었건만 사라질 낌새를 보이지 않는 몹쓸 놈이었다.

홋카이도 전통 식당. 단층 목재건물의 조그만 창 밖에는 저녁 어스름이 내리고 있었다. 따끈한 찻잔을 식탁에 내려놓은 그가 잔기침을 여남은 차례 뱉었다. 그의 평전을 쓴 작가(이대환)는 새삼 가슴이 아려서 차가운 사케 한 잔을 단숨에 삼켰다.

"그까짓 거야 뭐 밤새도록 마시는 거지. 이 집에 좋은 사케는 아주 많소."

노인이 웃음을 지었다. '너그러운 아이 같은 표정'이라 해야 적절할까. 대한민국 육군에서 손꼽히는 호주(豪酒)였던 자신의 저 젊은 시절 어느 아련한 술자리 장면이 떠오르는 모양이었다. 속절없는 세월의 머나먼 거리. 하염없이 아래로 흐르는 물을 탈 수는 있어도 속절없이 아래로 흐르는 시간을 탈 수야 없는 인간. 그래서 아무도 몸으로는 돌아갈 수 없는 과거로의 길.

"서울에서 뵈었을 때보다는 훨씬 좋아진 것 같은데 아직도 기침이……."

"이 정도만 돼도 뭐든지 할 수 있겠소."

너무 오래된 끈질긴 기침에 진저리치고 있다는 괴로운 속내를 '늙어도 강인한 사나이'의 절제된 언어로 표현한 것이었다. 박태준, 그의 필생의 반려 장옥자, 작가 그리고 지역신문사 대표를 지낸 김기호. 이들의 저녁식사는 세 시간 가까이 이어졌다. 인생의 황혼을 소일하는 노인의 한국전쟁이나 포스코에 대한 추억담, 남북관계에 대한 고담준론과 인류의 미래에 대한 상상……. 박정희 대통령과의 추억도 빠지지 않았다. 그의 반려자가 한마디 거들었다.

"당신은 평생을 박정희 대통령과 살아가는 사람 아닙니까? 영혼으로 형제가 되거나 영혼으로 결혼한 부부라도 당신만큼은 못할 겁니다. 우리가 김영삼 씨하고 틀어져서 도쿄 단칸방에 살 때도 그랬어요. 새해 정월 초하룻날 아침에는 박 대통령 사진을 상 위에 모셔놓고 정장 차림으로 세배를 올리는 사람이었어요."

반려자의 웃음 섞은 말을 박태준은 진지하게 받았다.

"우리가 혁명을 계획할 때 약속한 게 있었고, 나는 또 그 약속을 철저히 지키겠다고 내 인격에 약속을 했으니, 내가 그 양반을 자주 봐야 흔들리다가도 금세 똑바로 서게 될 거 아니오?"

자기 다짐과 같은 반문, 그 끝에 그가 또 잔기침을 했다. 작가는 고개를 끄덕였다. 서울 광화문의 소담한 사무실에도, 시골 고향집 거실에도 박정희 얼굴을 놓아두던 박태준의 깊은 속뜻에 새삼 마음이 아릿해진 것이었다.

2010년 새해에 있었던 하노이 방문이 화제에 올랐다. 하노이대학 특강을 추억하는 노인이 마치 갈증을 타다가 냉수를 들이켠 것처럼 기운을 냈다.

"그때 그 강연에서는 어디서 그런 힘이 나왔는지 나도 모르겠소. 지금 생각해봐도 알 수가 없어."

모두 즐겁게 웃었다. 그 여행을 함께 했던 것이다.

샷포로의 여름밤이 자정에 다가섰다. 작가는 호텔 방에 앉아 자정이 지나서도 혼자서 폭탄주를 마시고 있었다. 내년 여름에는 당신을 만나 뵈러 샷포로를 찾아오는 일이 없어질지 모른다. 이 불길한 예감을 쫓아내려 했다. 귓전에 켜켜이 쌓인 노인의 기침소리도 씻어내려 했다. 그것은 문학적인 감상(感傷)의 발로가 아니었다. 아무래도 그 기침은 꼬박 십 년 전의 그 대수술이 새로 말썽을 일으키는 게 아닌가. 이 짐작을 떨쳐내지 못하는 쓸쓸함이었다. 이대환의 평전 『박태준』은 기나긴 이야기의 첫머리를 이렇게 시작한다.

2001년 7월 하순, 뉴욕의 한낮은 찜통이었다. 어둠이 두텁게 깔린 뒤에도 더위는 좀체 식지 않았다. 열대야 현상은 우주로부터 의연히 내려온 정규군처럼 지구에서 가장 막강하다는 국가의 거대한 도시를 점령해 버렸다. 그러나 평화로웠다. 뒷골목의 소란마저 더위에 지쳐 얌전해진 듯했다. 강력한 정규군의 전과(戰果)는 기껏해야 도시 기상대에 달린 화씨 온도계의 최고 신기록 갱신으로나 남을지.

그 무렵, 한국의 어느 노인이 뉴욕 코넬대학 병원에 누워 있었다. 7월 25일 오후 1시 30분, 수술실에서 중환자실로 옮겨져 빈사지경을 막 벗어난 몸이다. 왼쪽 옆구리 33센티미터를 갈라 갈비뼈 하나를 톱으로 잘라 통째로 빼낸 다음, 그 구멍으로 폐 밑에서 폐를 압박해온 풍선만 한 물혹을 끄집어내는 대수술. 소요시간 6시간 30분, 물혹 무게 3.2킬로그램. 이는 일찍이 어머니가 그를 출산하면서 겪은 격렬한 진통 시간에 견줄 만하고, 갓 태어났을 때 그의 몸무

게보다도 무거울 만한 기록이었다. 이집트 출신의, 손이 자그마한 집도의(執刀醫)는 신생아 무게의 물혹을 세계 신기록이라 했다.

여든네 살의 황혼을 소일하는 박태준의 몸에 귀신처럼 달라붙어 계절이 두어 차례 바뀌어도 도무지 떨어질 줄 모르는 기침, 이 몹쓸 놈을 더 설치게 만들 것 같은 가을이 왔다. 한가위를 맞아 박태준은 고향(부산시 기장군 장안읍 임랑리) 바닷가 생가에 머물고 있었다. 기침이 삿포로에서보다 조금 더 악화된 상태였다. 그러나 그는 한 주일 앞으로 다가온 행사 참여를 포기하지 않겠다고 했다. 포항제철 초창기부터 현장에서 청춘을 불사른, 이제는 같이 늙어가는 퇴역 직원들과의 만남. 그가 회장 자리에서 스스로 물러난 지 19년 만에 이뤄지는 재회. 옛 현장 친구들의 얼굴을 보고 싶다던 그의 의지가 그의 내면에서 소망으로 변모한 것 같았다.

2011년 9월 19일 오후 7시. 포항시 효자동 '포스코 한마당 체육관'에 포항제철 초창기부터 현장에 근무했던 퇴직사원 370여 명이 모여 들었다. 이윽고 박태준이 천천히 행사장으로 들어서자 참석자 전원이 일어나서 열렬한 박수를 보냈다. 자리를 벗어나 그의 앞으로 뛰어나온, 어느덧 팔순을 바라보는 몇몇 직원들은 악수를 나누며 벌써 눈물을 글썽이고 목이 메었다. '창업 최고경영자와 퇴직 현장 사원'의 19년 만의 재회, 이 행사의 이름은 〈보고 싶었소! 뵙고 싶었습니다!〉. 말 그대로 보고 싶어 하고 뵙고 싶어 하는 잔치였다. 세계의 기업 역사상 유례를 찾아볼 수 없는, 인간의 이름으로 만들 수 있는 따뜻한 만남이었다.

박태준이 연단에 오르자 드디어 체육관은 눈물의 호수를 이루었다. 아, 이것이 박태준의 생애에 대미를 장식하는 마지막 공식 연설이 될 줄이야! 누구도 알 수 없고 오직 하느님만이 그것을 알고 있어서 누구도 모르게 잠시 그에게 청춘을 돌려준 것이었을까. 그는 연설을 하는 동안 간간이 눈시울을 훔쳤다. 그러나 거의 기침을 하지 않았다. 행사를 마치고 헤어지는 삼삼오오가, "우리 회장님, 대통령에 출마해도 되겠더라"는 즐거운 말을 주고받게 될 만큼 감정의 강약 조절이 자연스러웠다. 감동의 연설이었다. 어쩌면 하느님이 그에게 마지막으로 잠시 청춘을 돌려준 것이 아니라, 그의 영혼에서 우러나온 진심이 그에게 제공한 최후의 힘이었는지⋯⋯. 그는 간곡히 당부했다.

우리는 남들이 갖지 않은 특별한 것을 공유하고 있었습니다. 연봉이나 복지보다 더 소중한 정신적 가치, 그것은 제철보국이었습니다. 기필코 회사를 성공시켜서 조국 근대화의 견인차가 되자는 투철한 사명의식을 가슴에 품고, 실패하면 영일만에 빠져 죽자는 '우향우' 정신으로 무장하고 있었던 것입니다. 우리의 그 열정, 우리의 그 헌신, 우리의 그 단결이 마침내 '영일만의 기적'을 창출하고 '영일만의 신화'를 쓰게 되었습니다. 그러나 우리의 힘만으로는 그 기적, 그 신화를 이룰 수 없었을 것입니다. 저는 언제나 잊지 못하는 사람들이 있습니다. 여러분도 그분들을 기억하고 있을 것입니다.

가장 먼저 기억할 것은, 회사의 종자돈이 조상들의 피의 대가였다는 사실입니다. 대일청구권 자금, 그 식민지 배상금의 일부로써 포항 1기 건설을 시작할 수 있었습니다. 그래서 우리가 외친 '제철보국'과 '우향우'는 한층 더 우리의 가슴을 적시고 영혼을 울렸을 것입니다. 바로 여기서 포스코에 요구되는 고도의 윤리의식이 나옵니다.

고(故) 박정희 대통령을 잊을 수 없습니다. 제철소가 있어야 근대화에 성공할 수 있다는 그분의 일념과 기획과 의지에 의해 포항제철이 탄생했고, 그분은 저를 완전히 믿고 맡겼을 뿐만 아니라, 온갖 정치적 외풍을 막아주는 울타리 역할도 해주셨습니다. 이 사실을 우리는 망각하지 말아야 합니다.

그리고 우리 모두가 간직해야 할 이름들이 있습니다. 여러분의 현장에는 위험이 상존했고, 크고 작은 안전사고가 발생했습니다. 조금 전에도 그분들을 위한 묵념이 있었습니다만, 조업과 건설 중에 유명을 달리하신 분들은 우리의 마음과 포스코의 역사 속에 영원히 살아 있어야 합니다.

사랑하는 직원 여러분.

우리의 추억이 포스코의 역사 속에, 조국의 현대사 속에 별처럼 반짝이고 있다는 사실을 잊지 맙시다. 그것을 우리 인생의 자부심과 긍지로 간직합시다.

'박정희 동상' 제막식에 못 가게 되는 박태준은…

포항에서 포철 초창기 현장 직원들과 아쉽지만 포근한 재회를 마친 청암 박태준은 고향으로 가서 며칠을 더 묵고 서울로 돌아갔다. 크고 작은 일정들이 기다리고 있었다. 그는 빠짐없이 참석했다. 그러나 기침에 시달려야 했다. 가을이 깊어갈수록 그의 기침은 더 심각해지고 있었다. 2011년 10월 27일 오전, 그는 오랜만에 서울 대치동 포스코센터를 찾았다. 일찍이 이십여 년 전 손수 기획하고 결정했으나 김영삼이 대통령에 취임한 것과 거의 동시에 해외유랑을 떠나야 했기에 정작 자신은 한 시간도 근무해보지 못한 빌딩이다. 차에서 내리는 노인을 포스코 최고경영진이 정중히 맞았다. 포스코청암재단이 3기 청암과학펠로들에게 연구지원금 증서를 수여하는 식장에는 학문별 선발위원장인 오세정 서울대 교수, 노혜정 서울대 교수, 김인묵 고려대 교수, 김병현 포스텍 교수를 비롯해 3기 펠로 30명, 2기 펠로 20명 등 60여 명이 이사장(박태준)을 기다리고 있었다.

포스코청암재단이 한국에서 기초과학을 연구하는 젊고 유능한 세계적 수준의 인재들을 지원하기 위해 마련한 청암과학펠로십. 박태준의 강한 뜻에 따라 2009년부터 시행했다. 이 제도에는 한국 과학기술의 세계일류를 희원하고 한국인의 노벨과학상 수상을 염원하는 그의 의지와 정신이 투영돼 있다. 박태준은 한국 기초과학에 대한 관심을 한마디로 표명했다.

"철강산업이 국가 기간산업인 것처럼, 기초과학은 과학기술 발전의 기간(基幹)이다."

청암과학펠로 선발 분야는 수학 물리학 화학 생명과학으로, 기초과학이다. 2011년부터는 박사과정 10명, Post—doc 10명, 신진교수급 10명 등 한 기에 30명을 선발하여, 박사과정 한 사람마다 연간 2천500만원씩 3년간, Post—doc 한 사람마다 연간 3천500만원씩 2년간, 신진교수급 한 사람마다 연간 3천500만원씩 2년간 각각 지원한다. 매년 5월에 선발 공고를 하고, 8월부터 엄정한 심사를 해서, 10월 하순에 증서 수여식과 워크숍을 개최한다.

2008년부터 포스코청암재단 이사장으로 봉사해온 박태준은 3기 증서 수여식에서 앞날이 촉망되는 젊은 과학자들과 만나 감회 어린 격려를 했다. "산업화에 매진한 우리 세대는 실용적인 과학기술을 우선시할 수밖에 없는 환경에서 뛰어야 했고, 그것이 효율성 측면에서 큰 장점을 발휘했지만, 장기적인 투자와 지원이 요구되는 기초과학을 제대로 육성하지 못하는 결과를 남겼으며, 아직도 그 영향이 잘못된 풍토"로 남아 있다는 미안한 마음을 밝히고, "자연의 신비를 탐구하고 그 속에 숨은 원리와 법칙을 찾아내는 과학자의 길이 부자가 되려는 길은 아니지만 인류사회의 고귀한 가치를 창조하는 길이니, 그 자부심, 그 사명감이 과학자의 인생에서 나침반이 되기"를 당부했다.

청암과학펠로들, 한국 기초과학의 미래를 짊어진 뛰어난 과학자들은 '기침 하는 노(老)철강왕'의 격려와 기대에 숙연한 표정을 지었다.

그 무렵, 박태준은 정계(政界)에서 깊은 인연을 맺었던 오랜 두 친구와 가을여행을 준비하고 있었다. 국회의장을 역임한 박준규, 국회의원을 지낸 고재청. 기간은 11월 3일부터 11일까지. 여행지는 일본 도쿄 근처의 아따미, 이즈반도, 요꼬하마. 아따미와 이즈반도는 그가 유년시절을 묻은 곳이었다. 소학교, 수영대회, 밀감, 두부, '조센징'이라 불린 차별에 대한 설움과 분개, 그리고 바지 같은 긴 장화를 신고 이즈반도 기차터널 공사장에서 일한 아버지……. 그러나 여행은 출발 당일 아침에 취소되고 말았다. 여행을 준비한 이의 갑작스런 건강악화, 정확히는 그 몹쓸 기침이 별안간 견디기 어려운 심통을 부려대는 것이었다.

박태준은 요양을 하러 반려자와 평창으로 갔다. 며칠 쉬고는 일본 여행을 계획할 때 결정했던 대로 구미 행사에는 참석할 생각이었다. 그래서 축사를 생각했다. 어쩌면 그의 생애에 최후 연설이 될지 모를 그것은 11월 14일 경북 구미시 상모동 '박정희 대통령 생가'에서 열리는 '박정희 대통령 동상 제막식'이었다. 구미시장의 초청을 받은 그는 짧은 축사에 대해 깊은 사색에 잠기곤 했다. 2008년 가을에 포항시민을 대표할 만한 최영만 포항시의회 의장이 찾아와 포항시민의 성금을 모아 형산강 다리 앞에 '박태준 동상'을 세우겠다고 제안했을 때, 그는 단호히 사양했었다. 대단히 감사한 일이지만 아직 박정희 대통령의 동상도 제대로 세우지 못한 상황에서 내가 먼저 받을 수는 없는 것이라고……. 그랬던 그가 2011년 12월 3일 포스텍 개교 25주년을 맞아 포스텍 노벨동산에서 '설립이사장 조각상 제막식'을 갖겠다는 제안에 대해서는 어렵사리 수락을 했다. 교내(校內)라는 위치도 감안했지만 그에 앞서 박정희 대통령의 동상이 제막된다는 점을 고려했던 것이다. 포스텍 노벨동산의 높이 2미터짜리 아담한 '박태준 조각상'은 포항시민, 포스텍 사람들을 비롯한 22,905명이 성금을 모아서 건립했다.

노부부의 평창 요양은 오붓했다. 그러나 즐거운 시간을 오래 누릴 수 없었다. 그의 기침이 머잖아 엄청난 사단을 일으킬 듯했다. 더 이상 그냥 기다려볼 수만은 없는 지경에 도달해 있었다. 남은 것은 결심이었다. 목숨을 걸어야 하는 결심. 주치의도 가족도 그의 결심을 주문했다.

"가자. 한 번 더 하자."

그가 결심했다. 또다시 목숨을 걸고 수술대 위에 눕겠다는 뜻이었다.

11월 8일 이른 오후, 박태준은 연세대 세브란스병원 본관에 들어섰다. 주치의 장준 박사의 안내에 따라 움직이는 그의 걸음걸이는 평소처럼 곧은 자세였다. 그러나 그것은 사생결단의 시간을 향하여 걸어가는 걸음이었다. 그리고 박정희 대통령 동상 제막식에 참석할 수 없는 길로 들어서는 것이기도 했다. 그가 비서 신형구에게 일렀다. 구미시장과 박지만에게 갑작스런 내 변고를 통지해주라고.

이튿날 수술을 전제로 하는 여러 가지 검사가 선행되었다. 그는 웃는 얼굴로 의료진과 편안히 대화를 나누었다. 십여 년 전, 2001년 여름의 뉴욕 대수술이 화제에 오르기도 했다. 속으로 그는 생각했다. 그때보다 나이는 열 살을 더 먹었지만 그때나 이번에나 그게 그거지 뭐. 그의 몸은 수술할 수 있는 완벽한 데이터를 보여주었다. 그놈의 기침, 그것을 일으키는 왼쪽 폐만 아니라면 다른 건강상태는 까딱없다는 뜻이었다.

수술 시간은 입원 나흘째인 11월 11일 아침 7시 30분으로 잡혔다. 집도의는 흉부외과 분야의 권위자 정경영 교수. 그가 모든 가능성에 대한 계획을 환자와 가족에게 설명하고 동의를 구했다. 박태준은 수술복으로 갈아입으며 문득 속으로 혼잣말을 했다. '이게 세 번째지. 그래, 세 번째구나.' 메스가 자신의 몸을 가르는 것이 세 번째라는 회고였다. 첫 번째는 저 1950년 혹한의 흥남 야전병원에서 마취도 없이 몸을 맡겨야 했던 맹장수술, 두 번째는 뉴욕의 대수술, 그리고 이번. 그는 어금니를 깨물었다.

이동식 침대에 누워 입원실에서 수술실까지 이동하는 물리적 거리는 아주 짧았다. 그러나 환자와 가족에게는 그것이 얼마나 먼 거리인지 몰랐다. 만감이 교차한 그 끝에 영원한 작별의 순간이 어른어른 그려지기도 하는 지점, 그럼에도 마치 나쁜 징조를 물리치려는 것처럼 의연한 자세를 지켜야 하는 잔인한 지점…….

북한에 제철소를 짓고 싶어 했던
박태준의 소망

장장 9시간 28분이나 걸린 대수술. 박태준은 곧바로 중환자실로 옮겨지고, 집도의 정경영 교수와 주치의 장준 교수가 가족들을 상담실로 불렀다.

"수술은 잘됐습니다."

집도의가 낭보를 알렸다. 가족들은 감사의 한숨을 돌렸다. 그가 뻣뻣해진 손으로 그림을 그려가며 설명을 했다. 왼쪽 폐 전체와 흉막 전체를 적출했다, 십 년 전에 물혹을 적출한 그 자리에 다시 혹이 자라고 있었다……. '흉막-전폐 절제수술'은 긍정적 예측을 불러오는 쪽으로 일단락되었다.

11월 12일 새벽 1시 30분. 집에 돌아와 깜빡 눈을 붙이고 있던 비서(신형구)가 부리나케 옷을 갈아입었다. 회장님께서 찾으신다는 중환자실 간호사의 전화를 받은 것이었다. 차를 몰아 달리는 30분 동안 젊은 가슴은 내내 쿵쾅거리고 있었다. 혹시 긴급상황이 벌어진 것은 아닐까? 불안감과 초조감을 떨쳐낼 수 없었다. 새벽 2시, 중환자실은 괴괴했다. 밤 11시에 환자가 마취에서 깨어나고 가족면회가 이뤄진 다음이어서 창업 회장과 젊은 포스코맨, 단 둘만 마주하는 시간이었다.

"명예회장님 찾으셨습니까?"

젊은 목소리가 조금 떨렸다.

"자네 왔나? 지금 몇 신가?"

환자의 목소리가 예상보다 맑게 들려서 비서는 불안한 긴장을 조금 풀었다.

"두 시입니다."

"낮이야, 밤이야?"

"새벽 두 시입니다."

긴 마취와 10시간에 육박한 수술이 시간에 대한 감각을 무디게 만들었을 거라고 비서가 짐작하는 사이, 환자가 불쑥 물었다.

"유럽은 어떻게 되었나?"

비서는 깜짝 놀랐다. 죽음과 싸우고 있으면서도 세계와 국가의 문제를 먼저 떠올리는 사람! 그러나 얼른 정신부터 가다듬었다.

"그리스, 이탈리아에 이어 프랑스까지 영향이 미칠 것 같습니다."

그리스에 이어 이탈리아로 재정위기가 번지는 상황에서 그것이 프랑스로 전염되면 신용경색에 빠진 프랑스 금융기관이 해외투자자금을 회수하면서 유럽 전역으로 위기가 전파될 수 있다는 시나리오에 대한 간략한 보고였다.

"불란서가 이태리 국채를 많이 가지고 있지. 불란서나 독일에까지 영향이 미치면 큰일이야. 두 강대국마저 흔들리면 유럽 전체가 위험해져. 우리나라도 단단히 대비를 해야 돼."

자나 깨나 나라 걱정이란 말이 있지만, 어느덧 그 말이 내포하고 있던 어떤 울림마저 다 말라버린 시대지만, 이분은 정말 특별한 분이시구나. 당신이 처한 상황과 관계없이 자동으로 설정된 채널처럼 나라에 대한 걱정과 미래에 대한 전망이 작동되는 분이시구나. 이래서 어른이시고 큰 인물이시구나. 비서는 콧잔등이 시큰했다.

그리고 늙은 환자는 이틀 앞으로 다가온 박정희 대통령 동상 제막식에 참석하지 못하는 아쉬움을 토로했다. 인생의 막바지에 다다른 박태준, 10시간에 육박하는 대수술을 마치고 중환자실에 외로이 누운 박태준, 그의 앙상한 가슴에는 박정희에 대한 그리움이 덩어리로 엉켜 있었다. 비서는 미리 준비해둔 그날 축사라도 꺼내서 읽어드리고 싶었으나 상심만 더 자극할 것 같아서 즐거운 화제를 찾느라 바삐 머리를 굴렸다.

수술 후 12일째, 11월 22일. 드디어 외부인 면회가 허락되었다. 포스코 초창기부터 필생에 걸쳐 동고동락해온 황경로, 안병화, 박득표…….

"왼쪽 폐가 완전히 없어졌어."

환자의 유쾌한 목소리, 동지들과 후배들의 웃음소리. 병실은 넘치는 인정(人情)으로 마냥 따뜻했다. 바람은 자고 볕살은 오진 어느 봄날의 산모퉁이 양달 같았다. 아, 그러나 그것이 신(神)이나 자연이 박태준에게 허락한 마지막 인간적인 시간이었을까.

이튿날 아침에 환자의 몸에서 급격한 변화가 발생했다. 오한과 발열, 혈압과 맥박 상승. 담당의가 다시 그를 중환자실로 옮겼다. 급성폐렴이 덮친 것이었다. 남은 오른쪽 폐가 그놈을 극복할 것인가, 그만 지쳐서 그놈에게 먹힐 것인가. 싸움은 길었다. 호전과 악화를 반복했다. 처절한 사투였다.

12월 13일 오후 5시 20분, 국내외 언론들이 긴급 뉴스를 보도했다. 박태준 타계, 향년 만84세. 빈소는 연세대 세브란스병원 장례식장, 장례는 닷새의 사회장. 그리고 중지를 모아서 장지는 서울 동작동 국립 현충원 국가유공자 묘역으로 결정했다.

한국의 모든 언론이 '청암 박태준 추모 보도'를 마련했다. 해외의 여러 언론도 그의 생애와 죽음을 비중 있게 다루었다. 과연 박태준의 죽음을 한국 시민사회는 어떻게 받아들였을까? 2012년 1월 5일 《동아일보》 권순활의 칼럼이 압축적으로 묘사해준다.

박태준이 작고하고 영결식 날까지 닷새 동안 일반 시민을 포함해 각계 조문객 8만7천여 명이 서울, 포항, 광양 등 전국 일곱 곳의 분향소를 찾았다. 우리 사회는 "세종대왕이 다시 와도 두 손 들고 떠날지 모른다"라는 자조의 농담까지 나올 만큼 갈등과 반목이 심하다. 김수환 추기경, 성철 스님, 한경직 목사 등 극소수 원로를 빼면 이번만큼 범국민적 추모 열기가 뜨거웠던 적은 드물었다.

만약 포스코 대성공에 기여한 박태준의 공로가 아무리 적어도 1%는 된다고 인정한 국가(정부)가 그에게 포스코 주식들 중 공로주로 1%만 줬더라면, 그는 수천억 원을 소유한 재벌급 대부호로 살았을 것이다. 그러나 그는 공로주를 바라지도 않았고 한 주도 받지 않았다. 포스코가 늘 세계일류이기를 희원할 따름이었다. 인생의 황혼에도 놓지 못했던 그가 생전에 풀지 못한 개인적 소망은 둘이었다.

하나는 북한의 원산이나 함흥 어디쯤에 포스코와 같은 제철소를 포스코의 자금과 기술로 세우는 것. "내가 늙은 몸을 끌고 가서라도 제철소를 지어 근대화의 기반을 놓아줄 텐데. 기술자들은 인민군대에서 천 명쯤 골라서 포항 광양에 데려다가 훈련시키면 돼. 자금? 걱정 없어. 포스코 신인도면 빌려줄 은행이 줄을 서 있어. 왜 평양이 문을 못 여나? 제철소뿐이야? 근대화 교과서가 다 있어. 여기, 여기 말이야." 이때, 박태준은 오른쪽 검지로 이마를 쿡쿡 찌르며 흥분했다.

또 하나는 노벨과학상을 받은 한국인에게 한턱을 내는 것. "일본과 축구해서 우리 대표팀이 2:0으로만 져도 난리를 치는 우리가 왜 노벨과학상에서는 17:0이 되어도 무신경한 거야? 뭔가 크게 잘못됐어. 교육부터 바로 돼야 해. 교육의 비교우위가 중요해. 교육이 일본에 앞서야 일본을 앞서는 거고 극일도 하게 되는 거야." 이때, 박태준은 주먹을 쥐며 심각했다.

박정희와 박태준의 혼령이
한강을 내려다보며 막걸리를 마실 때

대한민국의 큰 일꾼 박태준, 그가 사양한다 할지라도 그에게 포스코 공로주를 단 한 주도 권유하거나 선사(膳賜)할 줄 몰랐던 대한민국 정부가 그의 죽음을 위하여 '마지막 예의'를 차렸으니, 그것은 서울 동작동 국립 현충원에 두세 평짜리 유택을 마련해준 것이었다.

국가유공자 묘역의 한 귀퉁이, 거기는 박정희의 유택과 이웃이다. 박정희를 그리워한 박태준. 저승의 박정희와 박태준을 이웃으로 맺어주는 과정에는 박정희의 외아들 박지만의 활약이 두드러졌다. 박태준의 유택을 마련하는 일에 박지만은 아버지의 유택을 찾듯이 성심껏 뛰어다녔다.

2011년 12월 17일, 영하 10도의 차디찬 동토 속으로 들어가는 박태준을 지켜보며 한용운의 시 「님의 침묵」 마지막 연을 떠올리는 이들도 있었다.

우리는 만날 때에 떠날 것을 염려하는 것과 같이
떠날 때에 다시 만날 것을 믿습니다.

아아 님은 갔지만

나는 님을 보내지 아니하였습니다.

박태준의 〈님〉은 조국이었다. 그것도 일류국가인 조국이었다. 그 〈님〉을
만나려고 애를 태우는 그의 신념과 열정과 소원을 가장 북돋은 이가 박정
희였다. 박태준이 이 세상에 살아가는 동안에 인연을 맺었던 숱한 사내들
가운데 박정희는 그가 임종을 다투는 시각에도 그리운 사람으로 그의 영
혼 속에 살고 있었다.

10시간에 가까운 대수술의 마취에서 깨어난 박태준이 구미에서 열리는
'박정희 동상 제막식'에 참석하지 못하는 미안하고 안타까운 마음을 비서
에게 감추지 못했을 때, 늙은 환자의 가슴에는 그리움이 고여 있었다. 오죽
했으면 비서가 미리 준비해둔 원고를 꺼내 읽어드리고 싶었으랴.

박태준이 박정희 동상 앞에 바치려 했던, 이제는 그의 유언처럼 남은, 세
상에 알려지지 않은 그 유고(遺稿)의 전문은 다음과 같다.

이 뜻 깊은 자리를 빛내주시는 시민 여러분,

그리고 내빈 여러분.

어느덧 저의 인생은 황혼에 와 있습니다. 그러나 아직도 사무치게 그리운 얼
굴을 간직하고 있습니다. 고(故) 박정희 대통령입니다.

그리운 각하. 고향 사람들과 시민들이 성의를 모아 동상을 세우고 제막하는
오늘, 불초 박태준이 가슴 속에 쌓인 회한을 불러내듯이 '박정희'라는 존함을
불러보고, 거듭 명복을 빕니다.

돌이켜보면, 63년 전 저 태릉 골짜기의 초라한 육사 강의실에서 저는 처음으
로 박정희라는 특출한 분의 눈에 띄었고, 결국 그것은 저의 운명이 되었습니다.
"나는 임자를 알아. 아무 소리 말고 맡아!" 이 한마디 말씀에 따라 저는 제철에

목숨을 걸고 삶을 바쳐야 했습니다. 지난 1992년 10월 3일, 4반세기 대역사 끝에 포항제철소와 광양제철소를 완공하고 동작동 국립묘지의 영전 앞에서 임무완수 보고를 올렸습니다. 그때, "각하께서 저를 조국 근대화의 제단으로 불러주셨다"고 토로했습니다만, 박정희라는 한 사람을 조국 근대화의 제단으로 불러낸 것은 우리의 시대였고 대한민국의 역사였습니다. 또한 그것은 각하의 피할 수 없는 운명이었습니다.

그리운 각하.

드디어 대한민국은 세계 10위권 경제강국으로 일어섰습니다. '오천년 빈곤의 대물림'을 확실하게 끝장냈습니다. 그 물적 토대 위에서 민주주의를 성장시키고, 문화를 꽃피우고, 평화통일을 추구하고, 복지사회를 다시 설계하고 있습니다. 정치 후진성, 청년실업, 남북관계 등 거대 과제들을 안고 있지만, 우리의 역량과 자신감은 얼마든지 해법을 구할 것입니다.

문제는 지도력의 위기입니다. 무에서 유를 창조하는 것과 다름없었던 조국 근대화의 성공 비결은, 현명하고 근면한 국민과 사심 없고 탁월한 지도력이 좋은 짝을 이루었다는 것입니다. 21세기 대한민국은 국민의 역동성과 다양성을 '성숙한 사회'로 나아가는 힘으로 승화시킬 지도력을 부르고 있습니다.

시민의 이름으로 세운 이 동상은 하나의 기념물이 아닙니다. 한국사회에는 여전히 '박정희 대통령'의 공과(功過)를 따지는 시비가 있지만, 무엇보다 지도력에 대하여 진실로 고뇌하는 사람은 여기에 와서 사색해야 합니다. 박정희 대통령은 이제 조국 번영, 민족 중흥, 민안(民安) 복지의 영원한 길잡이로서 여기 생가 곁에 서 계시는 것입니다.

각하께서 가족과 함께 포항제철을 방문하신 시절에는 아리따운 아기씨였던 맏따님이 어느덧 이 나라의 가장 영향력 있는 정치지도자로 성장해 있습니다. 참으로 장하고 자랑스러운 그 모습을 통해 한편으로는 세월이 참 빠르다는 사실도 깨닫게 됩니다. 각하, 이제는 저의 인생도 얼마 남지 않았습니다. 우리가 재회하여 막걸리를 나누게 되는 그날, 밀리고 밀린 이야기의 보따리를 풀어 놓겠습니다. 며칠은 마셔야 저의 이야기를 어느 정도는 마칠 것 같습니다. 부디 평안히 기다려 주십시오.

아마도 박정희의 혼령과 박태준의 혼령은 밤에 짝을 지어 마실 나가듯이 가끔씩 동작동 현충원을 빠져 나와서 '한강의 기적'의 추억을 더듬어볼 수 있는 어느 호젓한 자리에 앉아 막걸리 잔을 기울이곤 할 것이다. 한 번쯤은 국가도 민족도 다 덮어두고 이런 소박한 대화를 나누기도 했을 것이다.

"아무래도 요새 막걸리는 우리 때하고는 맛이 많이 다른 거 같은데."

"그럴 수밖에 없습니다. 그때는 막걸리도 아껴야 했으니 물을 엄청 타지 않았습니까? 요새는 물도 안 타는 데다 그렇게 금하셨던 쌀로 막걸리를 만든다는 걸 아셔야 합니다."

"아, 맞아. 그렇군, 그래."

이러고는 둘이서 누구의 귀에도 들리지 않은, 그러나 밤하늘에 너울 같은 파문을 일으킬 만하게 한바탕 호방한 웃음을 날렸을 것이다.

---

* 인생의 마지막 계절을 보내는 박태준의 모습은 이 책과 같은 시기에 펴낸 저자의 산문집 『프란치스코 교황 그리고 무지개』의 제4부 「천하위공-박태준의 궤적」에 자세히 나와 있음을 밝혀둔다. [편집부]

1968년 11월 12일, 포항제철을 처음 방문한 박정희 대통령이 롬멜하우스에서 브리핑을 받고 박태준 사장과 나란히 나서고 있다. 모두 표정이 어둡다. 이때 포항제철은 그저 황량한 모래벌판이었다. 치열한 전투가 지나간 뒤의 사막과 같은 풍경이었다. 그리고 아무것도 가진 것이 없었다. 회사는 태어났으나 KISA가 차관 조달의 약속을 지키지 않아 무(無)의 상태에서 절명의 위기를 맞았다. 그러나 가장 긴요하고 소중한 무엇은 보듬고 있었다. 그것은 정신이었다. 어떡하든 산업의 토대이고 기둥인 종합제철을 세우겠다는 뜨거운 의지와 정열, 시대적 사명의식이었다.

박태준이 생의 황혼에
남긴 말들

한일국교정상화 40년과 동북아의 미래
— 한일국교정상화 40주년 기념 국제학술회의 기조연설

젊은 세대의 시대적 좌표와 엘리트의 길
— 하노이국립대학교 특별강연

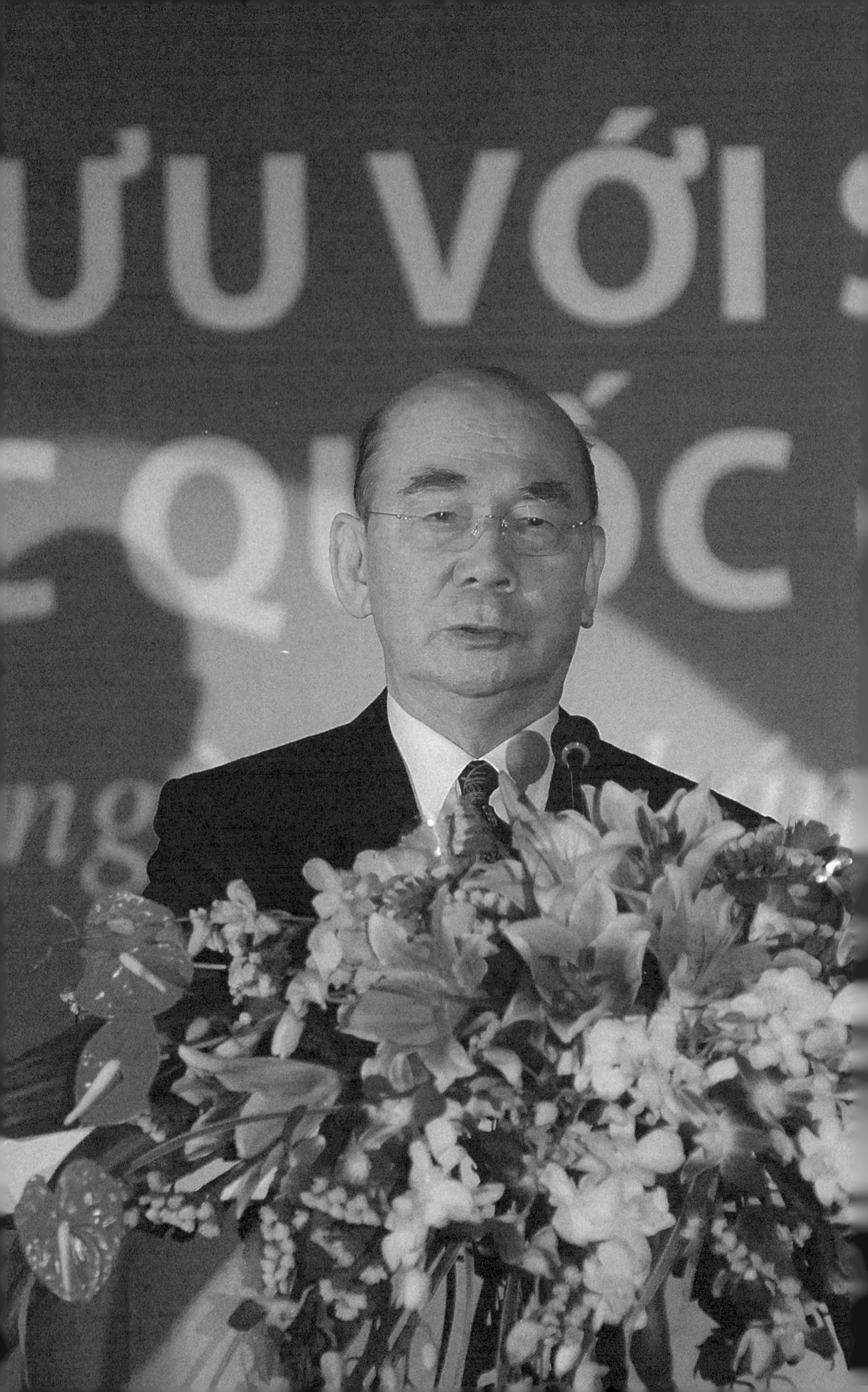

한일(韓日)국교정상화 40주년 기념 국제학술회의 기조연설
(2005년 6월 2일, 서울 그랜드힐튼호텔)

한일국교정상화 40년과 동북아의 미래

존경하는 한일 두 나라의 학자 여러분,

그리고 내빈 여러분.

오늘 한일국교정상화 40주년을 맞이하여 양국 학자들이 마련한 이 국제학술회의를 진심으로 축하드립니다. 아울러 한일관계에 다시 긴장이 흐르는 특별한 시기에, 여러분의 논의가 지혜로운 길을 제시해줄 것으로 기대합니다.

먼저 저는 남다른 감회부터 고백할까 합니다. 이 감회는 제가 걸어온 삶의 자취로부터 우러나는 것입니다.

식민지시대의 조그만 포구에서 태어나 잔뼈를 키운 저는 일본으로 건너가 학교를 다녔고, 미군의 도쿄 대공습을 목격한 뒤 해방과 더불어 귀국, 대한민국 건군의 육사를 거쳐, 청년장교의 몸으로 한국전쟁의 전선을 누볐으며, 국가의 일로서 제철소 건설 책임을 맡아 일본과의 긴밀한 협력관계를 이끌었고, 경제와 정치의 현장을 동시에 감당했던 인생 후반기에는 한일경제인협회와 한일의원연맹 한국측 회장을 맡아 양국의 우호증진에 이바지 했습니다.

이제 저는 인생의 황혼을 소일하고 있습니다. 팔순을 눈앞에 둔 지금, 여러분 앞에서 나이의 의미가 각별해지는 까닭은, 20세기 한반도의 파란만장한 격변에 맞섰던 거의 최후의 생존자라는 자각 때문입니다. 물론 저의 체험에는 특수한 한일관계가 큰 부분을 차지합니다.

어느덧 40년이 흐른 한일수교, 그 출발선에는 극단적 냉전체제의 국제역학관계와 두 나라의 경제발전이란 공통분모가 작동되고 있었습니다. 많은 우여곡절을 헤쳐 나왔지만, 그럼에도 한국 정부와 일본 정부는 양국관계를 전반적으로 '윈-윈 해법'으로 풀어왔습니다. 무역 규모와 인적 교류 규모, 월드컵공동개최와 한류 등은 국교정상화 이후의 양국관계가 발전적 방향으로 지속됐다는 대표적 증거일 것입니다.

그러나 유감스런 현실도 상존합니다. 일본은 한국을 가리켜 '일의대수(一衣帶水)'라 부르곤 합니다. 현해탄을 한 줄기 띠에 비유한 말입니다. 한국은 일본을 가리켜 흔히 '가깝고도 먼 나라'로 부릅니다. 가깝다는 것은 지리적 거리이고, 멀다는 것은 민족감정을 반영합니다.

한국, 일본, 중국이 쓰는 말에 '親'자가 있습니다. 친교, 친숙, 친구 등 한국인은 '親'을 '사이좋다'는 뜻으로 씁니다. 매우 기분 좋은 말입니다. 그러나 '親'을 매우 기분 나쁜 뜻으로 알아듣는 경우가 있습니다. 한국인의 일상언어에서 특이한 그것은 바로 '친일'이란 말입니다. '친일'의 '親'은 묘하게도 '반민족적으로 부역하다'라고 변해 버립니다. 이것은 국교정상화 40주년 한일관계에 내재된 문제의 본질에 대한 상징입니다. 한국인의 언어정서에서 '親日'의 '親'이 '사이좋다'는 본디의 뜻을 회복할 때, 비로소 한일수교는 '절친한 친구관계'로 완성될 것입니다.

존경하는 여러분.

역사는 도도히 흘러, 일본은 군국주의 세대가 사라져가고, 한국은 식민지 체험세대가 사라져갑니다. 일본의 전후세대와 한국의 한글세대가 양국관계 현장을 이어받았습니다. 그러나 국교정상화 40주년 기념으로 도쿄와 서울에서 '우정의 해'를 선포한 2005년, 공교롭게도 양국은 다시 한번 불편한 관계에 놓여 있습니다. 올해 초에 양국 지도층이 다짐했던 "나가자 미래로, 다같이 세계로!"라는 슬로건이 무색할 지경입니다.

　언제쯤 한국인이 '친일'의 '親'을 '친구'의 '親'처럼 '사이좋다'는 뜻으로 받아들일 수 있겠습니까? 언제쯤 한국인이 일본을 '가깝고도 먼 나라'가 아니라 '가깝고도 가까운 나라'로 인식할 수 있겠습니까? 그날을 앞당길 일차적 관건은 과거의 진실을 직시하는 일본의 역사인식과 역사교육에 달려 있습니다.

　고대의 한국은 일본에 문명을 전수했습니다. 4세기말과 5세기초에 걸쳐 백제의 왕인 박사가 창시한 '아스카(飛鳥)문화'부터 떠오릅니다만, 포항제철소의 영일만 마을에는 『삼국유사』에 기록된 신라시대 '연오랑 세오녀'라는 민중설화가 전해옵니다. 연오랑 세오녀 부부가 일본에 '빛'을 건네주고 왕과 왕비로 추대되었다는 줄거리인데, '빛'은 곧 문명을 뜻하는 것으로, 일본에 문명을 전수한 신라인의 자부심을 담은 이야기입니다. 그 고대로부터 천수백 년 지난 1973년, 영일만에는 일본이 협력해준 용광로의 '빛'이 탄생했습니다. 영일만 배경의 이러한 '빛의 상관관계'는 한일관계의 미래를 비추는 등불로 삼아도 좋을 것입니다.

　그런데 아시아에서 맨 먼저 근대화의 부국강병에 성공했던 군국주의 일본은 한국을 침략의 대상으로 보았습니다. 이 자리에서는 새삼 러일전쟁 이후의 식민지지배를 거론하지 않겠습니다. 다만 저의 청춘도 사선을 넘나들었던 한국전쟁을 잠시 언급하겠습니다.

　한국전쟁의 기원은 분단입니다. 분단의 기원은 식민지지배입니다. 미소

양극 냉전체제가 타협의 산물로 한반도 분단을 강요했지만, 식민지지배라는 일본의 책임이 분단의 근원에 깔려 있습니다. 아무리 패전국이었더라도 일본은 한반도 분단의 고통을 망각하지 말아야 합니다.

해방을 맞았으나 분단에 이은 전쟁이 빈곤의 한국을 비참한 나락(奈落)으로 밀어넣은 3년 동안, 과연 일본은 한국을 위해 무엇을 했습니까? 이 질문 앞에서 일본 지도층은 엄숙해지길 바랍니다. 한국전쟁에서 일본은 한국의 동맹국이 아니었습니다. 한국과 일본이 안보문제의 '준동맹' 관계로 진입한 계기도 역시 한일국교정상화였고, 한국전쟁 당시에 일본은 미군의 군수기지 역할을 담당했습니다. 그것은 패전의 무기력과 잿더미 위에서 일본경제를 일으키는 절호의 기회로 활용되었습니다.

일본 노인들은 1950년대 '진무경기(神武景氣)'라는 호황시절을 잘 기억할 것입니다. '진무'는 일본국 첫 번째 임금의 원호 아닙니까? 진무경기란 말은 '유사 이래 최고 경기'라는 민심을 반영했던 것입니다. 실제로 진무경기는 막강한 일본경제 성장의 기반이 되었습니다. 한국전쟁이란 특수경기가 일본경제 회생에 신묘한 보약으로 쓰였던 것입니다. 오죽했으면 한국 지식인들이 '한국전쟁은 일본경제를 위해 일어났다.'는 자탄을 했겠습니까? 그 쓰라린 목소리는 전쟁 도발자를 향한 용서 못할 원망도 담았지만, 분단의 근원에 대한 일본의 책임의식과 한국경제를 도와야할 일본의 도덕의식을 촉구하고 있었습니다.

한편, 경제부흥을 이룩한 일본에는 패전의 참상을 내세워 일본의 과거를 호도하고 강변하려는 경향이 존재했습니다. 제2차 세계대전 막바지에 미군 폭격기들이 일본 대도시들을 무참히 파괴했습니다. 히로시마와 나가사키에는 원자폭탄까지 투하했습니다. 저는 지옥의 광경을 아직은 기억하고 있습니다. 그러나 그것이 침략전쟁과 식민지지배의 면죄부가 될 수는 없습니다. '일본열도를 파괴한 나라는 미국이고, 한국과 중국과 동남아에 고통을 가한 나라는 일본인데, 왜 일본은 미국한테 당한 것을 내세워 가해자의 과거를 덮으려 하는가?' 이 반문은 일본의 양심을 겨냥하는 것입니다.

물론 일본은 문화의 다원주의가 성숙된 나라입니다. 한국에 극우와 극좌가 있듯, 일본도 당연히 그러합니다. 문제는 극단적 주장에 대한 일본정부의 대응방식으로, 주변국들의 신뢰를 받을 수 있어야 합니다. 오늘의 신뢰가 없으면 내일의 친구는 없습니다. 한국과 중국, 동남아 국가들은 한결같이 "일본은 과거사 문제에 관해 독일로부터 배워야 한다."고 비판합니다. 일본 정계 지도층부터 겸허하게 귀를 열어야 합니다. 이것은 '세계 지도자'를 설계하는 일본의 '때늦은 용기'라고 권유하는 바입니다.

이제는 한국도 새로운 시각이 필요합니다. 한일국교정상화 40년, 이 세월은 한국사에서 경제와 민주주의를 성공시킨 특별한 시대로 기록될 것입니다. 한반도 절반 지역에서만 달성됐지만, 오늘날 한국인이 누리는 역사적 성과는 한국인의 피와 땀과 눈물로 쌓아올린 것입니다. 여기서 먼 미래를 내다보는 한국인은 한일관계를 재조명할 때 국교정상화 '이전과 이후'를 구분해야 합니다. 다시 말해 '식민지의 고통스런 기억'과 '근대화의 자랑스런 기억'을 구분하자는 것입니다. 국교정상화 과정에는 한국인의 자존심을 자극하는 요소도 개입됐지만, 그 '이후'의 한국은 평화헌법의 일본과 교류하면서 근대화에 더 힘찬 박차를 가할 수 있었습니다. 그래서 오늘의 한국은 한일관계에서 '국교정상화 이후' 전체를 통찰하는 가운데 미래를 구상하고 전망해야 합니다. 이것은 불과 한 세대 만에 경제도 민주주의도 수준 높게 쟁취한 역동적인 한국의 '때맞은 용기'라고 생각하는 바입니다.

여러분. 한일국교정상화 40년을 회고할 때, 저는 포스코를 대표적 모범사례로 추천합니다. 자본도 기술도 경험도 없고, 가진 것이라곤 국가적 사명감밖에 없었던 제철소 건설 초기에 일본의 협력은 저와 저의 동지들에게 소중한 도움이 되었습니다. 그 뒤 포스코는 자본과 경험과 기술을 축적하면서 일본 제철소와 선의의 경쟁을 벌이는 기업으로 성장해왔고, 포스코와 신일본제철은 '경쟁과 상부의 친구관계'를 지속하고 있습니다.

이 자리에서 고백하지만, 인생의 황금시대를 다 바쳐 제철소 건설의 기나긴 투쟁을 지휘한 세월, 저의 일본친구들이 알아챘다시피, 저의 영혼에는 언제나 '지일(知日)을 통한 극일(克日)'이란 명제가 화두로 박혀 있었습니다. 선대로부터 물려받은 깊은 상처를 후손이 치유하고 극복하여 당당히 세계 속으로 나아가려 했던 것입니다. 지일을 통해 극일의 실력을 쌓았을 때, 드디어 포스코는 세계 주역의 반열에 오를 것으로 확신하고 있었습니다. 그리고 저의 개인적 신념은 실현되었습니다. 하지만 한일국교정상화 40주년 한국사회에는 저의 그 화두가 유효하게 적용될 분야들이 많이 남았습니다. 각 분야 전문그룹은 목록을 간추리고, 정계 지도층은 치밀한 전략을 수립해야할 것입니다.

학자 여러분, 내빈 여러분.

지난 세기말부터 인류사회는 세계화라는 거대한 변화의 물결 속에서 지역중심의 경제블록을 추구해온 가운데, 바야흐로 '동북아 경제권'이 세계의 주목을 받고 있습니다. 한국, 일본, 중국의 경제규모와 잠재력을 고려할 때 21세기의 세계는 동북아를 부럽고도 두려운 눈으로 바라볼 수밖에 없습니다.

동북아의 자유무역협정(FTA)은 이 지역 장밋빛 비전의 실현 가능성에 대한 중요한 척도로 떠올랐습니다. 그럼에도 한일 FTA는 이중의 난관에 빠져 있습니다. 제조업은 한국이 불리하고 농업은 일본이 불리한 형세에서 일본농민의 반대가 높고, 과거사문제가 협상의 장애물로 불거졌습니다. 이러한 교착은 한일 양국과 동북아 미래에 결코 도움이 되지 않을 것입니다. 현 상황에서 해결의 방법론은 양국 최고지도자의 대화와 결단에 달려 있으며, 조만간 개최될 예정인 양국 정상회담을 기대하게 됩니다.

작금의 동북아 정세는 북핵문제가 불온한 그림자를 어둡게 드리우고 있습니다. 초미의 북핵문제, 이 해법은 동북아 비전에도 심대한 영향을 끼치게 됩니다. 그러므로 한국, 일본, 중국은 그 평화적 해법 모색과 아울러, 동북아 비전의 실현방안도 주요현안으로 다뤄야할 것입니다. 조속히 3국간 외교 테이블 위에 올려지기를 바랍니다.

동북아 비전은 경제적, 문화적, 지적 교류를 심화·확대하고 항구적인 선린우호 관계를 정착시켜 공동번영을 추구하는 데 있습니다. 장기적으로는 동아시아를 포괄하는 유럽연합(EU)과 같은 공동체를 구상할 수도 있지만, 현단계로서는 동북아 3국간에 쌓아온 경제실적을 바탕으로 FTA를 타결하고 문화적, 지적 교류를 더 체계적으로 강화해 나가야할 것입니다.

동북아 비전을 실현하는 과정에는 반드시 세 나라의 특수성이 마찰과 갈등을 일으키게 됩니다. 세계 유일의 초강대국인 미국과의 관계는 덮어두고 보더라도, 한일·한중·일중 간에는 사소한 문제도 쉽사리 거대한 문제로 증폭시킬 과거를 공유하고 있습니다. 무엇보다 19세기말부터 20세기 전반기까지에 관한 한, 한국인과 중국인은 일본이 머리카락만 살짝 건드려도 민족의식의 중추신경을 곤두세우게 됩니다. 결코 신경과민증이 아닙니다. 일본과의 불행한 과거사에서 생겨난 후천적 방어본능 같은 것입니다.

이렇게 예민한 메커니즘을 감안할 때, 3국 정계 지도층은 마찰과 갈등을 적기에 조정할 시스템을 고안해야 할 것입니다. 3국간 어떤 문제가 발생했을 때 최단시일 내 대화를 시작할 수 있는 '한·일·중 안정시스템'을 마련하기를, 저는 진심으로 바라마지 않습니다.

이 일에는 3국 학자들의 적극적 역할이 요청될 것입니다. 동북아 세 나라 정부와 기업의 후원 아래 동북아 과제와 비전을 폭넓고 깊게 다룰 전문가 포럼이 더욱 활성화되어야 합니다. 동북아 미래를 더 밝은 쪽으로 이끌어 나갈 학문적 대화와 이론적 모색은 정책적으로 장려되어야할 것입니다.

존경하는 한일 양국의 학자 여러분,

그리고 이 자리를 빛내주시는 내빈 여러분.

한국과 일본이 지난 40년에 걸쳐 만들어온 '우정의 다리'는 튼튼한 상태라고 진단해 봅니다. 지금부터 두 나라는 더 우람한 미래를 위해 전념할 수 있어야 합니다. 저는 일본 정계 지도층에는 신뢰를, 한국 정계 지도층에는 실력을 주문하는 바입니다.

독일의 어느 지도자는 "자기 나라의 역사에 의문을 제기하고 객관적인 질문을 던질 때 친구를 얻을 수 있다"고 했습니다. 이는 일본 정계 지도층이 마음을 열고 받아야할 충고입니다. 바로 신뢰의 중대성을 지적한 것이기 때문입니다. 동북아의 미래는 3국간 신뢰 수준에 달려 있습니다. 서로에 대한 신뢰가 미흡하면 경제교류보다 한 차원 높은 공동번영을 달성할 수 없다는 사실을, 일본 정계 지도층은 깊이 인식해 주기를 바랍니다.

동서고금의 역사는, 국가와 국가는 힘의 균형을 이루어야 진정한 친구가 될 수 있다는 교훈을 일깨워줍니다. 이는 한국 정계 지도층이 경청해야 할 충고입니다. 바로 실력의 중대성을 지적한 것이기 때문입니다. 동북아 미래를 설계하는 한국으로서는, 한중관계를 그려볼 때도 '실력'부터 명심하지 않을 수 없습니다. 중국과의 고구려사 시비에서 드러난 것처럼, 한국 민족주의와 중화주의는 불화를 일으킬 개연성이 높습니다. 일단 통일비용을 제외시켜 놓더라도, 일류국가와 동북아 균형자를 희망하는 한국에겐 어느 때보다도 자강의 분발이 요망되는 것입니다.

화해를 중시하고 평화를 사랑하는 여러분.

영토와 인민의 지배가 침략국의 자산으로 돌아오는 시대는 종언을 고했고, 도리어 그것이 침략국의 엄청난 부담으로 돌아오는 시대가 도래했습니다. 침략의 길은 하나씩 막혀가고, 교류의 길은 끊임없이 열리고 있습니다. 인류사회가 진실로 현명하다면, 마침내 패권경쟁을 역사박물관으로 보내야 합니다. 새로운 패권경쟁은 또다시 침략의 길을 만들게 됩니다. 21세기 동북아의 현명한 선택은 구시대의 유물인 패권경쟁을 던져버리는 것입니다.

교류는 정체와 분쟁을 예방해 줍니다. 교류 없는 국가발전은 있을 수 없습니다. 경제와 문화, 지식과 기술의 교류는 국가와 국가의 관계를 '윈-윈의 방향'으로 이끄는 고정불변의 나침반입니다. 그것은 패권경쟁과 반대방향을 가리키고 있습니다.

21세기 동북아의 목표는 공동번영과 평화정착에 있으며, 이를 위해 세 나라는 교류협력관계를 강화하면서 나란히 일류문명국가로 매진해야 합니다. 일류문명국가와 일류문명국가 간의 물리적 충돌은 극소화될 수밖에 없습니다.

동북아 3국이 일류문명국가로 나아가는 도정은, 3국간 우월의식이나 피해의식을 극복하여 돈독한 신뢰를 형성하는 기간으로 승화되어야 합니다. 여기서 제일 조건은 불행한 과거에 대한 진정한 반성과 실천, 진정한 용서와 화해입니다.

존경하는 학자 여러분, 내빈 여러분.

문화적 동질성이 두터운 한국과 일본은 아시아 국가를 통틀어 정치제도, 사법제도, 언론 등 민주적 국가체제가 가장 앞서 있습니다. 경제도 선두에서 이끌어 나갑니다. 그만큼 두 나라의 역할이 무겁습니다. 한국과 일본은 현재보다 한 차원 더 성숙된 선린우호관계를 만들어야 합니다. 두 나라가 함께 아시아의 공동번영을 설계하고, 두 나라가 함께 세계평화에 기여해야 합니다. 이것이 국교정상화 40주년 두 나라에 부과된 21세기의 시대적 요청이라고 확신합니다.

아무쪼록 한일국교정상화 40주년 '우정의 해' 식장에 내걸었던 "나가자 미래로, 다같이 세계로!"라는 슬로건이 활기차게 살아나기를, 저는 한일관계 현장에서 오래 일해온 한 사람으로서 진심으로 희망합니다.

이 학술대회가 한일 양국과 동북아 미래를 위해 귀중한 자리가 될 것으로 기대하며, 여러분 모두의 건승을 기원합니다.

끝까지 경청해 주셔서 대단히 감사합니다.

젊은 세대의 시대적 좌표와 엘리트의 길

베트남의 미래를 이끌어나갈 젊은 엘리트 여러분,

오늘 하노이국립대학에서 여러분과 만나게 된 것을 매우 기쁘게 생각합니다. 젊음의 열기 속에서 10년은 젊어지는 것 같은 느낌을 받습니다. 여러분, 반갑습니다.

인간의 큰 미덕은 인생과 공동체의 행복에 대해 사색하고 고뇌하며, 실천의 길을 모색하는 것입니다. 내가 이 자리에 선 이유는, 한국의 경제개발 경험을 말하려는 것이 아닙니다. 파란만장한 격동을 헤치고 나온 경험을 바탕으로, 젊은 엘리트 여러분과 더불어 다시 한번 인생과 역사를 성찰해 보자는 것입니다.

역사에는 특정한 세대가 감당하는 시대적 고난이 있습니다. 그것은 개인의 인생에도 심대한 영향을 끼치고, 그 세대의 운명이 되기도 합니다. 여기서 우리는 한국과 베트남의 20세기를 비교하면서 특정한 세대의 운명에 대해 생각해 봅시다.

나는 1927년에 태어났습니다. 한국에서 나의 세대는 일본식민지에서 유년시절과 학창시절을 보내고, 청년시절에 해방을 맞았습니다. 그러나 한반도는 불행했습니다. 세계적 냉전체제의 희생양으로, 남북분단이 확정된 것이었습니다. 분단은 곧 엄청난 전쟁으로 이어지고, 그 전쟁이 다시 휴전선이라는, 지구상에서 가장 살벌한 대결의 철책을 만들었습니다. 그때 한반도에 남은 것은 민족 간의 적개심과 국토의 폐허, 국가의 빈곤과 인민의 굶주림, 그리고 부패의 창궐이었습니다.

한국전쟁에 청년장교로 참전하여 '우연히, 운이 좋아서' 살아남은 나는 인생과 조국의 미래를 숙고하지 않을 수 없었습니다. 폐허의 국토를 어떻게 재건할 것인가? 우리 민족을 천형(天刑)처럼 억눌러온 절대빈곤을 어떻게 극복할 것인가? 미국과 서구가 자랑하는 근대화를 어떻게 이룩할 것인가? 이 시대를 나는 어떻게 살아야 하는가? 이 질문들 중에 맨 먼저 좌우명을 결정했습니다. 그것은 두 가지였습니다.

'짧은 인생을 영원 조국에!'
'절대적 절망은 없다.'

돌이켜보면, 그 좌우명은 필생의 나침반이었습니다. 지금 이 순간에도 그것은 흔들리지 않습니다. 그리고 그 길을 따라 걸어온 내 삶의 여정(旅程)에 대해 어떤 후회도 없습니다.

한국정부가 경제개발의 깃발을 올린 1961년, 한국은 1인당 국민소득 70달러로, 세계에서 가장 가난한 나라였습니다. 당시 경제개발계획에 참여했던 나는 1968년부터 종합제철소 건설과 경영의 책임을 맡았습니다. 자본과 자원이 없고, 경험과 기술이 없는 전무(全無)의 상태에서 포스코라는 종합제철소를 시작하여, 5년쯤 지나서 어느 정도 기반을 잡은 다음, 나는 동지들에게 이렇게 말했습니다.

"우리 세대는 순교자처럼 희생하는 세대다. 우리 세대의 순교자적인 희생 위에서 다음 세대가 세계로 뻗어나갈 수 있다. 포스코는 다음 세대의 행복과 21세기 조국의 번영을 위해 존재하는 회사다."

나의 동지들과 나의 세대가 설정한 시대적 목표는 '조국 근대화'였습니다. 그것은 나의 세대가 짊어진 폐허와 빈곤, 부패와 혼란을 극복하기 위한 시대적 좌표였고, 마침내 우리는 근대화에 성공했습니다. 시련의 시대를 영광의 시대로 창조한 것이었다고 자부합니다. 그러나 나의 세대는 후세에 엄청난 과제도 넘겨야 했습니다. 바로 남북분단입니다. 화해와 평화의 통일, 이 짐을 다음 세대에 넘겨주게 되어 참으로 가슴 아픕니다.

베트남의 보배인 젊은 엘리트 여러분.

지난 백여 년 동안, 베트남에도 각 세대가 감당한 시대적 고난이 있었습니다. 편의상 여러분의 할아버지와 할머니 세대, 아버지와 어머니 세대, 그리고 여러분 세대, 이렇게 삼대로 나누어 봅시다.

"자유와 독립보다 더 중요한 것은 없다."

이것은 호지명 선생의 말씀입니다. 여러분의 할아버지와 할머니 세대는 그 말씀을 실현한 세대입니다. 헤아릴 수 없는 희생과 고통을 넘어서야 했지만, 당신들의 운명이었던 자유와 독립을 쟁취했습니다.

그러나 1954년 7월에 베트남은 북위 17도선에서 분단되었습니다. 그때 어린 아이였을 여러분의 아버지와 어머니들은, 통일로 가는 기나긴 전쟁이 자기 세대의 운명이 될 줄은 몰랐을 것입니다. 그분들은 자기 세대의 참혹한 운명을 감당했으며, 드디어 1975년 4월에 종전과 통일을 선언할 수 있었습니다.

그분들 세대는 휴식을 누릴 여가도 없었습니다. 전쟁에서 살아남은 사람들에게는 조국재건의 새로운 책무가 기다리고 있었기 때문입니다. 등소평의 중국이 개방의 길을 선도하고, 베트남은 1986년에 개방의 길을 선택했습니다. 그것은 일대 혁신이었습니다. 모든 혁신에는 다소간 혼란과 시행착오가 동반되기 마련이지만, 나는 베트남 지도부가 현명한 선택을 했다고 판단합니다. 이 자리에서 언급하자니 슬픈 일입니다만, 개방을 거부한 북한의 오늘이 그것을 반증해 줍니다.

베트남은 한국보다 종전이 늦어진 그만큼 경제재건의 출발이 늦어졌습니다. 그러나 베트남은 통일국가고, 한국은 분단국가입니다. 이 자리의 '여러분 세대'는 선배 세대로부터 '자유와 독립의 통일국가'라는 위대한 기반을 물려받았습니다. 그 기반 위에서 '여러분 세대'의 시대적 목표가 설정되어야 합니다. 현재 한국의 젊은 세대에게 '평화통일과 일류국가 완성'이라는 시대적 목표가 피할 수 없는 운명으로 주어져 있다면, 베트남의 젊은 세대에게는 '경제부흥과 일류국가 완성'이라는 피할 수 없는 운명이 주어져 있습니다. 통일 문제를 고려할 경우에는, 베트남의 젊은 세대보다 한국의 젊은 세대가 더 무거운 시대적 과제를 짊어졌다고 하겠습니다.

경제부흥과 일류국가 완성, 물론 이것은 분리할 수 없습니다. 인민의 행복, 찬란한 문화, 평화 애호라는 일류국가의 기본조건은 물적 토대 위에서 성립되기 때문입니다. 그럼에도 불구하고 경제부흥을 별개로 내세운 것은 물적 토대 구축을 중시해야 한다는 강조인 동시에, 베트남의 젊은 세대에게는 경제부흥의 길이 활짝 열려 있다는 강조입니다.

여러분의 할아버지와 할머니 세대는 특히 세계와의 소통에서 곤혹스러웠습니다. 1910년 6월에 스무 살의 청년이었던 호지명 선생이 프랑스 기선의 주방보조로 취직하여 사이공에서 프랑스로 갈 때, 얼마나 걸렸습니까? 정확한 날짜는 없어도 최소한 몇 주는 걸렸다고 합니다. 그 후 그분은 비슷한 방식으로 약 2년간 유럽, 아시아, 아프리카, 아메리카 등 세계 곳곳을 돌아다니며 혁명적 인생의 초석을 놓았습니다.

이 자리의 여러분이 세계 견문에 나선다면 어떻게 되겠습니까? 바다의 시간을 하늘과 육지의 시간으로 바꾼다면 2년이 아니라 2개월에 가능할 것입니다. 인터넷을 이용하면 또 어떻게 되겠습니까? 필요한 정보와 상식적인 지식만 수집하기로 한다면, 겨우 2시간에 해결할 것입니다.

교통수단과 통신기술의 발전이 여러분 세대를 결정적으로 지원하는 가운데, 여러분 세대는 귀중한 경험들을 쉽게 구할 수 있습니다. 예를 들어, 개발도상국가가 어떤 정책을 어떻게 써야 하는가? 이 질문에 대한 경험론적이며 총체적인 답변은 한국에도 있으며, 여러분은 얼마든지 공부하고 연구할 수 있습니다.

여기서 문제는 인재육성에 대한 정책, 그리고 개개인이 지닌 삶의 자세입니다. 인재육성과 국가의 명운이 직결된 사례를 일본에서 찾아봅시다. 아시아에서 가장 먼저 근대화에 성공한 일본이 20세기 전반기에 아시아에서 저질렀던 역사적 죄업을 우리는 명백히 기억하지만, 그때 일본의 부국강병은 인재육성과 밀접한 관계였습니다. 명치유신 무렵부터 일본은 젊은이들을 서구와 미국으로 유학 보내고 있었던 반면, 한국은 국가의 문을 걸어 잠그는 쇄국정책을 고집하면서 근대적인 인재육성에 무관심했고, 이는 한국이 자주적 근대화에 좌절한 요인의 하나였습니다.

여러분의 호지명 선생은 험난한 전쟁 중에도 전후 베트남의 재건에 대비하여 인재들을 해외로 보냈습니다. 미안해하는 젊은이들에게, "여러분에게는 공부가 바로 전쟁"이라는 가슴 뭉클한 격려의 말씀도 하셨습니다. 통일 베트남에서는 그때 유학을 하고 돌아온 인재들이 각계에서 중요한 역할을 했을 것으로 생각합니다. 가장 혹독한 시기에도 인재육성을 잊지 않았던 베트남은 이제 경제부흥과 일류국가 건설의 새로운 국가적 목표에 따라 인재육성에 더 큰 힘을 기울여야 할 것입니다.

나는 개개인의 삶에 대한 자세를 빼놓고 싶지 않습니다. 그것은 여러분에게 반드시 들려주고 싶은 내 경험의 하나입니다. 세계 어느 나라를 막론하고, 한 나라가 일어서는 과정에서 무엇보다 중요한 전제조건은 지도층과 엘리트 계층이 부패하지 않고 분명한 비전을 제시하는 것입니다.

물질적 유혹에 약한 것이 인간입니다. 인간은 강철처럼 강인하기도 하지만, 땡볕에 내놓은 생선처럼 부패하기도 쉽습니다. 그래서 부패는 인간 정신의 문제입니다. 권력을 잡은 지도층이나 엘리트 계층에 속한 인간이 부패하지 않는 것은 자기 정신과의 부단한 투쟁의 결실입니다. 역사 속의 모든 위인들은 끊임없이 자기 정신과 투쟁했습니다. 여러분이 훌륭한 지도자로 성장할 꿈을 간직하고 있다면, 지금부터 자기 정신과의 투쟁을 시작해야 할 것입니다. 젊은 날의 신념이 필생을 이끌어가는 나침반이 되기 때문입니다.

나는 지도층과 엘리트 계층이 당대의 비전을 제시해야 한다고 주문했습니다. 그러나 자기 인생의 미래를 설계해보지 않은 사람은 지도자가 될 수 없을 뿐만 아니라, 우연한 기회에 지도자가 된다고 해도 당대의 비전을 제시할 수 없습니다.

나는 한국 젊은이들과 만나서 "10년 뒤의 자기 모습을 그려보라"는 충고를 했습니다. 오늘 여러분에게 똑같은 충고를 해주고 싶습니다. 여러분은 10년 뒤의 자기 모습을 그려놓고 있습니까? 만약 그려놓았다면, 치밀하고 열정적으로 그 길을 가야 합니다. 만약 그려놓지 않았다면, 몇날 며칠을 지새우더라도 10년 뒤의 자기 모습부터 그려야 합니다. 그리고 여러분 개개인의 비전이 모여서 베트남의 새 지평을 열게 된다는 사실도 명심하기 바랍니다.

친애하는 하노이국립대 학생 여러분,

베트남의 미래를 이끌어나갈 젊은 엘리트 여러분.

이제 약속된 시간이 다 되었습니다. 오늘 여러분에게 선물한 베트남어판 『철의 사나이—박태준』이라는 책에 나오는 한 문장을 들려주고, 나의 이야기를 마칠까 합니다. 책에서는 본문의 마지막 문장인데, 지난 2009년 9월, 한 인터뷰에서 오늘의 베트남을 위해 한마디 해달라는 권유를 받고, 나는 그 책에 나온 대로 답변했습니다. 그것을 읽겠습니다.

"개발도상국이 경제발전을 추진하는 과정에서 가장 중요한 힘은, 부패하지 않는 것과 인민의 자신감입니다. 베트남에는 20세기의 세계 지도자 중에 가장 청렴했던 호지명 선생이 국부로 계시고, 프랑스와 미국을 물리친 자부심과 자신감이 있습니다. 문제는 그 위대한 정신적 유산을, 국가의 부강과 인민의 행복을 성취하기 위한 저력으로 활용하는 일입니다. 모든 역사에는 기복이 있지만, 지도층과 인민이 위대한 정신적 유산을 공유하고 그 바탕 위에서 합심한다면, 반드시 일류국가를 만들 수 있다고 확신합니다."

오늘 여러분과의 만남을 오래 기억할 것입니다. 여러분 세대의 시대적 과제를 운명처럼 짊어지고 당당히 나아가는 여러분의 앞날에 행운이 함께하기를 빌며, 베트남의 무궁한 발전과 베트남 인민의 행복을 기원합니다.

감사합니다.

대한민국의 위대한 만남
박정희와 박태준 ⓒ이대환

발행일	초판 발행 2015년 8월 15일
	2쇄 2015년 8월 24일
	개정 8쇄 2018년 1월 29일
펴낸이	김재범
펴낸곳	(주)아시아
지은이	이대환
편집	김형욱, 신아름
관리	강초민, 홍희표
출판등록	2006년 1월 27일 제406-2006-000004호
인쇄 제책	AP프린팅
종이	한솔 PNS
디자인	박종민

전화	02-821-5055
팩스	02-821-5057
주소	서울시 동작구 서달로 161-1 3층
이메일	bookasia@hanmail.net
홈페이지	www.bookasia.org
ISBN	979-11-5662-132-4 03300

이 도서의 국립중앙도서관 출판도서목록(CIP)은 서지정보유통지원시스템 홈페이지(http://seoji.nl.go.kr)와
국가자료공동목록시스템(http://www.nl.go.kr/kolisner)에서 이용하실 수 있습니다. (CIP제어번호:
CIP2015019907)